Das mittels List erschlichene Einverständnis im Rahmen des § 239 I Alt. 2 StGB

Schriften zum Strafrecht und Strafprozeßrecht

Herausgegeben von Manfred Maiwald
und Carsten Momsen

Band 127

Laura Sophia Schumann

Das mittels List erschlichene Einverständnis im Rahmen des § 239 I Alt. 2 StGB

PETER LANG

Bibliografische Information der Deutschen Nationalbibliothek
Die Deutsche Nationalbibliothek verzeichnet diese Publikation in der Deutschen Nationalbibliografie; detaillierte bibliografische Daten sind im Internet über http://dnb.d-nb.de abrufbar.

Zugl.: Mainz, Univ., Diss., 2017

Gedruckt auf alterungsbeständigem, säurefreiem Papier.
Druck und Bindung: CPI books GmbH, Leck

D 77
ISSN 0938-6181
ISBN 978-3-631-74892-3 (Print)
E-ISBN 978-3-631-74894-7 (E-PDF)
E-ISBN 978-3-631-74895-4 (EPUB)
E-ISBN 978-3-631-74896-1 (MOBI)
DOI 10.3726/b13491

Peter Lang – Berlin · Bern · Bruxelles · New York · Oxford · Warszawa · Wien

Diese Publikation wurde begutachtet.

www.peterlang.com

Vorwort

Die vorliegende Arbeit wurde im Sommersemester 2016 vom Fachbereich Rechts- und Wirtschaftswissenschaften der Johannes Gutenberg-Universität Mainz als Dissertation angenommen. Der Bearbeitungsstand entspricht dem Zeitpunkt der Annahme. Soweit möglich, konnten in der aktualisierten Druckfassung Gesetzeslage, Rechtsprechung und Literatur bis einschließlich Januar 2018 berücksichtigt werden.

Mein besonderer Dank gilt Herrn Prof. Dr. Jan Zopfs für die stets freundliche Begleitung der Arbeit, die wertvollen Denkanstöße sowie die rasche Erstbegutachtung. Herrn Prof. Dr. Volker Erb danke ich für die zügige Erstellung des Zweitgutachtens. Ferner bedanke ich mich bei Herrn Prof. Dr. Manfred Maiwald und Herrn Prof. Dr. Carsten Momsen für die Aufnahme in die Reihe „Schriften zum Strafrecht und Strafprozeßrecht".

Danken möchte ich außerdem der Lang-Hinrichsen-Stiftung für die großzügige zeitweise Förderung sowie den Zuschuss hinsichtlich der Veröffentlichung dieser Arbeit.

Letztlich bedanke ich mich bei meiner Familie für ihr Verständnis während der Entstehung dieser Arbeit. Insbesondere danke ich meinem Mann Manuel für seine großartige Unterstützung.

Laura Sophia Schumann — Mainz, im März 2018

Literaturverzeichnis

Amelung, Knut: Zur Verantwortlichkeit Drogenabhängiger für Selbstschädigungen durch den Gebrauch von Suchtstoffen, in: NJW 1996, S. 2393.
zitiert: *Amelung*, NJW 1996, 2393, … .

—.: Irrtum und Täuschung als Grundlage von Willensmängeln bei der Einwilligung des Verletzten, Berlin 1998.
zitiert: *Amelung*, 1998, S. … .

—.: Über Freiheit und Freiwilligkeit auf der Opferseite der Strafnorm, in: GA 1999, S. 182.
zitiert: *Amelung*, GA 1999, 182, … .

—./*Eymann*, Frieder: Die Einwilligung des Verletzten im Strafrecht, in: JuS 2001, S. 937.
zitiert: *Amelung/Eymann*, JuS 2001, 937, … .

—./*Schall*, Hero: Zum Einsatz von Polizeispitzeln: Hausfriedensbruch und Notstandsrechtfertigung, Wohngrundrecht und Durchsuchungsbefugnis – OLG München, DVBl 1973, 221, in: JuS 1975, S. 565.
zitiert: *Amelung/Schall*, JuS 1975, 565, … .

Arzt, Gunther: Willensmängel bei der Einwilligung, Dissertation, Frankfurt am Main 1970.
zitiert: *Arzt*, 1970, S. … .

—./*Weber*, Ulrich/*Heinrich*, Bernd/*Hilgendorf*, Eric: Strafrecht Besonderer Teil, 3. Auflage, Bielefeld 2015.
zitiert: *Bearbeiter*, in: A/W/H/H, ^{3}2015, § … Rn. … .

Aschrott, Paul Felix/*von Liszt*, Franz (Hg.): Die Reform des Reichsstrafgesetzbuchs – Kritische Besprechung des Vorentwurfs zu einem Strafgesetzbuch für das Deutsche Reich unter vergleichender Berücksichtigung des österreichischen und schweizerischen Vorentwurfs, Band II: Besonderer Teil, Berlin 1910.
zitiert: *Bearbeiter*, in: Aschrott/von Liszt, 1910, S. … .

Basedow, Martin: Die normativen Tatbestandselemente der Freiheitsberaubung, Dissertation, Eisfeld 1935.
zitiert: *Basedow*, 1935, S. … .

Baumann, Jürgen/*Weber*, Ulrich/*Mitsch*, Wolfgang: Strafrecht Allgemeiner Teil, 11. Auflage, Bielefeld 2003.
zitiert: *Bearbeiter*, in: B/W/M, ^{11}2003, § … Rn. … .

—./*Eisele*, Jörg: Strafrecht Allgemeiner Teil, 12. Auflage, Bielefeld 2016.
zitiert: *Bearbeiter*, in: B/W/M/E, ^{12}2016, § … Rn. … .

Becker, Udo/*Böing*, Günther (Chefredaktion): Der Neue Herder – Neu in sechs Bänden mit einem Großatlas, 2. Band (Chrom bis Ginsberg), Freiburg 1966.
zitiert: *Becker/Böing*, 1966, „...", S. ... .

Bernsmann, Klaus: Der Verzicht auf Feststellungen bei § 142 StGB, in: NZV 1989, S. 49.
zitiert: *Bernsmann*, NZV 1989, 49, ...

Beulke, Werner: Die Vernehmung des Beschuldigten – Einige Anmerkungen aus der Sicht der Prozeßrechtswissenschaft, in: StV 1990, S. 180.
zitiert: *Beulke*, StV 1990, 180, ...

—.: Strafprozessrecht, 13. Auflage, Heidelberg 2016.
zitiert: *Beulke*, StPO, [13]2016, § ... Rn. ... .

Biletzki, Gregor: Anmerkung zum Beschluss des OLG Düsseldorf vom 29.07.1999 – 5 Ss 291/98 – 71/98 I, in: NJW 2000, S. 424.
zitiert: *Biletzki*, NJW 2000, 424, ...

Binding, Karl: Lehrbuch des Gemeinen Deutschen Strafrechts, Besonderer Teil – Band 1, 2. Auflage, Leipzig 1902, Neudruck Aalen 1969.
zitiert: *Binding*, [2]1902 (Neudr. 1969), § ... S. ... .

Birkmeyer, Karl et al. (Hg.): Vergleichende Darstellung des deutschen und ausländischen Strafrechts. Vorarbeiten zur deutschen Strafrechtsreform. Besonderer Teil. V. Band, Berlin 1905.
zitiert: *Birkmeyer et. al.*, 1905, S. ... .

Blei, Hermann: Strafrecht II – Besonderer Teil, 12. Auflage, München 1983.
zitiert: *Blei*, [12]1983, § ... S. ... .

Bloy, René: Freiheitsberaubung ohne Verletzung fremder Autonomie? Überlegungen zur Reichweite des Tatbestands des § 239 Abs. 1 StGB, in: ZStW 96 (1984), S. 703.
zitiert: *Bloy*, ZStW 96 (1984), 703, ...

Bockelmann, Paul: Betrug verübt durch Schweigen, in: Festschrift für Eberhard Schmidt zum 70. Geburtstag, Göttingen 1961, S. 437.
zitiert: *Bockelmann*, 1961, S. ... .

—.: Strafrecht Besonderer Teil/2 – Delikte gegen die Person, München 1977.
zitiert: *Bockelmann*, 1977, § ... S. ... .

Bohnert, Joachim: Strafrecht: Der entwendete Säugling, in: JuS 1977, S. 746.
zitiert: *Bohnert*, JuS 1977, 746, ...

—.: Das Tatbestandsmerkmal „List" im Strafgesetzbuch, in: GA 1978, S. 353.
zitiert: *Bohnert*, GA 1978, 353, ...

Bosch, Nikolaus: Der Schutz der Fortbewegungsfreiheit durch den Tatbestand der Freiheitsberaubung (§ 239 StGB), in: Jura 2012, S. 604.
zitiert: *Bosch*, Jura 2012, 604, ...

—.: Räuberischer Angriff durch Vorspiegeln einer Polizeikontrolle, in: Jura (JK) 2015, S. 116.
zitiert: *Bosch*, Jura (JK) 2015, 116, … .

Brandts, Ricarda/*Schlehofer*, Horst: Die täuschungsbedingte Selbsttötung im Lichte der Einwilligungslehre, in: JZ 1987, S. 442.
zitiert: *Brandts/Schlehofer*, JZ 1987, 442, … .

Bringewat, Peter: Grundbegriffe des Strafrechts. Grundlagen – Allgemeine Verbrechenslehre – Aufbauschemata, 2. Auflage, Baden-Baden 2008.
zitiert: *Bringewat*, ²2008, S. … Rn. … .

Bruck, Felix: Zur Lehre von den Verbrechen gegen die Willensfreiheit, Habilitation, Berlin 1875.
zitiert: *Bruck*, 1875, S. … .

Buschmann, Arno: Textbuch zur Strafrechtsgeschichte der Neuzeit – Die klassischen Gesetze, München 1998.
zitiert: *Buschmann*, 1998, S. … .

Dallinger, Wilhelm: Aus der Rechtsprechung des Bundesgerichtshofes in Strafsachen, in: MDR 1953, S. 18.
zitiert: *Dallinger*, MDR 1953, 18, … .

—.: Aus der Rechtsprechung des Bundesgerichtshofes in Strafsachen, in: MDR 1968, S. 727.
zitiert: *Dallinger*, MDR 1968, 727, … .

Degener, Wilhelm: § 136a StPO und die Aussagefreiheit des Beschuldigten, in: GA 1992, S. 443.
zitiert: *Degener*, GA 1992, 443, … .

Dölling, Dieter/*Duttge*, Gunnar/*König*, Stefan/*Rössner*, Dieter (Hg.): Gesamtes Strafrecht – StGB/StPO/Nebengesetze – Handkommentar, 4. Auflage, Baden-Baden 2017.
zitiert: *Bearbeiter*, in: D/D/K/R, ⁴2017, § … Rn. … .

Dreher, Eduard: Das neue Wehrstrafrecht, in: JZ 1957, S. 393.
zitiert: *Dreher*, JZ 1957, 393, … .

Eisele, Jörg: Strafrecht Besonderer Teil I – Straftaten gegen die Person und die Allgemeinheit, 4. Auflage, Stuttgart 2017.
zitiert: *Eisele*, BT I, ⁴2017, S. … Rn. … .

—.: Strafrecht Besonderer Teil II – Eigentumsdelikte und Vermögensdelikte, 4. Auflage, Stuttgart 2017.
zitiert: *Eisele*, BT II, ⁴2017, S. … Rn. … .

Engisch, Karl: Einführung in das juristische Denken, 11. Auflage, Stuttgart 2010.
zitiert: *Engisch*, ¹¹2010, S. … .

Eser, Albin/*Burkhardt*, Björn: Strafrecht I – Schwerpunkt Allgemeine Verbrechenselemente, 4. Auflage, München 1992.
zitiert: *Eser/Burkhardt*, ^{4}1992, S. … .

Fahl, Christian: Schlaf als Zustand verminderten Strafrechtsschutzes, in: Jura 1998, S. 456.
zitiert: *Fahl*, Jura 1998, 456, … .

Fischer, Thomas: Strafgesetzbuch mit Nebengesetzen – Kommentar, 65. Auflage, München 2018.
zitiert: *Fischer*, ^{65}2018, § … Rn. … .

Frank, Reinhard: Das Strafgesetzbuch für das Deutsche Reich nebst dem Einführungsgesetz, 18. Auflage, Tübingen 1931.
zitiert: *Frank*, ^{18}1931, § … Rn. … .

Frisch, Wolfgang: Selbstgefährdung im Strafrecht – Grundlinien einer opferorientierten Lehre vom tatbestandsmäßigen Verhalten, NStZ 1992, S. 1.
zitiert: *Frisch*, NStZ 1992, 1, … .

Frister, Helmut: Strafrecht – Allgemeiner Teil, 7. Auflage, München 2015.
zitiert: *Frister*, ^{7}2015, Kap. … Rn. … .

Geerds, Friedrich: Einwilligung und Einverständnis des Verletzten, Dissertation, Kiel 1953.
zitiert: *Geerds*, 1953, S. … .

—.: Einwilligung und Einverständnis des Verletzten im Strafrecht, in: GA 1954, S. 262.
zitiert: *Geerds*, GA 1954, 262, … .

Geilen, Gerd: Zur Problematik der gewaltsamen Entführung (§ 237 StGB), in: JZ 1974, S. 540.
zitiert: *Geilen*, JZ 1974, 540, … .

Georgieff, Zwetko: Zum Delikt der Freiheitsberaubung nach deutschem Strafrecht, Dissertation, Münsingen 1911.
zitiert: *Georgieff*, 1911, S. … .

Geppert, Klaus: Rechtfertigende „Einwilligung" des verletzten Mitfahrers bei Fahrlässigkeitsstraftaten im Straßenverkehr? (Ein Beitrag zur dogmatischen Struktur der Einwilligung), in: ZStW 83 (1971), S. 947.
zitiert: *Geppert*, ZStW 83 (1971), 947, … .

—.: Strafrecht – Die mißglückte Bierreise, in: JuS 1975, S. 384.
zitiert: *Geppert*, JuS 1975, 384, … .

Göbel, Alfred A.: Die Einwilligung im Strafrecht als Ausprägung des Selbstbestimmungsrechts, Dissertation, Frankfurt am Main 1992.
zitiert: *Göbel*, 1992, S. … .

Gössel, Karl Heinz/*Dölling*, Dieter: Strafrecht Besonderer Teil 1 – Straftaten gegen Persönlichkeits- und Gemeinschaftswerte, 2. Auflage, Heidelberg 2004.
zitiert: *Gössel/Dölling*, ^{2}2004, § … Rn. … .

Götz, Dieter/*Haensch*, Günther/*Wellmann*, Hans (Hg.): Langenscheidt. Großwörterbuch – Deutsch als Fremdsprache, 4. Auflage, Berlin 2010.
zitiert: *Langenscheidt*, ^{4}2010, „…", S. … .

Goltdammer, Theodor: Die Materialien zum Straf-Gesetzbuche für die Preußischen Staaten, aus den amtlichen Quellen nach den Paragraphen des Gesetzbuches zusammengestellt und in einem Kommentar erläutert durch Goltdammer – Theil II. Den besonderen Theil enthaltend, Berlin 1852, Nachdruck Frankfurt am Main 1991.
zitiert: *Goltdammer*, 1852 (Nachdr. 1991), § … Rn. … .

—. (Hg.): Mittheilungen aus der Praxis der Gerichtshöfe und der Staatsanwaltschaften, in: Archiv für Preußisches Strafrecht, Achter Band, Berlin 1860, S. 837.
zitiert: *Goltdammer*, Archiv für Preußisches Strafrecht 8 (1860), 837, … .

Graf, Jürgen-Peter (Hg.): Beck'scher Online-Kommentar StPO mit RiStBV und MiStra, 28. Edition, München.
zitiert: *Bearbeiter*, in: BeckOK StPO, Std.: 01.07.2017, § … Rn. … .

Graf zu Dohna, Alexander: Die Rechtswidrigkeit als allgemeingültiges Merkmal im Tatbestande strafbarer Handlungen. Ein Beitrag zur allgemeinen Strafrechtslehre, Halle 1905.
zitiert: *Graf zu Dohna*, 1905, S. … .

Gropengießer, Helmut: Die Rechtswidrigkeit bei der Sachbeschädigung (§ 303 StGB), in: JR 1998, S. 89.
zitiert: *Gropengießer*, JR 1998, 89, … .

Gropp, Walter: Strafrecht – Allgemeiner Teil, 4. Auflage, Berlin 2015.
zitiert: *Gropp*, ^{4}2015, § … Rn. … .

Gürtner, Franz (Hg.): Das kommende deutsche Strafrecht Besonderer Teil – Bericht über die Arbeit der amtlichen Strafrechtskommission, 2. Auflage, Berlin 1936.
zitiert: *Bearbeiter*, in: Gürtner, ^{2}1936, S. … .

Hälschner, Hugo: Das preußische Strafrecht – Dritter Theil. Den ersten Abschnitt des besondern Theils des Systems umfassend, Bonn 1868.
zitiert: *Hälschner*, Preußisches StR, 1868, § … S. … .

—.: Das gemeine deutsche Strafrecht, Zweiter Band – Der besondere Theil des Systems – Erste Abtheilung, Bonn 1884.
zitiert: *Hälschner*, Deutsches StR, 1884, S. … .

Haft, Fritjof: Strafrecht Besonderer Teil II – Delikte gegen die Person und die Allgemeinheit, 8. Auflage, München 2005.
zitiert: *Haft*, 82005, S. … .

Haller, Klaus/*Conzen*, Klaus: Das Strafverfahren – Eine systematische Darstellung mit Originalakte und Fallbeispielen, 7. Auflage, Heidelberg 2014.
zitiert: *Haller/Conzen*, 72014, Kap. … Rn. … .

Hannich, Rolf (Hg.): Karlsruher Kommentar – Strafprozessordnung. GVG, EGGVG, EMRK, 7. Auflage, München 2013.
zitiert: *Bearbeiter*, in: KK, 72013, § … Rn. … .

Heghmanns, Michael: Strafrecht für alle Semester – Besonderer Teil, Berlin 2009.
zitiert: *Heghmanns*, 2009, Kap. … Rn. … .

Heinrich, Bernd: Der Amtsträgerbegriff im Strafrecht – Auslegungsrichtlinien unter besonderer Berücksichtigung des Rechtsguts der Amtsdelikte, Habilitation, Tübingen 2000.
zitiert: *Heinrich*, 2000, S. … .

—.: Strafrecht – Allgemeiner Teil, 5. Auflage, Stuttgart 2016.
zitiert: *Heinrich*, 52016, S. … Rn. … .

Herzberg, Rolf D./*Schlehofer*, Horst: Anmerkung zum Urteil des BGH vom 06.12.1983 – 1 StR 651/83, in: JZ 1984, S. 481.
zitiert: *Herzberg/Schlehofer*, JZ 1984, 481, … .

Hillenkamp, Thomas: 40 Probleme aus dem Strafrecht – Besonderer Teil, 12. Auflage, München 2013.
zitiert: *Hillenkamp*, BT, 122013, Problem … S. … .

—./*Cornelius*, Kai: 32 Probleme aus dem Strafrecht – Allgemeiner Teil, 15. Auflage, München 2017.
zitiert: *Hillenkamp/Cornelius*, AT, 152017, Problem … S. … .

Hirsch, Hans Joachim: Soziale Adäquanz und Unrechtslehre, in: ZStW 74 (1962), S. 78.
zitiert: *Hirsch*, ZStW 74 (1962), 78, … .

Hoffmann-Holland, Klaus: Strafrecht – Allgemeiner Teil, 3. Auflage, Tübingen 2015.
zitiert: *Hoffmann-Holland*, 32015, S. … Rn. … .

Hohmann, Olaf/*Sander*, Günther M.: Strafrecht Besonderer Teil I – Vermögensdelikte, 3. Auflage, München 2011.
zitiert: *Hohmann/Sander*, BT I, 32011, § … Rn. … .

—.: Strafrecht Besonderer Teil II – Delikte gegen die Person und die Allgemeinheit, 2. Auflage, München 2011.
zitiert: *Hohmann/Sander*, BT II, 22011, § … Rn. … .

Jäger, Christian: Examens-Repetitorium Strafrecht Besonderer Teil, 7. Auflage, Heidelberg 2017.
zitiert: *Jäger*, 72017, § … Rn. … .

Jähnke, Burkhard/*Laufhütte*, Heinrich Wilhelm/*Odersky*, Walter (Hg.): Leipziger Kommentar – StGB, Band 2 (§§ 32–60 StGB), 11. Auflage, Berlin 2003; Band 6 (§§ 223–263a StGB), 11. Auflage, Berlin 2005.
zitiert: *Bearbeiter*, in: LK StGB, Bd. …, 11…, § … Rn. … .

Jakobs, Günther: Nötigung durch Gewalt, in: Gedächtnisschrift für Hilde Kaufmann, Berlin 1986, S. 791.
zitiert: *Jakobs*, 1986, S. … .

—.: Strafrecht Allgemeiner Teil – Die Grundlagen und die Zurechnungslehre. Lehrbuch, 2. Auflage, Berlin 1991.
zitiert: *Jakobs*, 21991, Kap. … .

Jescheck, Hans-Heinrich/*Weigend*, Thomas: Lehrbuch des Strafrechts – Allgemeiner Teil, 5. Auflage, Berlin 1996.
zitiert: *Jescheck/Weigend*, 51996, § … S. … .

Jescheck, Hans-Heinrich/*Ruß*, Wolfgang/*Willms*, Günther (Hg.): Leipziger Kommentar – StGB, Band 5 (§§ 185–262 StGB), 10. Auflage, Berlin 1989.
zitiert: *Bearbeiter*, in: LK StGB, Bd. 5, 101989, § … Rn. … .

Joecks, Wolfgang/*Jäger*, Christian: Strafgesetzbuch – Studienkommentar, 12. Auflage, München 2018.
zitiert: *Joecks/Jäger*, 122018, § … Rn. … .

Joecks, Wolfgang/*Miebach*, Klaus (Hg.): Münchener Kommentar zum Strafgesetzbuch, Band 1 (§§ 1–37 StGB), 3. Auflage, München 2017; Band 3 (§§ 80–184j StGB), 3. Auflage, München 2017; Band 4 (§§ 185–262 StGB), 3. Auflage, München 2017; Band 5 (§§ 263–358 StGB), 2. Auflage, München 2014.
zitiert: *Bearbeiter*, in: MüKo StGB, Bd. …, …, § … Rn. … .

Joerden, Jan C.: Verbotene Vernehmungsmethoden – Grundfragen des § 136a StPO, in: JuS 1993, S. 927.
zitiert: *Joerden*, JuS 1993, 927, … .

Kargl, Walter: Die Freiheitsberaubung nach dem 6. Gesetz zur Reform des Strafrechts. Ein Beitrag zur Objektivierung des objektiven Tatbestands, in: JZ 1999, S. 72.
zitiert: *Kargl*, JZ 1999, 72, … .

—.: Probleme der Strafbegründung bei Einwilligung des Geschädigten am Beispiel des Dopings, in: JZ 2002, S. 389.
zitiert: *Kargl*, JZ 2002, 389, … .

—.: Die Bedeutung der Entsprechungsklausel beim Betrug durch Schweigen, in: ZStW 119 (2007), S. 250.
zitiert: *Kargl*, ZStW 119 (2007), 250, … .

Kaufmann, Armin: Rechtspflichtbegründung und Tatbestandseinschränkung, in: Festschrift für Ulrich Klug, Band II, Köln 1983, S. 277.
zitiert: *Kaufmann*, 1983, S. … .

Kientzy, Dieter: Der Mangel am Straftatbestand infolge Einwilligung des Rechtsgutsträgers, Dissertation, Tübingen 1970.
zitiert: *Kientzy*, 1970, S. … .

Kindhäuser, Urs: Zur Unterscheidung von Einverständnis und Einwilligung, in: Festschrift für Hans-Joachim Rudolphi zum 70. Geburtstag, Neuwied 2004, S. 135.
zitiert: *Kindhäuser*, 2004, S. … .

—.: Strafprozessrecht, 4. Auflage, Baden-Baden 2016.
zitiert: *Kindhäuser*, StPO, [4]2016, § … Rn. … .

—.: Strafrecht Allgemeiner Teil, 8. Auflage, Baden-Baden 2017.
zitiert: *Kindhäuser*, AT, [8]2017, § … Rn. … .

—.: Strafrecht Besonderer Teil I – Straftaten gegen Persönlichkeitsrechte, Staat und Gesellschaft, 8. Auflage, Baden-Baden 2017.
zitiert: *Kindhäuser*, BT I, [8]2017, § … Rn. … .

—.: Strafrecht Besonderer Teil II – Straftaten gegen Vermögensrechte, 9. Auflage, Baden-Baden 2017.
zitiert: *Kindhäuser*, BT II, [9]2017, § … Rn. … .

—.: Nomos Kommentar zum Strafgesetzbuch, Lehr- und Praxiskommentar, 7. Auflage, Baden-Baden 2017.
zitiert: *Kindhäuser*, NK StGB, [7]2017, § … Rn. … .

—./*Neumann*, Ulfried/*Paeffgen*, Hans-Ullrich (Hg.): Strafgesetzbuch – Großkommentar, 5. Auflage, Baden-Baden 2017.
zitiert: *Bearbeiter*, in: K/N/P, [5]2017, § … Rn. … .

Kinzig, Jörg/*Linke*, Benjamin: Fortgeschrittenenklausur – Strafrecht: Raubdelikte – Schlafende Hunde weckt man nicht, in: JuS 2012, S. 229.
zitiert: *Kinzig/Linke*, JuS 2012, 229, … .

Krack, Ralf: List als Straftatbestandsmerkmal, Dissertation, Frankfurt am Main 1994.
zitiert: *Krack*, 1994, S. … .

Kramer, Bernhard: Grundlagen des Strafverfahrensrechts – Ermittlung und Verfahren, 8. Auflage, Stuttgart 2014.
zitiert: *Kramer*, [8]2014, S. … Rn. … .

Krekeler, Wilhelm/*Löffelmann*, Markus/*Sommer*, Ulrich (Hg.): AnwaltKommentar – StPO, 2. Auflage, Bonn 2010.
zitiert: *Bearbeiter*, in: AnwK StPO, [2]2010, § ... Rn. ... .

Kretschmer, Joachim: Der strafrechtliche Rechtsgüterschutz des Schlafenden und Bewusstlosen, in: Jura 2009, S. 590.
zitiert: *Kretschmer*, Jura 2009, 590, ...

Krey, Volker/*Esser*, Robert: Deutsches Strafrecht Allgemeiner Teil, 6. Auflage, Stuttgart 2016.
zitiert: *Krey/Esser*, [6]2016, § ... Rn. ... .

Krey, Volker/*Hellmann*, Uwe/*Heinrich*, Manfred: Strafrecht Besonderer Teil, Band 1 – Besonderer Teil ohne Vermögensdelikte, 16. Auflage, Stuttgart 2015.
zitiert: *Krey/Hellmann/Heinrich*, [16]2015, § ... Rn. ... .

Krüger, Matthias: „Neues" vom räuberischen Angriff auf Kraftfahrer! – Analyse der jüngeren Rechtsprechung des 4. BGH-Strafsenats, in: NZV 2004, S. 161.
zitiert: *Krüger*, NZV 2004, 161, ...

Kudlich, Hans: Strafrecht Besonderer Teil I – Vermögensdelikte, 4. Auflage, München 2016.
zitiert: *Kudlich*, BT I, [4]2016, S. ... .

—.: Strafrecht Besonderer Teil II – Delikte gegen die Person und die Allgemeinheit, 4. Auflage, München 2016.
zitiert: *Kudlich*, BT II, [4]2016, S. ... .

Kühl, Kristian: Strafrecht Allgemeiner Teil, 8. Auflage, München 2017.
zitiert: *Kühl*, [8]2017, § ... Rn. ... .

Kühne, Hans-Heiner: Die strafrechtliche Relevanz eines auf Fehlvorstellungen gegründeten Rechtsgutsverzichts, in: JZ 1979, S. 241.
zitiert: *Kühne*, JZ 1979, 241, ...

—.: Strafprozessrecht – Eine systematische Darstellung des deutschen und europäischen Strafverfahrensrechts, 9. Auflage, Heidelberg 2015.
zitiert: *Kühne*, [9]2015, § ... Rn. ... .

Küper, Wilfried: Zum Raub mit einer „Scheinwaffe" (§ 250 I Nr. 2 StGB) – BGH, NJW 1976, 248, in: JuS 1976, S. 645.
zitiert: *Küper*, JuS 1976, 645, ...

—.: „Autonomie", Irrtum und Zwang bei mittelbarer Täterschaft und Einwilligung, in: JZ 1986, S. 219.
zitiert: *Küper*, JZ 1986, 219, ...

—./*Zopfs*, Jan: Strafrecht Besonderer Teil – Definitionen mit Erläuterungen, 9. Auflage, Heidelberg 2015.
zitiert: *Küper/Zopfs*, [9]2015, Rn. ... .

Küpper, Georg/*Börner*, René: Strafrecht Besonderer Teil 1 – Delikte gegen Rechtsgüter der Person und Gemeinschaft, 4. Auflage, Berlin 2017.
zitiert: *Küpper/Börner*, ⁴2017, § … Rn. … .

Kußmann, Michael: Einwilligung und Einverständnis bei Täuschung, Irrtum und Zwang, Dissertation, Bonn 1988.
zitiert: *Kußmann*, 1988, S. … .

Lackner, Karl/*Kühl*, Kristian: Strafgesetzbuch – Kommentar, 28. Auflage, München 2014.
zitiert: *Bearbeiter*, in: L/K, 282014, § … Rn. … .

Lasson, Maximilian: Eigenverantwortliche Selbstgefährdung und einverständliche Fremdgefährdung – Überblick über einen nach wie vor aktuellen Streit in der Strafrechtsdogmatik, in: ZJS 2009, S. 359.
zitiert: *Lasson*, ZJS 2009, 359, … .

Laufhütte, Heinrich Wilhelm/*Rissing-van Saan*, Ruth/*Tiedemann*, Klaus (Hg.): Leipziger Kommentar – StGB, Band 1 (Einleitung; §§ 1–31 StGB), 12. Auflage, Berlin 2007; Band 2 (§§ 32–55 StGB), 12. Auflage, Berlin 2006; Band 4 (§§ 80–109k StGB), 12. Auflage, Berlin 2007; Band 6 (§§ 146–210 StGB), 12. Auflage, Berlin 2010; Band 7/Teilband 2 (§§ 232–241a StGB), 12. Auflage, Berlin 2015; Band 9/Teilband 1 (§§ 263–266b StGB), 12. Auflage, Berlin 2012; Band 11 (§§ 306–323 StGB), 12. Auflage, Berlin 2008.
zitiert: *Bearbeiter*, in: LK StGB, Bd. …, 12…, § … Rn. … .

Leipold, Klaus/*Tsambikakis*, Michael/*Zöller*, Mark A. (Hg.): AnwaltKommentar – StGB, 2. Auflage, Heidelberg 2015.
zitiert: *Bearbeiter*, in: AnwK StGB, 22015, § … Rn. … .

Lenckner, Theodor: Die Einwilligung Minderjähriger und deren gesetzlicher Vertreter, in: ZStW 72 (1960), S. 446.
zitiert: *Lenckner*, ZStW 72 (1960), 446, … .

Lesch, Heiko H.: Gewalt als Tatbestandsmerkmal des § 240 StGB, in: Festschrift für Günther Jakobs zum 70. Geburtstag, 2007, S. 327.
zitiert: *Lesch*, 2007, S. … .

Lind, Robert Wilhelm: Die Freiheitsberaubung des § 239 des Strafgesetzbuches unter besonderer Berücksichtigung ihrer Mittel, Dissertation, Berlin 1915.
zitiert: *Lind*, 1915, S. … .

Löwe, Ewald/*Rosenberg*, Werner: Die Strafprozeßordnung und das Gerichtsverfassungsgesetz – Großkommentar, Vierter Band (§§ 112–150), 26. Auflage, Berlin 2007.
zitiert: *Bearbeiter*, in: L/R, 262007, § … Rn. … .

Luzón Peña, Diego-Manuel: Alteritätsprinzip oder Identitätsprinzip vs. Selbstverantwortungsprinzip – Teilnahme an Selbstgefährdung, einverständliche

Fremdgefährdung und Gleichstellung: das Kriterium der Risikokontrolle, in: GA 2011, S. 295.
zitiert: *Luzón Peña*, GA 2011, 295, … .

Marxen, Klaus: Kompaktkurs Strafrecht – Besonderer Teil, München 2004.
zitiert: *Marxen*, 2004, S. … .

Matt, Holger/*Renzikowski*, Joachim: Strafgesetzbuch – Kommentar, München 2013.
zitiert: *Bearbeiter*, in: M/R, 2013, § … Rn. … .

Maurach, Reinhart/*Zipf*, Heinz: Strafrecht Allgemeiner Teil. Teilband 1: Grundlehren des Strafrechts und Aufbau der Straftat, 8. Auflage, Heidelberg 1992.
zitiert: *Maurach/Zipf*, [8]1992, § … Rn. … .

Maurach, Reinhart/*Schroeder*, Friedrich-Christian/*Maiwald*, Manfred: Strafrecht Besonderer Teil. Teilband 1: Straftaten gegen Persönlichkeits- und Vermögenswerte, 10. Auflage, Heidelberg 2009.
zitiert: *Maurach/Schroeder/Maiwald*, BT/1, [10]2009, § … Rn. … .

—.: Strafrecht Besonderer Teil. Teilband 2: Straftaten gegen Gemeinschaftswerte, 10. Auflage, Heidelberg 2013.
zitiert: *Maurach/Schroeder/Maiwald*, BT/2, [10]2013, § … Rn. … .

Meyer-Gerhards, Gerhard: Sexueller Mißbrauch, Entführung und Freiheitsberaubung bei Bewußtlosigkeit des Opfers – BGHSt 25, 237, in: JuS 1974, S. 566.
zitiert: *Meyer-Gerhards*, JuS 1974, 566, … .

Meyers Lexikonredaktion: Meyers Neues Lexikon – in zehn Bänden, Mannheim 1993.
zitiert: *Meyers Lexikonredaktion*, 1993, „…“, S. … .

Michel, Frank P.: Forum: Aids-Test ohne Einwilligung – Körperverletzung oder Strafbarkeitslücke?, in: JuS 1988, S. 8.
zitiert: *Michel*, JuS 1988, 8, … .

Mitsch, Wolfgang: Strafrecht Besonderer Teil 2 – Vermögensdelikte, 3. Auflage, Berlin 2015.
zitiert: *Mitsch*, [3]2015, § … S. … .

—.: Strafrechtsdogmatische Probleme des § 239 III Nr. 1 StGB, GA 2009, S. 329.
zitiert: *Mitsch*, GA 2009, 329, … .

—.: Verspätungen im Zugverkehr und Freiheitsberaubung (§ 239 StGB), NZV 2013, S. 417.
zitiert: *Mitsch*, NZV 2013, 417, … .

Mittermaier, Wolfgang: Anmerkung zum Urteil des Reichsgerichts vom 15.12.1992 – 1 D 992/22, in: JW 1924, S. 305.
zitiert: *Mittermaier*, JW 1924, 305, … .

Momsen, Carsten: Die Zumutbarkeit als Begrenzung strafrechtlicher Pflichten, Habilitation, Baden-Baden 2006.
zitiert: *Momsen*, 2006, Kap. …, § … .

Montenbruck, Axel: Strafrahmen und Strafzumessung, Habilitation, Berlin 1983.
zitiert: *Montenbruck*, 1983, S. … .

Mühlbauer, Tilo: Ablisten und Verwenden von Geldautomatenkarten als Betrug und Computerbetrug – zugleich Besprechung BGH vom 17.12.2002 – 1 StR 412/02, in: NStZ 2003, S. 650.
zitiert: *Mühlbauer*, NStZ 2003, 650, … .

Müller, Christian Friedrich: Das Strafgesetzbuch für die Preußischen Staaten vom 14. April 1851 mit Beifügung der nach den neuesten Strafgesetzbüchern in Oesterreich, Baiern, Oldenburg, Sachsen, Würtemberg, Braunschweig, Lippe-Detmold, Hannover, Großherzogthum Hessen, Baden, Anhalt-Dessau und Köthen und den Thüringischen Staaten geltenden Strafbestimmungen, Halle 1852.
zitiert: *Müller*, 1852, S. … .

Murmann, Uwe: Grundkurs Strafrecht – Allgemeiner Teil, Tötungsdelikte, Körperverletzungsdelikte, 4. Auflage, München 2017.
zitiert: *Murmann*, 42017, § … Rn. … .

Naucke, Wolfgang: Der Kausalzusammenhang zwischen Täuschung und Irrtum beim Betrug, in: Festschrift für Karl Peters zum 70. Geburtstag, Tübingen 1974, S. 109.
zitiert: *Naucke*, 1974, S. … .

Noll, Peter: Tatbestand und Rechtswidrigkeit: Die Wertabwägung als Prinzip der Rechtfertigung, in: ZStW 77 (1965), S. 1.
zitiert: *Noll*, ZStW 77 (1965), 1, … .

Oehler, Dietrich: Wurzel, Wandel und Wert der strafrechtlichen Legalordnung, Berlin 1950.
zitiert: *Oehler*, 1950, S. … .

Oppenhoff, Friedrich Christian: Das Strafgesetzbuch für die Preußischen Staaten nebst dem Gesetze und den Verordnungen über die Einführung desselben, 5. Auflage, Berlin 1867, Nachdruck Frankfurt am Main 1991.
zitiert: *Oppenhoff*, 51867 (Nachdr. 1991), § … Rn. … .

Orth, Thomas: Rechtsgut und Tatopfer der Freiheitsberaubung, Dissertation, Gießen 1988.
zitiert: *Orth*, 1988, S. … .

Otto, Harro: Täterschaft, Mittäterschaft, mittelbare Täterschaft, in: Jura 1987, S. 246.
zitiert: *Otto*, Jura 1987, 246, … .

—.: Einverständnis, Einwilligung und eigenverantwortliche Selbstgefährdung, in: Festschrift für Friedrich Geerds zum 70. Geburtstag, Lübeck 1995, S. 603.
zitiert: *Otto*, 1995, 603, … .

—.: Einwilligung, mutmaßliche, gemutmaßte und hypothetische Einwilligung, in: Jura 2004, S. 679.
zitiert: *Otto*, Jura 2004, 679, … .

—.: Grundkurs Strafrecht – Allgemeine Strafrechtslehre, 7. Auflage, Berlin 2004.
zitiert: *Otto*, AT, [7]2004, § … Rn. … .

—.: Grundkurs Strafrecht – Die einzelnen Delikte, 7. Auflage, Berlin 2005.
zitiert: *Otto*, BT, [7]2005, § … Rn. … .

Park, Tido/*Schwarz*, Thomas: Die Freiheitsberaubung (§ 239 StGB), in: Jura 1995, S. 294.
zitiert: *Park/Schwarz*, Jura 1995, 294, … .

Preisendanz, Holger: Strafgesetzbuch – Lehrkommentar mit Erläuterungen und Beispielen, ausgewählten Nebengesetzen sowie einem Anhang über Jugendstrafrecht, 30. Auflage, Berlin 1978.
zitiert: *Preisendanz*, [30]1978, § … Anm. … .

Radtke, Henning/*Hohmann*, Olaf (Hg.): Strafprozessordnung – Kommentar, München 2011.
zitiert: *Bearbeiter*, in: R/H, 2011, § … Rn. … .

Regel, Wolfgang: „Entziehen" und „Entführen" Minderjähriger. Zur Auslegung der §§ 235, 236 StGB, Dissertation, Münster 1975.
zitiert: *Regel*, 1975, S. … .

Regge, Jürgen/*Schubert*, Werner (Hg.): Quellen zur Reform des Straf- und Strafprozeßrechts, Band 2: Protokolle der Strafrechtskommission des Reichsjustizministeriums, 2. Teil: 1. Lesung: Allgemeiner Teil (Strafrahmen, Unternehmen einer Straftat), Besonderer Teil (Fortsetzung und Abschluß der Beratungen), Berlin 1989.
zitiert: *Regge/Schubert*, 1989, S. … .

Rengier, Rudolf: Raub ohne Nötigung?, in: Festschrift für Hartmut Maurer zum 70. Geburtstag, München 2001, S. 1195.
zitiert: *Rengier*, 2001, S. … .

—.: Strafrecht Allgemeiner Teil, 9. Auflage, München 2017.
zitiert: *Rengier*, AT, [9]2017, § … Rn. … .

—.: Strafrecht Besonderer Teil I – Vermögensdelikte, 19. Auflage, München 2017.
zitiert: *Rengier*, BT I, [19]2017, § … Rn. … .

—.: Strafrecht Besonderer Teil II – Delikte gegen die Person und die Allgemeinheit, 18. Auflage, München 2017.
zitiert: *Rengier*, BT II, [18]2017, § … Rn. … .

Renzikowski, Joachim: Die Reform der Straftatbestände gegen den Menschenhandel, in: JZ 2005, S. 879.
zitiert: *Renzikowski*, JZ 2005, 879, … .

Rönnau, Thomas: Willensmängel bei der Einwilligung im Strafrecht, Habilitation, Tübingen 2001.
zitiert: *Rönnau*, 2001, S. … .

—.: Die Einwilligung als Instrument der Freiheitsbetätigung – Zum Grundgedanken und Wirkgrund der Einwilligung im Strafrecht, in: Jura 2002, S. 595.
zitiert: *Rönnau*, Jura 2002, 595, … .

—.: Grundwissen – Strafrecht: Einwilligung und Einverständnis, in: JuS 2007, S. 18.
zitiert: *Rönnau*, JuS 2007, 18, … .

Roxin, Claus: Die Mitwirkung beim Suizid – ein Tötungsdelikt?, in: Festschrift für Eduard Dreher zum 70. Geburtstag, Berlin 1977, S. 331.
zitiert: *Roxin*, 1977, S. … .

—.: Die durch Täuschung herbeigeführte Einwilligung im Strafrecht, in: Gedächtnisschrift für Peter Noll, Zürich 1984, S. 275.
zitiert: *Roxin*, 1984, S. … .

—.: Strafrecht Allgemeiner Teil – Grundlagen. Der Aufbau der Verbrechenslehre, Band I, 4. Auflage, München 2006.
zitiert: *Roxin*, AT I, ^{4}2006, § … Rn. … .

—.: Strafrecht Allgemeiner Teil – Besondere Erscheinungsformen der Straftat, Band II, München 2003.
zitiert: *Roxin*, AT II, 2003, § … Rn. … .

—./*Schünemann*, Bernd: Strafverfahrensrecht – Ein Studienbuch, 29. Auflage, München 2017.
zitiert: *Roxin/Schünemann*, ^{29}2017, § … Rn. … .

Rubo, Ernst Traugott: Kommentar über das Strafgesetzbuch für das Deutsche Reich und das Einführungsgesetz vom 31. Mai 1870 sowie die Ergänzungsgesetze vom 10. Dezember 1871 und 26. Februar 1876, Berlin 1879, Nachdruck Frankfurt am Main 1992.
zitiert: *Rubo*, 1879 (Nachdr. 1992), § … Rn. … .

Rudolphi, Hans-Joachim: Literaturbericht: Strafrecht – Allgemeiner Teil, in: ZStW 86 (1974), S. 68.
zitiert: *Rudolphi*, ZStW 86 (1974), 68, … .

Satzger, Helmut/*Schluckebier*, Wilhelm/*Widmaier*, Gunter (Hg.): Strafgesetzbuch – Kommentar, 3. Auflage, Köln 2016.
zitiert: *Bearbeiter*, in: S/S/W, ^{3}2016, § … Rn. … .

Sauer, Wilhelm: Allgemeine Strafrechtslehre. Eine lehrbuchmäßige Darstellung, 3. Auflage, Berlin 1955.
zitiert: *Sauer*, ³1955, § … Rn. … .

Savigny, Friedrich Carl von: System des heutigen römischen Rechts, Band 1, Berlin 1840, Neudruck Aalen 1973.
zitiert: *Savigny*, 1840 (Neudr. 1973), S. … .

Schlehofer, Horst: Einwilligung und Einverständnis – Dargestellt an der Abgrenzung zwischen Raub und räuberischer Erpressung, Dissertation, Köln 1985.
zitiert: *Schlehofer*, 1985, S. … .

Schmidhäuser, Eberhard: Strafrecht Allgemeiner Teil – Lehrbuch, 2. Auflage, Tübingen 1975.
zitiert: *Schmidhäuser*, AT, ²1975, … .

—.: Strafrecht Besonderer Teil – Grundriss, 2. Auflage, Tübingen 1983.
zitiert: *Schmidhäuser*, BT, ²1983, … .

—.: Handeln mit Einwilligung des Betroffenen – strafrechtlich: eine scheinbare Rechtsgutsverletzung, in: Festschrift für Friedrich Geerds zum 70. Geburtstag, Lübeck 1995, S. 593.
zitiert: *Schmidhäuser*, 1995, S. … .

Schönke, Adolf/*Schröder*, Horst: Strafgesetzbuch Kommentar, 29. Auflage, München 2014.
zitiert: *Bearbeiter*, in: Sch/Schr, ²⁹2014, § … Rn. … .

Schott, Tilmann: Gesetzliche Strafrahmen und ihre tatrichterliche Handhabung. Eine empirische Untersuchung zu Gesetzessystematik und Rechtstatsächlichkeit bei ausgewählten Deliktsbereichen, Dissertation, Baden-Baden 2004.
zitiert: *Schott*, 2004, S. … .

Schroeder, Friedrich-Christian: Die Notwehr als Indikator politischer Grundanschauungen, in: Festschrift für Reinhart Maurach zum 70. Geburtstag, Karlsruhe 1972, S. 127.
zitiert: *Schroeder*, 1972, S. … .

—.: Notstandslage bei Dauergefahr – BGH NJW 1979, 2053, in: JuS 1980, S. 336.
zitiert: *Schroeder*, JuS 1980, 336, … .

—.: Das 37. Strafrechtsänderungsgesetz: Neue Vorschriften zur Bekämpfung des „Menschenhandels“, in: NJW 2005, S. 1393.
zitiert: *Schroeder*, NJW 2005, 1393, … .

—.: Die Straftaten gegen die persönliche Freiheit – Erscheinungsformen und System, in: JuS 2009, S. 14.
zitiert: *Schroeder*, JuS 2009, 14, … .

Schröder, Horst: Anmerkung zum Urteil des OLG Köln vom 05.05.1961 – 4 Ss 493/60, in: JR 1961, S. 434.
zitiert: *Schröder*, JR 1961, 434, … .

Schubert, Werner (Hg.): Quellen zur Reform des Straf- und Strafprozeßrechts, Band 3: Protokolle der Strafrechtsausschüsse des Reichstags, 2. Teil: Sitzungen vom Juli 1928-September 1929, Berlin 1996.
zitiert: *Schubert*, Teil 2, 1996, S. … .

—.: Quellen zur Reform des Straf- und Strafprozeßrechts, Band 3: Protokolle der Strafrechtsausschüsse des Reichstags, 4. Teil: Sitzungen vom Dezember 1930-März 1932, Berlin 1997.
zitiert: *Schubert*, Teil 4, 1997, S. … .

Schumacher, Ulrich: Freiheitsberaubung und „Fürsorglicher Zwang" in Einrichtungen der stationären Altenhilfe, in: Beiträge zur Rechtswissenschaft – Festschrift für Walter Stree und Johannes Wessels zum 70. Geburtstag, Heidelberg 1993, S. 431.
zitiert: *Schumacher*, 1993, S. … .

Schwacke, Peter: Juristische Methodik mit Technik der Fallbearbeitung, 4. Auflage, Stuttgart 2003.
zitiert: *Schwacke*, ^{4}2003, S. … .

Schwarze, Friedrich Oskar: Commentar zum Strafgesetzbuch für das Deutsche Reich, 3. Auflage, Leipzig 1873, Nachdruck Frankfurt am Main 1992.
zitiert: *Schwarze*, ^{3}1873 (Nachdr. 1992), § … S. … .

Siebdrat, Gustav Albert (Hg.): Das Strafgesetzbuch für das Königreich Sachsen vom 11. August 1855 mit den damit in Verbindung stehenden Gesetzen bis zum Schlusse des Jahres 1861 und einem durchlaufenden Commentare zum Handgebrauche beim gerichtlichen Verfahren, sowie für Universitätsstudien, Leipzig 1862.
zitiert: *Siebdrat*, 1862, Art. … S. … .

Simson, Gerhard/*Geerds*, Friedrich: Straftaten gegen die Person und Sittlichkeitsdelikte in rechtsvergleichender Sicht, München 1969.
zitiert: *Simson/Geerds*, 1969, S. … .

Soiné, Michael: Kriminalistische List im Ermittlungsverfahren, in: NStZ 2010, S. 596.
zitiert: *Soiné*, NStZ 2010, 596, … .

Sommer, Ulrich: Lücken im Strafrechtsschutz des § 240 StGB? Zum Verhältnis von Gewalt und Drohung bei der Nötigung, in: NJW 1985, S. 769.
zitiert: *Sommer*, NJW 1985, 769, … .

Sonnen, Bernd-Rüdeger: Strafrecht Besonderer Teil, Heidelberg 2005.
zitiert: *Sonnen*, 2005, S. … .

Steinberger, Karl: Die Freiheitsberaubung. § 239 StGB, Dissertation, Borna-Leipzig 1911.
zitiert: *Steinberger*, 1911, S. … .

Stenglein, Melchior: Commentar über das Strafgesetzbuch für das Königreich Bayern und das Gesetz über die Einführung des Strafgesetzbuches und des Polizei-Strafgesetzbuches – Zweiter Theil. Des Strafgesetzbuches besondere Bestimmungen über die einzelnen strafbaren Handlungen, München 1862, Nachdruck Frankfurt am Main 1989.
zitiert: *Stenglein*, 1862 (Nachdr. 1989), Art. … S. … .

Sternberg-Lieben, Detlev/*Sternberg-Lieben*, Irene: Anmerkung zum Urteil des BGH vom 20.11.2003 – 4 StR 150/03, in: JZ 2004, S. 633.
zitiert: *Sternberg-Lieben, D./Sternberg-Lieben, I.*, JZ 2004, 633, … .

Stoffers, Kristian F.: Die Formel „Schwerpunkt der Vorwerfbarkeit" bei der Abgrenzung von Tun und Unterlassen, Dissertation, Berlin 1992.
zitiert: *Stoffers*, 1992.

Stratenwerth, Günter: Prinzipien der Rechtfertigung, in: ZStW 68 (1956), S. 41.
zitiert: *Stratenwerth*, ZStW 68 (1956), 41, … .

—*./Kuhlen*, Lothar: Strafrecht Allgemeiner Teil – Die Straftat, 6. Auflage, München 2011.
zitiert: *Stratenwerth/Kuhlen*, ⁶2011, § … Rn. … .

Uhlmann, Johannes: Die Mittel der Freiheitsberaubung, Auszug Dissertation, Görlitz 1930.
zitiert: *Uhlmann*, 1930, S. … .

Villnow, Carl: Die Verbrechen und Vergehen wider die persönliche Freiheit, in: Archiv für Preußisches Strafrecht, 24. Band, Berlin 1876, S. 104.
zitiert: *Villnow*, Archiv für Preußisches Strafrecht 24 (1876), 104, … .

Volk, Klaus/*Engländer*, Armin: Grundkurs StPO, 8. Auflage, München 2013.
zitiert: *Volk/Engländer*, ⁸2013, § … Rn. … .

von Heintschel-Heinegg, Bernd (Hg.): Beck'scher Online-Kommentar StGB, 36. Edition, München 2017.
zitiert: *Bearbeiter*, in: BeckOK StGB, Std.: 01.11.2017, § … Rn. … .

von Liszt, Franz/*Schmidt*, Eberhard: Lehrbuch des Deutschen Strafrechts – Erster Band. Einleitung und Allgemeiner Teil, 26. Auflage, Berlin 1932.
zitiert: *von Liszt/Schmidt*, ²⁶1932, § … S. … .

von Olshausen, Philipp Justus: Kommentar zum Strafgesetzbuch für das Deutsche Reich, Zweiter Band, 11. Auflage, Berlin 1927.
zitiert: *von Olshausen*, ¹¹1927, § … Rn. … .

Wagner, Walter: Zur Auslegung der Staatsschutzvorschriften über den Schutz der persönlichen Freiheit (II), in: MDR 1967, S. 709.
zitiert: *Wagner*, MDR 1967, 709, … .

Wahrig-Burfeind, Renate (Hg.): Deutsches Wörterbuch, 8. Auflage, Gütersloh 2008.
zitiert: *Wahrig-Burfeind*, [8]2008, „…“, S. … .

Walther, Susanne: Anmerkung zum Urteil des OLG Celle vom 14.11.2000 – 32 Ss 78/00, in: StV 2002, S. 367.
zitiert: *Walther*, StV 2002, 367, … .

Wedekind, Dieter: Anmerkung zum Urteil des OLG Hamm vom 13.12.1968 – 3 Ss 1398/68, in: NJW 1969, S. 1128.
zitiert: *Wedekind*, NJW 1969, 1128, … .

Weigend, Thomas: Über die Begründung der Straflosigkeit bei Einwilligung des Betroffenen, in: ZStW 98 (1986), S. 44.
zitiert: *Weigend*, ZStW 98 (1986), 44, … .

Welzel, Hans: Das Deutsche Strafrecht – Eine systematische Darstellung, 11. Auflage, Berlin 1969.
zitiert: *Welzel*, [11]1969, S. … .

Wessels, Johannes/*Beulke*, Werner/*Satzger*, Helmut: Strafrecht Allgemeiner Teil – Die Straftat und ihr Aufbau, 47. Auflage, Heidelberg 2017.
zitiert: *Wessels/Beulke/Satzger*, [47]2017, § … Rn. … .

Wessels, Johannes/*Hettinger*, Michael/*Engländer*, Armin: Strafrecht Besonderer Teil/1 – Straftaten gegen Persönlichkeits- und Gemeinschaftswerte, 41. Auflage, Heidelberg 2017.
zitiert: *Wessels/Hettinger/Engländer*, [41]2017, § … Rn. … .

Wessels, Johannes/*Hillenkamp*, Thomas: Strafrecht Besonderer Teil/2 – Straftaten gegen Vermögenswerte, 40. Auflage, Heidelberg 2017.
zitiert: *Wessels/Hillenkamp*, [40]2017, § … Rn. … .

Wimmer, Klaus: Die Bedeutung des zustimmenden Willens und anderer positiver Stellungnahmen des Berechtigten sowie die Wirkung seiner Täuschung bei ausgewählten strafrechtlichen Deliktsdefinitionen, Dissertation, Heidelberg 1980.
zitiert: *Wimmer*, 1980, S. … .

Wolter, Jürgen: Gewaltanwendung und Gewalttätigkeit – z. B. §§ 240, 105, 177, 249, 123 StGB –, in: NStZ 1985, S. 193.
zitiert: *Wolter*, NStZ 1985, 193, … .

—. (Hg.): Systematischer Kommentar zur Strafprozessordnung. Mit GVG und EMRK, Band II (§§ 94–136a StPO), 5. Auflage, Köln 2016.
zitiert: *Bearbeiter*, in: SK StPO, [5]2016, § … Rn. … .

—. (Hg.): Systematischer Kommentar zum Strafgesetzbuch, Band I (§§ 1–37 StGB), 9. Auflage, Köln 2017; Band IV (§§ 174–241a StGB), 9. Auflage, Köln 2017; Band IV (§§ 212–266b StGB), Loseblattsammlung, Stand: 148. Lieferung (Dezember 2014); Band VI (§§ 303–358 StGB), 9. Auflage, Köln 2016.
zitiert: *Bearbeiter*, in: SK StGB, Bd. …, [9]… bzw. Std.: 12/2014, § … Rn. … .

Wolters, Gereon: „Neues" vom räuberischen Angriff auf Kraftfahrer?, in: GA 2002, S. 303.
zitiert: *Wolters*, GA 2002, 303, … .

Zieschang, Frank: Strafrecht Allgemeiner Teil, 5. Auflage, Stuttgart 2017.
zitiert: *Zieschang*, [5]2017, Kap. … Rn. … .

Zipf, Heinz: Einwilligung und Risikoübernahme im Strafrecht, Dissertation, Neuwied 1970.
zitiert: *Zipf*, 1970, S. … .

Zöller, Mark A./*Fornoff*, Rainer/*Gries*, Claudia: Strafrecht Besonderer Teil II – Delikte gegen Rechtsgüter der Person und der Allgemeinheit, Berlin 2008.
zitiert: *Zöller/Fornoff/Gries*, 2008, S. … .

Onlinequellen:

Duden, Die deutsche Rechtschreibung, abrufbar unter https://www.duden.de/.

PONS, Deutsch als Fremdsprache, abrufbar unter https://de.pons.com/übersetzung/deutsch-als-fremdsprache.

Inhaltsverzeichnis

A. Einleitung

Die vorliegende Arbeit basiert auf einem Problem, das sich aus der Zusammenfügung einzelner Annahmen ergibt. Diese haben in ihrem anerkannten individuellen Dasein Berechtigung, können jedoch bei der Prüfung, ob eine Situation den objektiven Tatbestand der listigen Freiheitsberaubung nach § 239 I Alt. 2 StGB erfüllt, nicht uneingeschränkt gelten. Das Problem zeigt sich bei dem Versuch, folgenden Fall[1] zu lösen:

> A hat im Urlaub die Somalierin B kennengelernt. Er heiratet sie und bringt sie mit nach Deutschland. Da er äußerst eifersüchtig ist, möchte er sie ständig unter Kontrolle haben. Er erklärt ihr, dass ausländische Ehefrauen in Deutschland in den ersten drei Monaten ihres Aufenthalts die Wohnung nur in Begleitung ihres Ehemannes verlassen dürften und für den Fall der Übertretung des Verbots mit ihrer Ausweisung rechnen müssten. B, die mit den Verhältnissen in Deutschland überhaupt nicht vertraut ist, glaubt ihrem Ehemann und verlässt die gemeinsame Wohnung aus Angst, in das Bürgerkriegsgebiet Somalia zurückkehren zu müssen, in der Zeit, in der A arbeitet, nicht. Die Wohnungstür ist unverschlossen. Gemeinsame Ausflüge finden, insbesondere am Wochenende, statt.
>
> Zu prüfen ist in Bezug auf das Verhalten des A der Tatbestand der Freiheitsberaubung in qualifizierter[2] Form, § 239 I, III Nr. 1 StGB. Die Prüfung des objektiven Tatbestands des Grunddelikts erfolgt dabei nach der überwiegenden Literaturmeinung in zwei Schritten: Zunächst ist das Tatobjekt zu bestimmen, sodann ist die Tathandlung zu untersuchen.[3] Übertragen auf den Fall bedeutet dies, dass B als natürliche Person mit vollem Bewusstsein Objekt einer Freiheitsberaubung sein kann. Fraglich ist jedoch, ob A auch eine Tathandlung im Sinne des § 239 I StGB vorgenommen hat. Eine Einsperrung nach § 239 I Alt. 1 StGB lässt sich mangels verschlossener Wohnungstür,

---

1 Der Fall ist *Marxen*, 2004, S. 54, entnommen.

2 Ob die Qualifikation des § 239 III Nr. 1 StGB tatbestandsmäßig oder erfolgsqualifizierend ist, ist strittig (für eine Erfolgsqualifikation etwa *Kühl*, in: L/K, ²⁸2014, § 239 Rn. 9 m.w.N.; für eine tatbestandsmäßige Qualifikation etwa *Eser/Eisele*, in: Sch/Schr, ²⁹2014, § 239 Rn. 12 m.w.N.), kann aber dahingestellt bleiben.

3 Siehe etwa *Valerius*, in: BeckOK StGB, Std.: 01.11.2017, § 239 Rn. 3 ff.; *Lenz*, in: D/D/K/R, ⁴2017, § 239 Rn. 3 ff.; *Haft*, ⁸2005, S. 165 ff.; *Hohmann/Sander*, BT II, ²2011, § 11 Rn. 2 ff.; *Sonnen*, in: K/N/P, ⁵2017, § 239 Rn. 12 ff.; *Wieck-Noodt*, in: MüKo StGB, Bd. 4, ³2017, § 239 Rn. 12 ff.; *Rengier*, BT II, ¹⁸2017, § 22 Rn. 1a. Ähnlich – Schutzgut (hierunter wird das Objekt der Tat besprochen) sowie Tathandlung – prüfen *Wessels/Hettinger/Engländer*, ⁴¹2017, § 8 Rn. 418 ff. Hingegen fügen *Gössel/Dölling*, ²2004, § 19 Rn. 17 ff., und *Kindhäuser*, BT I, ⁸2017, § 15 Rn. 6 ff., einen dritten Prüfungspunkt, den Erfolg der Freiheitsberaubung, hinzu. Siehe hierzu unter **C.I.**

mithin infolge der tatsächlich bestehenden Möglichkeit des Verlassens der Räumlichkeit für B ausschließen. Eine Drohung gemäß § 239 I Alt. 2 StGB durch A entfällt ebenso, da dieser nicht vorgibt, auf das Übel der (vermeintlichen) Ausweisung der B Einfluss zu haben. Letztlich kommt ein listiges Verhalten seitens des A in Betracht, welches als Handlungsalternative unter die Freiheitsberaubung auf andere Weise subsumiert werden könnte. List erfasst ein Verhalten, das darauf abzielt, unter geflissentlichem und geschicktem Verbergen der wahren Absichten oder Umstände die Ziele des Täters durchzusetzen.[4] A spiegelt seiner unwissenden Ehefrau vor, dass sie, sollte sie allein die gemeinsame Wohnung verlassen, mit ihrer Ausweisung nach Somalia rechnen müsste. Diese Vorspiegelung kann als geflissentlich und geschickt eingestuft werden. Da sie dem eifersüchtigen A zudem dazu dienen soll, die B unter Kontrolle zu haben, und diese Absicht der B nicht offenbart wird, erfolgt das insofern zielgerichtete Verhalten des A unter Verbergung seiner wahren Absichten. A handelt somit listig. Die List fällt nach der herrschenden Meinung unter die von einer Freiheitsberaubung auf andere Weise erfassten Tatmittel, sodass der objektive Tatbestand des § 239 I Alt. 2 StGB erfüllt sein könnte. Problematisch erscheint allerdings, dass B objektiv jederzeit die Möglichkeit besitzt, die gemeinsame Wohnung zu verlassen, von dieser Möglichkeit jedoch infolge ihrer Angst vor einer (vermeintlichen) Ausweisung keinen Gebrauch macht. Es könnte ihrerseits an eine Zustimmung gedacht werden. Eine solche Opferzustimmung wird im Rahmen des § 239 I StGB überwiegend als Einverständnis behandelt, wodurch sich die Verortung des Problems im objektiven Tatbestand erklären lässt.[5] Diesbezüglich ist sodann zwar festzuhalten, dass der zustimmende Wille der B, die Wohnung nicht zu verlassen und damit ihre Fortbewegungsfreiheit nicht auszuüben, nicht als autonom angesehen werden könnte, da die Zustimmung lediglich aufgrund der Angst vor einer (vermeintlichen) Ausweisung in das Bürgerkriegsgebiet Somalia abgegeben wurde. Gleichzeitig, so betont es die herrschende Meinung, sei jedoch zu beachten, dass das tatbestandsausschließende Einverständnis durch einen rein tatsächlichen Charakter geprägt ist, und folglich Willensmängel des Opfers grundsätzlich irrelevant sind. Insbesondere lasse auch das durch Täuschung erschlichene Einverständnis den Tatbestand entfallen.[6] Dass B insofern lediglich infolge ihres Irrtums, bei Verlassen der Wohnung ausgewiesen zu werden, in der ehelichen Wohnung verweilt, erscheint irrelevant, da mit dem listigen Verhalten des A die B zugleich getäuscht wurde. Im Ergebnis ist die Erfüllung des objektiven Tatbestandes des § 239 I Alt. 2 StGB aufgrund der Zustimmung der B abzulehnen. A hat sich nicht wegen Freiheitsberaubung zulasten der B strafbar gemacht. Die Prüfung der Qualifikation nach § 239 III Nr. 1 StGB entfällt folgerichtig.

Eine solche Falllösung der Straflosigkeit muss dabei nicht verwundern, gilt das Strafrecht zur Wahrung des Verhältnismäßigkeitsgrundsatzes nach Art. 20 III GG doch nur

---

4 Siehe etwa BGH, Urteil v. 23.01.1996 – 1 StR 687/95, NStZ 1996, 276, 277, und unter **B.I.2.**

5 Siehe etwa *Wessels/Hettinger/Engländer*, [41]2017, § 8 Rn. 422, und unter **C.III.**

6 Siehe etwa *Krey/Esser*, [6]2016, § 17 Rn. 660 f., und unter **C.III.**

als ultima ratio, „als äußerstes Mittel oder letztmöglicher Weg",[7] mit dem besonders sozialschädliche und für das geordnete Zusammenleben der Menschen unerträgliche Verhaltensweisen bekämpft werden sollen.[8] Das Verhalten, welches der Ehemann A gegenüber seiner Ehefrau B zeigt, könnte daher nicht von einer solchen Schwere sein, dass es mit dem Strafrecht geahndet werden müsste.

Wird die Falllösung jedoch auf eine abstrakte Ebene verlagert, fällt Folgendes auf: Das Ergebnis der Straflosigkeit beruht allein auf dem tatbestandsausschließenden Einverständnis des Betroffenen, welches sich der Täter listig erschlichen hat. Es gilt infolge seiner reinen Tatsächlichkeit als von einer Täuschung unbeeinflusst. Mit dem listigen, d. h. geflissentlichen und geschickten Handeln des Täters zur Verbergung seiner wahren Absichten scheint stets auch eine Täuschung, eine Irreführung des Opfers über die wahren Täterabsichten einherzugehen. Das mittels List erschlichene Einverständnis wäre somit genauso zu behandeln wie das mittels Täuschung erschlichene Einverständnis. Daher würde auch die List des Täters das Einverständnis des Opfers in seiner Wirksamkeit nicht berühren. Der Täter bliebe mangels Verwirklichung des objektiven Tatbestandes straflos.

Nunmehr ist zu beachten, dass das erfolgreiche listige Verhalten des Täters im Rahmen des § 239 I Alt. 2 StGB dazu führen muss, dass das Opfer seiner Fortbewegungsfreiheit beraubt ist. Wird aber dieses Ziel als wahre Absicht verborgen, so bewirkt die List bei erfolgreicher Anwendung, dass das Opfer die Beeinträchtigung seiner körperlichen Bewegungsfreiheit als eine solche nicht erkennt. Es agiert vielmehr entsprechend der Absicht des Täters und ist daher mit der „Beeinträchtigung" einverstanden. Listiges Handeln im Rahmen des § 239 I Alt. 2 StGB scheint somit gerade das Einverständnis des Opfers hervorzurufen. Dieses Einverständnis schließt sodann den objektiven Tatbestand aus.

Werden folglich die Grundsätze, die zu dem durch Täuschung erschlichenen Einverständnis aufgestellt wurden, uneingeschränkt auf listiges Handeln im Sinne des § 239 I Alt. 2 StGB übertragen, so scheinen keine Fälle vorstellbar zu sein, in denen der Täter das Opfer listig seiner Freiheit beraubt, ohne dass der objektive Tatbestand aufgrund eines wirksamen Einverständnisses ausgeschlossen ist. Die List wäre damit zwar als Tatmittel der Freiheitsberaubung anerkannt, könnte diese objektiv tatbestandsmäßig aber nie verwirklichen. Eine solche Konstellation ist dem Strafrecht fremd. Es fragt sich insbesondere, warum die List als Tatmittel des § 239 I Alt. 2 StGB überhaupt diskutiert wird.

---

7 *Rengier*, AT, [9]2017, § 3 Rn. 5 f.

8 BVerfGE 88, 203 (258) v. 28.05.1993.

Das aufgezeigte Problem wird in der strafrechtlichen Literatur und Rechtsprechung nur teilweise erkannt.[9] Es findet sich insofern einerseits die Aussage, dass die Wirksamkeit des Einverständnisses nicht durch Arglist erschüttert wird. Unabhängig davon, inwiefern die Begriffe von List und Arglist synonym verwendet werden können,[10] setzt sich diese Ansicht nicht mit Delikten auseinander, bei denen die List gerade als Tatmittel gilt. Die Aussage kann demnach nicht zur Problembehandlung beitragen, entspringt das aufgezeigte Problem doch der Konstruktion, dass die List nicht nur Mittel zur Herbeiführung der Opferzustimmung, sondern auch Tatmittel des § 239 I Alt. 2 StGB ist. Ferner wird zum Teil festgestellt, dass ein mittels List erschlichenes Einverständnis in eine Freiheitsberaubung stets unwirksam ist, mithin den objektiven Tatbestand nicht ausschließt. Das dargestellte Problem wäre somit dadurch behoben, dass die Opferzustimmung im Rahmen der Freiheitsberaubung stets unbeachtlich ist, wenn diese durch List herbeigeführt wurde. Wiederum andere versuchen, das Problem des mittels List erschlichenen Einverständnisses anhand von bestimmten Kriterien zu lösen.[11] Dabei wird sich partiell an der Behandlung einer mit Willensmängeln behafteten Einwilligung orientiert. Besonders populär ist insofern die Übertragung der Grundsätze, die *Arzt* in seiner Schrift „Willensmängel bei der Einwilligung" von 1970 entwickelte, mithin eine Problembehandlung des mittels List erschlichenen Einverständnisses anhand des Kriteriums der Rechtsgutsbezogenheit. Da eine solche Lösung nicht aber stets zu eindeutigen Ergebnissen führt und in Fallkonstellationen, in denen dem Betroffenen eine immaterielle Gegenleistung für die Aufgabe seiner Fortbewegungsfreiheit in Aussicht gestellt wird, teilweise als unhaltbar angesehen wird, ergänzen manche Autoren das Kriterium der Rechtsgutsbezogenheit. Darüber hinaus werden vereinzelt andere Kriterien zur Behandlung des mittels List erschlichenen Einverständnisses vorgeschlagen, wobei sich allerdings keines dieser Kriterien in der Diskussion bisher durchsetzen konnte.

Ziel dieser Arbeit ist es, das Problem des mittels List erschlichenen Einverständnisses im Rahmen des § 239 I Alt. 2 StGB einer praktikablen und haltbaren Lösung zugänglich zu machen. Dazu bedarf es zunächst der Klärung, ob die List als Tatmittel der Freiheitsberaubung in Betracht kommt. Zu Beginn dieser Arbeit ist folglich die List zu untersuchen – zum einen im Allgemeinen, zum anderen innerhalb des Tatbestandes der Freiheitsberaubung (**B.**). Darüber hinaus findet

9 Siehe unter **C.IV.2.**

10 Siehe unter **B.I.2.c.(1)**.

11 Siehe unter **C.IV.3.**

eine Auseinandersetzung mit dem von § 239 I Alt. 2 StGB geforderten Taterfolg, insbesondere mit dessen Charakteristika, statt. Hierbei ist auch zu hinterfragen, wie die Opferzustimmung zu einer Freiheitsberaubung wirkt. Dazu werden die Zustimmungsformen von Einverständnis und Einwilligung dargestellt, um sodann entscheiden zu können, welche Form der Zustimmung im Hinblick auf § 239 I StGB gilt und welche Anforderungen an eine wirksame Opferzustimmung zu stellen sind. Zu fragen ist daraufhin nach dem mittels List erschlichenen Einverständnis bezüglich des Erfolges der Freiheitsberaubung. Nach Darstellung der in Literatur und Rechtsprechung vorhandenen Ansätze ist ein Lösungsvorschlag zu präsentieren (**C.**). Die Ergebnisse dieser Arbeit werden letztlich in einem Fazit festgehalten (**D.**).

B. List als Tatmittel der Freiheitsberaubung

Ganz entscheidend für die Behandlung des mittels List erschlichenen Einverständnisses im Rahmen des § 239 I Alt. 2 StGB ist die Anerkennung der List als Tatmittel der Freiheitsberaubung. Zu betrachten ist daher der Begriff der List, dem sich zunächst im Allgemeinen (**B.I.**) und sodann im Rahmen des § 239 I Alt. 2 StGB gewidmet wird (**B.II.**). Es folgt eine Zusammenfassung der erlangten Erkenntnisse (**B.III.**).

I. Das Merkmal der List im Allgemeinen

Das Merkmal der List ist im Hinblick auf die Verwendung im allgemeinen Sprachgebrauch (**B.I.1.**) und im Strafgesetzbuch (**B.I.2.**) zu untersuchen, wobei es auch einer Abgrenzung zum strafrechtlichen Begriff der Täuschung bedarf (**B.I.3.**). Die Ergebnisse werden sodann zusammengefasst (**B.I.4.**).

1. List im allgemeinen Sprachgebrauch

Der Begriff der List findet sich zum einen im allgemeinen Sprachgebrauch. Es sind daher die Ausführungen in den Wörterbüchern heranzuziehen.

Nach dem *Duden* stellt die List ein Mittel dar, mit dessen Hilfe jemand – andere täuschend – etwas zu erreichen sucht, was er auf normalem Wege nicht erreichen könnte.[12] *PONS* bezeichnet die List hingegen als ein Verhalten, bei dem man jemanden täuscht, um ein Ziel zu erreichen.[13] Gleiches nimmt *Langenscheidt* an: List ist eine Handlung, durch die jemand getäuscht wird, um damit ein eigenes Ziel zu verfolgen.[14] Bei *Wahrig-Burfeind* wiederum wird die List als geschickte Täuschung definiert.[15] *Meyers Lexikonredaktion* bezeichnet die List letztlich als ein schlaues Vorgehen mittels ausgeklügelten Plans, um einen Gegner zu täuschen und sich dadurch aus einer gefährlichen Situation zu retten oder um die Oberhand über jemanden zu gewinnen, um etwas Bestimmtes zu erreichen.[16]

---

12 https://www.duden.de/rechtschreibung/List_Finte_Schlaeue, abgerufen am 05.01.2018.

13 https://de.pons.com/übersetzung?q=List&l=dedx&in=&lf=, abgerufen am 05.01.2018.

14 *Langenscheidt*, ⁴2010, „List", S. 714.

15 *Wahrig-Burfeind*, 2008, „List", S. 951.

16 *Meyers Lexikonredaktion*, 1993, „List", S. 112.

Die List wird im allgemeinen Sprachgebrauch damit überwiegend[17] als ein Handlungsinstrument betrachtet, das dem listig Handelnden dazu dient, ein außerhalb des listigen Verhaltens befindliches Ziel zu verfolgen. Ob dieses Ziel tatsächlich (objektiv) erreicht wird, ist hingegen für ein listiges Verhalten irrelevant. Entscheidend ist vielmehr die Vorstellung des die List Einsetzenden, nach der das listige Verhalten in die Erreichung des Ziels münden soll. Dieses Ziel scheint aus der Perspektive des listig Handelnden gerade auf üblichem (= nicht listigem) Wege nicht erreichbar. Die List wird folglich stets final, mithin zweckgerichtet eingesetzt. Der listig Handelnde muss, unabhängig von dem Einsetzen der List, ein weiteres Ziel verfolgen.

Zu erkennen ist ferner, dass das listige Verhalten mit dem (alltäglichen) Begriff der Täuschung verknüpft wird. Während *Wahrig-Burfeind* die Begriffe der List und Täuschung nahezu gleichsetzt, scheinen *PONS* und *Langenscheidt* die Täuschung als ein Element der List vorauszusetzen. Diese bildet den Definitionen nach einen notwendigen Zwischenschritt zwischen dem Einsatz der List und dem verfolgten Ziel. Auch nach der Definition des *Dudens* wirkt die Täuschung als ein elementarer Bestandteil der List. Hierüber wird jedoch hinausgegangen, indem sich im *Duden* unter den Synonymen zur List – neben dem falschen Spiel, der Intrige, dem Kniff, dem Schachzug, dem Trick und der Tücke – auch die Täuschung findet. Im Gegensatz zum bezweckten Ziel wird dabei überwiegend[18] eine erfolgreiche Täuschung des Gegenübers verlangt, mithin muss dieser einer falschen Vorstellung[19] unterliegen, irregeführt werden.

Darüber hinaus fordern zumindest *Wahrig-Burfeind* und *Meyers Lexikonredaktion*, letztlich auch der *Duden* im Hinblick auf die genannten Synonyme ein Vorgehen, das von Geschicklichkeit und Schlauheit geprägt ist. Im Umkehrschluss genügt nicht jede täuschende, auf das Erreichen eines Ziels angelegte Handlungsform.

Zusammenfassend ist Folgendes festzuhalten: Die List erfordert dem allgemeinen Sprachgebrauch nach ein finales Handeln. Sie wird eingesetzt in der Vorstellung, ein anderweitig nicht zu erreichendes Ziel verwirklichen zu können. Die vollendete Täuschung ist dabei wesentlicher Bestandteil einer List. Teilweise werden

---

17 Lediglich die knappe Definition von *Wahrig-Burfeind* gibt ein solches Verständnis nicht her.

18 Lediglich *Meyers Lexikonredaktion* scheint hierbei eine andere Ansicht zu vertreten, indem mit der Formulierung „um einen Gegner zu täuschen“ auf die subjektive Vorstellung des listig Handelnden abgestellt wird.

19 Siehe https://www.duden.de/rechtschreibung/Taeuschung und https://de.pons.com/übersetzung?q=Täuschung&l=dedx&in=&lf=, beide abgerufen am 05.01.2018.

die Begriffe synonym verwendet. Zudem wird der Einsatz von Geschicklichkeit und Schlauheit gefordert. Es genügt folglich nicht jegliche Art der Beeinflussung.

2. List als Tatmittel des Strafgesetzbuches

Die List findet sich zum anderen als Tatmittel im Strafgesetzbuch. Dabei ist in der Darstellung zu unterscheiden zwischen Tatbeständen, die die List ausdrücklich als taugliches Tatmittel nennen (**B.I.2.a.**), und solchen Tatbeständen, bei denen die List als Handlungsinstrument anerkannt ist oder zumindest diskutiert wird (**B.I.2.b.**). Es folgt sodann ein Exkurs zu den Begriffen der Hinterlist und der Arglist, die sich ebenfalls im Strafgesetzbuch finden (**B.I.2.c.**).

a. List als ausdrücklich genanntes Tatmittel

Einige Tatbestände weisen die List als ausdrücklich genanntes Tatmittel auf. Hierzu zählen der Menschenhandel unter Einsatz schwerer Tatmittel nach § 232 II Nr. 1 StGB, die Zwangsprostitution und die Zwangsarbeit mit einem schweren Tatmittel nach §§ 232a III, 232b III StGB, der Menschenraub nach § 234 I StGB, die Verschleppung nach § 234a I StGB, die Entziehung Minderjähriger nach § 235 I Nr. 1 StGB und die Zwangsheirat nach § 237 II StGB.

(1) List im Rahmen des 18. Abschnitts des Strafgesetzbuches

Es fällt zunächst auf, dass sich alle Tatbestände, die die List als Tatmittel ausdrücklich erfassen, im 18. Abschnitt des Strafgesetzbuches befinden. Dieser Abschnitt reicht von § 232 StGB bis § 241a StGB und behandelt, so lässt seine Überschrift zumindest vermuten, die Straftaten gegen die persönliche Freiheit.

Vor dem 37. Strafrechtsänderungsgesetz,[20] welches am 19. Februar 2005 in Kraft trat, bestrafte das Strafgesetzbuch den Menschenhandel und den schweren Menschenhandel in den §§ 180b, 181 StGB, mithin im Abschnitt der Straftaten gegen die sexuelle Selbstbestimmung. Nach § 181 I Nr. 1 StGB a. F. war strafbar, wer eine andere Person mit Gewalt, durch Drohung mit einem empfindlichen Übel oder durch List zur Aufnahme oder Fortsetzung der Prostitution bestimmte. Zudem sah sich derjenige nach § 181 I Nr. 2 StGB a. F. einer Strafe ausgesetzt, der eine andere Person durch List anwarb oder gegen ihren Willen mit Gewalt, durch Drohung mit einem empfindlichen Übel oder durch List entführte, um sie [...] zu sexuellen Handlungen zu bringen [...]. In Umsetzung völker- und europarecht-

20 Siebenunddreißigstes Strafrechtsänderungsgesetz – §§ 180b, 181 StGB v. 11.02.2005, BGBl. I S. 239.

licher Vorgaben[21] wurden die Vorschriften im Jahr 2005 inhaltlich verändert und im 18. Abschnitt verortet. Diese systematische Verlagerung ist teilweise auf Kritik gestoßen. So wurde geäußert, dass § 232 StGB in der Fassung des Menschenhandels zur sexuellen Ausbeutung – wie für die Delikte im 18. Abschnitt kennzeichnend[22] – nicht ausschließlich die persönliche Freiheit, sondern zumindest auch die sexuelle Selbstbestimmung[23] bzw. § 233 StGB in der Fassung des Menschenhandels zum Zweck der Ausbeutung der Arbeitskraft die (geschwächte) Widerstandskraft gegen Ausbeutung schütze.[24] Mit dem Gesetz zur Verbesserung der Bekämpfung des Menschenhandels und zur Änderung des Bundeszentralregistergesetzes sowie des Achten Buches Sozialgesetzbuch,[25] in Kraft getreten am 15. Oktober 2016, wurde die Tathandlung des Menschenhandels – weiterhin im 18. Abschnitt – neu geregelt. In den §§ 232a ff. StGB wurden eigenständige Straftatbestände der Zwangsprostitution und der Zwangsarbeit, der Ausbeutung der Arbeitskraft sowie der Ausbeutung unter Ausnutzung einer Freiheitsberaubung geschaffen.

Das Reichsgericht definiert die persönliche Freiheit als „einen Zustand der Person, in dem sie die ihr als Mensch eignende und das Wesen der Persönlichkeit ausmachende natürliche Fähigkeit zur Selbstbestimmung und Selbstbeherrschung ungehindert zur Geltung bringen kann" – und zwar innerhalb der von der äußeren Natur und der rechtlichen Ordnung gesetzten Schranken.[26] Diesem Verständnis entsprechend wird die persönliche Freiheit in der Literatur teilweise umfassend als Handlungsfreiheit, als „die tatsächliche Möglichkeit beliebigen Tuns im Rahmen des geltenden Rechts" verstanden[27] oder in verschiedene Dimensionen unterteilt:

---

21 BT-Drs. 15/3045 v. 04.05.2004, http://dip21.bundestag.de/doc/btd/15/030/1503045.pdf (S. 1), abgerufen am 05.01.2018; *Renzikowski*, in: MüKo StGB, Bd. 4, ³2017, § 232 Rn. 21, § 232a Rn. 11; *Eisele*, in: Sch/Schr, ²⁹2014, § 232 Rn. 1.

22 Siehe **sogleich im Text**.

23 *Renzikowski*, in: MüKo StGB, Bd. 4, ³2017, § 232 Rn. 12, § 232a Rn. 11, dabei anerkennend, dass das Recht auf sexuelle Selbstbestimmung einen Unterfall der allgemeinen Handlungsfreiheit darstellt, *ders.*, JZ 2005, 879, 879. An die Stelle der Vorschrift des § 232 StGB a. F. ist § 232a StGB getreten, siehe etwa *Valerius*, in: BeckOK StGB, Std.: 01.11.2017, § 232a Rn. 1, dabei das geschützte Rechtsgut der Norm als „die persönliche Freiheit in ihrer Ausprägung der sexuellen Selbstbestimmung" beschreibend, ebd. Rn. 2.

24 *Schroeder*, NJW 2005, 1393, 1395. An die Stelle der Vorschrift des § 233 StGB a. F. ist § 232b StGB getreten, siehe etwa *Renzikowski*, in: MüKo StGB, Bd. 4, ³2017, § 232b Rn. 10.

25 Gesetz zur Verbesserung der Bekämpfung des Menschenhandels und zur Änderung des Bundeszentralregistergesetzes sowie des Achten Buches Sozialgesetzbuch v. 11.10.2016, BGBl. I S. 2226 ff.

26 RGSt 48, 346 (348) v. 12.07.1914.

27 So noch *Georgieff*, 1911, S. 41, und wortwörtlich *Lind*, 1915, S. 10.

Neben persönlicher Unabhängigkeit bedeute Freiheit auch politische Freiheit, Freiheit von fremder Herrschaft, Fortbewegungsfreiheit und Freiheit zum Handeln oder Unterlassen im Einzelfall.[28] Überwiegend wird die persönliche Freiheit jedoch auf die Freiheit der Willensentschließung und -betätigung beschränkt.[29] Diese Ansicht wird der vorliegenden Arbeit zugrunde gelegt.

Das Rechtsgut der Freiheit wird zwar auch in anderen Tatbeständen des Strafgesetzbuches geschützt, etwa in den §§ 249 ff. StGB oder §§ 253 ff. StGB.[30] Allerdings kennzeichnen sich die Vorschriften des 18. Abschnittes dadurch, dass das Rechtsgut der persönlichen Freiheit zumindest überwiegendes oder aber ausschließliches Schutzgut ist, mithin nicht lediglich neben anderen Rechtsgütern als Begleiterscheinung der Tat Schutz findet.[31]

Ferner sind für die Delikte des 18. Abschnittes die Art und Weise, mittels derer auf die Freiheit des Opfers eingewirkt wird, charakteristisch: Als Zwangsmittel gelten Gewalt und Drohung, teilweise die List.[32] Auffällig ist dabei, dass die List nach der Gestaltung der Tatbestände stets nur dann als Tatmittel ausdrücklich genannt wird, wenn auch Gewalt und Drohung – in der Regel mit einem empfindlichen Übel – als Handlungsinstrumente in Betracht kommen. Dieser Systematik kann bereits die Wertung entnommen werden, dass der List in ihrer Wirkung und Vorwerfbarkeit die gleiche Intensität zugesprochen wird wie der Anwendung von Gewalt oder dem Einsatz einer Drohung.[33]

---

28 *Maurach/Schroeder/Maiwald*, BT/1, [10]2009, § 12 Rn. 3 f.; *Schroeder*, JuS 2009, 14, 15 f.

29 Siehe etwa *Eisele*, BT I, [4]2017, S. 153 Rn. 424; *Wieck-Noodt*, in: MüKo StGB, Bd. 4, [2]2017, Vorb. §§ 232 ff. Rn. 1; *Park/Schwarz*, Jura 1995, 294, 294; *Wessels/Hettinger/Engländer*, [41]2017, § 8 Rn. 407.

30 *Maurach/Schroeder/Maiwald*, BT/1, [10]2009, § 12 Rn. 11.

31 *Wieck-Noodt*, in: MüKo StGB, Bd. 4, [3]2017, Vorb. §§ 232 ff. Rn. 1; *Eser/Eisele*, in: Sch/Schr, [29]2014, Vorb. §§ 234 ff. Rn. 1; *Wessels/Hettinger/Engländer*, [41]2017, § 8 Rn. 404. Dass sich insofern die Vorschriften der §§ 232–233a StGB in systematischer Hinsicht nach Teilen der Lit. nicht in das System einfügen, siehe bereits Fn. 23 und Fn. 24 sowie *Wieck-Noodt*, ebd. Rn. 2; *Eser/Eisele*, ebd.

32 Vgl. *Kindhäuser*, BT I, [8]2017, § 12 Rn. 1. Die Zwangsnatur der List wird teilweise abgelehnt, siehe *Uhlmann*, 1930, III.c); *Eser/Eisele*, in: Sch/Schr, [29]2014, Vorb. §§ 234 ff. Rn. 6. Allerdings sanktioniert der 18. Abschnitt des Strafgesetzbuches Straftaten gegen die persönliche Freiheit. „Freiheit" beschreibt einen Zustand der Unabhängigkeit und Ungebundenheit, mithin die Abwesenheit von Zwang, https://www.duden.de/rechtschreibung/Freiheit, abgerufen am 05.01.2018; *Lind*, 1915, S. 8. Ein Eingriff in die Freiheit gilt damit als Zwangsausübung. Ein solcher ist ausdrücklich nach einigen Tatbeständen mittels List möglich, sodass die List als Zwangsmittel angesehen werden kann.

33 Siehe unter **B.II.1.e.(2)(b)**.

(2) List als Vorgehen

Zu betrachten ist nunmehr das definitorische Verständnis der List. Hierbei ist darauf hinzuweisen, dass dieses für alle genannten Tatbestände identisch ist, mithin nicht von Tatbestand zu Tatbestand variiert. Bereits das Reichsgericht hat sich – insbesondere für die Folgezeit richtungsweisend[34] in einem Urteil bezüglich des Kindesraubes nach der damaligen Fassung des § 235 StGB[35] – umfänglich mit dem Merkmal der List auseinandergesetzt. Nach Auffassung des Reichsgerichts ist hierunter ein kluger, auf Täuschung berechneter Anschlag oder Kunstgriff zu verstehen. Allerdings erschöpft sich die List nach Ansicht des Reichsgerichts nicht in der Täuschung, setzt eine solche nicht notwendig voraus. Vielmehr sei eine Überlistung mittels Einwirkens auf das Vorstellungs- oder Denkvermögen eines anderen Wesens nicht nur in Form der Erregung irriger Vorstellungen (= Täuschung), sondern auch in Form der Benutzung eines schon vorhandenen Irrtums und der Verdeckung des wirklichen Sachverhalts möglich.[36] In letzterer Konstellation werden in der Regel ebenso irrige Vorstellungen beim Überlisteten geweckt; dies sei aber nicht zwingend erforderlich. Vielmehr genüge neben der Anwendung eines gewissen Grades von Klugheit, Schlauheit und Fertigkeit ein geflissentliches Verbergen der Absicht oder der zur Erreichung der Absicht gebrauchten Mittel.[37] Ebenso könne die List gegen Dritte eingesetzt werden.[38] Eine alltägliche Unwahrheit reiche allerdings nicht aus, um eine List zu begründen.[39]

Der Bundesgerichtshof hat sich ebenso in verschiedenen Urteilen mit dem Begriff der List befasst. Während er diesen teilweise verkürzt darstellt als geflissentliches Verbergen der verfolgten Absicht,[40] findet sich vorwiegend folgende Definition: Der Begriff der List umschreibt ein Verhalten, das darauf abzielt, unter geflissentlichem und geschicktem Verbergen der wahren Zwecke oder Mittel die Ziele des Täters durchzusetzen.[41] Mittels List soll insofern auf den

34 *Bohnert*, GA 1978, 353, 354.

35 RGSt 17, 90 v. 27.01.1888.

36 RGSt 17, 90 (90 f.) v. 27.01.1888.

37 RGSt 17, 90 (93) v. 27.01.1888.

38 RGSt 17, 90 (91) v. 27.01.1888.

39 RG, Urteil v. 15.12.1922 – 1 D 992/22, JW 1924, 305, 306.

40 BGHSt 16, 58 (62) v. 21.04.1961.

41 St. Rspr., siehe etwa BGHSt 32, 267 (269) v. 21.02.1984; Urteil v. 24.11.1988 – 4 StR 441/88, NJW 1989, 917, 917; Urteil v. 23.01.1996 – 1 StR 687/95, NStZ 1996, 276, 277; BGHSt 44, 355 (360) v. 11.02.1999.

Willen des Opfers eingewirkt werden.[42] Hierbei genüge das Ausnutzen eines bereits bestehenden Irrtums. Zum Begriff der List gehöre nicht, dass der Täter sein Gegenüber überlistet.[43] Als Gegenüber kommen dabei auch dritte Personen in Betracht.[44]

Die Literatur schließt sich weitestgehend der Rechtsprechung – sowohl des Reichsgerichts als auch des Bundesgerichtshofes – an und übernimmt dabei gänzlich die Definition des Bundesgerichtshofes. Charakteristikum der List sei die Beeinträchtigung der Willensfreiheit derart, dass ein entgegenstehender Wille des Opfers ausgeschaltet wird oder aber ein solcher gar nicht erst aufkommen kann.[45] Die List erfasst nach der überwiegenden Meinung zum einen die Täuschung, darüber hinaus aber auch das Ausnutzen eines bereits bestehenden Irrtums oder aber das Ausnutzen der bloßen Unkenntnis der wahren Sachlage.[46] Es bedarf folglich eines listigen Vorgehens. Nicht erforderlich ist eine Überlistung.[47] Heimlichkeit wird ebenso nicht verlangt.[48] Die List könne zudem auch gegenüber

42 BGHSt 33, 353 (355) v. 06.11.1985.

43 BGHSt 10, 376 (378) v. 13.09.1957.

44 BGHSt 16, 58 (62) v. 21.04.1961.

45 *Eidam*, in: M/R, 2013, § 234 Rn. 5; *Geilen*, JZ 1974, 540, 540; *Meyer-Gerhards*, JuS 1974, 566, 570.

46 *Valerius*, in: BeckOK StGB, Std.: 01.11.2017, § 234 Rn. 4; *Braasch*, in: D/D/K/R, ^{4}2017, § 234 Rn. 4; *Fischer*, ^{65}2018, § 232 Rn. 30b; *Heger*, in: L/K, ^{28}2014, § 234 Rn. 2; *Krehl*, in: LK StGB, Bd. 7/2, ^{12}2015, § 234 Rn. 28; *Eidam*, in: M/R, 2013, § 234 Rn. 5; *Wieck-Noodt*, in: MüKo StGB, Bd. 4, ^{3}2017, § 234 Rn. 38; *Eser/Eisele*, in: Sch/Schr, ^{29}2014, Vorb. §§ 234 ff. Rn. 38; *Wessels/Hettinger/Engländer*, ^{41}2017, § 9 Rn. 494; **a.A.** *Böse*, in: K/N/P, ^{5}2017, § 232 Rn. 25, der das bloße Ausnutzen eines beim Opfer bestehenden Irrtums (im Rahmen des § 232 StGB) nicht genügen lässt, sondern vielmehr aufgrund der erforderlichen Vergleichbarkeit mit Gewalt und Drohung verlangt, dass der Täter durch Verschleierung der tatsächlichen Umstände einen Irrtum des Opfers herbeiführt; *Bohnert*, GA 1978, 353, 362, der die List mit der Täuschung gleichsetzt, sie insofern auf diese beschränkt, wobei allerdings nicht nachvollziehbar ist, warum das Strafgesetzbuch, das den Begriff der Täuschung ebenfalls kennt, bei gleicher Bedeutung zwischen den Begriffen unterscheiden sollte (siehe unter **B.I.3.**); *Krack*, 1994, S. 75 ff., der das Ausnutzen eines Irrtums als listige Handlungsweise mangels Beeinflussung des Denk- und Vorstellungsvermögens des Opfers ablehnt und auf einige Tatbestände verweist, die das Ausnutzen explizit nennen.

47 So ausdrücklich *Wieck-Noodt*, in: MüKo StGB, Bd. 4, ^{3}2017, § 235 Rn. 66; **a.A.** *Krack*, 1994, S. 26 ff., insb. S. 33, der einen Irrtum beim Opfer fordert.

48 *Krehl*, in: LK StGB, Bd. 7/2, ^{12}2015, § 234 Rn. 30; *Eidam*, in: M/R, 2013, § 234 Rn. 5; *Wieck-Noodt*, in: MüKo StGB, Bd. 4, ^{3}2017, § 234 Rn. 41.

Dritten angewendet werden.[49] Nach allgemeiner Ansicht genügt eine einfache, leicht durchschaubare Lüge jedoch nicht dem Tatmittel der List.[50]

Das Grundverständnis von der List als im Strafgesetzbuch ausdrücklich genanntes Tatmittel stimmt damit in Literatur und Rechtsprechung überein. Spricht das Reichsgericht noch von dem Opfer als „Überlisteten“ – wohingegen Bundesgerichtshof und Literatur explizit keine Überlistung fordern –, so kann damit nicht einhergehen, dass es einer vollendeten Täuschung bedarf. Insofern wird gleichzeitig vom Reichsgericht anerkannt, dass auch das Ausnutzen der bloßen Unkenntnis eine List begründen kann, das Opfer mithin gerade keine Fehlvorstellung bilden muss.

Dieses einheitliche definitorische Verständnis der List wird der gesamten Arbeit zugrunde gelegt. An dem Begriff der List und den soeben aufgezeigten anerkannten Charakteristika wird insofern keine Kritik geübt.[51]

(3) List als Auskunftsverweigerung

Uneinigkeit scheint jedoch hinsichtlich der Behandlung der Auskunftsverweigerung – problematisiert im Rahmen der Kindesentziehung (bis zum 1. April 1998) bzw. der Entziehung Minderjähriger nach § 235 StGB – zu bestehen. Nach Auffassung des Reichsgerichts kann die List auch lediglich darauf gerichtet sein, ein Nichtwissen bzw. eine Unkenntnis der wahren Sachlage hervorzurufen, sodass auch derjenige listig handelt, der ein Kind zunächst versteckt hält und sodann dessen Aufenthaltsort verschweigt.[52] Die Literatur lehnt hingegen die Ansicht,

---

49 *Valerius*, in: BeckOK StGB, Std.: 01.11.2017, § 234 Rn. 5; *Braasch*, in: D/D/K/R, ^{4}2017, § 234 Rn. 4, § 235 Rn. 10; *Heger*, in: L/K, ^{28}2014, § 234 Rn. 2; *Eidam*, in: M/R, 2013, § 234 Rn. 5; *Wieck-Noodt*, in: MüKo StGB, Bd. 4, ^{3}2017, § 234 Rn. 41; *Eser/Eisele*, in: Sch/Schr, ^{29}2014, Vorb. §§ 234 ff. Rn. 38; *Wagner*, MDR 1967, 709, 709.

50 *Krehl*, in: LK StGB, Bd. 7/2, ^{12}2015, § 234 Rn. 26; *Wieck-Noodt*, in: MüKo StGB, Bd. 4, ^{3}2017, § 234 Rn. 38; *Eser/Eisele*, in: Sch/Schr, ^{29}2014, Vorb. §§ 234 ff. Rn. 38: „nicht ohne weiteres“; **a.A.** *Mittermaier*, JW 1924, 305, 306, der auch die ungeschickteste und ohne jeden tatsächlichen Erfolg vorgenommene Verschleierung genügen lässt, da andernfalls ein ungeschickter Mensch stets vor Strafe sicher sei und es an der Rechtssicherheit fehlen würde. Mit Blick auf die Versuchsstrafbarkeit – auch im Rahmen der Freiheitsberaubung, siehe § 239 II StGB – ist eine solche Argumentation jedoch nicht mehr haltbar.

51 Den Versuch, die allgemein anerkannte Definition der List als Tatbestandsmerkmal des Strafgesetzbuches zu modifizieren, hat *Krack* mit seiner Dissertation „List als Straftatbestandsmerkmal“ unternommen. Seine Resultate fanden jedoch – zumindest i.E. – keinen Einzug in das Verständnis der List von überwiegender Lit. und Rspr.

52 RGSt 17, 90 (93 f.) v. 27.01.1888; siehe **sogleich im Text**.

dass das bloße Verschweigen einer List gerecht wird, grundsätzlich ab.[53] Im Folgenden wird die Auffassung des Reichsgerichts, des Bundesgerichtshofs sowie der Oberlandesgerichte anhand von entschiedenen Fällen verdeutlicht, aus denen sich Erkenntnisse für die Behandlung der Auskunftsverweigerung ergeben.

Fall 1

Einerseits waren Fälle zu entscheiden, in denen ein Elternteil in Ausübung seines Sorgerechts das Kind bei sich hat, es sodann jedoch an einen dem anderen Elternteil unbekannten Ort verbringt, um es diesem Elternteil vorzuenthalten. Insofern könnte das Tatmittel der List angewendet worden sein.

Der Bundesgerichtshof erkennt in dem Verhalten der Ehefrau, die zunächst bereit zu sein scheint, dem Kindesvater den gemeinsamen Sohn für eine vom Amtsgericht festgesetzte Zeit zu überlassen, eine mit List durchgeführte Entziehung des Sohnes, da sie „klug und geschickt die durch ihr Versprechen geschaffene Lage ausgenutzt [hat], indem sie vor dem verabredeten Eintreffen ihres Ehemannes mit ihrem Kinde verschwand, für diesen unbekannt wohin."[54] Auch das OLG Karlsruhe sowie das Bayerische Oberste Landesgericht werten ein solches Verhalten als ein Entziehen durch List.[55]

Es zeigt sich folglich, dass ein listiges Verhalten zumindest dann angenommen wird, wenn der Täter zunächst – insofern mit dem Anschein der Ordnungsgemäßheit, mithin schlau und geschickt – verschweigt, dass er die Absicht verfolgt, den Aufenthaltsort des Kindes zu verändern, und er diese Absicht sodann realisiert.

Fall 2

Zum anderen mussten aber auch solche Fälle einer Entscheidung zugänglich gemacht werden, in denen ein Elternteil bzw. beide Eltern ihr Kind versteckt halten und jegliche Angabe über den ihnen bekannten Aufenthaltsort des Kindes verweigern.

Fall 2a

Teilweise wurde dabei das Versteckthalten des Kindes – im Unterschied zu der in Fall 1 dargestellten Konstellation – nicht einmal verschleiert, vielmehr lediglich die Aussage über den Aufenthaltsort verweigert. Zu prüfen war, ob dennoch die List als Tatmittel eingesetzt wurde.

---

53 *Heger*, in: L/K, ²⁸2014, § 234 Rn. 2, und *Wieck-Noodt*, in: MüKo StGB, Bd. 4, ³2017, § 234 Rn. 40, lehnen eine List beim Verstecken des Opfers oder bei bloßer Auskunftsverweigerung mangels geflissentlichen Verbergens ab, wobei *Wieck-Noodt*, ebd. § 235 Rn. 68, die Möglichkeit einer solchen Verheimlichung mittels List erkennt. *Eser/Eisele*, in: Sch/Schr, ²⁹2014, Vorb. §§ 234 ff. Rn. 38., lassen ein „hartnäckiges" Verschweigen – auch bei Bestehen einer Offenbarungspflicht – nicht genügen. *Wolters*, in: SK StGB, Bd. IV, ⁹2017, § 235 Rn. 11, nimmt eine List nur dann an, wenn das Unterlassen der Auskunft mit einer („aktiven") Täuschungshandlung verbunden ist.

54 BGHSt 10, 377 (379) v. 13.09.1957.

55 OLG Karlsruhe, Beschluss v. 02.11.1983 – 4 VAs 13/82, NJW 1984, 572, 573; BayObLG, Beschluss v. 20.03.2001 – 1ST RR 27/01, JR 2002, 166, 167.

Das Reichsgericht scheint dazu zu tendieren, bereits das bloße Verschweigen des Aufenthaltes des Kindes als List anzusehen, wenn es auf die Lex Fabia de plagiariis verweist, welche als „arglistiges Handeln ausdrücklich auch das celare", mithin das Verbergen, Verheimlichen, Verschweigen bezeichnet. Es trifft jedoch keine abschließende Entscheidung, da „doch das festgestellte Verstecken des Kindes, das Verbringen desselben an einen verschlagen gewählten Ort, welchen der Vater nicht kennt, und wo es der Vater nicht suchen kann, unter den Begriff der ‚List' sehr wohl subsumiert werden" könne.[56] Im Zweifel sei daher an das Versteckthalten anzuknüpfen.

Auch der Bundesgerichtshof nimmt eine Strafbarkeit nach § 235 StGB mittels List aufgrund der Weigerung an, den Aufenthaltsort des Kindes anzugeben. Hierbei ist allerdings zuzugeben, dass der Täter darüber hinaus das nicht ernstgemeinte Versprechen gegenüber der Kriminalpolizei abgab, den Aufenthaltsort später preisgeben zu wollen. „Aufgrund der eben erwähnten Vorspiegelung gegenüber den Kriminalbeamten wurden diese davon abgehalten, sofort weitere Nachforschungen anzustellen; A gewann damit – entsprechend seiner Absicht – genügend Zeit, um die (späteren) Nachforschungen wesentlich erschweren zu können."[57] Der Bundesgerichtshof knüpft damit insbesondere an das Versprechen der späteren Preisgabe an, das dem Verschweigen des Aufenthaltsortes hinzugefügt wurde, sodass nicht eindeutig davon ausgegangen werden kann, der Bundesgerichtshof lasse bereits das bloße Verschweigen für eine List genügen.

Das OLG Bremen erkennt hingegen in der Weigerung der Herausgabe des Kindes kein Entziehen durch List, geben die Angeklagten doch damit zu, dass sich das Kind bei ihnen aufhält.[58] Das OLG Hamm nimmt insofern mit Verweis auf das OLG Bremen an, dass das bloß hartnäckige Verschweigen des Aufenthaltsortes des Kindes auch bei Bestehen einer Offenbarungspflicht keine List darstellt.[59]

Fall 2b

Darüber hinaus waren Fälle zu entscheiden, in denen das Versteckthalten des Kindes durch den Täter nicht erkennbar war und von diesem die Auskunft über den Aufenthaltsort, da scheinbar unbekannt, verweigert wurde. Es musste entschieden werden, ob bei der bloßen Auskunftsverweigerung das Tatmittel der List erfüllt ist.

Das OLG Bremen kann ein listiges Verhalten nicht mit Sicherheit feststellen, wenn die Erzieherin den Aufenthalt des Kindes bei ihr wahrheitswidrig leugnet und das Kind innerhalb des Hauses versteckt. „Die bloße Erklärung, sie wisse nicht, wo sich das Kind befinde, stellt allein noch kein listiges Verhalten [...] dar." Die Aussage, dass sich das Kind bei Bekannten befinde, „war in Anbetracht der Umstände eine recht einfache Lüge, die sich alsbald als solche herausstellen mußte und auch herausgestellt hat. Zwar wurden die Zeuginnen dadurch vorübergehend getäuscht, aber diese Täuschung war zu plump und einfältig, als daß die Angekl. mit einiger Aussicht auf

56 RGSt 17, 90 (93 f.) v. 27.01.1888.

57 BGH, Urteil v. 14.05.1968 – 5 StR 164/68, siehe *Dallinger*, MDR 1968, 727, 728.

58 OLG Bremen, Urteil v. 02.11.1960 – Ss 89/60, JR 1961, 107, 108.

59 OLG Hamm, Beschluss v. 06.01.2003 – 2 Ws 436/02, BeckRS 2003, 01159.

Erfolg die Bemühungen des Jugendamtes, die Herausgabe des Kindes zu erreichen, dadurch für eine ins Gewicht fallende Zeitspanne hätten vereiteln können."[60] Gleichzeitig wird jedoch die Möglichkeit, dass das Versteckthalten und das Verschweigen des wahren Aufenthaltsortes eine List begründen, nicht ausgeschlossen. So sei die Aussage der Angeklagten, das Kind befinde sich bei dritten Personen, deren Namen sie nicht nennen wollten, obwohl sie wussten, dass sich das Kind im Hühnerstall versteckt hielt, in dem Fall, dass sie mit ihrer Aussage den Nachforschungen des Jugendamts eine andere Richtung geben wollten, nicht mit Sicherheit als List zu werten. Es konnte insofern nicht festgestellt werden, ob das Kind „aus eigenem Antrieb dies Versteck aufgesucht hat, oder ob und gegebenenfalls wann es die Angekl. oder einer von ihnen dort versteckt hat und ob dann gegebenenfalls der andere Angekl. darum wußte und es billigte."[61] Das OLG Bremen knüpft hierbei – wie auch, soeben aufgezeigt, der Bundesgerichtshof in seinem (späteren) Urteil von 1968 – nicht nur an das Versteckthalten und das Verschweigen des wahren Aufenthalts, sondern vielmehr an die wahrheitswidrige Aussage über den Aufenthaltsort des Kindes an, da hiermit die Aufklärung des Sachverhaltes erschwert werden könnte. Das OLG Celle lehnt zudem ein listiges Verhalten von Eheleuten ab, die ihre Tochter trotz anordnenden Beschlusses des Amtsgerichts nicht an das Jugendamt herausgeben, vielmehr ihr Kind an ständig wechselnden Aufenthaltsorten versteckt halten und die Auskunft hierüber verweigern. In dem Versteckthalten und der Auskunftsverweigerung könne kein geflissentliches Verbergen der Absicht oder der zur Erreichung der Absicht gebrauchten Mittel erkannt werden.[62] Diese Auffassung wird vom OLG Hamm geteilt.[63]

Es ist daher zum einen festzustellen, dass sich zumindest die oberlandesgerichtliche Rechtsprechung der grundsätzlich in der Kommentarliteratur verfolgten Auffassung anschließt und die schlichte Auskunftsverweigerung als reine Unwahrheit (da „plump und einfältig"), nicht aber als List einstuft.[64] Zum anderen fordern auch das Reichsgericht und der Bundesgerichtshof den Einsatz von Klugheit, lassen eine bloße Unwahrheit nicht genügen. Es ist daher davon auszugehen, dass die Behandlung der Auskunftsverweigerung nicht generell aufzulösen ist, sich vielmehr stets als Ergebnis einer einzelfallabhängigen Subsumtion, insbesondere der Bewertung der Situation, darstellt.

60 OLG Bremen, Urteil v. 02.11.1960 – Ss 89/60, JR 1961, 107, 108.

61 OLG Bremen, Urteil v. 02.11.1960 – Ss 89/60, JR 1961, 107, 108.

62 OLG Celle, Beschluss v. 05.02.1996 – 1 Ss 350/95, NJW 1996, 2666, 2666.

63 OLG Hamm, Beschluss v. 06.01.2003 – 2 Ws 436/02, BeckRS 2003, 01159.

64 OLG Bremen, Urteil v. 02.11.1960 – Ss 89/60, JR 1961, 107, 108; OLG Celle, Beschluss v. 05.02.1996 – 1 Ss 350/95, NJW 1996, 2666, 2666; OLG Hamm, Beschluss v. 06.01.2003 – 2 Ws 436/02, BeckRS 2003, 01159.

(4) Zusammenfassung: List als ausdrücklich genanntes Tatmittel

Festzuhalten ist, dass sich die List als ausdrücklich genanntes Tatmittel lediglich im 18. Abschnitt des Strafgesetzbuches findet, der dem Schutz der persönlichen Freiheit als Willensentschließungs- und Willensausübungsfreiheit dient. Das definitorische Verständnis der List begründet sich in einem Verhalten, das darauf abzielt, unter geflissentlichem und geschicktem Verbergen der wahren Absichten die Ziele des Täters durchzusetzen. Erfasst ist die Täuschung, aber auch das Ausnutzen eines bereits bestehenden Irrtums oder der Unkenntnis des wahren Sachverhalts. Dabei bedarf es des Einsatzes eines gewissen Grades an Klugheit und Schlauheit. Eine alltägliche Lüge genügt nicht. Nicht notwendig sind die Überlistung des Betroffenen sowie ein heimliches Vorgehen. Die List kann zudem gegenüber Dritten eingesetzt werden. Inwiefern sich die bloße Auskunftsverweigerung als List darstellt, ist im Rahmen einer Einzelfallprüfung zu entscheiden.

b. List als anerkanntes oder diskutiertes Tatmittel

Darüber hinaus finden sich im Strafgesetzbuch Tatbestände, bei denen die List als Tatmittel diskutiert und teilweise anerkannt wird, obwohl sie nicht explizit im Wortlaut der Norm genannt ist. Diese Tatbestände werden – ausgenommen die Freiheitsberaubung, bei der eine ausführlichere Prüfung erfolgt[65] – im Folgenden kurz dargestellt und mögliche Charakteristika der List herausgearbeitet.

(1) §§ 174 III Nr. 2, 174c, 176 II StGB

Die List ist zum einen im Zusammenhang mit den Straftaten gegen die sexuelle Selbstbestimmung angeführt.

§ 174 III Nr. 2 StGB etwa bestraft denjenigen, der einen Schutzbefohlenen dazu bestimmt, dass er sexuelle Handlungen vor ihm vornimmt. § 176 StGB stellt den sexuellen Missbrauch von Kindern unter Strafe. Bestraft wird nach dessen zweiten Absatz, wer ein Kind dazu bestimmt, dass es sexuelle Handlungen an einem Dritten vornimmt oder von einem Dritten an sich vornehmen lässt. Unter einem Bestimmen wird hinsichtlich beider Delikte jegliche kausale unmittelbare Einwirkung verstan-

65 Siehe unter **B.II.** Zudem erfolgt keine nähere Betrachtung des § 233a StGB, der die Ausbeutung unter Ausnutzung einer Freiheitsberaubung unter Strafe stellt, da hier als Tatmittel – gleichermaßen wie bei § 239 I StGB – das Einsperren und die Freiheitsberaubung auf andere Weise genannt sind. Die Regelung des § 233a StGB kann insofern als eine qualifizierte Freiheitsberaubung verstanden werden, *Renzikowski*, in: MüKo StGB, Bd. 4, ^{3}2017, § 233a Rn. 2.

den.[66] Als solch eine Einwirkungsmöglichkeit findet sich in der Kommentierung von *Wolters* explizit die List;[67] sonst wird diese als Mittel zumindest nicht abgelehnt, bleibt vielmehr unerwähnt. Die List wird demnach von *Wolters* als ein Tatmittel verstanden, das unmittelbar auf das Opfer einwirkt. Teilweise wird bezüglich der Einwirkung eine Willensbeeinflussung gefordert.[68] Zum Teil wird darüber hinaus verlangt, dass diese Einwirkung mittels kommunikativen Aktes erfolgt.[69] Ob dies im Rahmen der §§ 174 III Nr. 2, 176 II StGB zwingend erforderlich sowie eine kommunikative Willensbeeinflussung bei listigem Handeln stets gegeben ist, ist damit – hinsichtlich der zweiten Überlegung zumindest an dieser Stelle[70] – noch nicht entschieden.

§ 174c StGB bestraft zudem denjenigen, der sexuelle Handlungen an einer Person, die ihm wegen einer geistigen oder seelischen Krankheit oder Behinderung zur Beratung, Behandlung oder Betreuung anvertraut ist, unter Missbrauch des Beratungs-, Behandlungs- oder Betreuungsverhältnisses vornimmt oder an sich von ihr vornehmen lässt. Erfasst sind regelmäßig Fälle, in denen der Täter die – allein durch eine bestimmte, von psychischer Abhängigkeit geprägte Beziehung begründete – Zugangsmöglichkeit zu seinem Patienten ausnutzt. Ein bestehender Widerstandswille wird überwunden. Eine solche Überwindung kann – so von *Frommel* explizit genannt, anderweitig aber zumindest nicht abgelehnt – mittels List erfolgen.[71] Hieraus ergibt sich, dass die List ein Tatmittel darstellt, welches dazu fähig ist, einen tatsächlich bestehenden Widerstand zu überwinden.

(2) §§ 239a I, 239b I StGB

Ferner findet die List Erwähnung in der Kommentarliteratur und in der Rechtsprechung zum erpresserischen Menschenraub und zur Geiselnahme.

In § 239a I StGB wird der erpresserische Menschenraub unter Strafe gestellt: Strafbar ist, wer einen Menschen entführt oder sich eines Menschen bemächtigt,

---

66 *Ziegler*, in: BeckOK StGB, Std.: 01.11.2017, § 176 Rn. 16; *Laue*, in: D/D/K/R, ^{4}2017, § 176 Rn. 4; *Wolters*, in: SK StGB, Bd. IV, ^{9}2017, § 176 Rn. 10; gegen das Erfordernis einer Unmittelbarkeit, mithin **a.A.** BGHSt 41, 242 (245 f.) v. 07.09.1995; *Fischer*, ^{65}2018, § 176 Rn. 7; *Kindhäuser*, NK StGB, ^{7}2017, § 174 Rn. 11.

67 *Wolters*, in: SK StGB, Bd. IV, ^{9}2017, § 176 Rn. 10.

68 *Eschelbach*, in: M/R, 2013, § 174 Rn. 30, § 176 Rn. 14; *Renzikowski*, in: MüKo StGB, Bd. 3, ^{3}2017, § 174 Rn. 48; *Eisele*, in: Sch/Schr, ^{29}2014, § 176 Rn. 8, der allerdings mangels zweifelsfreien Willensentschlusses eine Ausnahme bei Kleinkindern macht.

69 *Hörnle*, in: LK StGB, Bd. 6, ^{12}2010, § 174 Rn. 44; *Eschelbach*, in: M/R, 2013, § 174 Rn. 30, § 176 Rn. 14; *Renzikowski*, in: MüKo StGB, Bd. 3, ^{3}2017, § 174 Rn. 48.

70 Zur Frage, ob es für eine List der Kommunikation bedarf, siehe unter **B.I.3.a.**

71 *Frommel*, in: K/N/P, ^{5}2017, § 174c Rn. 10.

um die Sorge des Opfers oder die Sorge eines Dritten um das Wohl des Opfers zu einer Erpressung auszunutzen, oder wer die von ihm durch eine solche Handlung geschaffene Lage eines Menschen zu einer solchen Erpressung ausnutzt. Als Tathandlungen des § 239a I Alt. 1 StGB gelten damit das Entführen und das Sichbemächtigen. Beiden Begriffen ist gemein, dass physische Herrschaftsgewalt des Täters über das Opfer erreicht werden muss.[72] Das eingesetzte Tatmittel, um zu entführen oder um sich eines anderen zu bemächtigen, kann dabei – anerkanntermaßen – die List sein.[73] Nach überwiegender Ansicht genügt allerdings nicht jede List, die eine Ortsveränderung veranlasst. Vielmehr bedürfe es einer solchen, die sich als ein Bemächtigungsversuch darstellt, mithin eine gewisse Lagestabilisierung herstellt.[74] Entsprechendes hat sodann zur Geiselnahme zu gelten, die ebenso das Entführen oder Sichbemächtigen als Tathandlungen nennt.[75] Über die Anforderungen an die List im Rahmen der §§ 239a I, 239b I StGB soll hierbei nicht abschließend entschieden werden. Die Ausführungen bestärken jedoch zum einen die Annahme, dass der List auch strafrechtlich eine Finalität zukommt, mithin diese eingesetzt wird, um ein bestimmtes Ziel zu erreichen. Es können zum anderen erhöhte Anforderungen an die List bestehen, die dabei jedoch dem konkreten Tatbestand – etwa dem Erfordernis der Herstellung von physischer Herrschaftsgewalt im Rahmen der §§ 239a I, 239b I StGB – geschuldet, nicht aber bereits dem Begriff der List immanent sind. Darüber hinaus ist festzuhalten, dass der erpresserische Menschenraub und die Geiselnahme im 18. Abschnitt des Strafgesetzbuches geregelt sind, und trotz fehlender expliziter Erwähnung über die Möglichkeit der List als Tatmittel Einigkeit besteht.

(3) § 240 I StGB

Zu betrachten ist darüber hinaus die Nötigung gemäß § 240 I StGB. Nach dem Wortlaut der Norm kommen als Tathandlungen die Gewalt und die Drohung mit einem empfindlichen Übel in Betracht. § 240 I StGB ist insofern abschließend.[76]

---

72 So etwa *Fischer*, [65]2018, § 239a Rn. 4 f.; *Wolters*, in: SK StGB, Bd. IV, [9]2017, § 239a Rn. 4.

73 BGH, Urteil v. 23.01.1996 – 1 StR 687/95, NStZ 1996, 276, 277; *Valerius*, in: BeckOK StGB, Std.: 01.11.2017, § 239a Rn. 7; *Fischer*, [65]2018, § 239a Rn. 4b; *Kindhäuser*, NK StGB, [7]2017, § 239a Rn. 4 f.; *Sonnen*, in: K/N/P, [5]2017, § 239a Rn. 18; *Rengier*, BT II, [18]2017, § 24 Rn. 6; *Schluckebier*, in: S/S/W, [3]2016, § 239a Rn. 5; *Wolters*, in: SK StGB, Bd. IV, [9]2017, § 239a Rn. 5.

74 *Lenz*, in: D/D/K/R, [4]2017, § 239a Rn. 8; *Sonnen*, in: K/N/P, [5]2017, § 239a Rn. 18; *Schluckebier*, in: LK StGB, Bd. 7/2, [12]2015, § 239a Rn. 11; *Eser/Eisele*, in: Sch/Schr, [29]2014, § 239a Rn. 6.

75 *Wolters*, in: SK StGB, Bd. IV, [9]2017, § 239b Rn. 4.

76 *Valerius*, in: BeckOK StGB, Std.: 01.11.2017, § 240 Rn. 3; *Toepel*, in: K/N/P, [5]2017, § 240 Rn. 32; *Sinn*, in: MüKo StGB, Bd. 4, [3]2017, § 240 Rn. 27; *Wolter*, NStZ 1985, 193, 195.

Nach einer Ansicht kann ein listiges Verhalten weder unter den Begriff der Gewalt noch unter den Begriff der Drohung subsumiert werden, sodass eine Nötigung mittels List ausscheide.[77]

Zum Teil wird allerdings die List als Nötigungsmittel vor dem Hintergrund anerkannt, dass auch die nur vorgeblich ernsthafte Drohung – also die listige Vorspiegelung einer ernsthaften Drohung – für eine Nötigung hinreiche.[78] Dass der Drohende das angekündigte Übel tatsächlich nicht ernsthaft realisieren wollen muss, entspricht der allgemein anerkannten Meinung.[79] Dass hieraus jedoch geschlossen wird, (primäres) Tatmittel der Nötigung sei nunmehr die List – aufgrund des abschließenden Wortlauts von § 240 I StGB wohl als Unterfall der Drohung –, erscheint zweifelhaft. Bereits aus den Tatbeständen des Strafgesetzbuches, die sowohl die Drohung als auch die List als Tatmittel nennen, ergibt sich, dass die List nicht in einer Drohung inbegriffen sein kann, ihr vielmehr eigenständige Bedeutung zukommen muss. Zudem ist die Definition der Drohung heranzuziehen: Als eine solche wird das Inaussichtstellen eines künftigen Übels verstanden, auf dessen Eintritt der Drohende Einfluss hat oder zu haben vorgibt.[80] Wird jedoch nur vorgegeben, den Eintritt eines Übels beeinflussen zu können (zweiter Teil der Definition), so hat der Täter tatsächlich keine Einflussmöglichkeit auf das Übel, sodass damit die Realisierbarkeit der Drohung, letztlich die Ernsthaftigkeit vorgespiegelt wird. Wegen des instrumentalisierenden Charakters einer Drohung[81] und in Anbetracht des geschützten Rechtsgutes einer Nötigung – der Freiheit der Willensbildung und Willensbetätigung[82] – ist ein solches Vorspiegeln zumindest dann als Drohung anzusehen, wenn es objektiv als ernstlich erscheint.[83] Eine nicht ernsthaft gemeinte Drohung bleibt damit Drohung. Die Realisierbarkeit und der Wille zur Realisation

---

77 *Sinn*, in: MüKo StGB, Bd. 4, ³2017, § 240 Rn. 27; *Eser/Eisele*, in: Sch/Schr, ²⁹2014, § 240 Rn. 3.

78 Siehe *Jakobs*, 1986, S. 808.

79 Siehe etwa BGHSt 38, 83 (86) v. 15.10.1991; *Valerius*, in: BeckOK StGB, Std.: 01.11.2017, § 240 Rn. 35; *Küper/Zopfs*, ⁹2015, Rn. 161; *Sinn*, in: MüKo StGB, Bd. 4, ³2017, § 240 Rn. 69.

80 Siehe etwa BGH, Beschluss v. 02.12.2008 – 3 StR 203/08, NStZ 2009, 692, 693; *Valerius*, in: BeckOK StGB, Std.: 01.11.2017, § 240 Rn. 35; *Heger*, in: L/K, ²⁸2014, § 240 Rn. 12.

81 *Sinn*, in: MüKo StGB, Bd. 4, ³2017, § 240 Rn. 69.

82 Siehe etwa *Wolters*, in: SK StGB, Bd. IV, ⁹2017, § 240 Rn. 2 m.w.N.

83 So etwa *Valerius*, in: BeckOK StGB, Std.: 01.11.2017, § 240 Rn. 35; *Heger*, in: L/K, ²⁸2014, § 240 Rn. 12; *Eser/Eisele*, in: Sch/Schr, ²⁹2014, Vorb. §§ 234 ff. Rn. 33. Damit ist jedoch noch nicht entschieden, ob es für eine Drohung genügt, dass der Bedrohte sie ernst nehmen soll (**e.A.**: „Täterperspektive", etwa *Valerius*, ebd.) oder ob das Opfer die Drohung tatsächlich ernst nehmen muss (**a.A.**: „Opferperspektive", etwa *Kindhäuser*,

sind nicht zwingende Voraussetzungen.[84] Die List ist deshalb kein Unterfall der Drohung. Vermittelnd lässt sich aber festhalten, dass die einer nicht ernsthaft gemeinten Drohung immanente Vorspiegelung als listiges Element dazu in der Lage ist, die Wirkung einer solchen Drohung zu verstärken.[85]

Teilweise wird auch diskutiert, die List unter den Begriff der Gewalt zu subsumieren.[86] Der Gewaltbegriff ist im Strafgesetzbuch nicht definiert, vielmehr seit langer Zeit und stets umstritten. Herausgebildet hat sich eine dahingehende Definition, dass es eines körperlich wirkenden Zwanges durch die Entfaltung physischer (körperlicher) Kraft bedarf, die nach ihrer Intensität und Wirkungsweise dazu geeignet ist, einen geleisteten oder zu erwartenden Widerstand zu überwinden.[87] Zum Teil wird allerdings vertreten, dass Gewalt auch eine nur kommunikative Beeinflussung sein könne; ihr unterfiele jede Verletzung garantierter Rechte.[88] Zur Nötigungsgewalt würde daher auch der Einsatz von Pseudokraft mit der Vorspiegelung, Widerstand sei zwecklos, zählen.[89] *Lesch* und *Jakobs* vertreten insofern, dass List aufgrund gleicher Zwangseinwirkung immer dann Gewalt

---

in: K/N/P, [5]2017, Vorb. §§ 249 ff. Rn. 24); siehe zum Meinungsstand und m.w.N. *Küper/Zopfs*, [9]2015, Rn. 161 ff., und *Rengier*, 2001, S. 1195 ff., sowie unter **B.II.2.a.**

84 Gleiches gilt, wenn der **a.A.** (Fn. 83) gefolgt wird: Auch nach dieser Auffassung verhindert die Vorspiegelung der Ernsthaftigkeit durch den Täter nicht die Einordnung des Verhaltens als Drohung. Eine solche würde nur infolge des fehlenden Ernstnehmens abgelehnt.

85 BGHSt 23, 294 (296) v. 30.06.1970; *Eser/Eisele*, in: Sch/Schr, [29]2014, Vorb. §§ 234 ff. Rn. 33. Die Konstellation einer nicht ernsthaft gemeinten Drohung, die listige Elemente enthält, ist damit vergleichbar mit einer Drohung mit Gewalt. Die Gewalt soll dabei die Ernsthaftigkeit der Drohung verstärken, ohne dass am primären Charakter der Drohung etwas geändert wird – sie bleibt Drohung.

86 Ausgespart wird hierbei die Auseinandersetzung mit der Meinung von *Hälschner*, Deutsches StR, 1884, S. 121 f., insb. auch S. 122 (Fn. 1), der es zwar ablehnt, die List als Gewaltausübung zu verstehen, sie aber als Gewalt anerkennt, weil sie als Mittel der Zwangsausübung dazu geeignet sei, jemanden in den Zustand des Duldenmüssens zu versetzen und es im Rahmen der Nötigung allein auf diesen Erfolg ankomme. Dass listiges Verhalten beim Opfer ein bestimmtes Handeln, Dulden oder Unterlassen herbeiführen kann, wird vorliegend nicht in Frage gestellt, ändert aber nichts an dem abschließenden und eng gefassten Wortlaut des § 240 I StGB, der als Tatmittel der Nötigung explizit nur Gewalt und Drohung anerkennt.

87 BVerfGE 92, 1 v. 10.01.1995 (Sitzblockaden-Entscheidung); BGHSt 44, 34 (39 f.) v. 12.02.1998; *Kindhäuser*, NK StGB, [7]2017, vor §§ 232–241a Rn. 4; *Toepel*, in: K/N/P, [5]2017, § 240 Rn. 35; *Altvater*, in: LK StGB, Bd. 7/2, [12]2015, § 240 Rn. 7.

88 *Jakobs*, 1986, S. 808; *Kindhäuser*, NK StGB, [7]2017, vor §§ 232–241a Rn. 13.

89 *Jakobs*, 1986, S. 808.

darstellt, wenn dem Opfer ein Recht auf Wahrheit zusteht.[90] Hiergegen spricht allerdings ebenso wie bei der Drohung, dass viele Tatbestände im 18. Abschnitt sowohl die Gewalt als auch die List erfassen, sodass bereits nach der Wertung des Gesetzgebers die List nicht als Unterfall der Gewalt, sondern als eigenständiges Tatmittel zu verstehen ist.[91] Eines solchen Tatmittels bedarf es zur Erfassung einer psychischen Einwirkung, wohingegen nach etablierter Ansicht von der Gewalt physisch wirkender Zwang erfasst ist. Dass letzterer Zwang mittels eines listigen Verhaltens ermöglicht oder erleichtert werden kann, wird dabei nicht in Frage gestellt, sodass sich bei der Gewaltausübung ebenfalls der List bedient werden kann. Dennoch wendet der Täter das Tatmittel der Gewalt, nicht das der List an.

Um der List einen eigenständigen Anwendungsbereich zu belassen, ist sie weder als Unterfall der Drohung anzusehen noch unter den Gewaltbegriff zu subsumieren. Insofern ist § 240 I StGB abschließend. Eine List kann nicht alleiniges Nötigungsmittel sein.[92] Gleichzeitig existieren dabei keine starren Grenzen. Die List kann unterstützend eingesetzt werden, um jemandem zu drohen oder um jemandem gegenüber Gewalt anzuwenden.

(4) §§ 242 I, 243 I StGB

Des Weiteren findet die List Erwähnung in der Rechtsprechung zum Diebstahl. Gemäß § 242 I StGB wird bestraft, wer eine fremde bewegliche Sache einem anderen in der Absicht wegnimmt, die Sache sich oder einem Dritten rechtswidrig zuzueignen. Tathandlung ist die Wegnahme. Erfolgt diese unter Einsatz eines außerordentlichen hohen Maßes an List, wodurch der Täter eine erhebliche Beute macht, kann damit in der Praxis aufgrund der hohen kriminellen Energie des Täters ein besonders schwerer Fall des Diebstahls, §§ 242 I, 243 I StGB, begründet werden.[93] Ein listiges Verhalten, welches der Wegnahme dient, kann der Tat folglich ein solches Gepräge verleihen, dass eine Strafschärfung vorzunehmen ist.

---

90 *Jakobs*, 1986, S. 808, der ein solches Recht etwa im Bereich der alltäglichen Gelegenheitsgespräche ablehnt; *Lesch*, 2007, S. 336.

91 *Sommer*, NJW 1985, 769, 772 (Fn. 27).

92 Gegen eine Ausweitung der Mittel im Wege der Interpretation spricht sich auch das BVerfG aus, siehe BVerfGE 92, 1 (12 ff., insb. 16) v. 10.01.1995 (Sitzblockaden-Entscheidung).

93 So für § 243 I 2 Nr. 2 StGB BGHSt 1, 158 (165) v. 11.05.1951; *Biletzki*, NJW 2000, 424, 424; für einen unbenannten besonders schweren Fall des Diebstahls OLG Düsseldorf, Beschluss v. 29.07.1999 – 5 Ss 291/98 – 71/98 I, NJW 2000, 258, 259; ebenso das KG Berlin, Urteil v. 28.11.2011 – (4) 1 Ss 465/11 (271/11), BeckRS 2012, 02949, das offen lässt, ob § 243 I 2 Nr. 2 StGB erfüllt oder aber ein unbenannter Fall des § 243 I 1 StGB einschlägig ist.

(5) § 249 I StGB

Zum Teil ist die List auch in Kommentierungen und Rechtsprechung zum Tatbestand des Raubes erwähnt. § 249 I StGB stellt denjenigen unter Strafe, der mit Gewalt gegen eine Person oder unter Anwendung einer Drohung mit gegenwärtiger Gefahr für Leib oder Leben einen Diebstahl vornimmt. Fraglich ist, ob eine Wegnahme mittels Gewalt gegen eine Person auch in Fällen gegeben ist, in denen für den Gewahrsamsbruch das Überraschungsmoment maßgeblich ist, dieser folglich durch die Anwendung von Schnelligkeit und List herbeigeführt wird. Das Vorliegen einer Gewalt wird hierbei nach einhelliger Auffassung mit der Begründung abgelehnt, dass der Täter bei schneller und listiger Handlung gegen das Opfer nicht in einem solchen Maß Kraft einzusetzen braucht, dass das Erscheinungsbild der Tat durch Gewalt gegen eine Person geprägt ist.[94] Die List stellt demnach innerhalb des § 249 I StGB ein der Gewalt gegenteiliges Verhalten dar, sofern die „Gewalt gegen eine Person" in Frage steht. Nimmt der Täter listig weg, so ist eine Wegnahme mittels Gewalt auszuschließen. Da die List zudem nicht der Drohung unterfällt,[95] kann sie keine Strafbarkeit wegen Raubes begründen.

(6) § 265a StGB

Über das Tatmittel der List könnte auch im Rahmen des § 265a StGB nachgedacht werden, der das Erschleichen von Leistungen unter Strafe stellt. Äußerst umstritten ist dabei der Begriff des Erschleichens, wobei sich im Wesentlichen zwei Ansichten gegenüberstehen: Während die Rechtsprechung das Sich-Umgeben mit dem Anschein der Ordnungsmäßigkeit genügen lässt, fordert die überwiegende Literatur die Umgehung oder Ausschaltung von Kontrollen oder Sicherheitsvorkehrungen.[96]

Die Rechtsprechung führt aus, Heimlichkeit, List und Täuschung seien nicht erforderlich, da der Begriff des Erschleichens einheitlich für alle Varianten des § 265a StGB gelten müsse und diese Verhaltensweisen nur gegenüber Personen,

---

94 BGH, Beschluss v. 12.11.1985 – 1 StR 516/85, NStZ 1986, 218, 218; Urteil v. 12.12.1989 – 1 StR 613/89, BeckRS 1989, 31099427; Beschluss v. 27.07.1999 – 4 StR 328/99, BeckRS 1999, 30068148; Beschluss v. 13.03.2002 – 1 StR 47/02, NStZ 2003, 89, 89; *Duttge*, in: D/D/K/R, [4]2017, § 249 Rn. 5; *Sander*, in: MüKo StGB, Bd. 4, [3]2017, § 249 Rn. 16; *Eser/Bosch*, in: Sch/Schr, [29]2014, § 249 Rn. 4a.

95 Siehe unter **B.I.2.b.(3)**.

96 Zur Darstellung der Meinungen siehe *Fischer*, [65]2018, § 265a Rn. 3 ff.; *Wohlers/Mühlbauer*, in: MüKo StGB, Bd. 5, [2]2014, § 265a Rn. 40 ff., i.E. aber für eine Kumulativformel; *Saliger*, in: S/S/W, [3]2016, § 265a Rn. 5 ff. Für eine Kumulativformel spricht sich auch *Hoyer*, in: SK StGB, Bd. IV, Std.: 12/2014, § 265a Rn. 8, aus, der explizit Überlistung oder Umgehung von Kontrollen verlangt.

nicht aber gegenüber Automaten (Alt. 1) oder Telekommunikationseinrichtungen (Alt. 2) eingesetzt werden könnten. Entscheidend sei allein die Herbeiführung eines Erfolges auf unrechtmäßigem, unlauterem oder unmoralischem Wege.[97] Ein täuschungsähnliches Moment sei dem Begriff des Erschleichens allenfalls insofern immanent, als dass die erstrebte Leistung durch ein unauffälliges Vorgehen erlangt werden müsse.[98]

Die überwiegende Literatur verweist hingegen auf den Wortsinn, der ein manipulatives, täuschungsähnliches Verhalten erfordere, und differenziert sodann hinsichtlich des Begriffes des Erschleichens zwischen den vier Tatbestandsvarianten.[99]

Ohne die vereinzelten Anforderungen an das Erschleichen darstellen und ohne diesen Streitstand entscheiden zu wollen, ist Folgendes festzuhalten: Ob ein listiges Erschleichen der Leistung möglich ist, muss differenziert beantwortet werden. Eine solche Möglichkeit nimmt die Rechtsprechung nur im Rahmen des § 265a I Alt. 3, Alt. 4 StGB an, da die List – wie auch die Täuschung – nur gegenüber Personen angewandt werden könne. Hinsichtlich des § 265a I Alt. 3, Alt. 4 StGB kann die Rechtsprechung derart verstanden werden, dass ein listiges Verhalten für eine Leistungserschleichung nicht notwendig, insofern – insbesondere aufgrund des der List innewohnenden geschickten und damit unauffälligen Moments – aber erst recht ausreichend sei. In der Literatur hingegen finden sich kaum entsprechende Aussagen hinsichtlich der Möglichkeit, Leistungen mittels List zu erschleichen. Allerdings wird im Rahmen des Automatenmissbrauchs nach § 265a I Alt. 1 StGB ein Erschleichen bei einer täuschungsähnlichen Manipulation – etwa durch das „Überlisten" des Sicherungsmechanismus – angenommen.[100] Gleichzeitig wird von *Wohlers/Mühlbauer* im Rahmen ihrer Kommentierung zur Beförderungserschleichung nach § 265a I Alt. 3 StGB aber auch darauf verwiesen, dass die

---

97 OLG Hamburg, Urteil v. 03.06.1987 – 1 Ss 67/87, NJW 1987, 2688, 2688; OLG Düsseldorf, Beschluss v. 30.03.2000 – 2b Ss 54/00 – 31/00 I, NJW 2000, 2120, 2121; dem zustimmend BGHSt 53, 122 (125) v. 08.01.2009.

98 BGHSt 53, 122 (125) v. 08.01.2009; OLG Koblenz, Beschluss v. 17.05.2011 – 2 Ss 12/11, NStZ-RR 2011, 246, 247.

99 *Hellmann*, in: K/N/P, [5]2017, § 265a Rn. 17; *Tiedemann*, in: LK StGB, Bd. 9/1, [12]2012, § 265a Rn. 37; *Perron*, in: Sch/Schr, [29]2014, § 265a Rn. 8 ff.; *Wessels/Hillenkamp*, [40]2017, § 16 Rn. 673 ff.; **a.A.**, mithin für das Umgehen von Sicherheitsmechanismen, aber gegen eine Differenzierung beim Erschleichen *Duttge*, in: D/D/K/R, [4]2017, § 265a Rn. 13 ff.; *Fischer*, [65]2018, § 265a Rn. 3.

100 *Duttge*, in: D/D/K/R, [4]2017, § 265a Rn. 14; *Eisele*, BT II, [4]2017, S. 255 Rn. 710; *Küper/Zopfs*, [9]2015, Rn. 72; *Tiedemann*, in: LK StGB, Bd. 9/1, [12]2012, § 265a Rn. 37; *Perron*, in: Sch/Schr, [29]2014, § 265a Rn. 9, der den Automatenmissbrauch hierauf beschränkt; *Wessels/Hillenkamp*, [40]2017, § 16 Rn. 674.

List einen menschlichen Erklärungsadressaten voraussetzt,[101] was zumindest das listige Leistungserschleichen nach § 265a I Alt. 1, Alt. 2 StGB als Tathandlung ausschließen müsste. In Fällen, in denen ein Adressat vorhanden ist, ist mangels entgegenstehender Aussagen und dem zumindest täuschungsähnlichen Charakter der List davon auszugehen, dass eine Leistungserschleichung mittels List tatbestandsmäßig im Sinne von § 265a I StGB ist.

Bereits an dieser Stelle ist auf die enge strafrechtliche Verknüpfung der List mit dem Begriff der Täuschung hinzuweisen. Während die Rechtsprechung List und Täuschung gleichermaßen als notwendige Voraussetzungen eines Erschleichens ablehnt, stellt die überwiegende Literatur höhere Anforderungen an ein Erschleichen und verlangt dabei die Täuschungsähnlichkeit, erkennt im Rahmen einer solchen eine Überlistung als Erschleichen an. Täuschung und List scheinen daher ihrer Wirkung nach nahezu gleich behandelt zu werden. Ob und inwiefern tatsächlich Differenzierungen vorzunehmen sind, wird an späterer Stelle behandelt.[102] Hierbei wird auch problematisiert, ob der Rechtsprechung sowie *Wohlers/Mühlbauer* dahingehend gefolgt werden muss, dass der Einsatz von List tatsächlich nur gegenüber Personen möglich ist.[103] Einstweilen soll nur darauf zurückgegriffen werden, dass als listige Handlungen neben der Täuschung auch das Ausnutzen eines bereits bestehenden Irrtums oder aber das Ausnutzen der bloßen Unkenntnis der wahren Sachlage in Betracht kommen.[104] Eine Täuschung setzt dabei als Adressaten eine Person voraus, da nur eine solche einer Fehlvorstellung, zu der die Täuschung führen soll, unterliegen kann.[105] Gleiches gilt für das Ausnutzen eines bereits bestehenden Irrtums. Es bleibt somit die Alternative des Ausnutzens der bloßen Unkenntnis der wahren Sachlage, wobei die Unkenntnis ein Zustand ist, der ebenso einer Person, nicht aber einem Automaten anhaftet. Die Ansicht der Rechtsprechung bestätigt sich folglich zunächst. Das Problem sollte allerdings auch im Hinblick auf die Definition der List betrachtet und anhand eines Beispielsfalles ausgewertet werden.[106]

(7) §§ 316a I, 316c I 1 Nr. 1 StGB

Ferner wird diskutiert, ob ein räuberischer Angriff auf Kraftfahrer nach § 316a I StGB mittels List erfolgen kann. Das Gesetz fordert insofern, dass der Täter einen

101 *Wohlers/Mühlbauer*, in: MüKo StGB, Bd. 5, ²2014, § 265a Rn. 66.

102 Siehe unter **B.I.3.**

103 Siehe unter **B.I.3.a.**

104 Siehe unter **B.I.2.a.**

105 Siehe unter **B.I.3.b.**

106 Siehe unter **B.I.3.a.**

Angriff auf Leib oder Leben oder die Entschlussfreiheit des Führers eines Kraftfahrzeugs oder eines Mitfahrers verübt. Umstritten ist dabei, ob die Entschlussfreiheit auch mittels List angegriffen werden kann.

Einige Literaturstimmen lehnen die Einbeziehung der List als Tatmittel gänzlich ab.[107] *Krüger* bedient sich dabei der Auslegung nach Systematik und Wortlaut und verweist zum einen auf Tatbestände, in denen die List ausdrücklich als Tatmittel genannt wird. Im Umkehrschluss – § 316a StGB nennt die List als Angriffsmittel gerade nicht explizit – bedeutet dies für ihn, dass der räuberische Angriff auf Kraftfahrer nicht durch List begangen werden kann.[108] Zu beachten ist hierbei allerdings, dass der Begriff des Angriffs alle in feindlicher Willensrichtung vorgenommenen Handlungen erfasst, die unmittelbar auf die Verletzung der genannten Rechtsgüter gerichtet sind.[109] Der Einsatz von Gewalt (gegen die Person) kann dabei unbestritten einen Angriff auf Leib oder Leben begründen,[110] ohne dass zu problematisieren ist, dass sich der Begriff der Gewalt nicht explizit im Wortlaut des § 316a StGB, sehr wohl aber in anderen Tatbeständen des Strafgesetzbuches findet. Diese Argumentation von *Krüger* geht folglich fehl. Zum anderen stellt dieser darauf ab, dass ein Angriff auf Leib oder Leben einer Person nach seinem Wortsinn stets physischer Natur sei. An einen Angriff auf die Entschlussfreiheit seien die gleichen Voraussetzungen gestellt. Der Angriff müsse sich ebenfalls gegen die Physis des Opfers richten.[111] Ohne hierüber abschließend entscheiden zu wollen, ist dieser Argumentation eines „Gleichniserfordernisses" bereits entgegenzuhalten, dass die Verwendung mehrerer Varianten im Gesetzeswortlaut gerade dazu dienen kann, sämtliche Handlungsalternativen mit ihren unterschiedlichen Wirkweisen zu erfassen. Auch eine Drohung, die unbestritten einen Angriff auf die Entschlussfreiheit darstellen kann,[112] begründet psychischen

---

107 So etwa *Maurach/Schroeder/Maiwald*, BT/1, [10]2009, § 35 Rn. 49, ohne Begründung.

108 *Krüger*, NZV 2004, 161, 166.

109 BGHSt 49, 8 (12) v. 20.11.2003; *Feilcke/Hollering*, in: BeckOK StGB, Std.: 01.11.2017, § 316a Rn. 14; *Sowada*, in: LK StGB, Bd. 11, [12]2008, § 316a Rn. 9; *Sander*, in: MüKo StGB, Bd. 5, [2]2014, § 316a Rn. 8; *Sternberg-Lieben/Hecker*, in: Sch/Schr, [29]2014, § 316a Rn. 3; **a.A.**, mit Verzicht auf subjektive Komponenten („feindliche Willensrichtung", „gerichtet") *Zieschang*, in: K/N/P, [5]2017, § 316a Rn. 14.

110 Vgl. nur *Eisele*, BT II, [4]2017, S. 145 Rn. 428 (Beispielsfall); *Kindhäuser*, NK StGB, [7]2017, § 316a Rn. 5; *Sander*, in: MüKo StGB, Bd. 5, [2]2014, § 316a Rn. 9 f. So ist auch *Wolters*, in: SK StGB, Bd. VI, [9]2016, § 316a Rn. 9, zu verstehen, nach dem in der Regel der Angriff mit der auf die Vermögensverletzung gerichteten Gewaltanwendung zusammenfällt.

111 *Krüger*, NZV 2004, 161, 166.

112 *Feilcke/Hollering*, in: BeckOK StGB, Std.: 01.11.2017, § 316a Rn 15: „sämtliche Formen der Nötigung"; *Eisele*, BT II, [4]2017, S. 145 Rn. 430; *Kindhäuser*, NK StGB, [7]2017,

Zwang[113] und ist gleichwohl erfasst. Der Argumentation von *Krüger* ist demnach insgesamt nicht zu folgen.

Duttge, *Kudlich* und *Mitsch* verneinen die List als Tatmittel des § 316a StGB hingegen mit dem Hinweis auf eine restriktiv gebotene Auslegung[114] und den Telos der Norm: Die Täuschung, die stets „in einem Atemzuge" mit der List als mögliches Tatmittel genannt wird, sei betrugs-, nicht aber raubspezifisch. Der räuberische Angriff auf Kraftfahrer solle daher lediglich die Nötigungsmittel des § 240 I StGB erfassen.[115] Gleicher Auffassung ist *Zieschang*, sodass List und Täuschung nur dann einen Angriff auf die Entschlussfreiheit im Rahmen des § 316a StGB begründen könnten, wenn damit beispielsweise eine Drohung mit einem empfindlichen Übel einhergehe.[116] Hiergegen kann jedoch zum einen angebracht werden, dass zwar der Täuschung eine Nähe zum Betrug und nicht zum Raub zugesprochen werden kann. Für die List ist eine solche Nähebeziehung – zu § 263 oder zu § 249 StGB – allerdings nicht erkennbar. List und Täuschung sind keine identischen Begriffe.[117] Darüber hinaus ist die Tathandlung des Angriffs zu differenzieren von der subjektiven Absicht, eine räuberische Tat vornehmen zu wollen. Dieses subjektive Element verleiht der Tat des § 316a StGB erst ihren raubspezifischen Charakter. Letztlich verwendet das Strafgesetzbuch die Begriffe der Gewalt und Drohung in vielerlei Tatbeständen explizit. Dennoch hat sich der Gesetzgeber im Rahmen des § 316a StGB für eine weite Formulierung des Angriffs auf Leib oder Leben oder die Entschlussfreiheit entschieden. Eine Identität der Tatmittel bei § 316a StGB und § 240 StGB ist daher abzulehnen. Zu folgen ist somit nicht der Ansicht, die die List als Tatmittel des § 316a I StGB gänzlich ausschließt.

Vielmehr findet sich in Literatur und Rechtsprechung die vorzugswürdige Auffassung, dass die List grundsätzlich Angriffsmittel des § 316a I StGB sein kann. Dazu muss ihr allerdings, so wird es überwiegend vertreten, nach den

---

§ 316a Rn. 5; *Sowada*, in: LK StGB, Bd. 11, [12]2008, § 316a Rn. 10; *Wessels/Hillenkamp*, [40]2017, § 9 Rn. 417 f.

113 Siehe etwa *Valerius*, in: BeckOK StGB, Std.: 01.11.2017, § 240 Rn 41.

114 Zur restriktiven Auslegung siehe BGHSt 49, 8 (11) v. 20.11.2003; Urteil v. 25.02.2004 – 4 StR 394/03, NStZ 2004, 626, 626.

115 *Duttge*, in: D/D/K/R, [4]2017, § 316a Rn. 6; *Kudlich*, BT I, [4]2016, S. 163; *Mitsch*, [3]2015, § 11 S. 645. Dass die List aufgrund der Raubähnlichkeit des § 316a StGB als Angriffsmittel ausscheiden sollte, sieht auch *Bosch*, Jura (JK) 2015, 116, 116, so.

116 *Zieschang*, in: K/N/P, [5]2017, § 316a Rn. 20.

117 Siehe unter **B.I.3.**

Umständen des Einzelfalls ein nötigender Charakter innewohnen.[118] Das Opfer müsse entgegen seines tatsächlichen Willens zu einem bestimmten Verhalten gebracht werden.[119] Dies sei in der Regel nicht der Fall, da das Opfer bei bloßer Täuschung oder List seine Willensentschließung und -betätigung gleichwohl noch als frei empfinde. Das bloße Verschleiern der deliktischen Absichten des Täters genüge nicht.[120] Wird das Opfer somit vor die Wahl zwischen zwei rechtmäßigen Handlungsalternativen gestellt und entscheidet sich aufgrund der List des Täters für eine hiervon, fehle es an einer gegen die Entschlussfreiheit gerichteten Handlung, mithin an einem Angriff.[121] In Betracht komme eine Versuchsstrafbarkeit.[122] Anderes gelte nur dann, wenn dem Opfer das Bestehen einer rechtlichen Verhaltenspflicht vorgetäuscht wird – etwa bei dem Aufstellen falscher Halteschilder und dem Vortäuschen einer polizeilichen Kontrolle –, sodass ihm suggeriert wird, es könne keinen freien Willen bilden.[123] Der Betroffene befinde sich damit objektiv in einer irrtümlich als gerechtfertigt angesehenen Nötigungssituation.[124] Hierbei sei das Opferverhalten fremdbestimmt.[125] Der „Entschluss" würde von vornherein in die eine rechtliche gebotene Richtung verengt.[126]

Eine solche Differenzierung ist zu hinterfragen. Die gesteigerten Anforderungen an die List als Tatmittel des § 316a I StGB ergeben sich nach *Wolters* aus einem Rückgriff auf den Begriff des Angriffs. So genüge gerade nicht jede Einwirkung auf das Vorstellungsbild des Opfers, sondern nur eine solche, die die Freiheit des Entschlusses angreife, somit dem Opfer fremde Motive zur Entschlussfassung auferlege,

---

118 BGH, Beschluss v. 23.07.2014 – 2 StR 105/14, BeckRS 2014, 17294; *Eisele*, BT II, ^{4}2017, S. 145 Rn. 430a, spricht insofern von einer „nötigungsähnlichen Lage" für das Opfer; *Feilcke/Hollering*, in: BeckOK StGB, Std.: 01.11.2017, § 316a Rn. 15.2; *Sander*, in: MüKo StGB, Bd. 5, ^{2}2014, § 316a Rn. 11; *Wessels/Hillenkamp*, ^{40}2017, § 9 Rn. 418, zumindest für „die Entschlussfreiheit beeinträchtigende Täuschungen".

119 *Sander*, in: MüKo StGB, Bd. 5, ^{2}2014, § 316a Rn. 11; *Wolters*, in: SK StGB, Bd. VI, ^{9}2016, § 316a Rn. 9.

120 BGHSt 49, 8 (13) v. 20.11.2003; *Rengier*, BT I, ^{19}2017, § 12 Rn. 8. Es ist danach entscheidend, ob das Opfer den Nötigungscharakter der Handlung wahrnimmt; dies einschränkend, mithin **a.A.** *Renzikowski*, in: M/R, 2013, § 316a Rn. 11.

121 *Sander*, in: MüKo StGB, Bd. 5, ^{2}2014, § 316a Rn. 13; *Sternberg-Lieben/Hecker*, in: Sch/Schr, ^{29}2014, § 316a Rn. 5.

122 BGHSt 49, 8 (15 f.) v. 20.11.2003; *Sowada*, in: LK StGB, Bd. 11, ^{12}2008, § 316a Rn. 11.

123 *Rengier*, BT I, ^{19}2017, § 12 Rn. 11.

124 BGH, Beschluss v. 23.07.2014 – 2 StR 105/14, BeckRS 2014, 17294.

125 *Sowada*, in: LK StGB, Bd. 11,^{12}2008, § 316a Rn. 11.

126 *Wolters*, in: SK StGB, Bd. VI, ^{9}2016, § 316a Rn. 9.

gar aufzwinge.[127] Allerdings ist es gerade das Charakteristikum der List, derart zu einer Beeinträchtigung der Willensfreiheit führen zu können, dass ein entgegenstehender Wille des Opfers gar nicht erst aufkommen kann.[128] Das Verhalten des Opfers wird damit lediglich frühzeitig gesteuert. Es wird nicht die Willensbetätigung, sondern zuvor die Willensentschließung beeinflusst. Dies kann darin münden, dass das Opfer ein Verhalten vornimmt, welches es ohne eine Fremdbeeinflussung nicht vorgenommen hätte. Ein Angriff auf die Entschlussfreiheit, geprägt durch die Auferlegung fremder Motive, ist daher nicht bereits mit Verweis auf eine freie Entscheidung ausgeschlossen. Ferner kann die Differenzierung damit begründet werden, dass dem Angriff auf die Entschlussfreiheit in § 316a I StGB der Angriff auf Leib oder Leben gegenübersteht und hierbei eine erhebliche (und nicht irgendeine) Verletzung gefordert wird.[129] Dieses Argument und damit einhergehend gesteigerte Anforderungen an die List im Rahmen des § 316a I StGB sind infolge der Vergleichbarkeit verschiedener in einem Tatbestand vorkommender Tatmittel nachvollziehbar. Letztlich soll die differenzierende Ansicht der vom Bundesgerichtshof geforderten restriktiven Auslegung des Angriffsbegriffes[130] gerecht werden. Dieser weist zudem darauf hin, dass die List als Tatmittel des § 316a StGB in der Regel entfalle, da der Angriff nach dem Wortlaut des § 316a StGB verübt werden muss. Das Tatmittel der List diene jedoch regelmäßig nur der Vorbereitung des Angriffs, sodass es an einem Verüben mangele.[131]

Ohne abschließende Entscheidung über die konkrete Ausgestaltung der List beim räuberischen Angriff auf Kraftfahrer ist zusammenfassend festzustellen, dass die List – gegebenenfalls eingeschränkt – taugliches Tatmittel des § 316a I StGB sein kann. Problematisch erscheinen hierbei noch die Fälle, in denen der Täter mittels List eine nur moralische Verpflichtung zur Hilfeleistung bei dem Opfer hervorruft. Während ein Angriff auf die Entschlussfreiheit mangels Intensität der Zwangslage zum Teil abgelehnt wird,[132] bejaht eine andere Ansicht einen solchen mit Verweis auf die Behandlung von Fällen einer rechtlichen Handlungspflicht.[133]

---

127 *Wolters*, GA 2002, 303, 315.

128 Siehe unter **B.I.2.a.**

129 So *Bosch*, Jura (JK) 2015, 116, 116. Zum Angriff auf Leib und Leben siehe etwa *Sander*, in: MüKo StGB, Bd. 5, ²2014, § 316a Rn. 9; *Sternberg-Lieben/Hecker*, in: Sch/Schr, ²⁹2014, § 316a Rn. 4.

130 BGHSt 49, 8 (11) v. 20.11.2003; Urteil v. 25.02.2004 – 4 StR 394/03, NStZ 2004, 626, 626.

131 BGHSt 49, 8 (12) v. 20.11.2003; *Fischer*, ⁶⁵2018, § 316a Rn. 7.

132 *Ernemann*, in: S/S/W, ³2016, § 316a Rn. 9.

133 Siehe etwa *Bosch*, Jura (JK) 2015, 116, 116, i.E. aber für eine restriktive Handhabung; *Sternberg-Lieben, D./Sternberg-Lieben, I.*, JZ 2004, 633, 636.

Indem das Opfer nicht auf eine mögliche Handlungsweise beschränkt wird, könnte gleichermaßen von einer freien Entscheidung ausgegangen werden. Zudem gehen die Vorstellungen von Moral auseinander, sodass eine moralische Entscheidung kein klares (objektives) Abgrenzungskriterium bildet.[134]

Aus den Diskussionen innerhalb des § 316a I StGB ergibt sich für die List im Allgemeinen, dass diese als Maßnahme der Willensbeeinflussung einen Angriff auf die Entschlussfreiheit begründen kann. Die Reaktion auf ein listiges Verhalten erscheint frei, womit eine Verletzung der Willensfreiheit des Opfers in Frage gestellt werden könnte. Gleichzeitig betont der Bundesgerichtshof die zeitliche Zäsur, die regelmäßig mit der List verbunden ist. So genüge es nicht, wenn die List eine Einwirkung auf die Entschlussfreiheit ermöglicht. Sie müsse vielmehr den Angriff unmittelbar begründen. Die List scheint damit häufig nicht als Tatmittel selbst, sondern vielmehr vorbereitend eingesetzt zu werden.

Nach § 316c I 1 Nr. 1 Alt. 2 StGB wird bestraft, wer die Entschlussfreiheit einer Person angreift, um dadurch die Herrschaft über ein im zivilen Luftverkehr eingesetztes und im Flug befindliches Luftfahrzeug oder ein im zivilen Seeverkehr eingesetztes Schiff zu erlangen oder auf dessen Führung einzuwirken. Aufgrund der einheitlichen Formulierung des Angriffs auf die Entschlussfreiheit wird teilweise vertreten, dass diesbezüglich Rechtsprechung und Literatur zu § 316a I StGB herangezogen werden können, da für eine divergierende Beurteilung kein Grund ersichtlich sei.[135] Die oben aufgezeigten Diskussionen würden daher gleichermaßen für den Angriff auf den Luft- und Seeverkehr gelten. Zum Teil wird aber auch die List ohne jegliche Einschränkung als Tatmittel des § 316c I 1 Nr. 1 Alt. 2 StGB anerkannt.[136]

Zu beachten ist letztlich, dass ein listiges Verhalten den Auffangtatbestand der Vornahme einer sonstigen Machenschaft im Sinne des § 316c I 1 Nr. 1 Alt. 3 StGB erfüllen kann.[137] Eine sonstige Machenschaft ist hierbei ein methodisch berechnetes Gesamtverhalten mit dem Ziel, gegen den freien Willen des Verantwortlichen die Kontrolle über ein Luftfahrzeug oder ein Schiff zu erhalten.[138] Hieraus

---

134 So i.E. auch *Sowada* („Bestimmtheits- und Abgrenzungsprobleme"), in: LK StGB, Bd. 11, [12]2008, § 316a Rn. 11.

135 *König*, in: LK StGB, Bd. 11,[12]2008, § 316c Rn. 26, 28; *Ernemann*, in: S/S/W, [3]2016, § 316c Rn. 8; *Sternberg-Lieben/Hecker*, in: Sch/Schr, [29]2014, § 316c Rn. 18.

136 *Stoll*, in: BeckOK StGB, Std.: 01.11.2017, § 316c Rn. 11; *Renzikowski*, in: M/R, 2013, § 316c Rn. 8; *Wieck-Noodt*, in: MüKo StGB, Bd. 5, [2]2014, § 316c Rn. 24.

137 *Zieschang*, in: K/N/P, [5]2017, § 316c Rn. 10; *Ernemann*, in: S/S/W, [3]2016, § 316c Rn. 8; *Wolters*, in: SK StGB, Bd. VI, [9]2016, § 316c Rn. 12.

138 *Renzikowski*, in: M/R, 2013, § 316c Rn. 9; *Ernemann*, in: S/S/W, [3]2016, § 316c Rn. 8.

ergibt sich, dass die List auch strafrechtlich zum einen eine gewisse Berechnung, mithin Geschicklichkeit fordert, zum anderen final eingesetzt wird.

(8) Zusammenfassung: List als anerkanntes oder diskutiertes Tatmittel

Es lässt sich feststellen, dass die List als Tatmittel – auch des 18. Abschnitts – in Betracht kommt, obwohl sie nicht ausdrücklich als ein solches im Gesetz genannt ist.

Aus den Tatbeständen, die die List nicht explizit als Tatmittel erfassen, diesbezüglich aber die Tatmitteltauglichkeit anerkannt ist oder zumindest diskutiert wird, scheint es, als dass die List eines personalen Adressaten bedarf. Sie kann unmittelbar auf das Opfer einwirken und die Entschlussfreiheit angreifen sowie einen tatsächlich bestehenden Widerstand überwinden. Die List wird geschickt und final eingesetzt. Zu beachten ist die der List anhaftende zeitliche Zäsur. Sie ist weder Drohung noch Gewalt, kann diese Nötigungsmittel aber unterstützen, wird generell vorbereitend eingesetzt. Gleichzeitig ist sie in der Lage, das Vorliegen einer Gewalt gegen eine Person auszuschließen. Ähnlichkeiten ergeben sich mit der Täuschung. Ein listiges Verhalten kann ferner zu einer Strafschärfung führen. Erhöhte Anforderungen an die List werden vor dem Hintergrund des konkreten Straftatbestandes diskutiert.

c. Exkurs: Arglist und Hinterlist

Im Rahmen eines Exkurses sind die Arglist und die Hinterlist zu behandeln. Sie sind insofern in ein Verhältnis zur List – ob Identität, Ähnlichkeit oder Inkongruenz – zu bringen.

(1) Arglist

Das Strafgesetzbuch kennt den Begriff der Arglist in seiner aktuellen Fassung[139] lediglich im Rahmen der Wehrpflichtentziehung durch Täuschung nach § 109a I StGB. Bestraft wird, wer sich oder einen anderen durch arglistige, auf Täuschung berechnete Machenschaften der Erfüllung der Wehrpflicht dauernd oder für eine gewisse Zeit, ganz oder für eine einzelne Art der Verwendung entzieht. Dabei ist darauf hinzuweisen, dass mit dem Wehrrechtsänderungsgesetz vom 28. April 2011[140] die Wehrpflicht auf den Spannungs- oder Verteidigungsfall beschränkt

---

139 Bis zum Inkrafttreten des Vierten Strafrechtsreformgesetzes v. 23.11.1973, BGBl. I S. 1725, trat der Begriff der Arglist zudem in § 170 StGB, dem Ehebetrug, auf. Da jedoch die Arglist nur im Rahmen eines Exkurses behandelt wird, findet keine Auseinandersetzung mit der früheren Rechtslage statt.

140 Gesetz zur Änderung wehrrechtlicher Vorschriften 2011 v. 28.04.2011, BGBl. I S. 678.

wurde, § 2 WPflG. Die Norm des § 109a I StGB hat damit in Friedenszeiten keine praktische Bedeutung.[141]

Die Entziehung der Wehrpflicht muss „durch arglistige, auf Täuschung berechnete Machenschaften" bewirkt werden. Teilweise wird das Erfordernis der „arglistigen Machenschaften" als Tautologie verstanden.[142] Es bleibt daher bei Durchsicht der Kommentarliteratur sowie der Rechtsprechung zumeist unklar, welches Verständnis aus dem Erfordernis der Machenschaft und welche Konsequenzen aus dem Erfordernis der Arglist folgen.

Überwiegend wird der Formulierung entnommen, dass der Wehrpflichtige mit gesteigerten Mitteln und Formen von List,[143] mithin aktiv in ausgeklügelter, raffinierter Weise, die die Glaubhaftigkeit des unwahren Vorbringens untermauert, vorgehen muss.[144] Es bedarf eines „methodische[n], berechnete[n] Gesamtverhalten[s], das einem schwerwiegenden sittlichen Unwerturteil unterliegt".[145] Nicht ausreichend seien eine einfache Lüge[146] oder das Ausnutzen eines nicht vom Täter begründeten Irrtums.[147]

---

141 *Müller*, in: MüKo StGB, Bd. 3, ³2017, § 109a Rn. 1.

142 So OLG Celle, Urteil v. 10.12.1985 – 1 Ss 432/85, NStZ 1986, 168, 168; *Dreher*, JZ 1957, 393, 397: „etwas tautologisch wirkende Fassung"; *Kühl*, in: L/K, ²⁸2014, § 109a Rn. 3; *Eser*, in: Sch/Schr, ²⁹2014, § 109a Rn. 7–9; zumindest an der eigenständigen Bedeutung der Arglist zweifelnd OLG Hamm, Urteil v. 30.10.1973 – 5 Ss 917/73, NJW 1974, 568, 568.

143 OLG Hamm, Urteil v. 30.10.1973 – 5 Ss 917/73, NJW 1974, 568, 569.

144 OLG Hamburg, Urteil v. 16.06.1965 – 1 b Ss 1/65, NJW 1965, 1674, 1674; OLG Hamm, Urteil v. 30.10.1973 – 5 Ss 917/73, NJW 1974, 568, 569; *Dannenfeldt/Kuhli*, in: M/R, 2013, § 109a Rn. 2; *Maurach/Schroeder/Maiwald*, BT/2, ¹⁰2013, § 87 Rn. 22; *Müller*, in: MüKo StGB, Bd. 3, ³2017, § 109a Rn. 8; *Eser*, in: Sch/Schr, ²⁹2014, § 109a Rn. 7–9.

145 OLG Celle, Urteil v. 25.02.1960 – 1 Ss 415/59, NZWehrR 3 (1961), 130, 130; Urteil v. 10.06.1965 – 1 Ss 530/64, NJW 1965, 1675, 1677; Urteil v. 10.12.1985 – 1 Ss 432/85, NStZ 1986, 168, 168.

146 So bereits BT-Drs. 2/3040 v. 20.12.1956, http://dipbt.bundestag.de/doc/btd/02/030/0203040.pdf (S. 29), abgerufen am 05.01.2018; zudem OLG Hamburg, Urteil v. 16.06.1965 – 1 b Ss 1/65, NJW 1965, 1674, 1675; *Valerius*, in: BeckOK StGB, Std.: 01.11.2017, § 109a Rn. 2; *Fischer*, ⁶⁵2018, § 109a Rn. 3; *Kargl*, in: K/N/P, ⁵2017, § 109a Rn. 3; *Kühl*, in: L/K, ²⁸2014, § 109a Rn. 3; *Schroeder*, in: LK StGB, Bd. 4, ¹²2007, § 109a Rn. 5; *Dannenfeldt/Kuhli*, in: M/R, 2013, § 109a Rn. 2; *Müller*, in: MüKo StGB, Bd. 3, ³2017, § 109a Rn. 8; *Lohse*, in: S/S/W, ³2016, § 109a Rn. 3; *Eser*, in: Sch/Schr, ²⁹2014, § 109a Rn. 7–9.

147 BayObLG, Urteil v. 15.05.1961 – 4 St 246/61, NZWehrR 4 (1962), 71, 73; *Valerius*, in: BeckOK StGB, Std.: 01.11.2017, § 109a Rn. 2; *Fischer*, ⁶⁵2018, § 109a Rn. 3; *Kargl*, in:

Die Arglist in § 109a I StGB dient somit zumindest dazu, einen gewissen Grad von Raffinesse vorauszusetzen[148] – wenn dies nicht bereits aus dem Begriff der Machenschaft folgt. Darüber hinaus wird der Arglist teilweise eine Verwerflichkeit durch Ausnutzung von Mitgefühl und Vertrauen abverlangt.[149] Nach anderer Auffassung bezeichnet der Begriff der Arglist im Rahmen des § 109a I StGB hingegen kein Gesinnungsmoment, sondern dient lediglich der Kennzeichnung der Anwendung von Täuschungsmitteln.[150]

Insgesamt ist es daher schwierig, die die strafrechtliche Arglist kennzeichnenden Elemente aus Rechtsprechung und Literatur herauszuarbeiten, um sodann einen Vergleich mit dem Begriff der List vorzunehmen. Es ist allerdings zu erkennen, dass die Begriffe sich insofern überschneiden, als dass ein kluges – geschicktes bzw. raffiniertes – Vorgehen erforderlich ist, mithin einfache, alltägliche Unwahrheiten nicht listig bzw. arglistig erfolgen. Auffällig ist aber andererseits, dass § 109a I StGB nicht verwirklicht sein soll, wenn der Täter lediglich einen von ihm nicht verursachten Irrtum ausnutzt, dies aber nach überwiegender Auffassung ein listiges Verhalten begründen kann.[151] Überdies bleibt zu berücksichtigen, dass mit der weiteren Voraussetzung des § 109a I StGB, die Machenschaft müsse auf Täuschung berechnet sein, gefordert wird, dass die Handlung des Täters einen Irrtum der zuständigen Behörde von der Wehrpflicht verursachen soll.[152] Das Handeln im Rahmen einer Wehrpflichtentziehung durch Täuschung ist damit gleichermaßen final wie listiges Verhalten.[153] Jedoch ist es kein zwingendes Erfordernis der List, auf die Irrtumserregung gerichtet zu sein.[154] Die Vorausset-

---

K/N/P, [5]2017, § 109a Rn. 3; *Dannenfeldt/Kuhli*, in: M/R, 2013, § 109a Rn. 2; *Lohse*, in: S/S/W, [3]2016, § 109a Rn. 3.

148 *Valerius*, in: BeckOK StGB, Std.: 01.11.2017, § 109a Rn. 2; *Schroeder*, in: LK StGB, Bd. 4, [12]2007, § 109a Rn. 6; *Müller*, in: MüKo StGB, Bd. 3, [3]2017, § 109a Rn. 9.

149 *Schroeder*, in: LK StGB, Bd. 4, [12]2007, § 109a Rn. 6; *Müller*, in: MüKo StGB, Bd. 3, [3]2017, § 109a Rn. 9.

150 OLG Hamm, Urteil v. 30.10.1973 – 5 Ss 917/73, NJW 1974, 568, 569; *Eser*, in: Sch/Schr, [29]2014, § 109a Rn. 7–9.

151 Siehe unter **B.I.2.a.** sowie **B.I.3.d.**

152 *Valerius*, in: BeckOK StGB, Std.: 01.11.2017, § 109a Rn. 3; *Kargl*, in: K/N/P, [5]2017, § 109a Rn. 3; *Kühl*, in: L/K, [28]2014, § 109a Rn. 3; *Dannenfeldt/Kuhli*, in: M/R, 2013, § 109a Rn. 2; *Lohse*, in: S/S/W, [3]2016, § 109a Rn. 3. Allerdings soll irrelevant sein, ob der Irrtum tatsächlich erregt wird, siehe OLG Celle, Urteil v. 10.06.1965 – 1 Ss 530/64, NJW 1965, 1675, 1677; *Schroeder*, in: LK StGB, Bd. 4, [12]2007, § 109a Rn. 7; *Eser*, in: Sch/Schr, [29]2014, § 109a Rn. 11.

153 Siehe unter **B.I.2.a.**

154 Siehe unter **B.I.3.b.**

zungen, die an die Arglist im Rahmen des § 109a I StGB gestellt werden, führen insofern zu einem engeren Verständnis gegenüber listigem Handeln nach dem Strafgesetzbuch.

Insgesamt sprechen somit gute Gründe dafür, zwischen dem im Strafgesetzbuch verwendeten Begriff der Arglist und dem der List zu unterscheiden.

(2) Hinterlist

Zu betrachten ist darüber hinaus die Hinterlist. Die Norm des § 224 I Nr. 3 StGB bestraft die Körperverletzung mittels eines hinterlistigen Überfalls in qualifizierender Weise. Fraglich ist, ob diese Hinterlist mit der aufgezeigten strafrechtlichen List übereinstimmt.

Ein hinterlistiges Handeln setzt nach dem strafrechtlichen Verständnis voraus, dass der Täter planmäßig in einer auf Verdeckung der wahren Absicht berechneten Weise vorgeht, um dadurch dem Gegner die Abwehr des nicht erwarteten Angriffs zu erschweren und die Vorbereitung auf die Verteidigung nach Möglichkeit auszuschließen.[155]

Das Reichsgericht führt diesbezüglich in einer Entscheidung aus dem Jahr 1930 aus: „Ein Überfall […] ist gegeben, wenn der Verletzte unversehens, ohne sich darauf vorbereiten zu können, angegriffen worden ist. Die Gefährlichkeit eines derartigen Angriffs liegt darin, daß – eben wegen des unerwarteten Auftretens – die Verteidigung dagegen erschwert ist, daß die Überraschung infolge der daraus sich ergebenden Erregung ein planvolles Abwehrhandeln in der Regel unmöglich macht. […] Als hinterlistig ist ein ‚Überfall' […] anzusehen, wenn der Täter dabei planmäßig – wenn auch nicht notwendig unter reiflichem Abwägen des Für und Wider, also überlegt – in einer auf Verdeckung seiner wahren Absicht berechneten Weise, eben mit ‚List', zu Werke geht, um gerade hierdurch beim Angegriffenen die Abwehr des nicht erwarteten Angriffs zu erschweren, seine Überlegung und die Vorbereitung auf die Verteidigung nach Möglichkeit auszuschließen."[156] Hieraus ergibt sich zum einen, dass die Definition der Hinterlist – da wortgleich, wenn auch ausformulierter – bereits vom Reichsgericht

155 St. Rspr., siehe etwa BGH, Beschluss v. 06.09.1988 – 5 StR 387/88, BeckRS 1988, 31103331; Beschluss v. 15.07.2003 – 1 StR 249/03, NStZ 2004, 93, 93; Beschluss v. 17.06.2004 – 1 StR 62/04, NStZ 2005, 40, 40; Beschluss v. 30.10.2008 – 3 StR 334/08, NStZ-RR 2009, 77, 78; Beschluss v. 12.02.2013 – 2 StR 524/12, NStZ-RR 2013, 173, 174; *Eschelbach*, in: BeckOK StGB, Std.: 01.11.2017, § 224 Rn. 35; *Küper/Zopfs*, 9 2015, Rn. 500; *Engländer*, in: M/R, 2013, § 224 Rn. 11; *Momsen/Momsen-Pflanz*, in: S/S/W, 3 2016, § 224 Rn. 22.

156 RGSt 65, 65 (66) v. 22.12.1930.

geprägt wurde. Zum anderen scheint das Reichsgericht die Begriffe der List und der Hinterlist als Synonyme zu verstehen, indem gefordert wird, dass der Täter „eben mit List" zu handeln habe, um hinterlistig vorzugehen.

Ob dem Reichsgericht in einem solchen Verständnis zuzustimmen ist, muss anhand eines Vergleiches der anerkannten strafrechtlichen Definitionen untersucht werden.

Aus der Definition der Hinterlist („um ... zu") folgt, dass dieser gleichermaßen wie der List eine Finalität anhaftet. Der Täter verfolgt bei dem Einsatz der Hinterlist das – dem Gebrauch des Begriffes in § 224 I StGB entsprechende – weitere Ziel, dem Opfer die Abwehr des plötzlichen Angriffs zu erschweren und die Verteidigung gar unmöglich zu machen. Dass der Täter planmäßig berechnend vorzugehen hat, könnte für eine Vergleichbarkeit mit der bei der List erforderlichen Anwendung von Klugheit und Geschicklichkeit, mithin dem geschickten und geflissentlichen Vorgehen sprechen. Allerdings scheint die Voraussetzung des planmäßig Berechnenden im Rahmen des hinterlistigen Überfalls dazu zu dienen, das Ausnutzen des Überraschungsmomentes, welches für die Hinterlist nicht genügen soll, auszuschließen,[157] und folglich darauf zu verweisen, dass allein die bewusste Ausnutzung der Arg- und Wehrlosigkeit – insoweit enger als bei der Heimtücke nach § 211 I Gruppe 2 Alt. 1 StGB – nicht genügt.[158] Die Hinterlist erfordert insofern ein von Heimlichkeit geprägtes Ausnutzen,[159] wohingegen im Rahmen des listigen Handelns eine Heimlichkeit nicht zwingend verlangt wird.[160] Dass sich diese Heimlichkeit aus dem planmäßig Berechnenden der Hinterlist ergibt, kann aus einem Urteil des Bundesgerichtshofes abgeleitet werden, in dem dieser Folgendes ausführt: „Nach den Feststellungen hat der Angeklagte sich zwar mit List Einlaß in die Wohnung des Zeugen verschafft, dabei jedoch nicht in der Absicht gehandelt, den Zeugen anzugreifen. Nachdem der Angeklagte den Körperverletzungsvorsatz gefaßt hatte, entfaltete er aber keine planmäßige, listige Tätigkeit mehr. Daß der Zeuge ‚keinerlei Angriff erwartete', dem Angeklagten ‚den Rücken zudrehte' und der Angeklagte dessen ‚Arg- und Wehrlosigkeit bewußt ausnutzte', genügt für sich allein nicht."[161] Der Bundesgerichtshof kann mit seiner Formulierung („planmäßige, listige") so

157 Siehe etwa BGH, Urteil v. 09.09.2004 – 4 StR 199/04, NStZ 2005, 97, 97; Beschluss v. 08.05.2007 – 4 StR 173/07, NStZ 2007, 702, 702; *Wessels/Hettinger/Engländer*, [41]2017, § 5 Rn. 304.

158 *Rengier*, BT II, [18]2017, § 14 Rn. 44.

159 So explizit BGH, Beschluss v. 17.06.2004 – 1 StR 62/04, NStZ 2005, 40, 40; Beschluss v. 30.10.2008 – 3 StR 334/08, NStZ-RR 2009, 77, 77.

160 Siehe Fn. 48.

161 BGH, Beschluss v. 06.09.1988 – 5 StR 387/88, BeckRS 1988, 31103331.

verstanden werden, dass sich die Hinterlist aus den Elementen der List und der Planmäßigkeit, die unter anderem ein heimliches Vorgehen verlangt, zusammensetzt. Gleichermaßen können *Krey/Hellmann/Heinrich* verstanden werden, wenn sie festhalten, dass der Überfall dann hinterlistig ist, wenn der Täter „‚planmäßig unter Verdeckung seiner wahren Absicht' mit List vorgeht."[162]

Die Begriffe der List und Hinterlist sollten demnach nicht synonym verwendet werden. Vielmehr ist der Begriff der Hinterlist in seinem strafrechtlichen Verständnis enger gefasst.

(3) Zusammenfassung: Arglist und Hinterlist

Zusammenfassend ist festzuhalten, dass sowohl die Arglist als auch die Hinterlist nach dem strafrechtlichen Verständnis nicht mit dem Begriff der List gleichzusetzen sind, auch wenn einzelne Elemente übereinstimmen und insofern Überschneidungen möglich sind. Da sich die Ausführungen dieser Arbeit auf die List konzentrieren, sind Rückschlüsse auf das Verständnis von Arglist und Hinterlist nicht zwingend. Diese beiden Begriffe erfahren keine weitere Behandlung innerhalb der vorliegenden Arbeit.

3. Abgrenzung zum Tatmittel der Täuschung

Neben der List kennt das Strafrecht den Begriff der Täuschung.

Zum einen findet sich die Täuschung – insbesondere als „Täuschung im Rechtsverkehr" – ausdrücklich im Strafgesetzbuch, siehe die §§ 100a I, II, 108a I, 109a I, 145d I, II, III, 152a I, 265b I, 267 I, 268 I, 269 I, 270, 271 II, 273 I, 276 I Nr. 2, 277, 279, 281 I 1 StGB. Nähere Erläuterungen über das Verständnis allein des Täuschungsbegriffes finden sich in Literatur und Rechtsprechung hierbei – soweit ersichtlich – nicht.

Zum anderen ist der Begriff der Täuschung eng verbunden mit der Norm des § 263 I StGB, ohne innerhalb dieser Vorschrift ausdrücklich Erwähnung zu finden. Der Betrug fordert als Handlung das Vorspiegeln falscher oder aber das Entstellen oder das Unterdrücken wahrer Tatsachen, mithin – nach Literatur und Rechtsprechung – eine Täuschung.[163] Eine solche bedarf wiederum des Einwirkens[164] auf das Vorstellungsbild einer anderen natürlichen Person, durch das

162 *Krey/Hellmann/Heinrich*, [16]2015, § 3 Rn. 262.

163 Siehe etwa BGHSt 47, 1 (3) v. 26.04.2001; *Hoyer*, in: SK StGB, Bd. IV, Std.: 12/2014, § 263 Rn. 10; *Beukelmann*, in: BeckOK StGB, Std.: 01.11.2017, § 263 Rn. 9.

164 Teilweise wird die Definition dahingehend ergänzt, dass es eines bewussten Einwirkens, mithin eines Täuschungsbewusstseins bedarf, siehe etwa *Küper/Zopfs*, [9]2015,

eine Fehlvorstellung über Tatsachen erzeugt wird. Eine Täuschungshandlung kann dabei sowohl durch positives Tun – ausdrücklich oder konkludent – als auch durch Unterlassen erfolgen.

Interessant ist insofern eine Anmerkung *Wedekinds* zu einem Urteil des OLG Hamm,[165] welches die Abgrenzung von Diebstahl und Betrug behandelt. Zusammengefasst wird, dass der Betrüger – im Gegensatz zum Dieb – stets bis an die äußere Grenze des fremden Herrschaftsbereiches vordringe und sich unter Anwendung einer List das Zueignungsobjekt aus dem Gewahrsamsraum des Berechtigten herausreichen lasse oder gegebenenfalls auch im Einvernehmen mit dem Gewahrsamsberechtigten die Sache eigenhändig an sich nehme. Die List wird insofern als das den Tatbestand des Betruges kennzeichnende Tatmittel genannt; von einer Täuschung wird hingegen nicht gesprochen. Es scheint, als könnten die Begriffe – entsprechend dem teilweisen Verständnis im allgemeinen Sprachgebrauch[166] – synonym verwendet werden. Gegen ein identisches Begriffsverständnis spricht allerdings bereits, dass das Strafgesetzbuch sowohl den Begriff der List als auch den Begriff der Täuschung kennt, mithin zwischen den Begriffen differenziert. Ob ein synonymes Verständnis dennoch zulässig ist, wird im Folgenden anhand der eine Täuschung kennzeichnenden Elemente, stets vergleichend mit dem bereits dargestellten rechtlichen Verständnis der List, untersucht. Zu beachten ist, dass hierbei hinsichtlich des Täuschungsbegriffes auf das Verständnis zurückgegriffen wird, welches allgemein anerkannt und somit vorherrschend ist.

a. Einwirken auf das Vorstellungsbild eines anderen

Die Täuschung fordert, zumindest wenn sie aktiv vorgenommen wird,[167] das Einwirken auf das Vorstellungsbild eines anderen. Hierbei besteht – ohne, dass dies besonders problematisiert wird – keine Einigkeit darüber, ob die Einwirkung

---

Rn. 479; *Rengier*, BT I, [19]2017, § 13 Rn. 9; *Wessels/Hillenkamp*, [40]2017, § 13 Rn. 492. Über ein solches Erfordernis wird vorliegend nicht entschieden. I.E. ergeben sich keine praktischen Auswirkungen, da eine Strafbarkeit bei mangelndem Täuschungsbewusstsein spätestens im subjektiven Tatbestand ausscheidet, so auch *Satzger*, in: S/S/W, [3]2016, § 263 Rn. 31.

165 *Wedekind*, NJW 1969, 1128, 1129 m.w.N.

166 Siehe unter **B.I.1.**

167 Eine Täuschung durch Unterlassen fordert hingegen die Nichtbeseitigung einer Fehlvorstellung trotz bestehender Rechtspflicht, siehe *Perron*, in: Sch/Schr, [29]2014, § 263 Rn. 37.

intellektuell erfolgen[168] oder aber auf das intellektuelle Vorstellungsbild eingewirkt werden muss.[169] Mit ersterem Verständnis kann zum Ausdruck gebracht werden, dass die Einwirkung einen gewissen Grad an Klugheit – also ein Einwirken mittels des Verstandes – erfordert; dies würde dem rechtlichen Verständnis von List entsprechen.[170] Letztere Formulierung ist hingegen unklar, denn wird verlangt, dass in irgendeiner Weise auf den Geist des Gegenübers eingewirkt werden muss, so ist nicht ersichtlich, welche Vorstellungsbilder – neben einem intellektuellen – noch existieren. Der Formulierung, dass gerade auf das intellektuelle Vorstellungsbild eingewirkt werden muss, käme keine besondere Bedeutung zu. Ob allerdings auf das erste Verständnis zurückzugreifen ist, wird sich sogleich zeigen.

Konsens besteht überwiegend darin, dass ein Einwirken nicht gegeben ist bei der schlichten Veränderung von Tatsachen, deren (Nicht-)Existenz den Gegenstand einer Vorstellung bildet.[171] Es genügt somit nicht für eine Täuschung, wenn lediglich auf den Gegenstand einer schon vorhandenen Vorstellung eingewirkt wird, sodass die Vorstellung unrichtig wird, sogenannte ignorantia facti.[172] Vielmehr muss die Vorstellungsbildung[173] des Getäuschten beeinflusst, mithin verändert werden. Es bedarf daher – zumindest für einen vollendeten Betrug – einer kommunikativen Beziehung zwischen Täuschendem und Getäuschtem.[174] Für eine solche Ansicht wird angebracht, dass § 263 StGB nicht das Vertrauen in die richtige Wahrnehmung der Realität, sondern nur das Vertrauen in eine Informationsleistung über diese Realität schütze.[175] Zudem würden bei einem solchen Verständnis die Tätig-

---

168 So etwa *Eisele*, BT II, ⁴2017, S. 175 Rn. 521; *Küper/Zopfs*, ⁹2015, Rn. 479.

169 So etwa BGH, Urteil v. 05.05.1983 – 4 StR 121/83, NStZ 1983, 505, 506; *Gaede*, in: AnwK StGB, ²2015, § 263 Rn. 11; *Perron*, in: Sch/Schr, ²⁹2014, § 263 Rn. 6.

170 Siehe unter **B.I.2.**

171 So die **h.M.**, etwa *Beukelmann*, in: BeckOK StGB, Std.: 01.11.2017, § 263 Rn. 10; *Duttge*, in: D/D/K/R, ⁴2017, § 263 Rn. 8; *Küper/Zopfs*, ⁹2015, Rn. 479; *Kühl*, in: L/K, ²⁸2014, § 263 Rn. 6; *Rengier*, BT I, ¹⁹2017, § 13 Rn. 10; *Perron*, in: Sch/Schr, ²⁹2014, § 263 Rn. 37; *Hoyer*, in: SK StGB, Bd. IV, Std.: 12/2014, § 263 Rn. 24; **a.A.** *Heinrich*, in: A/W/H/H, ³2015, § 20 Rn. 47 f.

172 Siehe etwa *Wessels/Hillenkamp*, ⁴⁰2017, § 13 Rn. 490.

173 *Bockelmann*, 1961, S. 439.

174 **H.M.**, etwa *Gaede*, in: AnwK StGB, ²2015, § 263 Rn. 12; *Beukelmann*, in: BeckOK StGB, Std.: 01.11.2017, § 263 Rn. 10; *Tiedemann*, in: LK StGB, Bd. 9/1, ¹²2012, § 263 Rn. 22; *Saliger*, in: M/R, 2013, § 263 Rn. 2; *Hefendehl*, in: MüKo StGB, Bd. 5, ²2014, § 263 Rn. 91; *Satzger*, in: S/S/W, ³2016, § 263 Rn. 32; *Rengier*, BT I, ¹⁹2017, § 13 Rn. 10; **a.A.** *Krack*, 1994, S. 51 ff., insb. S. 60; *Hoyer*, in: SK StGB, Bd. IV, Std.: 12/2014, § 263 Rn. 25.

175 *Kindhäuser*, NK StGB, ⁷2017, § 263 Rn. 63.

keitsmerkmale der Irrtumserregung oder -unterhaltung selbstständige Bedeutung gewinnen, gingen mithin darüber hinaus, dass kausal ein Erfolg verursacht werden muss.[176] Fraglich ist, ob Gleiches für das Merkmal der List gilt.

Fall 3

Als Paradebeispiel für die Ablehnung einer Täuschung mangels Einwirkens auf das Vorstellungsbild fungiert stets der blinde Passagier, der sich ohne entsprechendes Ticket in ein öffentliches Verkehrsmittel begibt, und der Schaffner sich keine Gedanken darüber macht, inwiefern eine Anwesenheit und (damit erst recht) eine Berechtigung zur Mitfahrt bestehen. Für eine Täuschung fehlt es insofern an einem Erklärungsverhalten des Passagiers.[177] Das Handeln des Passagiers könnte sich aber als List darstellen. Nach der sich beim Bundesgerichtshof und in der Literatur durchgesetzten Definition ist die List das geflissentliche und geschickte Verbergen der wahren Zwecke oder Mittel, um eigene Ziele durchzusetzen. Der blinde Passagier besteigt ein öffentliches Verkehrsmittel, ohne einen Fahrschein zu lösen. Er bezweckt damit die Unentgeltlichkeit der Beförderung. Dieser Zweck bleibt verborgen, indem der blinde Passagier den Mangel eines Fahrscheins nicht nach außen erkennbar macht. Dies erfolgt insofern auch scheinbar absichtslos, jedoch bewusst, sodass das Verhalten auch als geflissentlich eingestuft werden kann.[178] Ein geschicktes, mithin gewandtes und kluges[179] Verhalten ist hingegen fraglich, kann aber zumindest in der Fallkonstellation angenommen werden, in der sich der blinde Passagier etwa auf der Zugtoilette versteckt hält. Sodann sind alle Erfordernisse einer List erfüllt. Die Tatsache, dass das Vorstellungsvermögen des Schaffners, der sich überhaupt keine Gedanken macht, nicht berührt wird, ist nach reiner Subsumtionsarbeit bedeutungslos. Dies ist damit zu begründen, dass die vorherrschende Definition der List allein auf das Verhalten des Täters abstellt, mithin nicht verlangt, dass dieses Verhalten etwas bei einem Gegenüber bewirkt. Der Betrug hingegen, dessen Tatmittel die Täuschung ist, ist Selbstschädigungsdelikt, sodass bereits nach dem Deliktscharakter ein Mitwirken des Opfers notwendig ist.[180] Dass die List ihrer Definition nach ein Verbergen der wahren Absichten erfordert, zeigt nur, dass die Absicht des Täters nicht offensichtlich nach außen getragen wird, wobei sich dieses auch bereits aus dem Erfordernis einer gewissen Klugheit ergeben könnte. Dass es eines Einwirkens auf die Vorstellungsbildung eines Gegenübers bedarf, resultiert hingegen nicht aus dem definitorischen Verständnis von List. So will der blinde Passagier seine wahren Absichten vor dem Schaffner verbergen und diesen mangels eigener Berechtigung gerade in dem Glauben lassen, er habe alle Anwesenden kontrolliert

---

176 *Kargl*, ZStW 119 (2007), 250, 254 f.

177 *Tiedemann*, in: LK StGB, Bd. 9/1, [12]2012, § 263 Rn. 23; *Hefendehl*, in: MüKo StGB, Bd. 5, [2]2014, § 263 Rn. 90 f.; *Perron*, in: Sch/Schr, [29]2014, § 263 Rn. 37; *Wessels/Hillenkamp*, [40]2017, § 13 Rn. 490.

178 Vgl. https://www.duden.de/rechtschreibung/geflissentlich, abgerufen am 05.01.2018.

179 Vgl. https://de.pons.com/übersetzung?q=geschickt&l=dedx&in=&lf=, abgerufen am 05.01.2018.

180 Siehe etwa *Satzger*, in: S/S/W, [3]2016, § 263 Rn. 10.

bzw. alle Anwesenden in dem öffentlichen Verkehrsmittel seien in Besitz eines gültigen Fahrausweises. Einer kommunikativen Beziehung zwischen listig Handelndem und dem Gegenüber bedarf es nach reiner Subsumtionsarbeit aber nicht für den Einsatz von List.

Es verwundert insofern zunächst, dass das Reichsgericht für ein listiges Verhalten die Einwirkung auf das Vorstellungsvermögen verlangt.[181] Gleichzeitig ist aber auch festzuhalten, dass das Reichsgericht eine Einwirkung auf das Vorstellungsvermögen zum einen auch dann annimmt, wenn der wirkliche Sachverhalt – ein blinder Passagier hält sich auf der Zugtoilette verborgen – verdeckt bleibt. Zum anderen macht das Reichsgericht deutlich, dass der Eintritt tatsächlich irriger Vorstellungen nicht erforderlich ist. Es genügt daher bereits nach Ansicht des Reichsgerichts, wenn bei dem Adressaten eines listigen Verhaltens weder wirklicher noch irriger Sachverhalt bekannt sind, mithin sich der Gegenüber überhaupt keine Gedanken macht. Es bleibt damit mangels Erfordernisses einer Kommunikation die Frage bestehen, ob die List überhaupt eines unmittelbaren persönlichen Adressaten bedarf[182] oder aber das geschickte und geflissentliche Verbergen der wahren Absicht des Täters auch mittels Einwirkung auf Maschinen oder technische Vorgänge erfolgen kann. Eine Täuschung kann insofern nicht vorliegen, weil Kommunikation nur zwischen natürlichen Personen stattfinden kann.[183] Die Untersuchung dieser Fragestellung orientiert sich an einem Beispielsfall, der im Rahmen des § 265a I StGB angeführt wird:[184]

Fall 4
Von seiner letzten Urlaubsreise hat Student S ausländische Münzen mitgebracht, die der Form nach einem 2 €-Stück entsprechen, aber einen erheblich geringeren Wert haben. Als S an einer Fotokabine vorbeikommt, entschließt er sich dazu, ein Foto machen zu lassen. Um Kosten zu sparen, bedient er mit Erfolg den Automaten mit einer der mitgebrachten ausländischen Münzen.
Eine Täuschung des S nach § 263 I StGB infolge des Bedienens der Kabine mit der ausländischen Münze scheidet mangels Kommunikation aus. Es existiert in diesem Fall keine Person, die einer Fehlvorstellung unterliegen könnte. Zu prüfen bleibt daher § 265a I Alt. 1 StGB, das Erschleichen einer Leistung. Dass dieser Tatbestand vorliegend erfüllt ist, ist – insbesondere, da die Fotokabine als Leistungsautomat anzusehen ist – unproblematisch. Fraglich ist aber, ob das von S gezeigte Verhalten als ein listiges Erschleichen bezeichnet werden kann.
Das Bedienen einer Fotokabine mit ausländischen, dafür nicht vorgesehenen Münzen müsste ein geschicktes und geflissentliches Verbergen der wahren Absichten des Tä-

181 Siehe unter **B.I.2.a.**
182 Siehe zur Fragestellung bereits unter **B.I.2.b.(6)**.
183 So etwa *Satzger*, in: S/S/W, ³2016, § 263 Rn. 33.
184 Siehe *Kindhäuser*, BT II, ⁹2017, § 33 Rn. 2.

ters darstellen, mit dem er eigene Ziele durchsetzen will. Es kann insofern als klug und gewandt[185] angesehen werden, eine Fotokabine, deren Leistung mit einem Wert von 2 € beziffert ist, mit einer der Form nach identischen ausländischen Münze zu bedienen, wobei der Wert dieser Münze deutlich geringer ist. S bezweckt hiermit das Einsparen von Kosten. Dieser Zweck bleibt verborgen, indem S das Bedienen der Fotokabine nicht mit einer vorgesehenen 2 €-Münze vornimmt, ohne dies nach außen erkennbar zu machen. Er handelt darüber hinaus scheinbar absichtslos, jedoch bewusst, sodass sein Verhalten auch als geflissentlich eingestuft werden kann.[186] Alle Merkmale einer List sind folglich erfüllt. Erneut ist darauf hinzuweisen, dass sich dies vor allem darauf zurückführen lässt, dass sich das definitorische Verständnis der List allein im Täterkreis bewegt, ohne eine Reaktion des Opfers zu fordern. Es bedarf vielmehr eines solchen (zumindest unmittelbaren)[187] Gegenübers nicht. S hat – um die Formulierung in der Literatur aufzugreifen[188] – den Sicherungsmechanismus der Fotokabine überlistet.

Der Rechtsprechung sowie *Wohlers/Mühlbauer* ist daher nicht in der Annahme zuzustimmen, List könne unmittelbar nur gegenüber Personen angewandt werden.[189] Vielmehr kann List auch unmittelbar nur an Maschinen und Automaten eingesetzt werden. Dies gilt umso mehr, als dass listiges Verhalten das Ausnutzen der bloßen Unkenntnis des wahren Sachverhaltes erfasst, sodass der (mittelbar) Betroffene den listigen Vorgang gar nicht mitbekommen und sich hierüber keine Gedanken machen muss.[190]

---

185 Vgl. Fn. 179.

186 Vgl. Fn. 178.

187 Dass die von S eingesetzte List letztlich zu Lasten des Eigentümers der Münzeinwurfanlage, mithin auch des diesbezüglichen Inhalts wirkt, dieser Eigentümer also der Geschädigte ist, ändert nichts daran, dass unmittelbar lediglich auf Maschinen bzw. Automaten eingewirkt wird.

188 Vgl. Fn. 100.

189 Siehe Fn. 97 und Fn. 101.

190 Folgendes ist noch zu ergänzen: Die List wird als Tatmittel explizit nur im 18. Abschnitt genannt, wobei Schutzgut die Willensbetätigungs- und Willensentschließungsfreiheit ist (siehe unter **B.I.2.a.**). Der *Duden* bezeichnet den Willen insbesondere als die Fähigkeit des Menschen, sich bewusst für oder gegen etwas zu entscheiden, https://www.duden.de/rechtschreibung/Wille, abgerufen am 05.01.2018. Die persönliche Freiheit, die im Rahmen des 18. Abschnitts im Strafgesetzbuch geschützt wird, haftet dem Menschen somit unmittelbar an. Es könnte nunmehr angenommen werden, dass sich listiges Verhalten, das im 18. Abschnitt des Strafgesetzbuchs strafrechtlich relevant wird, unmittelbar doch stets einem personalen Adressaten gegenübersehen muss, da das angegriffene Rechtsgut von dem Betroffenen untrennbar ist. Allerdings ist dem zu entgegnen, dass bereits die potentielle Willensfreiheit Schutz findet (siehe zu § 239 I StGB unter **B.II.1.d.(2)**). Diese kann auch dann beeinträchtigt sein, wenn sich der Betroffene in Unkenntnis des wahren Sachverhalts befindet und die Beschränkung der

Zusammenfassend ist damit festzustellen, dass die List zwar auch bei einem Angriff auf die Vorstellungsbildung gegeben ist, grundsätzlich einen solchen jedoch nicht erfordert. Die List stellt vielmehr ein Verhalten des Täters dar, das darauf gerichtet ist, einen eigenen Zweck zu verfolgen, diesen insofern nicht nach außen erkennen zu lassen. Dies erfordert nicht, dass der Adressat auf das listige Verhalten des Täters reagiert, dieses überhaupt realisiert oder realisieren soll. Vielmehr kann auch auf Maschinen oder technische Vorgänge listig eingewirkt werden.

Das Tatmittel der List ist insofern weiter gefasst als das Tatmittel der Täuschung.

b. Fehlvorstellung

Die Täuschung muss dazu führen, dass bei dem Getäuschten ein Irrtum erregt oder unterhalten wird.[191] Der Irrtum setzt eine positive Fehlvorstellung, somit die im Widerspruch zur Wirklichkeit stehende subjektive Vorstellung, nicht nur reine Unkenntnis voraus.[192] Ein solcher ist erregt, wenn eine zuvor nicht vorhandene falsche Vorstellung begründet wird. Er wird unterhalten, wenn der Täter verhindert, dass eine bereits vorhandene Fehlvorstellung beseitigt wird.[193] Das alleinige Ausnutzen eines bestehenden Irrtums ist hingegen nicht nach § 263 StGB strafbar, wie bereits der abschließende Wortlaut der Norm verdeutlicht.[194]

Fraglich ist, inwiefern die List die Herbeiführung eines Irrtums verlangt.

Willensfreiheit mittels Einwirkung auf Maschinen und Automaten erfolgt. Gedacht wird hierbei etwa an den Fall, dass sich das Opfer in einem Wohnhaus mit mehreren Ausgängen befindet, deren Schlösser automatisch verriegelt werden können. Die Automatik wird dabei derart von dem Täter überlistet, dass sich stets der Ausgang, dem sich das Opfer nähert, automatisch verriegelt, sodass das Opfer das Wohnhaus nicht mehr zu verlassen in der Lage ist. Ein solches Verlassen wird jedoch in tatsächlicher Hinsicht von dem Opfer nicht versucht, weil es von seiner Fortbewegungsfreiheit keinen Gebrauch machen will. Der Täter hat insofern unmittelbar auf die Schlossautomatik eingewirkt und dem Opfer die Möglichkeit der Fortbewegung genommen, ohne dass dieses die Einwirkung bemerkt hat und sich in tatsächlicher Hinsicht fortbewegen wollte. Es findet in diesem Fall weder eine Kommunikation zwischen Täter und Opfer statt noch wirkt der Täter unmittelbar auf einen personalen Adressaten ein.

191 So etwa *Gaede*, in: AnwK StGB, ²2015, § 263 Rn. 11; *Kindhäuser*, NK StGB, ⁷2017, § 263 Rn. 98.

192 *Gaede*, in: AnwK StGB, ²2015, § 263 Rn. 53; *Duttge*, in: D/D/K/R, ⁴2017, § 263 Rn. 22 f.; *Kühl*, in: L/K, ²⁸2014, § 263 Rn. 18.

193 *Perron*, in: Sch/Schr, ²⁹2014, § 263 Rn. 45.

194 *Gaede*, in: AnwK StGB, ²2015, § 263 Rn. 50; *Tiedemann*, in: LK StGB, Bd. 9/1, ¹²2012, § 263 Rn. 76.

Bereits nach der allgemein anerkannten Definition soll es im Rahmen der List nicht darauf ankommen, ob bei dem Adressaten der List tatsächlich irrige Vorstellungen eingetreten sind. Vielmehr stellt die List ein Tatmittel dar, das sich allein im Täterkreis bewegt, nicht über diesen hinausgehen muss. Dem Täter muss es darauf ankommen, geschickt und geflissentlich seine wahren Absichten zu verbergen. Ob und welche Vorstellungen sodann bei seinem Gegenüber entstehen, ist für den Einsatz der List grundsätzlich irrelevant. Irrt das Opfer nicht und macht es sich vielmehr überhaupt keine Gedanken, kann dennoch eine List des Täters, nicht aber eine irrtumsverursachende Täuschung gegeben sein. Hinsichtlich des Betrugstatbestandes ist bei ausbleibendem Irrtum an eine Versuchsstrafbarkeit zu denken.

Die Täuschung ist auf die Herbeiführung oder Aufrechterhaltung eines Irrtums gerichtet. Auch die List wird stets final eingesetzt.[195] Der mit List Handelnde verfolgt ein nach seiner Vorstellung auf normalem Wege nicht zu erreichendes Ziel. Der Unterschied zur Täuschung besteht allerdings darin, dass diese stets das Opfer miteinbezieht, da es einem Irrtum unterliegen muss, der sodann in eine Vermögensverfügung – so wird weiterhin innerhalb des § 263 I StGB geprüft – münden soll. Beim Einsatz von List hingegen ist Endziel allein der vom Täter verfolgte Zweck. Dieser kann (abhängig von dem Delikt, dessen Tatmittel die List ist), muss aber nicht zwingend ein Verhalten des Opfers einbeziehen. Insofern geht die List über eine Täuschung hinaus.

Ferner ist festzuhalten, dass sich die List nicht – wie die Täuschung – auf die Erregung oder Unterhaltung eines Irrtums beschränkt, sondern auch den Fall erfasst, dass ein Irrtum oder die Unkenntnis des wirklichen Sachverhalts schlichtweg ausgenutzt wird.[196] Für ein solch weites Verständnis gegenüber dem Betrug spricht zunächst folgender Gedanke: Die Norm des § 263 I StGB beschränkt sich ausdrücklich auf das Erregen oder Unterhalten eines Irrtums, wobei der Gesetzgeber gleichzeitig auch Fälle kennt, in denen die Rechtsgutsverletzung unter Ausnutzung einer vom Täter nicht geschaffenen Lage bestraft wird, siehe die §§ 243 I 2 Nr. 6, 316a I StGB.[197] Wird die Formulierung des § 263 I StGB allerdings als Umschreibung der Tathandlung „Täuschung" verstanden,[198] würde jedes weitere Verständnis die Wortlautgrenze überschreiten und – da dieses zum Nachteil des Täters wirkt – gegen das Analogieverbot des Art. 103 II GG verstoßen. Die List findet hingegen nach keiner Ansicht eine

195 Siehe unter **B.I.2.a.**

196 Siehe unter **B.I.2.a.**

197 *Krack*, 1994, S. 77, i.E. gegen eine Subsumtion des Ausnutzens unter den Begriff der List, vielmehr für eine Gleichbehandlung mit der Täuschung, S. 78 f.

198 Siehe Fn. 163.

Konkretisierung im Gesetz. Hinsichtlich der Auslegung des Listbegriffes verbleibt daher ein Spielraum. Auch das Ausnutzen eines bestehenden Irrtums kann somit eine List begründen. Daran, dass ebenfalls das Ausnutzen der Unkenntnis des wirklichen Sachverhalts erfasst ist, zeigt sich erneut, dass es eines Irrtums bei dem Opfer infolge der List nicht bedarf. Vielmehr ist das Handeln allein auf den Täterkreis konzentriert. Entscheidend ist zusammenfassend ausschließlich, dass der Täter geschickt und geflissentlich handelt. Wie er konkret vorgeht, ist ihm überlassen. Insofern geht auch in Bezug auf die Ausgestaltung des Verhaltens die List über die Täuschung hinaus.

Unbedeutend, mithin ohne Einfluss auf die Schutzwürdigkeit des Opfers im Rahmen des § 263 I StGB ist es nach überwiegender Auffassung, wenn das Opfer leichtgläubig oder aber die Täuschung leicht erkennbar ist.[199] Für diese Ansicht spricht, dass der Wortlaut des § 263 I StGB keine Einschränkungen bezüglich der Erregung oder Unterhaltung des Irrtums vornimmt, das Opfer mit dem Vertrauen in die Kommunikation weitestgehend Schutz erfahren soll und letztlich vor dem Hintergrund der Rechtssicherheit kein klares Maß für eine etwaig angestrebte Tatbestandsbegrenzung besteht.[200] Verfügt das Opfer hingegen über Sonderwissen und erkennt daher – ohne für den Täter kalkulierbar – die Täuschung, so ist nach allgemeiner Ansicht mit Rückgriff auf rein normative Gesichtspunkte kein Irrtum gegeben. In Betracht komme eine Versuchsstrafbarkeit.[201]

Um den Unterschied gegenüber der List zu verdeutlichen, ist auf die Worte von *Heinrich* zurückzugreifen, nach dem der Betrugstatbestand jede, nicht nur listige Täuschungen erfasse.[202] Der List ist es immanent, dass sie – in Abgrenzung zur alltäglichen Unwahrheit – einen gewissen Grad an Klugheit erfordert.[203] Ein leichtgläubiges Opfer sieht sich daher dann keinem listigen Verhalten ausgesetzt, wenn der (fälschliche) Erklärungswert des Täters verständlich war, das Opfer sich entsprechend dem

---

199 BGHSt 34, 199 (201 f.) v. 22.10.1986; Urteil v. 05.12.2002 – 3 StR 161/02, NStZ 2003, 313, 314; Urteil v. 04.12.2003 – 5 StR 308/03, NStZ-RR 2004, 110, 111; *Eisele*, BT II, [4]2017, S. 188 Rn. 549; *Küper/Zopfs*, [9]2015, Rn. 479; *Kühl*, in: L/K, [28]2014, § 263 Rn. 18 m.w.N.; **a.A.** etwa *Kargl*, ZStW 119 (2007), 250, 263, der ein Moment der Inszenierung, der hinterhältigen und listigen Vorgehensweise fordert; *Mühlbauer*, NStZ 2003, 650, 652; *Naucke*, 1974, S. 116 f., der das Problem letztlich in der Kausalität verortet.

200 Siehe zur Darstellung *Gaede*, in: AnwK StGB, [2]2015, § 263 Rn. 21, der sich i.E. aber für das Erfordernis einer objektiven Täuschungseignung entscheidet.

201 Siehe etwa *Tiedemann*, in: LK StGB, Bd. 9/1, [12]2012, § 263 Rn. 81; *Hefendehl*, in: MüKo StGB, Bd. 5, [2]2014, § 263 Rn. 260.

202 *Heinrich*, in: A/W/H/H, [3]2015, § 20 Rn. 49.

203 Siehe unter **B.I.2.a.**

Ziel des Täters nur aufgrund seiner Naivität verhält. Der Betrug kann hingegen auch gegenüber einem besonders leichtgläubigen, gar naiven Opfer erfolgen.

Während eine Täuschung somit auch dann gegeben sein kann, wenn die Darstellung des Täters offensichtlich nicht der Wirklichkeit entspricht, das Opfer dies jedoch nicht erkennt, ist eine List in einem solch offensichtlichen Fall nicht gegeben. Das (naive) Opfer ist folglich mehr vor einer Täuschung denn vor einer List geschützt.

Mit diesem Ergebnis ist gleichzeitig[204] festzustellen, dass eine Definition dahingehend, dass es einer intellektuellen Einwirkung auf das Vorstellungsbild bedarf, nicht darauf hindeuten kann, dass die Täuschung stets nur durchdacht sein muss. Insofern ist es irrelevant, ob die Einwirkung intellektuell erfolgen oder aber das intellektuelle Vorstellungsbild beeinträchtigt sein muss. Die Ergänzung der Definition um den Intellekt ist für die weiteren Untersuchungen bedeutungslos.

c. *Betreffend Tatsachen*

Eine Täuschungshandlung ist darüber hinaus anerkanntermaßen nur dann gegeben, wenn diese zu einer Fehlvorstellung über Tatsachen führt. Der Begriff der Tatsachen umfasst dabei Verhältnisse, Zustände oder Geschehnisse der Vergangenheit oder Gegenwart, die prinzipiell dem Beweis zugänglich sind.[205] Inbegriffen sind zudem innere, psychische Tatsachen wie Absichten und Motive, wenn sie mit einem äußeren Ereignis in Zusammenhang stehen.[206] Abzugrenzen sind Tatsachen von bloßen Werturteilen und sonstigen Meinungsäußerungen ästhetischer, moralischer oder religiöser Art, die allein eine wertende Stellungnahme, eine innersubjektive Bewertung enthalten. Diese können keine Täuschung begründen.[207] Sind Werturteil und Meinungsäußerung allerdings mit einem Tatsachenkern verknüpft, kann hierüber wiederum im Rahmen einer Täuschung eine Fehlvorstellung erzeugt werden.[208]

Fraglich ist daher, ob auch die List ausschließlich Tatsachen betreffen kann. Eine explizite Beschränkung dahingehend existiert nicht. Dies ist darauf zurückzuführen, dass dem Täuschungsbegriff immanent ist, eine Fehlvorstellung beim Gegenüber zu erzeugen. Sie ist, wie soeben aufgezeigt, auf die Herbeiführung eines Irrtums angelegt. Die List hingegen zielt allein darauf ab, dass der Täter seine

---

204 Bezugnehmend auf **B.I.3.a.**

205 So etwa *Fischer*, ^{65}2018, § 263 Rn. 6.

206 *Küper/Zopfs*, ^{9}2015, Rn. 480 mit Verweis auf Rn. 492.

207 *Fischer*, ^{65}2018, § 263 Rn. 9; *Kindhäuser*, NK StGB, ^{7}2017, § 263 Rn. 59.

208 So etwa *Hefendehl*, in: MüKo StGB, Bd. 5, ^{2}2014, § 263 Rn. 79 f.

wahren Zwecke und Absichten verbirgt. Der Gegenüber kann dabei auch unbeeinflusst bleiben. Insofern bedarf es bei der List bereits keiner Fehlvorstellung, damit erst recht nicht einer solchen in Bezug auf Tatsachen.

Auch hinsichtlich der für die Täuschung geltenden Begrenzung der Fehlvorstellung über Tatsachen ist die List weiter gefasst.

d. Täuschung durch Tun, insbesondere aber durch Unterlassen

Eine Täuschung kann nicht nur ausdrücklich oder konkludent, mithin durch aktives Handeln, sondern – so wird es überwiegend vertreten[209] – auch durch Unterlassen erfolgen. Erforderlich für die Verwirklichung des unechten Unterlassungsdeliktes, §§ 263, 13 I StGB, ist insofern, dass ein entstehender Irrtum nicht verhindert oder ein bestehender Irrtum nicht beseitigt wird.[210] In letzterer Konstellation scheint eine Abgrenzung zum Unterhalten eines bereits bestehenden Irrtums schwierig. Diese ist anhand des Täterverhaltens nach dem Schwerpunkt der strafrechtlichen Vorwerfbarkeit bei normativer Betrachtung und unter Berücksichtigung des sozialen Handlungssinns[211] vorzunehmen. Maßgebend ist bei einem Nichtstun, ob den Täter eine Pflicht zur Aufklärung des Irrtums trifft.[212]

---

209 *Beukelmann*, in: BeckOK StGB, Std.: 01.11.2017, § 263 Rn. 11; *Kindhäuser*, in: K/N/P, [5]2017, § 263 Rn. 144; *Kühl*, in: L/K, [28]2014, § 263 Rn. 12; *Tiedemann*, in: LK StGB, Bd. 9/1, [12]2012, § 263 Rn. 51; *Hefendehl*, in: MüKo StGB, Bd. 5, [2]2014, § 263 Rn. 160; *Hoyer*, in: SK StGB, Bd. IV, Std.: 12/2014, § 263 Rn. 53 ff. Eine **a.A.** findet sich vereinzelt, etwa *Kargl*, ZStW 119 (2007), 250, 287, der die Ablehnung des Betruges durch Unterlassen „in der Sache" für richtig hält und stets einen Erklärungswert fordert; *Naucke*, 1974, S. 106 ff., insb. S. 110, 214, nach dem „der Betrug durch Verschweigen mit der Konzeption, die § 263 zugrunde liegt, unvereinbar ist" und einen Verstoß gegen Art. 103 II GG darstellt. Die Bedenken der Gegenansicht sind aber – so *Hefendehl*, in: MüKo StGB, Bd. 5, [2]2014, § 263 Rn. 160 m.w.N. – ausgeräumt.

210 *Gaede*, in: AnwK StGB, [2]2015, § 263 Rn. 37; *Satzger*, in: S/S/W, [3]2016, § 263 Rn. 83; *Perron*, in: Sch/Schr, [29]2014, § 263 Rn. 18.

211 BGHSt 6, 46 (59) v. 17.02.1954; Beschluss v. 17.08.1999 – 1 StR 390/99, NStZ 1999, 607, 607; Urteil v. 14.03.2002 – 2 StR 239/02, NStZ 2003, 657, 657; Urteil v. 12.11.2009 – 4 StR 227/09, NStZ 2010, 214, 215; *Stree/Bosch*, in: Sch/Schr, [29]2014, Vorb. §§ 13 ff. Rn. 158 ff.; *Wessels/Beulke/Satzger*, [47]2017, § 19 Rn. 987; jedoch krit. zur normativen Betrachtung (in Bezug auf die Sterbehilfe) BGHSt 55, 191 (201 ff.) v. 25.06.2010; krit. zur Rspr. insg., mithin **a.A.** etwa *Gaede*, in: K/N/P, [5]2017, § 13 Rn. 7; *Freund*, in: MüKo StGB, Bd. 1, [3]2017, § 13 Rn. 5 ff.; umfassend zur Thematik siehe *Stoffers*, 1992.

212 BGHSt 39, 392 (398) v. 16.11.1993; *Heinrich*, in: A/W/H/H, [3]2015, § 20 Rn. 41; *Kühl*, in: L/K, [28]2014, § 263 Rn. 12, 14; *Hefendehl*, in: MüKo StGB, Bd. 5, [2]2014, § 263 Rn. 161.

Aufklärungspflichten können dabei grundsätzlich aus den anerkannten Gründen für Garantenstellungen herrühren.[213] Die Garantenstellung muss sich dabei entsprechend dem Betrugstatbestand und seinem Schutzzweck auf die Abwendung eines Vermögensschadens beziehen.[214]
Fraglich ist – unabhängig von den und hinausgehend über die bisher festgestellten Unterschiede(n) – die Abgrenzung eines listigen Verhaltens von einer Täuschung durch Unterlassen. Wird vor diesem Hintergrund das in Literatur und Rechtsprechung vorherrschende Verständnis der List betrachtet, fällt auf, dass hierbei zum einen die Täuschung in Form der Irrtumserregung und -unterhaltung, aber auch das Ausnutzen eines bestehenden Irrtums erfasst ist. Für eine Täuschung soll ein Ausnutzen nicht genügen. Eine Betrugsstrafbarkeit kann infolge einer Täuschung durch Unterlassen aber dann gegeben sein, wenn ein Irrtum nicht beseitigt wird, für dessen Abwendung jedoch eine Garantenpflicht besteht.[215]

Fall 5
Als Paradebeispiel für das Ausnutzen eines bereits vorhandenen Irrtums fungiert die Entgegennahme zu vielen Wechselgeldes von der Kellnerin durch einen Gast. Dieser begleicht seine Rechnung in Höhe von 30 € mit einem 50 €-Schein. Die Kellnerin glaubt jedoch, der Gast zahle mit einem 100 €-Schein und gibt ihm daher anstelle von 20 € vielmehr 70 € heraus. Der Gast erkennt sodann den Fehler, der der Kellnerin unterlaufen ist, nimmt jedoch stillschweigend das Geld entgegen und verlässt eilig das Restaurant.
Die Kellnerin unterliegt einem Irrtum betreffend das Zahlungsmittel des Gastes. In ihrer Vorstellung zahlt dieser mit einem 100 €-Schein, in Wirklichkeit begleicht er seine Rechnung mit einem 50 €-Schein. Da das Entstehen der Fehlvorstellung nicht auf einem Zutun des Gastes beruht, scheidet eine Irrtumserregung durch diesen aus. In Betracht kommt aber die Unterhaltung eines Irrtums, indem er die Kellnerin nicht aufklärt, den Irrtum mithin nicht beseitigt. Ein ausdrückliches Verhalten des Gastes, das ein solches Unterhalten widerspiegelt, ist nicht gegeben. Zudem ist zu berücksichtigen, dass es für

---

213 *Eisele*, BT II, [4]2017, S. 183 Rn. 536; *Kindhäuser*, NK StGB, [7]2017, § 263 Rn. 89; *Rengier*, BT I, [19]2017, § 13 Rn. 28 ff., mit Erweiterung der anerkannten Grundsätze.

214 *Kühl*, in: L/K, [28]2014, § 263 Rn. 12; *Tiedemann*, in: LK StGB, Bd. 9/1, [12]2012, § 263 Rn. 51 f.; *Perron*, in: Sch/Schr, [29]2014, § 263 Rn. 19.

215 In BGHSt 39, 392 (398 ff.) v. 16.11.1993, scheint es, als stelle eine solche Konstellation, in der die Ausnutzung eines Irrtums als Täuschung (durch Unterlassen) strafbar ist, den Ausnahmefall dar. Dass das Ausnutzen nicht zu einer Betrugsstrafbarkeit führt, mithin nicht Täuschung sein kann, scheint so nach BGH, Urteil v. 08.10.1953 – 4 StR 395/53, NJW 1953, 1924, 1924. *Schröder*, JR 1961, 434, 434, zieht eine klare „Grenzlinie zwischen bloßer Ausnützung eines Irrtums und betrügerischer Unterhaltung eines Irrtums". Diese sprachlichen Uneinigkeiten bezüglich des entsprechenden Verhaltens lassen eine Abgrenzung zur List jedoch nicht verzichtbar werden.

eine aktive Täuschung nicht genügt, wenn der Täter eine bereits vorhandene Fehlvorstellung lediglich bestätigt, ohne dadurch am inneren Gewissheitsgrad des Opfers Veränderungen vorzunehmen.[216] Eine konkludente Täuschung scheitert deshalb daran, dass der Gast mit der Entgegennahme der Leistung lediglich einen bereits vorhandenen Irrtum nutzt, ohne dass besondere Umstände hinzutreten. Der stillschweigenden Entgegennahme des Geldes kann nicht der Erklärungswert beigemessen werden, dass die Rückgabe von 70 € anstelle von 20 € geschuldet sei.[217] Das Orientierungsrisiko bezüglich einer Leistung trägt vielmehr der Leistende selbst.[218] Ein Unterhalten des Irrtums durch ein Tun ist abzulehnen. Ein Erklärungswert kann der bloßen Entgegennahme zu hohen Wechselgeldes höchstens in der Konstellation beigemessen werden, in der dem Gast schon vor Aushändigung des Wechselgeldes bekannt war, dass ihm zu viel Geld herausgegeben wird und er dennoch nicht auf den Irrtum hinweist.[219] Andernfalls – wie vorliegend – ist ein Irrtum bei der Kellnerin bereits derart verfestigt, dass sich die Sinnbedeutung des Verhaltens des Gastes in einem bloßen Gewährenlassen erschöpft.[220] Eine Täuschung durch aktives Handeln liegt nicht vor.
Zu prüfen bleibt eine Täuschung durch Unterlassen. Die Strafbarkeit ist abhängig von dem Bestehen einer Aufklärungspflicht, § 13 I StGB. Allein aus dem Vertrag zwischen Gast und Restaurant, für welches die Kellnerin agiert, ist eine solche Aufklärungspflicht nicht abzuleiten. Es fehlt hierbei an einem den materiellen Garantengedanken begründenden Umstand.[221] Eine über das Vertragsverhältnis hinausgehende Vertrauensbeziehung mit besonders begründeten Einstandspflichten besteht zwischen Restaurant bzw. Kellnerin und Gast nicht.[222] Eine Täuschung durch Unterlassen scheidet aus.
Der Gast, der aufgrund eines Irrtums der Kellnerin zu viel Wechselgeld erhält, täuscht weder aktiv noch passiv – zumindest dann, wenn er den Irrtum erst bei der Entgegennahme des Geldes erkennt.

Festzuhalten ist, dass allein das Ausnutzen eines bereits bestehenden Irrtums und keine Täuschung in Form der Irrtumsunterhaltung anzunehmen ist, wenn es einerseits an einem aktiven Täterverhalten – einem Verstärken des Irrtums – fehlt. Andererseits kann zwar eine Täuschung durch Unterlassen in Betracht kommen,

216 *Hoyer*, in: SK StGB, Bd. IV, Std.: 12/2014, § 263 Rn. 83.

217 So lag der Fall – anstelle einer Gaststätte war eine Tankstelle der Ort des Geschehens – in BGH, Beschluss v. 09.02.1989 – 4 StR 10/89, JZ 1989, 550, 550. Weitere Nachweise auf hierzu ergangene Rspr. finden sich bei *Hoyer*, in: SK StGB, Bd. IV, Std.: 12/2014, § 263 Rn. 34.

218 BGHSt 39, 392 (398) v. 16.11.1993; *Eisele*, BT II, [4]2017, S. 182 Rn. 534; *Wessels/Hillenkamp*, [40]2017, § 13 Rn. 509.

219 So lag der Fall in BGH, Urteil v. 11.09.1952 – 5 StR 597/52, siehe *Dallinger*, MDR 1953, 18, 21.

220 Vgl. hierzu OLG Köln, Urteil v. 05.02.1980 – 1 Ss 1134/79, NJW 1980, 2366, 2366.

221 *Wessels/Hillenkamp*, [40]2017, § 13 Rn. 509.

222 Vgl. BGHSt 39, 392 (399 f.) v. 16.11.1993.

es für eine Strafbarkeit aber an einer Aufklärungspflicht, mithin an einer Garantenstellung mangeln.[223]
Die List soll ihrer Definition nach auch das Ausnutzen eines bereits bestehenden Irrtums umfassen. Es könnte somit erwogen werden, dass ein entsprechendes Verhalten bei der List generell anzuerkennen, bei der Täuschung hingegen – ist ein aktives Täterverhalten nicht erkennbar – von einer Garantenpflicht abhängig ist. Allerdings ist zu beachten, dass auch im Rahmen von Tatbeständen, die die List als Tatmittel kennen, die Grundsätze des § 13 I StGB Anwendung finden. Auch wenn der mittels List Handelnde einen bereits bestehenden Irrtum lediglich ausnutzt, ist danach zu differenzieren, ob dieses durch eine aktive Handlung des Täters oder durch bloßes Nichtstun erfolgt. In letzterem Falle ist nach § 13 I StGB ebenso eine Garantenstellung des Handelnden für eine Strafbarkeit erforderlich.

Fall 5 (Forts.)

Zu betrachten ist der „Wechselgeldfall" vor dem Hintergrund der List. Es bedarf des geschickten und geflissentlichen Verbergens der wahren Zwecke des Täters. Der Gast, der das Geld entgegennimmt, ohne die Kellnerin auf ihren Irrtum hinzuweisen, verfolgt in dem Moment den Zweck, mit dem erhöhten Wechselgeldbetrag das Restaurant zu verlassen, sich insofern zu bereichern. Er erkennt dabei den Irrtum der Kellnerin und verlässt dennoch eilig das Restaurant. Sein Verhalten ist damit geflissentlich. Ein geschicktes Verhalten ist hingegen nicht ganz deutlich, kann aber gegebenenfalls in der Nichtaufklärung der Kellnerin in Zusammenhang mit dem zügigen Verlassen des Restaurants gesehen werden.
Fraglich ist jedoch, ob der Gast tatsächlich aktiv agiert oder aber unterlassen hat. Abzugrenzen sind positives Tun und Unterlassen mit der herrschenden Meinung nach dem Schwerpunkt des vorwerfbaren Verhaltens. Der Gast handelt vorliegend derart, dass er zu viel Wechselgeld entgegennimmt, dies erkennt, ohne der Kellnerin Bescheid zu geben und sodann eilig das Restaurant verlässt. Die Entgegennahme allein ist ihm aus einer wertenden Perspektive heraus allerdings nicht vorzuwerfen, da er erst mit Entgegennahme den Irrtum der Kellnerin erkennt. Ein mangelnder Vorwurf gilt gleichermaßen für das eilige Verlassen des Restaurants, da die Kellnerin ihn nicht aufhalten wird, solange sie ihren Irrtum nicht erkennt. Vielmehr ist dem Gast primär der Vorwurf der Nichtaufklärung zu machen: Obwohl er die Fehlvorstellung der Kellnerin erkennt, schweigt er und belässt sie damit in ihrem Irrtum. Der Schwerpunkt der strafrechtlichen Vorwerfbarkeit liegt daher in einem (listigen) Unterlassen des Gastes. Im Rahmen einer Tatbestandsprüfung würden sodann die Grundsätze des § 13 I StGB Anwendung finden. Es bedürfte daher insbesondere einer Garantenstellung des Gastes gegenüber der Kellnerin.

Festzuhalten ist damit zum einen, dass bei dem Ausnutzen eines bereits bestehenden Irrtums durch bloßes Nichtstun sowohl im Hinblick auf die Täuschung

223 Derart zutreffend zusammenfassend *Tiedemann*, in: LK StGB, Bd. 9/1, [12]2012, § 263 Rn. 95.

als auch hinsichtlich der List die Voraussetzungen eines unechten Unterlassungsdelikts gegeben sein müssen. Insofern ergeben sich keine Unterschiede. Bei dem Ausnutzen eines bereits vorhandenen Irrtums durch aktives Tun ist bei der Täuschung zu prüfen, inwiefern der Täter durch aktive Einwirkung verhindert, dass eine bereits vorhandene Fehlvorstellung nicht beseitigt wird, sodass nicht nur ein Ausnutzen mittels Bestätigung des Irrtums, sondern bereits eine Irrtumsunterhaltung mittels Verstärkung des Irrtums vorliegt. Bei der List genügt hingegen jedes Ausnutzen, mithin auch eine bloße Bestätigung des Irrtums durch aktives Tun, ohne dass sich dabei etwas an dem Gewissheitsgrad des Opfers ändert.[224] Die List geht folglich in Bezug auf das mittels positiven Tuns ausgeübte Verhalten weiter als eine Täuschung.

e. *Exkurs: Die kriminalistische List*

Darüber hinaus lohnt sich vor dem Hintergrund der Abgrenzung von List und Täuschung eine kurze Auseinandersetzung mit der sogenannten kriminalistischen List.

Die kriminalistische List erlangt Bedeutung im Rahmen der Norm des § 136a StPO, die sich exemplarisch einigen verbotenen Vernehmungsmethoden innerhalb des Strafverfahrens widmet. So darf die Freiheit der Willensentschließung und der Willensbetätigung des Beschuldigten nach § 136a I 1 StPO unter anderem nicht durch Täuschung beeinträchtigt werden. Gleiches gilt nach § 69 III StPO für die Vernehmung des Zeugen.

Um herauszufinden, welche Methoden in der Vernehmung verboten sind, kann im Ansatz das Verständnis des materiellrechtlichen Täuschungsbegriffes aus § 263 I StGB herangezogen werden.[225] Als verbotene Täuschung gilt insofern die bewusste Irreführung über die Sach- und Rechtslage.[226] Erlaubt ist hingegen nach überwiegender Auffassung der Einsatz kriminalistischer List durch den Ver-

---

224 In einem solchen Fall kann allerdings das Erfordernis der Kausalität nicht erfüllt sein, siehe Fall 15a unter **C.IV.4.c.(1)(c)**.

225 *Walther*, in: AnwK StPO, ²2010, § 136a Rn. 30, definiert die (strafprozessuale) Täuschung als das bewusste Vorspiegeln oder Entstellen von Tatsachen; *Monka*, in: BeckOK StPO, Std.: 01.07.2017, § 136a Rn. 15. Diese – an das im Rahmen von § 263 StGB herrschende Verständnis stark angelehnte – Definition vergisst jedoch, dass das Täuschungsverbot des § 136a StPO in der Vernehmungssituation nicht nur für Tatsachen, sondern auch für Rechtsfragen gilt, siehe etwa *Diemer*, in: KK, ⁷2013, § 136a Rn. 19; *Soiné*, NStZ 2010, 596, 599; *Rogall*, in: SK StPO, ⁵2016, § 136a Rn. 62.

226 *Kindhäuser*, StPO, ⁴2016, § 6 Rn. 45.

nehmenden.[227] Hinsichtlich der Abgrenzung bestehen Schwierigkeiten, sodass die Darstellung der zulässigen List häufig kasuistisch erfolgt.[228]

Literatur und Rechtsprechung zusammenfassend ergibt sich, dass eine List solange zulässig sein soll, wie sie nicht zu einer bewussten Irreführung des Be-

---

227 BGHSt 37, 48 (52) v. 31.05.1990; Urteil v. 15.05.1992 – 3 StR 419/91, NJW 1992, 2903, 2904; Urteil v. 07.01.1997 – 1 StR 666/96, NStZ 1997, 251, 251; FG Mecklenburg-Vorpommern, Urteil v. 21.08.2002 – 3 K 284/00, BeckRS 2002, 21011480; OLG Karlsruhe, Urteil v. 03.06.2004 – 2 Ss 188/03, JuS 2004, 1019, 1020 f.; LG Ravensburg, Beschluss v. 13.09.2007 – 2 Qs 146/07, NStZ-RR 2008, 45, 46; BGHSt 53, 294 (308) v. 29.04.2009; *Diemer*, in: KK, [7]2013, § 136a Rn. 20; *Haller/Conzen*, [7]2014, Kap. 2 Rn. 137; *Kindhäuser*, StPO, [4]2016, § 6 Rn. 45; *Kramer*, [8]2014, S. 46 f. Rn. 46; *Kretschmer*, in: R/H, 2011, § 136a Rn. 20, der die kriminalistische List allerdings deswegen als zulässig erachtet, weil die Freiheit der Willensentschließung und -betätigung nicht zwingend beeinträchtigt sei; *Kühne*, [9]2015, § 54 Rn. 896; *Roxin/Schünemann*, [29]2017, § 25 Rn. 24; *Volk/Engländer*, [8]2013, § 9 Rn. 15; **a.A.**, mithin gegen eine Abgrenzung zwischen verbotener Täuschung und zulässiger List *Degener*, GA 1992, 443, 464: „Die zahlreichen Versuche der Abgrenzung zwischen Täuschung und List sind falsch und überflüssig. Falsch sind sie, soweit sie auf die Unterscheidung zwischen verbotener und erlaubter Vernehmungsmethode angelegt sind. Im übrigen [...] entscheiden [sie] allein darüber, ob das Vorgehen – als List, Fangfrage etc. – nur gemäß § 136 Abs. 2 oder – als Täuschung – zusätzlich über § 136a Abs. 1 verboten ist." Die Ansicht, dass sich aus § 136 II StPO bereits Vernehmungsverbote ergeben, findet sich in der aktuellen Lit. und Rspr. – soweit ersichtlich – nicht; krit. auch *Joerden*, JuS 1993, 927, 930, der hinsichtlich des Täuschungsverbotes danach differenzieren will, inwiefern die Frage des Vernehmenden den Beschuldigten in Bedrängnis bringt; ebenso krit. *Gleß*, in: L/R, [26]2007, § 136a Rn. 39: „der viel benutzte Begriff der List selbst bleibt unscharf und problematisch"; zudem *Rogall*, in: SK StPO, [5]2016, § 136a Rn. 56: Eine Differenzierung wirke gekünstelt, da unklar ist, „was die List ausmacht und was sie von der als Täuschung zu behandelnden Lüge trennt." *Rogall* nimmt vielmehr ein Vernehmungsverbot bei erheblichen Beeinträchtigungen der Willensfreiheit an, betrachtet mithin normativ, ebd. Rn. 64. Dass eine Abgrenzung nach der Erheblichkeit der Beeinträchtigung deutlicher ist und damit (mehr) Rechtssicherheit bringt, ist nicht zu erkennen.

228 So nehmen etwa *Beulke*, StPO, [13]2016, § 8 Rn. 136, und *Kindhäuser*, StPO, [4]2016, § 6 Rn. 45, eine (zulässige) kriminalistische List bei Fangfragen an; *Monka*, in: BeckOK StPO, Std.: 01.07.2017, § 136a Rn. 17, und *Volk/Engländer*, [8]2013, § 9 Rn. 15, fügen dem Stellen von Fangfragen die Abgabe doppeldeutiger Erklärungen hinzu. *Walther*, in: AnwK StPO, [2]2010, § 136a Rn. 33, ergänzt um Fragen, die darauf abzielen, den Beschuldigten in Widersprüche zu verwickeln. Letzteres bestätigt *Diemer*, in: KK, [7]2013, § 136a Rn. 20, und führt darüber hinaus die Veranlassung zu einem selbstbelastenden Ferngespräch an.

schuldigten führt.[229] Der Vernehmende darf einen Irrtum des Vernommenen nicht verstärken, ausweiten oder vertiefen, wohl aber ihn ausnutzen.[230] Mithin ist das bloße Verschweigen von Tatsachen bzw. Rechtsfragen grundsätzlich geboten und erlaubt.[231]

Für die vorliegende Arbeit ergibt sich aus der herrschenden Lehre zweierlei Erkenntnis. Zum einen zeigt sich, dass das strafprozessuale Verständnis von List und Täuschung ein unterschiedliches ist, sodass die Begriffe nicht synonym verstanden werden. Vielmehr ist – zum anderen – der Begriff der List weiter als der der Täuschung. Wenn der Bundesgerichtshof feststellt, § 136a I 1 StPO „schließt nicht jede List bei der Vernehmung aus, verbietet aber eine Lüge, durch die der Beschuldigte bewußt irregeführt und seine Aussagefreiheit beeinträchtigt wird",[232] ermöglicht dies die Schlussfolgerung, dass zwar infolge des ausdrücklichen Vernehmungsverbotes der Täuschung auch listige Verhaltensweisen unzulässig sein können – Täuschung und List können sich überschneiden und daher in einem Verhalten gleichermaßen begründet sein –, allerdings auch Verhaltensweisen gegeben sind, die zwar eine List, nicht aber eine Täuschung begründen, so beispielsweise das Ausnutzen eines bereits bestehenden Irrtums.[233]

---

229 BGHSt 31, 395 (399 f.) v. 07.06.1983; BGHSt 35, 328 (329) v. 24.08.1988; Urteil v. 07.01.1997 – 1 StR 666/96, NStZ 1997, 251, 251; *Haller/Conzen*, [7]2014, Kap. 2 Rn. 137; *Kindhäuser*, StPO, [4]2016, § 6 Rn. 45; *Kretschmer*, in: R/H, 2011, § 136a Rn. 20 f., allerdings krit. dahingehend, dass versehentliche Irreführungen nicht verboten sind; siehe diesbezüglich auch *Gleß*, in: L/R, [26]2007, § 136a Rn. 49 f.

230 BGH, Urteil v. 21.04.1986 – 2 StR 661/85, NJW 1986, 2770, 2772; *Walther*, in: AnwK StPO, [2]2010, § 136a Rn. 34; *Beulke*, StV 1990, 180, 182; *Diemer*, in: KK, [7]2013, § 136a Rn. 22; *Kretschmer*, in: R/H, 2011, § 136a Rn. 22; *Gleß*, in: L/R, [26]2007, § 136a Rn. 46; *Roxin/Schünemann*, [29]2017, § 25 Rn. 24, weisen aber darauf hin, dass ein bewusstes Ausnutzen nicht zulässig sei, auch wenn die Fehlvorstellung durch den Vernehmenden unvorsätzlich hervorgerufen wurde; *Soiné*, NStZ 2010, 596, 599; *Rogall*, in: SK StPO, [5]2016, § 136a Rn. 61.

231 BGHSt 37, 48 (53) v. 31.05.1990; *Kramer*, [8]2014, S. 47 Rn. 46; *Kühne*, [9]2015, § 54 Rn. 896, allerdings mit dem Verweis auf die rechtliche Hinweispflicht des Vernehmenden, etwa § 136 I 2 StPO.

232 BGHSt 35, 328 (329) v. 24.08.1988.

233 Anders im Hinblick auf Überschneidungen von Täuschung und List kann wohl *Kramer*, [8]2014, S. 47 Rn. 46, verstanden werden, indem er zum Begriff der Täuschung ausführt, er sei „gegen den der List abzugrenzen, die in der bloßen Ausnutzung vorhandener Irrtümer besteht." Zweifel an dieser deutlichen Abgrenzung von List und Täuschung entstehen allerdings bereits dadurch, dass er gleichzeitig auf den BGH verweist, und nach diesem Überschneidungen möglich sind.

f. Ergebnis: Verhältnis von List und Täuschung

Es lässt sich zusammenfassen, dass nach den bisherigen Untersuchungen zwischen der List und der Täuschung Unterschiede bestehen, sodass eine synonyme Verwendung der Begriffe, wie sie teilweise – im allgemeinen Sprachgebrauch, insbesondere aber auch in der strafrechtlichen Literatur – anzutreffen ist, nicht in jedem Kontext zutreffend erscheint. Gleichzeitig können sich die Begriffe überschneiden.

In vielerlei Hinsicht ist die List weiter gefasst als die Täuschung. Während die Täuschung das Einwirken auf das Vorstellungsvermögen einer anderen natürlichen Person – einen kommunikativen Akt – verlangt, ist die List nicht auf eine Opferreaktion in Form der Vorstellungsveränderung angewiesen. Es genügt insofern auch, wenn der mittels List Handelnde seine wahren Zwecke vor seinem Gegenüber verborgen hält, dieser die List jedoch nicht realisiert und folglich auf diese auch nicht reagiert. Mangels Erfordernisses einer Kommunikation kann listiges Verhalten auch dann gegeben sein, wenn auf Maschinen oder technische Vorgänge eingewirkt wird.

Täuschung und List werden final eingesetzt. Während die Täuschung darauf gerichtet ist, bei dem Opfer eine Fehlvorstellung hervorzurufen, ist die List allein darauf bedacht, die wahren Zwecke des Täters zu verbergen. Eine Fehlvorstellung muss bei dem Adressaten des listigen Verhaltens nicht erzeugt werden. Indem der Begriff der Täuschung zudem in § 263 I StGB explizit dargestellt wird, unterliegen die täuschenden Verhaltensweisen einer Wortlautgrenze. Die List hingegen ist nur darauf beschränkt, dass geflissentlich und geschickt gehandelt werden muss. Weitere Konkretisierungen bestehen nicht, sodass auch das bloße Ausnutzen eines bereits bestehenden Irrtums und das Verdecken des wahren Sachverhalts ein listiges Verhalten begründen können. Während sich die List allein im Täterkreis bewegt – die List ist insofern durch die Finalität des eigenen Verhaltens gekennzeichnet –, fordert die Täuschung die Einbeziehung des Opfers. Die listige Verhaltensweise muss allerdings den Einsatz eines gewissen Grades an Klugheit erkennen lassen. Eine Täuschung kann hingegen auch gegenüber einem leichtgläubigen Opfer erfolgen. Sie bleibt Täuschung, auch wenn der Erklärungsgehalt offensichtlich unwahr ist.

Während die Täuschung darauf beschränkt ist, bei dem Getäuschten eine Fehlvorstellung über Tatsachen hervorzurufen, ist eine Begrenzung auf Tatsachen bei der List mangels Irrtumserfordernisses nicht gegeben.

Hinsichtlich eines bloßen Nichtstuns unterscheiden sich die List und die Täuschung nicht. Es bedarf bei beiden Tatmitteln gemäß § 13 I StGB einer Aufklärungspflicht bezüglich des Irrtums bzw. der wahren Zwecke. Im Hinblick auf das positive Tun ist jedoch festzustellen, dass die List auch das bloße Ausnutzen eines Irrtums erfasst, während dieses nur dann zu einer Täuschung führt, wenn ein Irrtum nicht lediglich bestätigt, sondern verstärkt wird.

Die List stellt den weiteren Begriff gegenüber der Täuschung dar, sodass folgender Grundsatz aufgestellt werden kann: Jede Täuschung ist eine List, aber nicht jede List ist eine Täuschung. Von diesem Grundsatz besteht allerdings eine Ausnahme: Die Täuschung muss nicht durchdacht und klug erfolgen, weshalb auch der Leichtgläubige gegenüber dieser Tathandlung geschützt ist. Eine leicht erkennbare Unwahrheit kann jedoch keine List begründen. Insofern kann eine Täuschung, aber keine List gegeben sein.

4. Zusammenfassung: Das Merkmal der List im Allgemeinen

Im Hinblick auf einen Vergleich der List im allgemeinen Sprachgebrauch und der List als Tatmittel des Strafgesetzbuches kann statuiert werden, dass sich hinsichtlich der Finalität und des Einsatzes von Klugheit keinerlei Differenzen ergeben. Der listig Handelnde verfolgt ein unabhängig von dem Einsatz der List bestehendes Ziel. Die List ist von Geflissentlichkeit und Geschicklichkeit geprägt.

Allerdings ist ebenso festzuhalten, dass das teilweise im allgemeinen Sprachgebrauch und auch in der strafrechtlichen Literatur und Rechtsprechung bestehende Verständnis der List als Synonym zum Täuschungsbegriff den Untersuchungen nicht standhält. Gleiches gilt für das alltägliche Verständnis, welches die vollendete Täuschung als einen notwendigen Bestandteil der List voraussetzt. Überschneidungen sind zwar durchaus möglich und häufig, nicht aber zwingend. List und Täuschung bleiben vielmehr zwei nebeneinander existierende Begriffe, wobei der List ein grundsätzlich weiterer Anwendungsbereich zukommt.

Die List erschöpft sich strafrechtlich nicht in der Täuschung, sondern kann auch in dem Ausnutzen eines schon vorhandenen Irrtums und in dem Ausnutzen der bloßen Unkenntnis der wahren Sachlage gegeben sein. Es bedarf weder einer Überlistung noch irgendeiner Opferreaktion, insbesondere in Form einer Fehlvorstellung. Gleichzeitig kann die List gegenüber Dritten angewendet werden. Heimlichkeit wird nicht gefordert. Eine leicht durchschaubare Lüge begründet noch keine List. Ob die bloße Auskunftsverweigerung als ein listiges Verhalten des Täters angesehen werden kann, ergibt sich aus einer Einzelfallbetrachtung.

Im Strafgesetzbuch findet sich die List ausdrücklich im 18. Abschnitt als Angriffsmittel auf Willensentschließung und -betätigung. Sie kann aber auch dann Tatmittel sein, wenn sie nicht explizit Erwähnung findet. Dabei kann die List einen bestehenden Widerstand überwinden. Sie ist ebenso in der Lage, mittels kommunikativen Aktes den Willen zu beeinflussen. Notwendig ist eine solche

Kommunikation jedoch nicht, sodass listiges Verhalten auch bei einer Einwirkung auf Maschinen oder Automaten angenommen werden kann. List ist weder Gewalt noch Drohung, kann diese Tatmittel aber unterstützen. Auch kann listiges Verhalten strafschärfend wirken. Erhöhte Anforderungen an die List können sich in Bezug auf den konkreten Tatbestand ergeben.

II. List als Tatmittel des § 239 I Alt. 2 StGB

Es gilt zu klären, inwiefern die List ein taugliches Tatmittel des § 239 I Alt. 2 StGB sein kann. Dazu ist zunächst die Frage nach der grundsätzlichen Anerkennung der List als Tatmittel der Freiheitsberaubung zu stellen und im Sinne der Auslegungsmethodik zu beantworten (**B.II.1.**). In einem zweiten Schritt ist zu klären, wie die List ausgestaltet sein muss, um taugliches Tatmittel des § 239 I Alt. 2 StGB sein zu können (**B.II.2.**). Es folgt ein Ergebnis (**B.II.3.**).

1. Grundsätzliche Anerkennung der List als Tatmittel des § 239 I Alt. 2 StGB

Fraglich ist, ob eine Freiheitsberaubung auch durch List erfolgen kann. Insofern stellt die Regelung des § 239 I StGB das Einsperren (Alt. 1) und die Freiheitsberaubung auf andere Weise (Alt. 2) unter Strafe. Dass die List als Tatmittel nicht unter den Begriff der Einsperrung zu subsumieren ist, ist unstreitig. Bezüglich der Annahme, dass die List als Tatmittel des § 239 I Alt. 2 StGB anzuerkennen ist, bestehen allerdings teilweise Bedenken. Die unterschiedlichen Meinungen werden daher in einem ersten Schritt dargestellt (**B.II.1.a.**). Der Streit selbst ist sodann mittels der Auslegungsmethodik[234] aufzulösen, die trotz des im Strafrecht geltenden Analogieverbots Anwendung findet.[235] Die Grenze zwischen zulässiger Auslegung und verbotener Analogie wird dabei überwiegend danach bestimmt, ob sich die Interpretation noch im begrifflichen Rahmen des Tatbestands befindet (= Auslegung) oder sich bereits auf einen vom Gesetz nicht geregelten Fall ausdehnt (= Analogie).[236] Der Auslegung bedarf es, um den Inhalt einer Strafnorm zu bestimmen.[237] Zur Feststellung, ob eine Freiheitsberaubung mittels List begangen

234 Angewendet werden die vier anerkannten, auf *Savigny*, 1840 (Neudr. 1973), S. 213 f., zurückzuführenden Auslegungsmethoden.

235 *Schmitz*, in: MüKo StGB, Bd. 1, [3]2017, § 1 Rn. 71.

236 *Kindhäuser*, AT, [8]2017, § 3 Rn. 6; Rengier, AT, [9]2017, § 4 Rn. 31; *Roxin*, AT I, [4]2006, § 5 Rn. 28; *Lenckner/Eser/Stree/Eisele/Heine/Perron/Sternberg-Lieben*, in: Sch/Schr, [29]2014, § 1 Rn. 54; *Wessels/Beulke/Satzger*, [47]2017, § 2 Rn. 75.

237 *Heinrich*, [5]2016, S. 52 Rn. 136; *Roxin*, AT I, [4]2006, § 5 Rn. 28.

werden kann, ist daher zunächst der Wortlaut des § 239 I Alt. 2 StGB zu untersuchen (**B.II.1.b.**). Daraufhin ist die historische Entwicklung der Strafbarkeit einer Freiheitsberaubung zu betrachten (**B.II.1.c.**), sodann sind Sinn und Zweck der Vorschrift zu beleuchten (**B.II.1.d.**). Hieran knüpft die Untersuchung der Systematik an (**B.II.1.e.**). Es folgt ein Ergebnis der Auslegung (**B.II.1.f.**).

a. Meinungsstand bezüglich der List als Tatmittel des § 239 I Alt. 2 StGB

Die Frage, ob die List als Tatmittel der Freiheitsberaubung auf andere Weise in Betracht kommt, wird nicht gänzlich einheitlich beantwortet.

Überwiegend wird die List uneingeschränkt als Tatmittel des § 239 I Alt. 2 StGB angesehen.[238] Es soll genügen, dass eine psychische Schranke errichtet wird.[239] Eine Freiheitsberaubung durch List erfolge etwa durch Täuschung darüber, dass eine Ortsveränderung auf zumutbare Weise nicht möglich ist.[240] Ferner könne sich eine Strafbarkeit nach § 239 I Alt. 2 StGB durch List dann ergeben, wenn einer offensichtlich hörigen Person durch entsprechende Anweisungen die Möglichkeit der Ortsveränderung abgeschnitten wird.[241] Begründet wird diese weite Auffassung mit dem Hinweis auf Sachgerechtigkeit infolge des Rechtsgüterschutzes, den die Freiheitsberaubung verfolgt: Wird bereits der potentielle Wille, seinen Aufenthalt zu verändern, geschützt,[242] so verdiene auch derjenige Schutz, der aufgrund des Einwirkens durch den Täter seine Fortbewegungsfreiheit aktuell nicht betätigt, dies aber bei Kenntnis der wirklichen Sachlage könnte.[243] Diese Meinung führt insofern zu einem umfassenden Schutz der Fortbewegungsfreiheit.

Kühl fordert für eine Freiheitsberaubung auf andere Weise jedoch, dass das Verlassen eines Ortes unmöglich gemacht oder zumindest derart erschwert wird, dass es nach den Umständen als Verhaltensalternative nicht in Frage kommt; eine

238 *Valerius*, in: BeckOK StGB, Std.: 01.11.2017, § 239 Rn. 10; *Fischer*, [65]2018, § 239 Rn. 8; *Schluckebier*, in: LK StGB, Bd. 7/2, [12]2015, § 239 Rn. 16; *Eidam*, in: M/R, 2013, § 239 Rn. 10; *Park/Schwarz*, Jura 1995, 294, 296. *Hilgendorf*, in: A/W/H/H, [3]2015, § 9 Rn. 26, nennt die List zwar nicht ausdrücklich als Tatmittel, lässt aber auch das Errichten einer psychischen Sperre für die Freiheitsberaubung auf andere Weise genügen. Dies hat zumindest Indizwirkung für die Anerkennung der List als Tatmittel des § 239 I Alt. 2 StGB.

239 *Eser/Eisele*, in: Sch/Schr, [29]2014, § 239 Rn. 6.

240 *Schluckebier*, in: LK StGB, Bd. 7/2, [12]2015, § 239 Rn. 16; *Eser/Eisele*, in: Sch/Schr, [29]2014, § 239 Rn. 6; *Zöller*, in: Zöller/Fornoff/Gries, 2008, S. 147.

241 *Eser/Eisele*, in: Sch/Schr, [29]2014, § 239 Rn. 6.

242 Zum diesbezüglich existierenden Meinungsstand siehe unter **B.II.1.d.**

243 *Wieck-Noodt*, in: MüKo StGB, Bd. 4, [3]2017, § 239 Rn. 29.

List genüge dem in der Regel nicht.[244] Verstanden werden kann *Kühl* insofern, dass er der List regelmäßig keine derartige Wirkung beimisst, dass diese das Verlassen eines Ortes unzumutbar macht. Vielmehr führe das listige Verhalten wohl meist nur dazu, dass sich das Opfer nach seiner Vorstellung zwar fortbewegen könnte, sodass eine Verhaltensalternative besteht, von dieser Möglichkeit allerdings kein Gebrauch gemacht wird. Ebenso ist *Eisele* zu verstehen, der die List nur dann als taugliches Tatmittel des § 239 I Alt. 2 StGB anerkennt, wenn diese derart eingesetzt wird, dass eine Fortbewegung auf zumutbare Weise ausgeschlossen ist.[245] Beispielhaft wird angeführt, dass ein Opfer in einem Haus eingeschlossen wird, ohne dass ihm weitere Ausgänge – etwa über den Kellerraum – bekannt sind. Ob dieser Fall unter eine Freiheitsberaubung auf andere Weise zu subsumieren ist, wird noch zu untersuchen sein.[246] Bereits an dieser Stelle ist jedoch festzuhalten, dass die List als Tatmittel des § 239 I Alt. 2 StGB nach beiden Auffassungen nicht gänzlich ausgeschlossen wird.

Nach *Wolters* ist § 239 I StGB im Hinblick auf das Schutzgut der Freiheitsberaubung grundsätzlich nur dann erfüllt, wenn das Opfer physisch außerstande ist, den Ort zu verlassen.[247] Einem solchen Fall stehe es allerdings gleich, wenn das Opfer nur der (irrigen) Auffassung unterliegt, dass eine Fortbewegung physisch unmöglich sei; die Fehlvorstellung müsse dabei auf einer Handlung des Täters beruhen.[248] Es wird insofern gefordert, dass die List derart vom Täter eingesetzt wird, dass das Opfer einer Fehlvorstellung unterliegt. Diese Fehlvorstellung müsse auf eine physische Barriere gerichtet sein, sodass im Umkehrschluss festgehalten werden kann, dass das Opfer nicht der Freiheit beraubt sein soll, wenn zwar Ausgänge vorhanden sind, das Opfer aber lediglich einer – wenn auch nur vorgestellten – psychischen Schranke zur Benutzung dieser Ausgänge unterliegt. Gleichzeitig wird (scheinbare) Unmöglichkeit des Verlassens eines Ortes gefordert; im Umkehrschluss bedient sich *Wolters* nicht dem Kriterium der Zumutbarkeit. Insgesamt ist aber festzuhalten, dass die List als Tatmittel des § 239 I Alt. 2 StGB auch hier nicht umfassend verneint wird.

Binding hingegen verlangt für die Aufhebung der Bewegungsfreiheit auf andere Weise infolge eines Vergleiches zur Einsperrung entweder die Aufhebung des Willensvermögens (etwa durch Narkotisierung oder Hypnose) oder die Aufhebung der Möglichkeit, den Fortbewegungswillen zu betätigen (etwa durch Knebelung

---

244 *Kühl*, in: L/K, [28]2014, § 239 Rn. 2.

245 *Eisele*, BT I, [4]2017, S. 158 Rn. 439.

246 Siehe unter **B.II.1.e.(2)(a)(bb)**.

247 *Wolters*, in: SK StGB, Bd. IV, [9]2017, § 239 Rn. 7.

248 *Wolters*, in: SK StGB, Bd. IV, [9]2017, § 239 Rn. 8.

oder Fesselung), zumindest aber ein mechanisches Hindernis. Die Angst vor einer Gefahr, die eintreten könnte, wenn der Aufenthaltsort verändert wird, lässt er nicht genügen, da weiterhin die Möglichkeit der Fortbewegung bestehe, die Aufhebung dieser Möglichkeit jedoch Charakteristikum der Freiheitsberaubung sei.[249] Indem die List das Willensvermögen nicht gänzlich aufhebt und dazu führt, dass sich das Opfer nicht fortbewegt, obwohl eine Möglichkeit zur Fortbewegung – wenn auch unter erschwerten, gar unzumutbaren Bedingungen – bestünde, kann geschlussfolgert werden, dass für *Binding* die List kein Tatmittel der Freiheitsberaubung sein kann.

b. Wortlaut

Die Frage der grundsätzlichen Anerkennung der List als Tatmittel des § 239 I Alt. 2 StGB wird nunmehr vor dem Hintergrund des Wortlauts der Norm betrachtet, der mit Blick auf Art. 103 II GG die äußerste Grenze der Auslegung strafrechtlicher Bestimmungen zum Nachteil des Täters bildet.[250]

Zu beachten ist, dass die List als Tatmittel des § 239 I Alt. 2 StGB nicht ausdrücklich genannt ist. Bestraft wird vielmehr derjenige, der einen Menschen „auf andere Weise der Freiheit beraubt". Diesem Wortlaut ist die folgende Auslegung gewidmet.

Da ein Täter, der sich eines listigen Verhaltens bedient, bei Anerkennung der List als Tatmittel des § 239 I Alt. 2 StGB wegen Freiheitsberaubung strafbar sein kann, wirkt eine solche Anerkennung zu seinem Nachteil. Der Wortlaut der Norm darf daher nicht zu sehr ausgedehnt und beansprucht werden. Berücksichtigt werden muss jedoch, dass § 239 I Alt. 2 StGB lediglich die Freiheitsberaubung auf andere Weise unter Strafe stellt. Dieser offene Wortlaut setzt dem Tatmittel zunächst keine Grenzen,[251] sodass der Wortlaut der Vorschrift bei Anerkennung der List als Tatmittel nicht überschritten wird.

Der Fokus ist vielmehr auf die Freiheitsberaubung zu richten. Die Tatmittel des § 239 I Alt. 2 StGB müssen insofern dazu geeignet sein, einen solchen Taterfolg herbeizuführen. Eine Freiheitsberaubung bedeutet im allgemeinen Sprachgebrauch, der mangels Legaldefinition für die grammatikalische Auslegung

249 *Binding*, ²1902 (Neudr. 1969), § 23 S. 99.

250 Siehe etwa BVerfGE 105, 135 (157) v. 20.03.2002; *von Heintschel-Heinegg*, in: BeckOK StGB, Std.: 01.11.2017, § 1 Rn. 13.

251 BGH, Urteil v. 20.01.2005 – 4 StR 366/04, NStZ 2005, 507, 508; Urteil v. 22.01.2015 – 3 StR 410/14, NStZ 2015, 338, 339; *Schluckebier*, in: LK StGB, Bd. 7/2, ¹²2015, § 239 Rn. 16; *Wessels/Hettinger/Engländer*, ⁴¹2017, § 8 Rn. 420.

heranzuziehen ist,[252] den widerrechtlichen Entzug der persönlichen Bewegungsfreiheit.[253]

Dieses Verständnis bringt einerseits zum Ausdruck, dass nicht die Angriffsmodalität, sondern vielmehr der Eintritt eines bestimmten Erfolges entscheidend ist.[254] Erfasst wird auch strafrechtlich daher grundsätzlich jedes Tun oder Unterlassen, durch das die Ausübung der in § 239 I StGB geschützten Freiheit verhindert werden kann.[255] Zu fragen ist somit, ob die List als Tatmittel dazu imstande ist, jemandem die Fortbewegungsfreiheit zu nehmen. Aus einer faktischen – erfolgsorientierten – Betrachtung heraus und unter Berücksichtigung der herrschenden Meinung, die als Schutzgut bereits die potentielle Fortbewegungsfreiheit ansieht,[256] ist ein solcher Entzug möglich, da der Einsatz von List dazu führen kann, dass eine Person von der Möglichkeit, sich fortzubewegen, keinen Gebrauch macht. Die List ist damit geeignet, die Fortbewegungsfreiheit zu begrenzen.

Andererseits ist zu berücksichtigen, dass es einer Beraubung dem allgemeinen Sprachgebrauch nach eigen ist, sich gegen jemanden zu richten: Ein Gegenüber ist nur dann eines Guts beraubt, wenn er dieses Gut nicht selbst herauszugeben gewillt ist. Es wird ihm vielmehr – einem laienhaften Verständnis nach – gestohlen.[257] Ein Entzug der Freiheit erfordert, dass diese nicht mehr nutzbar, dem Entzogenen nicht mehr zuteil wird.[258] Die List zielt darauf ab, dass der Täter mittels Schlauheit und Klugheit seine wahren Zwecke und Absichten verbirgt. Dies führt in der Regel dazu, dass das Opfer das listige Verhalten des Täters nicht erkennt, diesem Verhalten entsprechend agiert und sich „freiwillig“[259] seiner Freiheit begibt.

---

252 *Von Heintschel-Heinegg*, in: BeckOK StGB, Std.: 01.11.2017, § 1 Rn. 13; *Hassemer/Kargl*, in: K/N/P, [5]2017, § 1 Rn. 106a.

253 *Becker/Böing*, 1966, „Freiheitsberaubung“, S. 580; https://www.duden.de/rechtschreibung/Freiheitsberaubung, abgerufen am 05.01.2018; *Meyers Lexikonredaktion*, 1993, „Freiheitsberaubung“, S. 425.

254 I.E. so etwa *Bloy*, ZStW 96 (1984), 703, 703; *Schumacher*, 1993, S. 440; *Wolters*, in: SK StGB, Bd. IV, [9]2017, § 239 Rn. 9.

255 BGH, Urteil v. 25.02.1993 – 1 StR 652/92, NStZ 1993, 387, 387; *Sonnen*, in: K/N/P, [5]2017, § 239 Rn. 17; *Park/Schwarz*, Jura 1995, 294, 296.

256 Zum diesbezüglich existierenden Meinungsstand siehe unter **B.II.1.d.**

257 Vgl. https://de.pons.com/übersetzung?q=berauben&l=dedx&in=&lf=, abgerufen am 05.01.2018.

258 Vgl. https://www.duden.de/rechtschreibung/entziehen, abgerufen am 05.01.2018.

259 Der Freiwilligkeitsbegriff wird hier seinem allgemeinen Sprachgebrauch nach verwendet. Entscheidend ist allein, ob das Opfer „aus freien Stücken“ agiert, mithin ob

Fall 6[260]
Eine ausländische Ehefrau, die die nicht abgeschlossene Ehewohnung nicht verlässt, weil ihr Ehemann ihr aufgrund seiner Eifersucht wahrheitswidrig vorspiegelt, beim alleinigen Verlassen der Wohnung würde sie in ihr Heimatland, zugleich Krisengebiet, ausgewiesen, verbleibt freiwillig in der Wohnung.

Fall 7
Wird dem wohlhabenden Konkurrenten – um ihn für einige Zeit „außer Gefecht" zu setzen – vorgespiegelt, ihm lauere eine Bande auf, die darauf warte, dass er seine Wohnung verlässt, um diese sodann plündern zu können, so ist die Entscheidung, die Wohnung nicht zu verlassen, eine eigenständige, sodass der Konkurrent freiwillig in seiner (nicht abgeschlossenen) Wohnung verweilt.

Fall 8
Wird dem Nacktbadenden in einem unbeobachteten Moment die Kleidung weggenommen, um diesen etwa daran zu hindern, im Rahmen einer gerichtlichen Verhandlung als Zeuge aufzutreten, so handelt der Nacktbadende, wenn er sich vor Scham nicht wegzubewegen traut, zugunsten seines Auftritts in der Öffentlichkeit freiwillig, macht daher nicht von seiner Fortbewegungsfreiheit Gebrauch.

Fall 9
Erklärt der Täter wahrheitswidrig, dass ein Experiment gegen Entgelt stattfindet, um den Betroffenen davon abzuhalten, an dem Ort eines geplanten Verbrechens anwesend zu sein, ist sich der Betroffene, der sich in den unverschlossenen Raum begibt, dem Entzug seiner Freiheit bewusst, akzeptiert diesen jedoch aufgrund des vermeintlichen Entgelts, handelt daher ebenfalls freiwillig.

Fraglich ist, ob eine solche Freiwilligkeit argumentativ gegen die Geeignetheit der List zur Herbeiführung einer Freiheitsberaubung angeführt werden kann, mithin, ob eine List schon deshalb als Tatmittel der Freiheitsberaubung in grammatikalischer Hinsicht ausscheidet, weil ein listiges Verhalten keine Beraubung begründen kann.[261]

Zur Beantwortung dieser Frage kann ein Vergleich zum Tatmittel der Drohung gezogen werden. Der Täter droht dem Opfer beispielsweise mit Schlägen,

---

eine Verhaltensalternative besteht, die das Opfer nicht nutzt, vgl. https://www.duden.de/rechtschreibung/freiwillig, abgerufen am 05.01.2018.

260 Dieser Fall ist bereits (ausführlicher) in der Einleitung dargestellt.

261 So möchte *Lind*, 1915, S. 14, solche Fälle, in denen „der Betreffende auch nicht den geringsten Befreiungsversuch, mit anderen Worten Versuch, seinen Willen in anderer als der ihm vermeintlich vorgeschriebenen Weise zu betätigen", nicht von § 239 StGB erfasst sehen, erkennt die List aber dennoch grundsätzlich als Tatmittel des § 239 StGB an, ebd. S. 21.

wenn dieses einen unverschlossenen Kellerraum verlässt.[262] Anzumerken ist, dass eine Drohung mit gegenwärtiger Gefahr für Leib oder Leben – also nicht nur eine solche mit einem empfindlichen Übel – allgemein als Tatmittel des § 239 I Alt. 2 StGB anerkannt ist.[263] Indem dem Opfer ein vom Täter zu beeinflussendes Übel für seinen Leib in Aussicht gestellt wird, liegt eine Drohung vor, die das Opfer an der Ausübung seiner Fortbewegungsfreiheit hindert. Für das Opfer besteht insofern – gleichsam bei einem listigen Verhalten – eine Alternative. Es könnte den Kellerraum verlassen, mithin seine Fortbewegungsfreiheit betätigen, sähe sich sodann aber – verwirklicht der Täter seine Drohung – Schlägen ausgesetzt. Es besteht für das Opfer eine psychische Schranke zugunsten der körperlichen Unversehrtheit, die es daran hindert, von seiner Fortbewegungsfreiheit Gebrauch zu machen. Letztlich bleibt aber auch dieses Opfer freiwillig in dem Kellerraum, da mangels Verschlossenseins zumindest die Möglichkeit des Verlassens besteht. Es begibt sich folglich freiwillig seinem Schutzgut der Fortbewegungsfreiheit. Nach überwiegender Ansicht ist es dennoch seines Schutzgutes beraubt.

Hinter diesem Verständnis steht ein Gedanke, dessen sich vielerlei in der Literatur bedient wird: Das Opfer besitzt zwar grundsätzlich eine Verhaltensalternative. Diese erscheint aber nicht attraktiv, da sie mit der Einschränkung eines anderen Schutzgutes verbunden ist. Ist eine solche Einschränkung nicht hinnehmbar, sei dem Opfer die Fortbewegungsfreiheit genommen.[264] Häufig

262 Ähnlich war der Fall in BGH, Urteil v. 08.03.2001 – 1 StR 590/00, NStZ 2001, 420, 420.

263 BGH, Urteil v. 25.02.1993 – 1 StR 652/92, NStZ 1993, 387, 387 f., erkennt eine Drohung mit gegenwärtiger Gefahr für Leib oder Leben als Tatmittel der Freiheitsberaubung *in der Regel* an; für eine *regelmäßige* Geltung auch *Schluckebier*, in: S/S/W, [3]2016, § 239 Rn. 4. *Kühl*, in: L/K, [28]2014, § 239 Rn. 2, lässt die Drohung mit gegenwärtiger Gefahr für Leib oder Leben *wohl* ausreichen. Ohne eine solche (zumindest wörtliche) Einschränkung BGH, Urteil v. 22.01.2015–3 StR 410/14, NStZ 2015, 338, 339, nach dem wiederum die Drohung mit einem empfindlichen Übel *regelmäßig* nicht ausreicht; *Valerius*, in: BeckOK StGB, Std.: 01.11.2017, § 239 Rn. 10; *Fischer*, [65]2018, § 239 Rn. 8; *Eidam*, in: M/R, 2013, § 239 Rn. 12 („besonders schwere Drohung"); *Rengier*, BT II, [18]2017, § 22 Rn. 11; *Eser/Eisele*, in: Sch/Schr, [29]2014, § 239 Rn. 6; *Wessels/Hettinger/Engländer*, [41]2017, § 8 Rn. 420; **a.A.**, auch die Drohung mit einem empfindlichen Übel als ausreichend erachtend etwa *Georgieff*, 1911, S. 72 f.; *Lind*, 1915, S. 27 f.; *Maurach/Schroeder/Maiwald*, BT/1, [10]2009, § 14 Rn. 6; *Schroeder*, JuS 1980, 336, 338.

264 So ist *Schluckebier*, in: S/S/W, [3]2016, § 239 Rn. 4, zu verstehen, der nur eine solche Drohung als Tatmittel der Freiheitsberaubung anerkennt, die geeignet ist, dem Be-

findet sich daher im Zusammenhang mit der Freiheitsberaubung das Kriterium der Unzumutbarkeit: Ist die Verhaltensalternative dem Opfer nicht zumutbar, so liege eine Beraubung vor.[265] Exakte Grenzen zwischen Unzumutbarkeit und Zumutbarkeit können dabei nicht gezogen werden.[266] Allein die Erschwerung des Gebrauchs der körperlichen Bewegungsfreiheit – etwa aufgrund Ungewöhnlichkeit, Beschwerlichkeit oder Unschicklichkeit eines verbleibenden Auswegs – soll jedoch nicht genügen.[267]

Hieran grundsätzlich anknüpfend ist festzuhalten, dass eine Entscheidung zwischen einem Schutzgut einerseits und Leib und Leben andererseits aufgrund der Bedeutung von Leib und Leben wohl stets zugunsten dieser beiden Rechtsgüter ausfällt, dem Opfer die Beeinträchtigung von Leib und Leben also nicht zumutbar ist. Die Möglichkeit des Opfers zur Entscheidung ist infolge dieser Schutzgüter„abwägung" verengt. Es besteht damit zwar abstrakt eine Entscheidungsmöglichkeit für das Opfer, die jedoch konkret in eine Alternativlosigkeit mündet. Leib und Leben sind vorrangig zu schützen.[268]

---

drohten die Freiheit der Fortbewegung zu nehmen. Regelmäßig ist dies die Drohung mit einer gegenwärtigen Gefahr für Leib oder Leben, nicht aber jede Drohung mit einem empfindlichen Übel.

265 So etwa *Valerius*, in: BeckOK StGB, Std.: 01.11.2017, § 239 Rn. 11; *Lenz*, in: D/D/K/R, [4]2017, § 239 Rn. 7; *Wieck-Noodt*, in: MüKo StGB, Bd. 4, [3]2017, § 239 Rn. 30; *Eser/Eisele*, in: Sch/Schr, [29]2014, § 239 Rn. 6; *Wessels/Hettinger/Engländer*, [41]2017, § 8 Rn. 420.

266 Siehe hierzu *Küper/Zopfs*, [9]2015, Rn. 233; für ein weites Verständnis der Zumutbarkeit *Schumacher*, 1993, S. 442 f.

267 *Hilgendorf*, in: A/W/H/H, [3]2015, § 9 Rn. 21 f.; *Sonnen*, in: K/N/P, [5]2017, § 239 Rn. 17; *Wieck-Noodt*, in: MüKo StGB, Bd. 4, [3]2017, § 239 Rn. 31; *Wolters*, in: SK StGB, Bd. IV, [9]2017, § 239 Rn. 7; **a.A.**, zumindest eine Freiheitsberaubung auf andere Weise für möglich haltend *Schluckebier*, in: LK StGB, Bd. 7/2, [12]2015, § 239 Rn. 14, der die Entscheidung aber letztlich vom Einzelfall abhängig macht, ebd. Rn. 15; *Schumacher*, 1993, S. 443. *Georgieff*, 1911, S. 55, fordert zwar eine erhebliche Verletzung, lässt aber eine solche in Bezug auf die Schamhaftigkeit oder des öffentlichen Anstandes genügen. Zusammen mit *Steinberger*, 1911, S. 28 f., nimmt *Georgieff*, ebd. S. 66 f., eine Freiheitsberaubung auf andere Weise zumindest im klassischen Nacktbadefall (RGSt 6, 231 v. 26.04.1882) an. Bereits für ein Eingesperrtsein sind *Gössel/Dölling*, [2]2004, § 19 Rn. 12.

268 Dies folgt aus dem Rangverhältnis der Rechtsgüter untereinander, nach dem das Leben und die Gesundheit einen hohen, das Leben gar den höchsten Rang einnimmt, siehe *Erb*, in: MüKo StGB, Bd. 1, [3]2017, § 34 Rn. 112; *Roxin*, AT I, [4]2006, § 16 Rn. 29. Siehe aber zum Schweregrad allein der Leibesgefahr unter **C.IV.4.c.(1)(d)**.

Fall 6 (Forts.)[269]

(i) Die Ehefrau ist taugliches Tatobjekt einer Freiheitsberaubung.

(ii) Der Ehemann hat der Ehefrau aufgrund seiner Eifersucht vorgespiegelt, sie würde in ihr Heimatland, zugleich Krisengebiet ausgewiesen, wenn sie die Wohnung verlässt. Dies ist als geschickt und geflissentlich einzuordnen und dient dem Ehemann dem verborgen gebliebenen Zweck, dass seine Frau die Wohnung nicht verlässt. Der Ehemann handelt listig.

(iii) Fraglich ist jedoch, ob in grammatikalischer Hinsicht angenommen werden kann, dass die Ehefrau durch die List ihrer Fortbewegungsfreiheit beraubt wurde.

Gegen ein Berauben spricht der Umstand, dass die Wohnungstür unverschlossen ist und die Ehefrau die Wohnung jederzeit verlassen könnte. Sie übt ihre körperliche Bewegungsfreiheit allerdings nicht aus, da ihr bei Wahrnehmung ihrer Fortbewegungsfreiheit vermeintlich die Ausweisung in ein Krisengebiet droht. Sie begibt sich somit freiwillig ihrer Fortbewegungsfreiheit zugunsten der Rechtsgüter Leib und Leben.

Es ist jedoch auch festzuhalten, dass die reduzierte Entscheidungsmöglichkeit auf ein Verhalten des Täters zurückzuführen ist. Dieser spiegelt dem Opfer wahrheitswidrig eine Gefahr für Leib und Leben vor. Das Opfer steht vermeintlich vor der Wahl zwischen der Fortbewegungsfreiheit einerseits und Leib und Leben andererseits, wobei der Täter darauf spekuliert, dass sich das Opfer gegen die Wahrnehmung seiner Fortbewegungsfreiheit entscheidet – wie es aufgrund der Wertigkeit von Leib und Leben (regelmäßig) auch geschieht. Die Fortbewegungsfreiheit ist für das Opfer daher nicht mehr umfassend nutzbar. Die Verantwortung dafür, dass das Opfer seine Fortbewegungsfreiheit nicht ausübt, trägt der Täter. Insofern scheint es im Hinblick auf die Kausalität vertretbar, dass von einem Freiheitsentzug durch den Täter gesprochen werden kann. Mit der Herbeiführung einer vermeintlichen Entscheidungssituation, die nur zugunsten von Leib und Leben ausgehen wird, nimmt der Täter dem Opfer die Wahrnehmung der Fortbewegungsfreiheit, ohne dass sich das Opfer dieser Situation bewusst ist. Der Täter handelt folglich gegen das Opfer, sodass eine Beraubung angenommen werden kann – trotz der letztlich freiwillig erfolgten Entscheidung des Opfers.

Sprachlich schließen sich damit die Möglichkeit einer Verhaltensalternative, die nicht wahrgenommen, vielmehr auf die Fortbewegungsfreiheit verzichtet wird, und eine herbeigeführte Beraubung nicht grundsätzlich aus.

Dem Wortlaut nach kann in Fällen, in denen das Opfer durch den Täter in die Situation versetzt wird, sich aufgrund des Schutzes von Leib und Leben gegen seine Fortbewegungsfreiheit zu entscheiden, von einer listigen Freiheitsberaubung gesprochen werden.

Die vom Täter angewandte List ist daher dem Wortlaut nach dazu geeignet, eine Freiheitsberaubung auf sonstige Weise herbeizuführen.

---

269 Die Fälle der Freiheitsberaubung werden vorliegend im objektiven Tatbestand dreigliedrig geprüft. Zur diesbezüglichen Begründung siehe unter **C.I.**

Fraglich ist jedoch, ob dies auch für die anderen angeführten Fälle gilt.

Fälle 7, 8 und 9 (Forts.)

(i) In den Fällen 7, 8 und 9 stellen die Betroffenen jeweils taugliche Tatobjekte der Freiheitsberaubung dar.

(ii) Ferner verwirklicht sowohl die Vorspiegelung, dem Konkurrenten lauere eine Bande auf, die seine Wohnung plündern wolle, mit dem Ziel, den Konkurrenten für einige Zeit „außer Gefecht" zu setzen als auch die Wegnahme der Kleider eines Nacktbadenden in einem unbeobachteten Moment mit dem Zweck, diesen an der Teilnahme an einer Gerichtsverhandlung zu hindern, die Voraussetzungen der List als Tathandlung. Ebenso kann das Inaussichtstellen einer Geldzahlung für die Teilnahme an einem Experiment in der Absicht, das Opfer von dem Ort eines geplanten Verbrechens fernzuhalten, als listiges Handeln qualifiziert werden.

(iii) Fraglich ist, ob vor dem Hintergrund der Wortlautauslegung eine Freiheitsberaubung angenommen werden kann.

In den Fällen 7, 8 und 9 wird die Fortbewegungsfreiheit zugunsten der Bewahrung von Eigentum/Vermögen, des eigenen öffentlichen Auftritts/der eigenen Scham und zugunsten eines vermeintlichen geldwerten Vorteils aufgegeben. Das Opfer muss auch in diesen Fällen eine Abwägung treffen. Da sowohl das Ansehen in der Öffentlichkeit samt eigener Scham, mithin die Ehre, als auch (potentielles) Vermögen im Rang der Schutzgüter unter Leib und Leben stehen, fällt es nicht leicht, die Behauptung aufzustellen, dass sich die Entscheidungsmöglichkeiten für das Opfer derart verengt haben, dass es sich einer Alternativlosigkeit ausgesetzt sieht und damit die Fortbewegungsfreiheit de facto nicht mehr nutzbar ist. Vielmehr scheint es, als sei die Entscheidung für ein Schutzgut allein von den persönlichen Bedürfnissen und Ansprüchen des Opfers abhängig. Auch wenn der Täter in allen drei Fällen – durch Vortäuschung, dem Betroffenen lauere eine Bande auf, durch Wegnahme der Kleidung und durch Vorspiegelung der Zahlungswilligkeit – die Entscheidungssituation geschaffen hat, ist fraglich, ob sprachlich ein Freiheitsentzug durch List möglich ist, wenn diese derart eingesetzt wird, dass sich das Opfer auch für seine Fortbewegungsfreiheit entscheiden kann, ohne dabei ein wesentliches Rechtsgut zu gefährden, mithin im Sinne der obigen Ausführungen die Wahrnehmung der Fortbewegungsfreiheit dem Opfer zumutbar ist.

Würde sich das Opfer in den Beispielsfällen gegen das in der Wohnung befindliche Eigentum entscheiden, sich folglich aus der Wohnung entfernen, sich gegen sein Ansehen in der Öffentlichkeit entscheiden, mithin den See unbekleidet verlassen oder sich gegen die Mehrung seines Vermögens entscheiden, mithin die Teilnahme an dem Experiment ablehnen, käme dies einem empfindlichen Übel gleich. Wird mit einem solchen gedroht, kann damit nach überwiegender Auffassung aufgrund der Zumutbarkeit der Entscheidung keine Freiheitsberaubung begründet werden.[270] Dies spricht gegen die Geeignetheit einer List, die das Opfer vor eine Abwägung

270 Siehe **oben**; eine ausführliche Behandlung erfolgt unter **B.II.2.b.** sowie **C.IV.4.**

stellt, zur Herbeiführung einer Beraubung. Darüber hinaus ist zu bedenken, dass das Opfer die Freiheitsberaubung nicht selbst begehen kann – niemand ist dadurch der Freiheit beraubt, dass er selbst seine Freiheit beschränkt.[271] Das Opfer scheint insofern eigenverantwortlich zu handeln. Eine freiwillige Entscheidung des Opfers zur Aufgabe der Fortbewegungsfreiheit spricht folglich gegen eine Beraubung durch den Täter.

Beachtet werden könnte jedoch auch Folgendes: In den Fällen 7 und 8 wird das Opfer vor eine Entscheidung zwischen zwei Übeln gestellt. Während dem Betroffenen in Fall 7 vorgespiegelt wird, bei Verlassen seiner Wohnung werde diese samt dem darin befindlichen Eigentum geplündert, steht das Opfer, dem die Kleidung weggenommen wird, vor der Entscheidung, entweder an dem See zu verbleiben oder diesen unbekleidet zu verlassen. Das Opfer befindet sich damit in einer allein von dem Täter verursachten „Zwickmühle"; es kann seine Fortbewegungsfreiheit nicht unbeeinflusst nutzen. Mit der Aufgabe der Bewegungsfreiheit würde sich das Opfer lediglich für das seiner Ansicht nach geringere Übel entscheiden. Aufgrund des Verursachens der erforderlichen Abwägung durch den Täter erscheint eine Beraubung allein dem Wortlaut nach auch als möglich.

Im Fall 9, in dem mittels des Experiments das Vermögen vermeintlich gemehrt werden kann, ist die Entscheidung hingegen von vornherein frei. Das Übel der Einschränkung der Fortbewegungsfreiheit kann hingenommen werden, um das Vermögen zu mehren. Eine „Zwickmühle" besteht nicht. In dieser Konstellation erscheint es daher schwer vertretbar, in einem engen sprachlichen Sinn[272] von einer Beraubung durch den Täter, der dem Opfer lediglich eine völlig offene Entscheidungssituation vorspiegelt, mithin keine Drucksituation schafft, auszugehen. Eine Beraubung scheint nur dann annehmbar, wenn der Begriff weit verstanden und lediglich darauf abgestellt wird, dass der Täter ein listiges Verhalten ausübt, aufgrund dessen das Opfer sich einer Entscheidung ausgesetzt sieht, die zulasten der Fortbewegungsfreiheit ausfallen kann. Auch bei einem vermeintlich drohenden Gewinnverlust zwingt der Täter dem Opfer insofern eine Entscheidungsnotwendigkeit auf; das Abnötigen dieser Entscheidung kann begrifflich die Nähe zum Raub begründen. Der Vorwurf an den Täter besteht sodann darin, dass das Opfer gegebenenfalls seine Fortbewegungsfreiheit zugunsten eines anderen Rechtsgutes aufgibt, obwohl das andere Rechtsgut keine Veränderung erfahren soll, die Entscheidungssituation insofern nicht real gegeben ist. Die Initiative für das Opferverhalten ist auf den Täter zurückzuführen, dieser setzt mithin ein Tatmittel ein, dass das Opferverhalten zumindest zu steuern versucht. Das Opfer hätte sich bei Kenntnis der wahren Sachlage, etwa der tatsächlich vorhandenen Zahlungsunwilligkeit des Täters, wohl nicht seiner Fortbewegungsfreiheit begeben, diese weiterhin genutzt, sodass es in einem weiten sprachlichen Sinne, folglich noch in den Grenzen

271 Siehe *Simson/Geerds*, 1969, § 10 S. 225.

272 Mit der Gegenüberstellung von engem und weitem sprachlichen Sinn wird *Engisch*, [11]2010, S. 172 f., gefolgt.

des möglichen Wortsinns, durch den Täter beraubt ist. Insofern ist auch in der letzten Fallkonstellation, in der das Opfer seine Fortbewegungsfreiheit aufgrund einer vermeintlichen Vermögensmehrung aufgibt, eine Beraubung durch List allein dem Wortlaut nach nicht gänzlich ausgeschlossen.[273]

Zusammenfassend ist festzuhalten, dass ein Opfer, auch wenn es freiwillig auf die Wahrnehmung seiner Fortbewegungsfreiheit verzichtet, sprachlich seiner Freiheit infolge eines listigen Täterverhaltens beraubt werden kann. Die List ist dem Wortlaut nach geeignet, den Erfolg der Freiheitsberaubung herbeizuführen, und damit taugliches Tatmittel des § 239 I Alt. 2 StGB. Dies gilt aufgrund des Nuancenreichtums der Sprache und den sich daraus ergebenden Bedeutungsspielräumen[274] selbst dann, wenn dem Opfer eine Entscheidungsmöglichkeit verbleibt. In grammatikalischer Hinsicht ausreichend ist der vom Täter erzeugte Zwang zur Entscheidung, der sowohl bei einem vermeintlich drohenden Rechtsgutsverlust als auch bei einem vermeintlich drohenden Gewinnverlust gegeben ist. Ob im Rahmen des Taterfolgs weitere Einschränkungen vorgenommen werden müssen, die Entscheidung tatsächlich „aus freien Stücken" erfolgt und wie sich die Entscheidungsmöglichkeiten, die sich dem Opfer bieten, auf die Strafbarkeit des Täters auswirken, ist eine Frage des Eintritts des Taterfolgs sowie der Opferzustimmung zu einer Freiheitsberaubung, deren Kriterien[275] nicht unterlaufen werden dürfen. Diese Fragen werden an späterer Stelle behandelt. Bisher wurde nur untersucht, ob die List sprachlich eine Freiheitsberaubung auf andere Weise bewirken kann. Dem ist nach den obigen Ausführungen zuzustimmen.

Die List ist daher nach dem Wortlaut des § 239 I Alt. 2 StGB als Tatmittel der Freiheitsberaubung anzuerkennen.

c. *Historie*

Zu untersuchen ist die Anerkennung der List als Tatmittel des § 239 I Alt. 2 StGB vor dem Hintergrund der historischen Entwicklung des Tatbestands der Freiheitsberaubung.[276] Dazu werden das Partikularstrafrecht (**B.II.1.c.(1)**), das Reichs-

273 So betont auch *Rengier*, AT, [9]2017, § 5 Rn. 7, dass innerhalb der Wortlautgrenzen eine freie Entscheidung dahingehend besteht, ob restriktiv oder extensiv ausgelegt wird.

274 So allgemein zur Wortlautauslegung *Schwacke*, [4]2003, S. 74.

275 Siehe unter **C.II.**, **C.III.** sowie **C.IV.**

276 Die historische Darstellung beginnt im Allgemeinen Preußischen Landrecht, da hier nicht nur eine allgemeine Vorschrift – entsprechend der crimen vis – existiert. Zur Historie davor siehe *Georgieff*, 1911, S. 9 ff.; *Orth*, 1988, S. 39 f.; *Simson/Geerds*, 1969, § 10 S. 218 ff.; *Steinberger*, 1911, S. 1 ff.

strafgesetzbuch (**B.II.1.c.(2)**) sowie die Entwicklungen seit 1949 (**B.II.1.c.(3)**) betrachtet und sodann die Erkenntnisse zusammengefasst (**B.II.1.c.(4)**).

(1) Partikularstrafrecht

Es wird sich zunächst dem Partikularstrafrecht gewidmet.[277]

Den Tatbestand der Freiheitsberaubung kennt bereits das Allgemeine Landrecht für die Preußischen Staaten – in Kraft getreten am 1. Juni 1794 –, indem in dessen zweiten Teil im 20. Titel, 13. Abschnitt „Beleidigungen der Freyheit" unter Strafe gestellt sind. § 1073 ALR legt nahezu als Programmsatz fest, dass niemand „ohne Recht die persönliche Freyheit eines Andern beeinträchtigen" soll. § 1077 ALR bestraft sodann denjenigen, der „einen Menschen, der seines Verstandes mächtig ist, mit Gewalt festhält, einsperret, oder Wider seinen Willen zu etwas nöthiget." Als Tatmittel des § 1077 ALR sind daher nur das gewaltvolle Festhalten, das Einsperren und die Nötigung genannt. Die ersten beiden Handlungsalternativen – insbesondere, weil nicht nur ein Festhalten, vielmehr ein gewaltvolles Festhalten gefordert wird – scheinen schon ihrer Begrifflichkeit nach ausschließlich Verhaltensweisen zu erfassen, die eine Person tatsächlich physisch – etwa durch Zupacken oder Einschließen – daran hindern, sich zu entfernen, nicht hingegen solche, die psychisch wirken. Letzteres Tatmittel, die Nötigung, findet bereits im Rahmen der preußischen Reformarbeiten im Entwurf 1829 eigenständig Regelung. Sie ist nicht als Unterfall der Freiheitsberaubung anzusehen, ist vielmehr „innerlich verschieden"[278] und erfasst insofern auch nicht die List als Tatmittel der Freiheitsberaubung. Eine Freiheitsberaubung mittels List ist demnach im Hinblick auf das Allgemeine Preußische Landrecht abzulehnen. Diesem kann infolge der einheitlichen Normierung lediglich die Schlussfolgerung entnommen werden, dass die Freiheitsberaubung und die Nötigung in ihrer strafrechtlichen Vorwerfbarkeit einander gleich behandelt werden sollten.[279]

---

277 Im Hinblick auf die Betrachtung des Partikularstrafrechts werden nicht sämtliche Strafgesetzbücher betrachtet. Vielmehr wird versucht, mittels der Darstellung einen historischen Überblick über den Tatbestand der Freiheitsberaubung im Partikularstrafrecht zu vermitteln. Die Beschränkung auf bestimmte Strafgesetzbücher ist dabei angelehnt an *Müller*, 1852, S. 439 ff.

278 *Oehler*, 1950, S. 170; i.E. so auch *Bloy*, ZStW 96 (1984), 703, 708; siehe zum Verhältnis von Nötigung und Freiheitsberaubung unter **B.II.2.b.(2)**.

279 Diesem ist zu entgegnen, dass die Nötigung (Geldstrafe bis drei Jahre Freiheitsstrafe) ein milderes Strafmaß besitzt als die Freiheitsberaubung (Geldstrafe bis fünf Jahre Freiheitsstrafe), mithin eine gleiche strafrechtliche Vorwerfbarkeit – wie ursprüng-

Das Strafgesetzbuch für das Königreich Bayern, publiziert am 16. Mai 1813 und als erstes Beispiel einer modernen Strafgesetzgebung in Deutschland geltend,[280] sieht in Art. 192 eine Bestrafung desjenigen vor, der „in böser Absicht einen Menschen wider dessen Willen in seiner Gewalt festhält, und durch Einsperrung oder sonst auf irgend eine Art an dem Gebrauche seiner persönlichen Freiheit verhindert." Diese Tatbestandsformulierung findet sich gleichermaßen in Art. 197 des Strafgesetzbuches für die Herzoglich-Oldenburgischen Lande vom 10. September 1814.

Das Criminalgesetzbuch für das Königreich Sachsen vom 30. März 1838 bestraft in Art. 155 wegen widerrechtlichen Gefangenhaltens[281] denjenigen, der, „ohne ein Recht dazu zu haben, einen Menschen durch Einsperrung oder auf andere Weise der persönlichen Freiheit beraubt". Ähnlich heißt es in Art. 275 des Strafgesetzbuches für das Königreich Württemberg vom 15. Mai 1839, dass sich strafbar macht, wer „ohne Recht einen Menschen durch Einsperrung oder auf andere Weise des Gebrauchs der persönlichen Freiheit beraubt". Eine wiederum ähnliche Formulierung findet sich in § 170 des Criminal-Gesetz-Buches für das Herzogthum Braunschweig vom 10. Juli 1840, wonach bestraft wird, wer „ohne Recht einen Menschen durch Einsperrung oder auf andere Weise der Freiheit beraubt".

Nach Art. 249 des Criminal-Gesetzbuches für das Königreich Hannover vom 8. August 1840 macht sich wegen widerrechtlichen Gefangenhaltens strafbar, wer „in rechtswidriger Absicht einen Menschen wider dessen Willen durch Einsperrung oder auf andere Weise der persönlichen Freiheit" beraubt.

Das Strafgesetzbuch für das Großherzogthum Hessen vom 1. April 1842 bestraft in Art. 301 denjenigen, der „einen Anderen in widerrechtlicher Absicht einsperrt oder auf sonstige Weise gefangen hält". Nahezu wortgleich wird in § 275 des Strafgesetzbuches für das Großherzogthum Baden vom 6. März 1845 bestraft, wer „einen Andern in widerrechtlicher Absicht einsperrt, oder auf andere Weise gefangen hält".

Im Strafgesetzbuch für die Preußischen Staaten, am 1. Juli 1851 in Kraft getreten, wird in § 210 bestraft, wer „vorsätzlich und widerrechtlich einen Menschen

---

lich im ALR – nicht mehr gegeben ist. *Bloy*, ZStW 96 (1984), 703, 706 ff., insb. 708, lehnt hingegen jegliche historische Bedeutung der Verwandtschaft zur Nötigung ab, spricht sich bereits dagegen aus, dass die Freiheitsberaubung und die Nötigung „derselben Wurzel entstammen".

280 *Buschmann*, 1998, S. 447.

281 Die Bezeichnung des widerrechtlichen Gefangenhaltens entspricht der Freiheitsberaubung.

einsperrt, oder auf andere Weise des Gebrauchs der persönlichen Freiheit beraubt." Dieser Wortlaut findet sich gleichermaßen in § 239 des Strafgesetzbuches für den Norddeutschen Bund, welches am 31. Mai 1870 in Kraft trat.

Hieraus ist Folgendes zu statuieren: Während sich die Fassungen von Bayern und Oldenburg noch derart an dem Wortlaut des Allgemeinen Preußischen Landrechts orientierten, dass drei Handlungsalternativen unter Strafe gestellt wurden, allerdings im Hinblick auf die Tathandlungen bereits das Nötigen gegen das sonstige Verhindern des Freiheitsgebrauchs austauschten, sahen die folgenden Strafgesetzbücher als Tathandlungen der Freiheitsberaubung allein das Einsperren oder die Freiheitsberaubung auf andere Weise vor. Im Rahmen der Freiheitsberaubung wurde somit bereits mit der Bayerischen Fassung – im Gegensatz zu der Normierung im Allgemeinen Preußischen Landrecht – ein weit ausgestalteter Tatbestand geschaffen, der die Freiheitsberaubung auf andere bzw. sonstige Weise erfasst. In der historischen Entwicklung zeigt sich daher, dass die Tatmittel der Freiheitsberaubung erweitert wurden, damit grundsätzlich auch die List erfasst zu sein scheint.

Im Hinblick auf den in allen genannten Fassungen nahezu identischen Wortlaut ist gleichzeitig der revidierte Entwurf des Strafgesetzbuches für die königlichen Preußischen Staaten von 1833 zu betrachten. Die widerrechtliche Beschränkung der persönlichen Freiheit ist in § 399 unter Strafe gestellt. Eine solche erhält, „wer außer seinem Amte oder ohne andere Befugnis einen Menschen wider dessen Willen [...] mit Gewalt oder List absichtlich festhält, einsperrt oder auf ähnliche Art des Gebrauchs der persönlichen Freiheit beraubt." Hierzu ist zweierlei festzustellen: Zum einen ist zumindest das listvolle Festhalten als Tatmittel der Freiheitsberaubung genannt. In den Motiven zu dem Entwurf heißt es insofern, dass entgegen der Regelung des § 1077 ALR „die Handlung des die Freiheit beraubenden nicht mit Gewalt verbunden zu sein braucht, sondern dies Verbrechen auch durch List begangen werden kann."[282] Im Umkehrschluss könnte dies bedeuten, dass – weil die List in der Endfassung des Preußischen Strafrechts eben keine Erwähnung findet – diese gerade nicht als Tatmittel der Freiheitsberaubung gelten sollte. Hiergegen spricht jedoch, dass der Endwortlaut der Regelung lediglich verkürzt worden zu sein scheint. Explizit genannt wird nur noch die beispielhafteste Form einer Freiheitsberaubung, das Einsperren. Alle anderen Tatmittel werden unter die Auffangformulierung der Freiheitsberaubung auf an-

282 Motive zum revidierten Entwurf des Strafgesetzbuchs für die Preußischen Staaten – Erster Theil. Strafgesetze, Berlin 1833.

dere Weise subsumiert.[283] Hierfür ist anzuführen, dass hinsichtlich eines gewaltvollen Festhaltens, welches nicht Einsperrung ist, grundsätzlich nicht bezweifelt wurde und wird, dass dieses eine Freiheitsberaubung begründen kann – ohne ausdrücklich im Tatbestand erwähnt zu sein. Vielmehr ist insofern zu schlussfolgern, dass die List als Tatmittel der Freiheitsberaubung erfasst werden sollte, der Vereinfachung halber und zugunsten eines umfassenden Schutzes jedoch eine weite Formulierung gewählt wurde. Zum anderen ist zu statuieren, dass sich in der Norm des revidierten Entwurfs die Formulierung „auf ähnliche Art" findet. Nach dem Literaturverständnis ist eine Beraubung auf ähnliche Art entweder gleichbedeutend mit der Beraubung auf andere Weise,[284] wird dabei zum Teil in Abgrenzung zu den Tatmitteln der Nötigung allerdings als passender erachtet,[285] oder sie ist abzulehnen, weil dadurch die Art der Freiheitsberaubung in unklarer Weise eingeschränkt sei.[286] Eine Schlussfolgerung in Bezug auf die Ablehnung der List als Tatmittel der Freiheitsberaubung ergibt sich daraus nicht. Nur vereinzelt findet sich folgende Überlegung zum preußischen Tatbestand des § 210: Mit der Formulierung der Freiheitsberaubung „auf ähnliche Weise" sollte zum Ausdruck gebracht werden, dass nur eine solche Handlung, die den Charakter der Einsperrung hat, eine Freiheitsberaubung begründen könne – und eben nicht „jede andere Weise, wie der freie Wille eines Anderen beschränkt wird". Dieses Verständnis hätte sich auch nicht durch die Formulierung der Freiheitsberaubung „auf andere Weise" geändert. Eine Freiheitsberaubung komme daher nur durch „Einsperrung oder sonstige Festhaltung" in Betracht.[287] Ob somit von § 210 PStGB auch die Festhaltung mittels List, wie sie der revidierte Entwurf im Gegensatz zum preußischen Straftatbestand noch explizit nennt, erfasst sein soll, bleibt fraglich, müsste nunmehr im Hinblick auf den Charakter der Einsperrung überprüft werden. Eine solche Auffassung ist jedoch abzulehnen: Selbst wenn der

283 Insofern wurde selbst die ausdrückliche Nennung des Einsperrens zum Teil als unnötig betrachtet, sodass diese in dem Entwurf von 1843 fehlt. Sie wurde allerdings wieder eingefügt, um den Unterschied im Charakter der Tathandlung zur Nötigung zu verdeutlichen, siehe *Goltdammer*, 1852 (Nachdr. 1991), §§ 210, 211 Rn. 3.

284 *Villnow*, Archiv für Preußisches Strafrecht 24 (1876), 104, 110. Scheint damit die List von der Freiheitsberaubung auf andere Weise erfasst, wäre sie damit gleichermaßen auch eine ähnliche Weise – insbesondere, da zumindest das listvolle Festhalten genannt ist.

285 *Goltdammer*, 1852 (Nachdr. 1991), §§ 210, 211 Rn. 3.

286 Vgl. bei *Stenglein*, 1862 (Nachdr. 1989), Art. 255 S. 312 (Fn. 4). Die Freiheitsberaubung auf andere Weise wäre damit weiter, sodass die List als andere Weise erst recht auch eine Beraubung auf ähnliche Weise begründen könnte.

287 *Goltdammer*, Archiv für Preußisches Strafrecht 8 (1860), 837, 839.

ähnlichen Weise zu entnehmen sei, dass diese charakteristisch der Einsperrung entsprechen müsse, so wurde sich für die weitere Formulierung der anderen Weise entschieden. Bei der Andersartigkeit ist – dem Wortlaut nach – ein Vergleich zur Einsperrung nicht zwingend. Wäre ein solcher Vergleich jedoch vom Gesetzgeber gewollt worden, ist ein Motiv für die Änderung der Formulierung nicht erkennbar.[288] Darüber hinaus zeigt der revidierte Entwurf – selbst wenn nur die der Einsperrung ähnliche Freiheitsberaubung zur Strafbarkeit führen sollte und der List eine solche Ähnlichkeit abgesprochen würde –, dass das listige Festhalten, welches explizit erwähnt wird, ebenso als taugliches Tatmittel galt. Es gelingt insofern auch nach dieser Überlegung nicht, die List als Tatmittel abzulehnen. Dabei kann dahingestellt bleiben, ob das listige Verhalten tatsächlich der Einsperrung ähnlich ist.[289]

Ferner findet sich in der auf das Preußische Strafrecht bezogenen Literatur die Aussage,[290] dass nicht jede momentane Verhinderung oder Beschränkung als eine Freiheitsberaubung auf andere Weise anzusehen ist. Es sei vielmehr Voraussetzung, dass jemand durch einen gegen ihn ausgeübten Zwang in einen Zustand versetzt werde, in welchem ihm der Gebrauch seiner persönlichen Freiheit unmöglich gemacht ist. Die Art und Weise seien dabei gleichgültig. Explizit erwähnt *Oppenhoff*, dass psychischer Zwang im Einzelfall genügen kann. Im Rahmen einer tatsächlichen Beurteilung komme es darauf an, ob der Zwang überhaupt nicht, oder nicht ohne persönliche Gefahr abgewendet werden konnte, ob diese Gefahr nicht bloß eingebildet war, und ob sie auch auf einen Beherzten Eindruck machen konnte oder musste. Eine generelle Beschränkung des Tatmittels der Freiheitsberaubung wird somit abgelehnt, sodass grundsätzlich auch die List geeignet zu sein scheint, jemanden seiner Freiheit zu berauben. Gleichzeitig verweigert *Oppenhoff* die Bestrafung einer Freiheitsberaubung dann, wenn sich das Opfer nur einbildet, seine Freiheit zugunsten einer anderweitig bestehenden Gefahr aufgeben zu müssen. Eine solche Situation kann mittels List geschaffen werden – das Opfer gibt seine Fortbewegungsfreiheit auf, um ein anderes, vermeintlich gefährdetes Rechtsgut zu schützen.[291] Insofern käme die List im Sinne *Oppenhoffs* zumindest nicht umfassend als Tatmittel der Freiheitsberaubung in Betracht. Festzuhalten ist aber auch, dass dieser im Fall der Ausübung von psychischem Zwang eine Gesamtbetrachtung im Einzelfall als entscheidend ansieht, sodass die Anerkennung der List als Tatmittel der Freiheitsberaubung nicht allgemein,

288 So auch schon *Steinberger*, 1911, S. 25.

289 Zu einem Vergleich siehe unter **B.II.1.e.(2)(a)**.

290 Siehe zu alledem (auch Folgendem) *Oppenhoff*, [5]1867 (Nachdr. 1991), § 210 Rn. 11 f.

291 Siehe die Fälle 6 bis 9 unter **B.II.1.b.**

vielmehr situationsabhängig abgelehnt wird. Ebenso erläutert *Hälschner* das Gefangenhalten des § 210 PStGB. Hierfür bedürfe es einer Verhinderung der freien Bewegung durch Festhalten, Binden oder durch einen psychologischen Zwang.[292] Der Begriff des psychologischen Zwangs wird dabei nicht näher erläutert. Eine solche Formulierung lässt allerdings Raum für die Annahme, dass auch die List als Tatmittel in Betracht gezogen wurde. In einer Kommentierung zur sächsischen Regelung von 1855, die hinsichtlich der Tathandlungen derjenigen von 1838 entspricht, heißt es insofern explizit, dass zur Ausführung des Verbrechens der Freiheitsberaubung Drohung, Gewalt oder List angewendet werden können.[293] Auch die Kommentarliteratur schließt somit eine Freiheitsberaubung mittels List zumindest nicht gänzlich aus.

(2) Reichsstrafgesetzbuch

Das Strafgesetzbuch für den Norddeutschen Bund wurde im Wesentlichen übernommen und als Reichsstrafgesetzbuch – mit Inkrafttreten am 1. Januar 1872 – neu verkündet. Die Freiheitsberaubung „auf andere Weise" findet ihre Normierung (weiterhin) in § 239.

Aufgrund des identischen Wortlauts – etwa zum Preußischen Strafrecht – erfolgen auch in der Kommentarliteratur ähnliche Ausführungen. So äußert sich *Rubo* zur Norm des § 239 RStGB derart, dass des Gebrauches der persönlichen Freiheit beraubt ist, wem durch Zwangsmittel die Möglichkeit genommen ist, das, was er jeweilig will, auch wirklich zu verrichten.[294] Ebenso führt *Schwarze* aus, dass für eine Freiheitsberaubung nicht jede Freiheitsbeschränkung hinreiche, sondern das Tatmittel ihrer Wirksamkeit nach sich der Einsperrung nähern müsse. Insbesondere genüge hinsichtlich der Dauer nicht jeder, noch so rasch vorübergehende Zwang für die Anwendung des § 239 RStGB.[295] Der Begriff des Zwangsmittels wird dabei – ebenso wie bei *Rubo* – nicht näher konkretisiert. Es ist infolge des weiten Wortlautes allerdings davon auszugehen, dass damit auch psychischer Zwang erfasst ist. Letztlich äußert *Bruck* explizit, dass im Rahmen des § 239 RStGB neben mechanischer Gewalt auch Drohungen, List und Betäubung geeignete Mittel zur Bewirkung der Freiheitsberaubung seien.[296] Es kann insofern festgestellt werden, dass die Ausübung von Zwang, der grundsätzlich eben nicht

292 *Hälschner*, Preußisches StR, 1868, § 31 S. 182.

293 *Siebdrat*, 1862, Art. 197 S. 161.

294 *Rubo*, 1879 (Nachdr. 1992), § 239 Rn. 5.

295 *Schwarze*, [3]1873 (Nachdr. 1992), § 239 S. 582 f.

296 *Bruck*, 1875, S. 63.

nur physisch wirken kann, auch im Strafrecht des Deutschen Reiches als Tatmittel der Freiheitsberaubung in Betracht kam. Folglich scheint eine Freiheitsberaubung mittels List zu diesen Zeiten als möglich anerkannt gewesen zu sein.

Anfang des 20. Jahrhunderts traten vielerlei – die Normierung der Freiheitsberaubung im Ergebnis jedoch nicht betreffende[297] – Reformbestrebungen auf, die mit einem Vorentwurf von 1909 (VE) zu einem ersten Ergebnis führten. In der Begründung zu diesem Vorentwurf heißt es, dass die Fassung des § 239 VE erklärend den besonderen Fall der Einsperrung hervorhebe und mit der Generalklausel „auf andere Weise der Freiheit beraubt" die übrigen denkbaren Fälle erfasst seien.[298] In einer kritischen Besprechung des Vorentwurfs zu einem Strafgesetzbuch für das Deutsche Reich, herausgegeben im Jahre 1910, äußert sich der *Geheime Justizrat Kronecker* insofern deutlich, dass als Tatmittel der Freiheitsberaubung auf andere Weise nicht nur – im Vergleich zur Nötigung – Gewalt und Drohung, sondern darüber hinaus auch List oder Betäubung in Betracht kommen würden, wobei die List in der Praxis als Art der Freiheitsberaubung nur selten vorkomme.[299] Die List war somit als Tatmittel der Freiheitsberaubung weiterhin anerkannt.

Nach dem Gegenentwurf zum Vorentwurf eines deutschen Strafgesetzbuchs von 1911 (GE), aufgestellt von *Kahl*, *Lilienthal*, *v. Liszt* und *Goldschmidt*, macht sich einer Freiheitsberaubung strafbar, „wer einen anderen der Freiheit der Bewegung beraubt". Zwar wird in der Begründung zu § 276 GE ausgeführt, dass

---

297 So findet sich auch in den Vorbereitungen der Strafrechtsreform im Hinblick auf das Delikt der Freiheitsberaubung lediglich die Aussage, dass das Verhältnis der Freiheitsberaubung zur Nötigung vom Gesetz nicht klargestellt, und in der Lit. neben den Konkurrenzfragen, auch zum Menschenraub, die genaue Formulierung des Angriffsobjektes der Freiheitsberaubung – ob als Freiheit der Fortbewegung vom Aufenthaltsort oder der Freiheit in der Wahl des Aufenthaltes – behandelt wird, siehe *Rosenfeld*, in: Birkmeyer et al., 1905, S. 408 f. Auch ein Vergleich zu Österreich und der Schweiz bringt keine Erkenntnisse: In Österreich existiert ein Entwurf, der die Freiheitsberaubung nahezu identisch zu der deutschen Normierung gestaltet, lediglich das „Einsperren" durch das „Gefangenhalten" ersetzt, *Rosenfeld*, ebd. S. 418. In der Schweiz werden hingegen als Tathandlungen beispielhaft die Festnahme und das Gefangenhalten hervorgehoben, *Rosenfeld*, ebd. S. 481. In den Schlussergebnissen wird daher festgehalten, dass die „Einsperrung und sonstige Freiheitsberaubung i.e.S. […] weniger Anlaß zu Änderung" bietet, *Rosenfeld*, ebd. S. 495.

298 Vorentwurf zu einem Deutschen Strafgesetzbuch – Begründung. Besonderer Teil. Bearbeitet von der hierzu bestellten Sachverständigen-Kommission, Berlin 1909, S. 671.

299 *Geheimer Justizrat Kronecker*, in: Aschrott/von Liszt, 1910, S. 301.

die lediglich beispielhafte Nennung des Einsperrens gestrichen wurde, sodass von keiner Verkürzung der erfassten Tatmittel ausgegangen werden könnte. Gleichzeitig wird jedoch die Wortlautveränderung des geschützten Rechtsgutes um die „Freiheit der Bewegung“ damit begründet, dass die Ansicht, es sei auch die Freiheit der Willensentschließung geschützt, explizit ausgeschlossen werden müsse.[300] Die List als solche ist allerdings gerade dazu geeignet, (negativ) auf die Freiheit, einen Fortbewegungswillen zu bilden, einzuwirken, oder aber einen bestimmten Entschluss herbeizuführen, mit dem ein entgegenstehender Wille ausgeschaltet wird. Auf der Grundlage des Gegenentwurfs von 1911 galt die List daher, da sie Angriffsmittel auf die Willensentschließungsfreiheit war, nicht als mögliches Tatmittel einer Freiheitsberaubung.

In den Entwürfen zu einem Deutschen Strafgesetzbuch von 1913, 1919, 1922 sowie 1925 wurde der gesetzlich normierte Tatbestand der Freiheitsberaubung hinsichtlich der erfassten Tatmittel unverändert übernommen.

In der Zeit von Juli 1928 bis September 1929 unterzog der 21. Ausschuss des Reichstages die Vorschriften des Entwurfs eines Allgemeinen Deutschen Strafgesetzbuchs von 1927 (E27) einer umfassenden Beratung. In der 77. Sitzung vom 25. September 1929 äußert der *Abgeordnete Alexander* ohne weitere Begründung Bedenken über die Wendung „auf andere Weise“, stellt jedoch keinen Antrag auf Streichung.[301] Da es in der 31. Sitzung des 18. Ausschusses vom 17. Februar 1932 sodann vom *Berichterstatter Abgeordneten Landsberg* heißt, dass der vorgeschlagene § 275 I E27 inhaltlich dem geltenden Recht des § 239 StGB entspreche,[302] ergibt sich im Ergebnis, dass die Tathandlungen der Freiheitsberaubung, mithin auch deren Verständnis keiner Reform unterlagen.

In der 42. Sitzung der Strafrechtskommission des Reichsjustizministeriums vom 14. September 1934 führt *Mezger* jedoch aus, dass die Wendung „oder auf andere Weise“ nur die Beeinträchtigung der Willensbetätigung erfasse. Dass nicht auch die Freiheit der Willensbildung geschützt sei, ergebe sich deutlich aus der Voranstellung des Einsperrens.[303] Ebenso kritisch äußert sich der *Ministerialrat Rietzsch* in seinem Bericht über die Arbeit der amtlichen Strafrechtskommission, herausgegeben 1936 vom *Reichsjustizminister Gürtner*, in dem es zur Freiheitsberaubung, die als Spezialfall der Nötigung gelte, heißt, dass diese lediglich eine Beeinträchtigung der Freiheit in der Betätigung des Willens, den Aufenthalt zu verändern, meine, nicht jedoch die

---

300 Gegenentwurf zum Vorentwurf eines deutschen Strafgesetzbuchs – Begründung, Berlin 1911, S. 262.

301 *Schubert*, Teil 2, 1996, S. 761.

302 *Schubert*, Teil 4, 1997, S. 284.

303 *Regge/Schubert*, 1989, S. 451.

Beeinträchtigung der Willensbildung umfasse, wie sich aus dem Zusammenhang mit der Einsperrung ergebe.[304] Nach *Mezger* und *Ministerialrat Rietzsch* scheint – ebenso wie nach der Begründung zum Gegenentwurf aus dem Jahr 1911 – die List folglich nicht als Tatmittel der Freiheitsberaubung zu gelten.

Die systematische Argumentation mittels Vergleichs zur Einsperrung ist zwar nachvollziehbar, insofern allerdings Mindermeinung. Es finden sich keinerlei Anhaltspunkte dafür, dass die persönliche Freiheit allein die Freiheit der Willensausübung meint. Zudem bedarf es hinsichtlich des Tatmittels infolge systematischer Auslegung zwar einer Vergleichbarkeit mit der Einsperrung. Eine solche besteht allerdings auch dann, wenn im Sinne eines umfänglichen Rechtsgüterschutzes generell die Willensbeeinflussung, mithin die Beeinträchtigung von Willensentschließung und Willensbetätigung, gefordert wird.[305]

(3) Entwicklungen seit 1949

In der Gründungsphase der Bundesrepublik Deutschland wurde sodann das Reichsstrafgesetzbuch als Strafgesetzbuch fortgeführt. Hinsichtlich der Formulierung des unter Strafe gestellten Verhaltens bei § 239 I StGB erfolgten keine Änderungen.

Anfang der 50er Jahre kamen erneut Reformbestrebungen auf, sodass die Große Strafrechtskommission gegründet wurde. In den diesbezüglichen Niederschriften finden sich auch Ausführungen betreffend den Tatbestand der Freiheitsberaubung. Neben den Vorschlägen der Streichung des Wortes „widerrechtlich" als allgemeinem Verbrechensmerkmal sowie der Einführung der Versuchsstrafbarkeit wird von *Ministerialrat Schwalm* betont, dass die Hervorhebung des Einsperrens nur deshalb geschieht, „weil es sich hierbei um den typischen Fall der Freiheitsberaubung handelt. Durch die Hervorhebung dieses Falles kann der Tatbestand mehr an Volkstümlichkeit gewinnen; ohne diese Hervorhebung wäre er wohl zu abstrakt gefaßt."[306] Anmerkungen zur Freiheitsberaubung auf andere Weise finden sich nicht.

Resultat der Sitzungen der Großen Strafrechtskommission war unter anderem ein im Jahr 1962 von der Bundesregierung erstellter Entwurf eines Strafgesetzbuches (E62),[307] in dem die Freiheitsberaubung in § 163 sanktioniert wird: „Wer

---

304 *Ministerialrat Rietzsch*, in: Gürtner, ²1936, S. 424.

305 Siehe unter **B.II.1.e.(2)(a)**.

306 Niederschriften über die Sitzungen der Großen Strafrechtskommission Bd. 6, 1958, 65. Sitzung S. 251 f.

307 Siehe hierzu BT-Drs. IV/650 v. 04.10.1962, http://dipbt.bundestag.de/doc/btd/04/006/0400650.pdf (S. 302), abgerufen am 05.01.2018.

einen anderen einsperrt oder auf andere Weise der Freiheit beraubt, wird [...] bestraft." In der Entwurfsbegründung wird betont, dass eine sachliche Übereinstimmung mit dem existierenden § 239 I StGB gegeben sei, wobei (weiterhin) vorgeschlagen wird, dass das Merkmal der Widerrechtlichkeit als Hinweis auf Rechtfertigungsgründe gestrichen werden sollte. Auch würde das Einsperren (wie bisher) als der typische Fall der Freiheitsberaubung aus Gründen der Anschaulichkeit besonders erwähnt. Auf die Freiheitsberaubung in sonstiger Weise wird in der Begründung nicht eingegangen. In seiner Tatbestandsformulierung identisch ist der Vorschrift des § 163 E62 die Regelung des § 119 des Alternativ-Entwurfs eines Strafgesetzbuches (AE) von 1970.[308] Auch in den hierzu ergangenen Ausführungen finden sich infolge der „ebenso prägnante[n] wie anschauliche[n] Formulierung" des E62 keine Konkretisierungen in Bezug auf die Tatmittel der Freiheitsberaubung.

Es kann den Materialien zur Strafrechtsreform insofern lediglich entnommen werden, dass sich aus der expliziten Erwähnung des Einsperrens im Tatbestand der Freiheitsberaubung keinerlei Einschränkungen hinsichtlich der sonstigen Tathandlungen ergeben sollen, vielmehr das Einsperren nur genannt ist, um das Delikt der Freiheitsberaubung „greifbarer" zu machen.

Mit Wirkung zum 1. Januar 1975 wurde sodann die Formulierung „vorsätzlich und" gestrichen, sodass bis zum 1. April 1998 bestraft wurde, „wer widerrechtlich einen Menschen einsperrt oder auf andere Weise des Gebrauches der persönlichen Freiheit beraubt." § 239 I StGB wurde zuletzt durch das Sechste Gesetz zur Reform des Strafrechts vom 26. Januar 1998 geändert.[309] Nunmehr macht sich wegen Freiheitsberaubung strafbar, „wer einen Menschen einsperrt oder auf andere Weise der Freiheit beraubt." Es besteht allerdings Einigkeit dahingehend, dass die Änderungen lediglich redaktioneller Natur waren.[310] Ebenso heißt es in der Gesetzesbegründung, dass die Streichungen aufgrund von Entbehrlichkeit erfolgten.[311] Insofern sind die in den letzten Jahrzehnten erfolgten Änderungen des § 239 I StGB für die historische Auslegung der Freiheitsberaubung mittels List nicht von Bedeutung.

---

308 Alternativ-Entwurf eines Strafgesetzbuches – Besonderer Teil: Straftaten gegen die Person, Erster Halbband, erschienen in J.C.B. Mohr (Paul Siebeck) Tübingen 1970.

309 Sechstes Gesetz zur Reform des Strafrechts v. 26.01.1998, BGBl. I S. 164.

310 *Hilgendorf*, in: A/W/H/H, [3]2015, § 9 Rn. 13; *Sonnen*, in: K/N/P, [5]2017, § 239 Rn. 3; *Wieck-Noodt*, in: MüKo StGB, Bd. 4, [3]2017, § 239 Rn. 11.

311 BT-Drs. 13/8587 v. 25.09.1997, http://dipbt.bundestag.de/doc/btd/13/085/1308587.pdf (S. 41), abgerufen am 05.01.2018.

(4) *Zusammenfassung: Historische Auslegung*

Der historischen Betrachtung der Freiheitsberaubung kann entnommen werden, dass diese zwar nach dem Allgemeinen Preußischen Landrecht nicht mittels List begangen werden konnte, in den sodann erlassenen Gesetzen aber eine weite Formulierung gewählt wurde, die – in Verbindung mit der zu den entsprechenden Regelungen ergangenen überwiegenden Literatur – vermuten lässt, dass die List als Tatmittel der Freiheitsberaubung in Betracht kommt. Einzelnen Stimmen, die die List, da Angriffsmittel auf die Willensentschließungsfreiheit, als taugliches Tatmittel der Freiheitsberaubung ablehnten, wurde nicht gefolgt. Ein weites Verständnis legen dabei insbesondere auch die Materialien im Rahmen der Strafrechtsreformbewegungen seit der Mitte des 20. Jahrhunderts nahe, in denen betont wird, dass die Hervorhebung der Einsperrung lediglich aus Gründen der Anschaulichkeit erfolgte. Die historische Entwicklung spricht damit für die Anerkennung der List als Tatmittel des § 239 I Alt. 2 StGB.

d. *Telos*

Zu betrachten ist ferner das Telos des § 239 I Alt. 2 StGB. Teleologische Auslegung bedeutet, den Sinngehalt von Normen und den darin verwendeten Begriffen nach Ziel und Zweck des Gesetzes, die sogenannte ratio legis, zu bestimmen.[312]

Strafvorschriften verfolgen im Allgemeinen den Zweck, das Gut, welches Eingriffsobjekt der Handlung ist, zu schützen.[313] Geschütztes Rechtsgut des § 239 I Alt. 2 StGB ist – entsprechend der Stellung der Norm im 18. Abschnitt des Strafgesetzbuches – die körperliche Bewegungsfreiheit.[314] Mit § 239 I StGB wird zum Ausdruck gebracht, dass diesem Gut Schutz zuteil kommen soll. Ein Interessenkonflikt, den die Normierung zum Ausgleich bringen könnte, wird nicht dargestellt.[315]

---

312 *Schwacke*, ⁴2003, S. 80.

313 *Lenckner/Eser/Stree/Eisele/Heine/Perron/Sternberg-Lieben*, in: Sch/Schr, ²⁹2014, § 1 Rn. 48.

314 BGH, Urteil v. 22.01.2015 – 3 StR 410/14, NStZ 2015, 338, 339; *Valerius*, in: BeckOK StGB, Std.: 01.11.2017, § 239 Rn. 1; *Sonnen*, in: K/N/P, ⁵2017, § 239 Rn. 4; *Kühl*, in: L/K, ²⁸2014, § 239 Rn. 1. Insb. im älteren Schrifttum wurde hingegen vertreten, mithin **a.A.**, Schutzgut der Freiheitsberaubung sei die Freiheit, den Aufenthaltsort selbst zu bestimmen, siehe die Nachweise bei *Meyer-Gerhards*, JuS 1974, 566, 569 (Fn. 21).

315 So führt *Schwacke*, ⁴2003, S. 81, die Betrachtung der Interessenlage als ersten Untersuchungspunkt im Rahmen der teleologischen Auslegung an, erkennt aber auch, dass im Strafrecht „lediglich“ der Schutz bestimmter Rechtsgüter bezweckt ist.

Um feststellen zu können, ob die List teleologisch als Tatmittel der Freiheitsberaubung in Betracht kommt, ist im Folgenden zunächst zu diskutieren, ob das Bedürfnis nach einem umfassenden Schutz der Fortbewegungsfreiheit besteht (**B.II.1.d.(1)**). Sodann werden das Schutzgut (**B.II.1.d.(2)**) sowie der geschützte Personenkreis des § 239 I StGB (**B.II.1.d.(3)**) untersucht. Schließlich erfolgt eine Zusammenfassung der Ergebnisse (**B.II.1.d.(4)**).

(1) Bedürfnis nach umfassendem Schutz der Fortbewegungsfreiheit

Fraglich ist, ob das Gut der körperlichen Bewegungsfreiheit umfassenden Schutz – auch vor Beeinträchtigungen mittels List – „verdient".

Als Persönlichkeitswert kommt der Fortbewegungsfreiheit im Wertgefälle der Rechtsgüter eine elementare Bedeutung zu.[316] Dies bestätigt sich in der Norm des § 35 I 1 StGB, die der rechtswidrigen Tatbegehung in einer gegenwärtigen, nicht anders abwendbaren Gefahr für Leib, Leben oder Freiheit die Schuld versagt, wenn gehandelt wird, um diese Gefahr […] abzuwenden. § 35 StGB stellt nach überwiegender Ansicht einen Entschuldigungsgrund dar.[317] Entschuldigungsgründe bewirken eine Herabsetzung des Unrechts- und Schuldgehalts der Tat derart, dass die untere Grenze der Strafwürdigkeit nicht mehr erreicht wird und der Gesetzgeber in Anbetracht der außergewöhnlichen Motivationslage keinen Schuldvorwurf erhebt.[318] Der Handelnde befindet sich folglich in einer Zwangssituation, wenn eines der genannten existenziellen Güter gefährdet ist,[319] sodass ihm ein normgemäßes Verhalten nicht zumutbar ist.[320] „Freiheit"

---

316 *Hilgendorf*, in: A/W/H/H, [3]2015, § 9 Rn. 8; *Roxin*, AT I, [4]2006, § 16 Rn. 29; *Sonnen*, 2005, S. 39: „Spitzengruppe geschützter Rechtsgüter".

317 RGSt 66, 222 (225) v. 26.04.1932; RGSt 66, 397 (398) v. 11.11.1932, betreffend die §§ 52, 54 StGB a. F.; BGH, Beschluss v. 27.10.2010 – 2 StR 505/10, NStZ 2011, 336, 337; *Momsen/Savić*, in: BeckOK StGB, Std.: 01.11.2017, § 35 Rn. 1; *Kindhäuser*, AT, [8]2017, § 24 Rn. 1; *Neumann*, in: K/N/P, [5]2017, § 35 Rn. 1; *Kühl*, [8]2017, § 12 Rn. 13; *Rengier*, AT, [9]2017, § 26 Rn. 1; *Perron*, in: Sch/Schr, [29]2014, § 35 Rn. 1; *Rogall*, in: SK StGB, Bd. I, [9]2017, § 35 Rn. 1; *Wessels/Beulke/Satzger*, [47]2017, § 13 Rn. 652; **a.A.**, mithin für einen Schuldausschließungsgrund *Fischer*, [65]2018, § 35 Rn. 9; *Roxin*, AT I, [4]2006, § 22 Rn. 1; gegen eine Unterscheidung zwischen Schuldausschluss und Entschuldigung *Eisele*, in: B/W/M/E, [12]2016, § 18 Rn. 1; *Schlehofer*, in: MüKo StGB, Bd. 1, [3]2017, Vorb. §§ 32 ff. Rn. 277 ff.

318 *Wessels/Beulke/Satzger*, [47]2017, § 13 Rn. 652.

319 *Kindhäuser*, AT, [8]2017, § 24 Rn. 1.

320 *Eisele*, in: B/W/M/E, [12]2016, § 18 Rn. 4, Rn. 11; *Rengier*, AT, [9]2017, § 26 Rn. 1.

meint dabei lediglich die körperliche Bewegungsfreiheit,[321] wobei geringfügige, also kurzzeitige und ungefährliche Freiheitsberaubungen von § 35 I 1 StGB ausgenommen sein sollen.[322] Die Bewegungsfreiheit fand Einzug in die Regelung des entschuldigenden Notstands infolge des Entwurfs eines Strafgesetzbuches von 1962, nach dessen vorausgesetzter Wertordnung das Rechtsgut der Freiheit einen ähnlich hohen Rang genießt wie Leib oder Leben.[323] Eine solche herausragende Bedeutung des Rechtsgutes der Fortbewegungsfreiheit im Rechtsgütersystem spricht insofern für einen umfassenden Schutz vor jeglicher, mithin auch vor listiger Einwirkung.

Zu berücksichtigen ist darüber hinaus der Strafrahmen des § 239 I StGB, da bereits das Reichsgericht von einem Zusammenhang der Strafdrohung mit der Wertigkeit des Rechtsgutes ausgeht.[324] Die Freiheitsberaubung ist Vergehen, vgl. § 12 II StGB. Infolgedessen könnte davon ausgegangen werden, dass dem Rechtsgut der Fortbewegungsfreiheit keine derartige Bedeutung zugemessen wird, dass ein Eingriff in dieses als ein solches Strafunrecht zu werten ist, welches mit der Einordnung als Verbrechen zum Ausdruck kommt.[325] Eines umfassenden Schutzes bedürfte es daher nicht.

---

321 *Momsen/Savić*, in: BeckOK StGB, Std.: 01.11.2017, § 35 Rn. 12; *Duttge*, in: D/D/K/R, [4]2017, § 35 Rn. 5; *Kindhäuser*, AT, [8]2017, § 24 Rn. 6; *Neumann*, in: K/N/P, [5]2017, § 35 Rn. 17; *Kühl*, in: L/K, [28]2014, § 239 Rn. 1; *Zieschang*, in: LK StGB, Bd. 2, [12]2006, § 35 Rn. 14 f.; *Müssig*, in: MüKo StGB, Bd. 1, [3]2017, § 35 Rn. 15; *Rengier*, AT, [9]2017, § 26 Rn. 5; *Perron*, in: Sch/Schr, [29]2014, § 35 Rn. 8; *Rogall*, in: SK StGB, Bd. I, [9]2017, § 35 Rn. 15; *Wessels/Beulke/Satzger*, [47]2017, § 13 Rn. 655; **a.A.**, mithin für die Erfassung nicht nur der räumlichen Bewegungsfreiheit, sondern auch der sexuellen Selbstbestimmungsfreiheit *Hauck*, in: AnwK StGB, [2]2015, § 35 Rn. 2; *Roxin*, AT I, [4]2006, § 22 Rn. 28.

322 *Roxin*, AT I, [4]2006, § 22 Rn. 29; *Perron*, in: Sch/Schr, [29]2014, § 35 Rn. 8; *Rogall*, in: SK StGB, Bd. I, [9]2017, § 35 Rn. 15; differenzierend *Zieschang*, in: LK StGB, Bd. 2, [12]2006, § 35 Rn. 16, der aber bei geringfügigen Beeinträchtigungen der Bewegungsfreiheit § 35 StGB ebenso ablehnt; **a.A.**, mithin für die Unabhängigkeit von der Intensität der drohenden Verletzung *Neumann*, in: K/N/P, [5]2017, § 35 Rn. 17.

323 BT-Drs. IV/650 v. 04.10.1962, http://dipbt.bundestag.de/doc/btd/04/006/0400650.pdf (S. 161), abgerufen am 05.01.2018.

324 RGSt 61, 242 (255) v. 11.03.1927, zum Notstand: „Bei der Güterabwägung ist von den Wertungen auszugehen, die in den zum Schutze der Rechtsgüter erlassenen Strafdrohungen des geltenden Rechts ihren allgemeinen Ausdruck gefunden haben"; dieser Zusammenhang wird ebenso deutlich in BVerfGE 25, 269 (286) v. 26.02.1969.

325 So erkennt etwa *von Heintschel-Heinegg*, in: BeckOK StGB, Std.: 01.11.2017, § 12 Rn. 2, in der Zweiteilung eine Abstufung der Delikte nach ihrem Unrechtsgehalt und ihrer allgemeinen Strafwürdigkeit, will aber gleichzeitig keine Bewertung für

Gleichzeitig ist aber auch festzuhalten, dass sich weitestgehend für eine primär formale gesetzestechnische Betrachtung der Zweiteilung von Vergehen und Verbrechen ausgesprochen wird.[326] Ferner ist das Höchststrafmaß der Freiheitsberaubung mit fünf Jahren Freiheitsstrafe für ein Vergehen ein hohes. So ist der Strafrahmen etwa der Nötigung, § 240 I StGB, oder der Nachstellung, § 238 I StGB, mit bis zu drei Jahren Freiheitsstrafe vergleichsweise geringer. Letztlich kann auch in die Überlegungen miteinbezogen werden, dass zumindest die qualifizierte[327] Freiheitsberaubung nach § 239 III, IV StGB ein Verbrechen ist. Mit der Beeinträchtigung der körperlichen Bewegungsfreiheit wird daher sehr wohl bereits im Gesetz ein hohes (materielles) Strafunrecht verbunden. Es ergibt sich somit insgesamt, dass dem Strafrahmen keine Einschränkungen bezüglich des Schutzes der körperlichen Bewegungsfreiheit zu entnehmen sind. Vielmehr ist – im Einklang mit dem weit gefassten Wortlaut des § 239 I Alt. 2 StGB – von einem umfassenden Schutz auszugehen. Somit sollte die Fortbewegungsfreiheit auch vor listigen Beeinträchtigungen geschützt werden.

(2) Schutzgut des § 239 I StGB

Ferner ist das Schutzgut des § 239 I StGB genauer zu bestimmen. Einer solchen Untersuchung bedarf es, da die List nur dann als Tatmittel der Freiheitsberaubung in Betracht kommt, wenn sie das Schutzgut zu beeinträchtigen in der Lage ist.

Über das von § 239 I StGB geschützte Rechtsgut herrscht Streit. Dieser konkretisiert sich in der Frage, ob eine vollendete Freiheitsberaubung bereits dann vorliegt, wenn der Betroffene diese überhaupt nicht bemerkt oder aber sich gar nicht fortbewegen will.

---

den konkreten Einzelfall vornehmen. *Saliger*, in: K/N/P, [5]2017, § 12 Rn. 5, entnimmt der formalen Unterteilung in Verbrechen und Vergehen die materielle Aussage, dass der Begriff des Verbrechens in der Regel ein relativ schwereres Strafunrecht beschreibt als der Begriff des Vergehens. Auch *Radtke*, in: MüKo StGB, Bd. 1, [3]2017, § 12 Rn. 9, weist darauf hin, dass der Begriff des Verbrechens zumindest im öffentlichen Bewusstsein schwerwiegenderes Unrecht zum Ausdruck bringt als der Begriff des Vergehens.

326 BGH, Beschluss v. 08.02.2006 – 1 StR 7/06, NStZ 2006, 393, 393; *von Heintschel-Heinegg*, in: BeckOK StGB, Std.: 01.11.2017, § 12 Rn. 2; *Saliger*, in: K/N/P, [5]2017, § 12 Rn. 5; *Radtke*, in: MüKo StGB, Bd. 1, [3]2017, § 12 Rn. 6.

327 Ob die Qualifikationen dabei tatbestandsmäßig oder erfolgsqualifizierend sind, ist zwar zumindest in Bezug auf § 239 III Nr. 1 StGB umstritten, siehe Fn. 2, kann aber dahingestellt bleiben.

(a) Potentialitätstheorie

Bereits der zweite und der dritte Strafsenat des Reichsgerichts haben entschieden, dass es nicht darauf ankommen könne, ob sich das Opfer der herbeigeführten Freiheitsbeschränkung bewusst geworden ist.[328] Der Bundesgerichtshof setzte zudem fest, dass Schutzgut des § 239 I StGB nicht erst die Verwirklichung des auf eine Ortsveränderung gerichteten Willensentschlusses ist; geschützt sei vielmehr bereits die Möglichkeit des Ortswechsels.[329] Die Möglichkeit des Ortswechsels bedeute dabei die Freiheit, den Willen, seinen derzeitigen Aufenthaltsort zu verändern, zu bilden und zu betätigen.[330] Entscheidend sei allein, ob sich der Betroffene ohne die Beeinträchtigung seiner Bewegungsmöglichkeit fortbewegen könnte, wenn er es wollte.[331] Diese sogenannte Potentialitätstheorie findet sich gleichermaßen in der Literatur.[332] Wegen vollendeter Freiheitsberaubung könne daher auch dann bestraft werden, wenn der Betroffene diese überhaupt nicht bemerkt oder aber sich gar nicht fortbewegen will.

(b) Aktualisierbarkeitstheorie

Die Potentialitätstheorie wird teilweise dahingehend eingeschränkt, dass das Opfer zumindest prinzipiell in der Lage sein muss, seinen Aufenthaltsort zu verlas-

328 RGSt 7, 259 (260) v. 28.11.1882; RGSt 61, 239 (241 f.) v. 17.03.1927; **a.A.** aber der erste Strafsenat des RG, RGSt 33, 234 (236) v. 09.04.1900.

329 BGH, Urteil v. 31.05.1960 – 1 StR 212/60, NJW 1960, 1629, 1629; BGHSt 32, 183 (188) v. 06.12.1983.

330 *Wieck-Noodt*, in: MüKo StGB, Bd. 4, [3]2017, § 239 Rn. 1; *Eser/Eisele*, in: Sch/Schr, [29]2014, § 239 Rn. 1.

331 BGH, Urteil v. 31.05.1960 – 1 StR 212/60, NJW 1960, 1629, 1629.

332 So etwa *Blei*, [12]1983, § 19 S. 75; *Gössel/Dölling*, [2]2004, § 19 Rn. 2; *Jäger*, [7]2017, § 3 Rn. 111; *Kühl*, in: L/K, [28]2014, § 239 Rn. 1; *Schluckebier*, in: LK StGB, Bd. 7/2, [12]2015, § 239 Rn. 1; *Schmidhäuser*, BT, [2]1983, 4/26; *Welzel*, [11]1969, S. 328. I.E. hierzu nahezu deckungsgleich wird ferner vertreten, dass § 239 I StGB die Verfügbarkeit eines elementaren Bewegungsraums garantiert, und zwar unabhängig davon, ob ihn der Betroffene tatsächlich oder hypothetisch nutzen will bzw. aktuell nutzen kann, siehe etwa *Kindhäuser*, BT I, [8]2017, § 15 Rn. 5; *Kinzig/Linke*, JuS 2012, 229, 234; *Küper/Zopfs*, [9]2015, Rn. 231. Damit würde sich eine Freiheitsberaubung in jeder Entziehung der Verfügbarkeit des dem Betroffenen zustehenden Bewegungsraums begründen, *Küper/Zopfs*, ebd., sodass § 239 I StGB auch dann erfüllt wäre, wenn die Freiheitsberaubung unbemerkt bleibt bzw. sich das Opfer nicht fortbewegen will.

sen, wenn es dies wollte, sogenannte Aktualisierbarkeitstheorie.[333] Hiermit wären Schlafende und Bewusstlose aus dem Kreis der Betroffenen ausgenommen. Eine vollendete Freiheitsberaubung käme daher grundsätzlich auch dann in Betracht, wenn das Opfer diese nicht bemerkt oder aber sich gar nicht fortbewegen will, soweit es über einen aktualisierbaren Fortbewegungswillen verfügt.

(c) Aktualitätstheorie

Ferner wird die Aktualitätstheorie vertreten.[334] Diese spricht sich für den Schutz nur der aktuellen Fortbewegungsfreiheit aus. Für eine vollendete Freiheitsberaubung wird insofern verlangt, dass das Opfer seinen Aufenthaltsort auch tatsächlich verlassen will.[335] Eine Strafbarkeit wegen vollendeter Freiheitsberaubung wäre damit ausgeschlossen, wenn das Opfer diese nicht bemerkt oder sich gar nicht fortbewegen will.

(d) Aktualitätstheorie, erweitert um den hypothetischen Willen

Die Aktualitätstheorie wird teilweise um die Berücksichtigung des hypothetischen Willens erweitert.[336] Maßgeblich sei weiterhin der aktuelle Wille des Betroffenen.

---

333 So etwa *Bohnert*, JuS 1977, 746, 746; *Heghmanns*, 2009, Kap. 19 Rn. 657; *Hohmann/ Sander*, BT II, [2]2011, § 11 Rn. 5 ff.; *Krey/Hellmann/Heinrich*, [16]2015, § 4 Rn. 357 f.; *Küpper/Börner*, [4]2017, § 3 Rn. 2 f.; *Maurach/Schroeder/Maiwald*, BT/1, [10]2009, § 14 Rn. 2, Rn. 4; *Rengier*, BT II, [18]2017, § 22 Rn. 2, 5; *Eser/Eisele*, in: Sch/Schr, [29]2014, § 239 Rn. 2; ähnlich *Wessels/Hettinger/Engländer*, [41]2017, § 8 Rn. 418, allerdings Schlafende und Bewusstlose dann einbeziehend, wenn sich die Möglichkeit des Erwachens nicht mit Sicherheit ausschließen lasse und der Angriff auf die Fortbewegungsfreiheit nach dem Willen des Täters seine Wirksamkeit voll entfalten soll, wenn ihr Bewusstsein zurückkehrt; in diese Richtung auch *Kudlich*, BT II, [4]2016, S. 81, wenn er anführt, § 239 I StGB solle zumindest dann ausscheiden, „wenn mit Sicherheit ausgeschlossen werden kann, dass der Schlafende oder Bewusstlose während der Zeit der Einsperrung aufgewacht wäre."

334 So etwa *Hilgendorf*, in: A/W/H/H, [3]2015, § 9 Rn. 13; *Valerius*, in: BeckOK StGB, Std.: 01.11.2017, § 239 Rn. 7 f.; *Lenz*, in: D/D/K/R, [4]2017, § 239 Rn. 1; *Fischer*, [65]2018, § 239 Rn. 4; *Sonnen*, in: K/N/P, [5]2017, § 239 Rn. 8; *Eidam*, in: M/R, 2013, § 239 Rn. 2.

335 *Kindhäuser*, BT I, [8]2017, § 15 Rn. 3.

336 Siehe hierzu und zum Folgenden *Wolters*, in: SK StGB, Bd. IV, [9]2017, § 239 Rn. 3 ff.; für diese Erweiterung der Aktualitätstheorie auch *Bloy*, ZStW 96 (1984), 703, 712 f.; *Schumacher*, 1993, S. 435; ähnlich auch *Otto*, BT, [7]2005, § 28 Rn. 3, der eine „weite Aktualitätstheorie" vertritt: Immer dann, wenn der Wille des Betroffenen überhaupt nicht tangiert wurde, – weil dieser Wille weder durch Hypnose oder Schlafmittel beeinflusst noch der Betroffene selbst sich der Beraubung bewusst wurde, da er etwa mit anderen Dingen beschäftigt war, – sei eine Freiheitsberaubung abzulehnen.

Wenn es an einem solchen aktuellen Willen fehlt, sei auf den hypothetischen Willen zur Ortsveränderung abzustellen. Erfasst werden soll damit etwa die Konstellation, dass der Betroffene nur deswegen keinen aktuellen Fortbewegungswillen bildet, weil er die Unmöglichkeit der Fortbewegung erkannt hat. Zudem soll dann auf den hypothetischen Willen zurückgegriffen werden, wenn das Opfer lediglich infolge der Beeinflussung durch den Täter – etwa durch Hypnose – einen aktuellen Willen zur Fortbewegung nicht bildet, einen solchen unter Hinwegdenken des Einflusses durch den Täter aber gebildet hätte. Somit wäre nach dieser Ansicht eine Freiheitsberaubung grundsätzlich abzulehnen, wenn der Betroffene diese gar nicht bemerkt oder sich überhaupt nicht fortbewegen will, es sei denn, der Fortbewegungswille werde lediglich nicht ausgeübt, weil die Unmöglichkeit zur Fortbewegung erkannt wurde, oder weil es dem Opfer gerade infolge der Täterbeeinflussung unmöglich ist, einen vorhandenen Fortbewegungswillen zu realisieren.

(e) Darstellung der hervorgebrachten Argumente

Es folgt eine Darstellung der für die vertretenen Ansichten hervorgebrachten Argumente. Hierbei ist zu berücksichtigen, dass sich die Potentialitäts- und die Aktualisierbarkeitstheorie – als eingeschränkte Potentialitätstheorie – im Grundsatz auf die gleiche Argumentation stützen können.[337] Dies gilt umso mehr für die Aktualitätstheorie und die um den hypothetischen Willen erweiterte Aktualitätstheorie. Die vereinzelt angeführten Argumente für Potentialitäts- und Aktualitätstheorie sind daher in der Regel auf die abgewandelten Theorien übertragbar; diese werden nicht stets gesondert diskutiert.

Teilweise wird mit dem Wortlaut des § 239 I StGB argumentiert. So äußern etwa *Kinzig/Linke*, dass das Abstellen auf die potentielle Fortbewegungsfreiheit bereits aus dem Wortlaut des § 239 I StGB folge, da eine Person auch dann eingesperrt sei, wenn sie sich im Zeitraum des Eingesperrtseins gar nicht fortbewegen will.[338] Zudem äußert *Fahl* entsprechend der Potentialitätstheorie, dass es einem

---

Wisse der Betroffene hingegen, dass er seinen Aufenthaltsort nicht verlassen kann, so sei eine Freiheitsberaubung unabhängig davon, ob er den Aufenthaltsort auch verlassen will, anzunehmen. Ebenso ist für *Bosch*, Jura 2012, 604, 604, im Rahmen der Bestrafung wegen vollendeter Freiheitsberaubung entscheidend, ob sich das Opfer der Tatsache bewusst geworden ist, dass es seinen Aufenthaltsort nicht verlassen kann, gleichgültig, ob es diesen auch tatsächlich verlassen will.

337 *Hillenkamp*, BT, [12]2013, Problem 6 S. 29.

338 *Kinzig/Linke*, JuS 2012, 229, 234.

Laien wohl schwer verständlich zu machen ist, dass ein Versuch anzunehmen sein soll, wenn ein Schlafender eingesperrt wird.[339]

Auch die historische Entwicklung findet Einzug in den Argumentationsaustausch. Seit der Sechsten Strafrechtsreform[340] wird nach dem Gesetzeswortlaut nicht mehr bestraft, wer einen Menschen auf andere Weise des Gebrauchs der persönlichen Freiheit beraubt. Insofern wird für die Potentialitätstheorie hervorgebracht, dass mit dem Wegfall der Formulierung „des Gebrauchs" auch jegliche gegebenenfalls zuvor bestandene Beschränkung auf die Beeinträchtigung eines aktuell betätigten Fortbewegungswillens weggefallen sei.[341] Hiergegen wenden sich die Vertreter der Aktualitätstheorie und berufen sich auf die Gesetzesbegründung („entbehrlich"), die bereits darauf schließen lasse, dass allein der Umstand, dass der Wortlaut des § 239 I StGB verschlankt wurde, keinen aussagekräftigen Gehalt habe.[342] *Kargl* gesteht dennoch ein, dass „der subtile Eingriff in den Gesetzeswortlaut der Auffassung vom Schutz eines Freiheitspotentials näher [steht] als der Auffassung, daß der Täter gegen einen aktuell gefaßten Fortbewegungswillen, eben gegen den ‚Gebrauch' der Freiheit des Opfers handeln muß."[343] Insofern könnte mit dem Hinweis in der Gesetzesbegründung auf die „Entbehrlichkeit ohne Sinnverschiebung" auch die zuvor bereits herrschende Potentialitätstheorie Bestätigung erhalten haben.[344]

Das Sechste Strafrechtsreformgesetz[345] führte zudem die Bestrafung der versuchten Freiheitsberaubung ein, siehe § 239 II StGB. Anhand der – zunächst fehlenden, sodann gegebenen – Versuchsstrafbarkeit orientiert sich vor allem die Argumentation nach Sinn und Zweck des Schutzes der persönlichen Freiheit. So wird zum Teil zugegeben, dass die Bestrebung der Rechtsprechung, auch Schlafende, Betrunkene und Bewusstlose in den Schutz miteinzubeziehen, ursprünglich nachvollziehbar war,[346] hierfür aber seit der Einführung der Versuchsstrafbarkeit in § 239 II StGB kein Bedürfnis mehr bestehe.[347] Es seien ferner keine kriminolo-

339 *Fahl*, Jura 1998, 456, 461.

340 Sechstes Gesetz zur Reform des Strafrechts v. 26.01.1998, BGBl. I S. 164.

341 *Hohmann/Sander*, BT II, [2]2011, § 11 Rn. 7.

342 BT-Drs. 13/8587 v. 25.09.1997, http://dipbt.bundestag.de/doc/btd/13/085/1308587.pdf (S. 41), abgerufen am 05.01.2018; mit Verweis hierauf *Hilgendorf*, in: A/W/H/H, [3]2015, § 9 Rn. 13; *Wolters*, in: SK StGB, Bd. IV, [9]2017, § 239 Rn. 4.

343 *Kargl*, JZ 1999, 72, 79.

344 *Kargl*, JZ 1999, 72, 79.

345 Sechstes Gesetz zur Reform des Strafrechts v. 26.01.1998, BGBl. I S. 164.

346 *Lenz*, in: D/D/K/R, [4]2017, § 239 Rn. 1.

347 *Lenz*, in: D/D/K/R, [4]2017, § 239 Rn. 1; *Fischer*, [65]2018, § 239 Rn. 4a.

gischen Aspekte ersichtlich, die ein solches Bedürfnis begründen könnten.[348] Aber auch schon vor dem Sechsten Strafrechtsreformgesetz wurde von den Gegnern der Potentialitätstheorie geltend gemacht, dass mit der Maßgabe bereits des potentiellen Willens der Fortbewegungsfreiheit der Vollendungszeitpunkt „nach vorn verlagert“, mithin Fälle als vollendete Freiheitsberaubung bestraft würden, die an sich „nur“ einen Versuch begründen.[349] Die Kriminalisierung von Fällen, in denen der Betroffene die Beeinträchtigung der Fortbewegungsfreiheit nicht bemerkt, entspreche „der typischen Konstellation einer nur versuchten Begehung.“[350] Dem Täter würde damit insbesondere der strafbefreiende Rücktritt vom Versuch, § 24 StGB, abgeschnitten, wenn er die Verhinderungssperre der Fortbewegung aufhebt, bevor der Betroffene seinen Aufenthaltsort verlassen will.[351]

An der Potentialitätstheorie wird ferner kritisiert, dass der Betroffene erst dann eine Einbuße in seinem Selbstbestimmungsrecht des Aufenthaltsortes erleide, wenn er in seiner Willensbildung oder -betätigung tatsächlich eingeschränkt wird.[352] Nur dann bedürfe es des Schutzes vor Beeinträchtigungen der Fortbewegungsfreiheit.[353] Würde hingegen auf den potentiellen Willen abgestellt, wäre die Erfüllung des Tatbestandes der Freiheitsberaubung ausschließlich von der Herbeiführung objektiver Umstände, die am Verlassen des Aufenthaltsorts hindern, abhängig; der Wille des Betroffenen wäre für die Bewertung bedeutungslos.[354] Die Freiheitsberaubung würde mit Berücksichtigung auch bloßer Gefährdungen des Selbstbestimmungsrechts von einem Verletzungs- in ein Gefährdungsdelikt umgedeutet.[355] Auch *Fischer* kritisiert insofern, dass das Bewusstsein des Opfers für die Potentialitätstheorie bedeutungslos sei, sich die Freiheitsberaubung nach dieser Ansicht vielmehr gegen den objektiven Freiheitszustand richte.[356] Das Erfolgsunrecht der Freiheitsberaubung liege aber nach *Kretschmer* gerade darin, dass das Opfer die Beschränkung seiner Autonomie wahrnehme.[357] Die Frei-

---

348 *Fischer*, [65]2018, § 239 Rn. 4a.

349 *Wolters*, in: SK StGB, Bd. IV, [9]2017, § 239 Rn. 4.

350 *Eidam*, in: M/R, 2013, § 239 Rn. 2.

351 *Hilgendorf*, in: A/W/H/H, [3]2015, § 9 Rn. 15; *Sonnen*, in: K/N/P, [5]2017, § 239 Rn. 8; *Eidam*, in: M/R, 2013, § 239 Rn. 2.

352 *Bloy*, ZStW 96 (1984), 703, 704.

353 *Wolters*, in: SK StGB, Bd. IV, [9]2017, § 239 Rn. 4.

354 *Bloy*, ZStW 96 (1984), 703, 720.

355 *Bloy*, ZStW 96 (1984), 703, 720; *Eidam*, in: M/R, 2013, § 239 Rn. 2; *Park/Schwarz*, Jura 1995, 294, 295, mit Verweis darauf, dass eine solche Umdeutung gegen das Analogieverbot des Art. 103 II GG verstoßen würde.

356 *Fischer*, [65]2018, § 239 Rn. 4.

357 *Kretschmer*, Jura 2009, 590, 591.

heitsberaubung wird insofern – in Analogie zur Nötigung – substantiell als ein Delikt der Willensbeugung verstanden.[358] Ein solches Ergebnis würde die Vorverlagerung des Vollendungszeitpunkts, zu der die erstgenannte Ansicht führe, korrigieren, ohne dass Strafbarkeitslücken entstünden.[359]

Gegen die Kritik an der Potentialitätstheorie wird jedoch vorgebracht, dass die Freiheitsberaubung kein Spezialfall der Nötigung sei und somit eigenen Voraussetzungen unterliege.[360] *Kargl* bezweifelt darüber hinaus die Stichhaltigkeit der Argumentation um Umdeutung und Vorverlagerung, da diese allein auf der Annahme beruhe, dass der Tatbestand der Freiheitsberaubung subjektiv auszulegen sei.[361] Würde hingegen für die Tatbestandsverwirklichung auf das objektive Unmöglichmachen bzw. Erschweren abgestellt, so könne weder auf ein Gefährdungsdelikt noch auf ein Gesinnungsstrafrecht verwiesen werden, da der Zustand der Fortbewegungsmöglichkeit aufgehoben wurde.[362] Insofern meint *Kargl*: „Was Unrecht ist, sollte das Gesetz und nicht das Opfer zum Ausdruck bringen", sodass der Opferwille aus dem objektiven Tatbestand eliminiert werden sollte.[363] Dementsprechend ist die rechtlich durch § 239 StGB geschützte Freiheit für *Mitsch* „der Inbegriff der äußeren Umstände, unter denen eine körperliche Fortbewegung des Menschen möglich ist."[364] Freiheitsberaubung sei die Veränderung dieser Umstände, sodass die Fortbewegungsmöglichkeit beseitigt wird, unabhängig davon, in welcher Verfassung sich der Betroffene im Zeitpunkt der Umstandsveränderung befinde.[365]

Gegen die Aktualitätstheorie wird des Weiteren angeführt, dass die Feststellung des tatsächlichen Opferwillens teilweise nur schwierig erfolgen kann, sodass „die Definition des objektiven Tatbestands durch Ermittlung des subjektiven Opferwillens unnötig erschwert" würde.[366] Auch führe das Abstellen auf den aktuellen Willen des Opfers zu Zufälligkeiten in der Bestrafung, da nicht mehr die Hand-

---

358 *Fischer*, [65]2018, § 239 Rn. 5 („Spezialfall der Nötigung"); mit gleichem Verständnis *Kargl*, JZ 1999, 72, 74; *Hilgendorf*, in: A/W/H/H, [3]2015, § 9 Rn. 13 („enge Verwandtschaft mit der Nötigung").

359 *Lenz*, in: D/D/K/R, [4]2017, § 239 Rn. 1.

360 *Schluckebier*, in: LK StGB, Bd. 7/2, [12]2015, § 239 Rn. 1.

361 *Kargl*, JZ 1999, 72, 79.

362 *Kargl*, JZ 1999, 72, 79.

363 *Kargl*, JZ 1999, 72, 79.

364 *Mitsch*, GA 2009, 329, 332.

365 *Mitsch*, GA 2009, 329, 332.

366 *Wieck-Noodt*, in: MüKo StGB, Bd. 4, [3]2017, § 239 Rn. 7.

lung des Täters, sondern vielmehr entscheidend sei, was das Opfer von dieser Handlung mitbekommt.[367]

Heghmanns verweist zudem auf die Freiheit als ein Recht. „Rechte aber verliert man bereits dann, wenn die Möglichkeit in Verlust gerät, sie wahrzunehmen."[368]

Darüber hinaus wird geäußert, der Grundrechtsschutz des Art. 2 II 2 GG bringe die hohe Wertigkeit des Rechtsguts der Fortbewegungsfreiheit zum Ausdruck, sodass ein solch weiter Schutz auch strafrechtlich garantiert sein müsse.[369] Eine weite Auslegung des Tatbestandes sei bereits verfassungsrechtlich geboten und verhindere, dass Menschen, die den Betätigungswillen vorübergehend nicht zu aktualisieren vermögen, unter Verletzung des Respekts vor ihrer Persönlichkeit wie eine Sache straflos eingesperrt werden könnten.[370] *Park/Schwarz* machen allerdings darauf aufmerksam, dass Grundrechte primär als Abwehrrechte gegen den Staat fungieren und somit die grundgesetzliche Wertung nicht ohne Weiteres auf § 239 I StGB übertragbar sei.[371]

In systematischer Hinsicht wird ein Vergleich zum Diebstahl nach § 242 I StGB gezogen. Für die Potentialitätstheorie – insbesondere für die Einbeziehung von Schlafenden und Bewusstlosen in den Schutz des § 239 I StGB – wird angebracht, dass auch der Schlafende oder Bewusstlose nicht den Gewahrsam an seinen Sachen verliere, obwohl er zu dem Zeitpunkt, in dem er schläft oder bewusstlos ist, keinen natürlichen Beherrschungswillen fassen und betätigen könne. Insofern dürfe die persönliche Freiheit mangels aktuellen Fortbewegungswillens nicht minder geschützt sein.[372] Die Stichhaltigkeit des Vergleichs mit § 242 StGB wird jedoch in Frage gestellt, da derjenige, der etwa schläft, zwar seinen Gewahrsam behalten, sich aber nicht fortbewegen wolle.[373] Dem wird wiederum entgegnet, dass der Schlafende oder Bewusstlose auch nicht der Freiheit beraubt werden will, denn andernfalls läge die (zuvor erteilte) Zustimmung des Betroffenen vor.[374]

Hinsichtlich der Beachtung des hypothetischen neben dem aktuellen Fortbewegungswillen wird für den Fall, dass „die Willensbildung [...] in einer Weise beeinflußt worden [ist], daß heteronome Motive die Oberhand gewonnen ha-

367 *Kinzig/Linke*, JuS 2012, 229, 234.
368 *Heghmanns*, 2009, Kap. 19 Rn. 656.
369 *Wieck-Noodt*, in: MüKo StGB, Bd. 4, [3]2017, § 239 Rn. 7.
370 *Hillenkamp*, BT, [12]2013, Problem 6 S. 28.
371 *Park/Schwarz*, Jura 1995, 294, 295.
372 *Fahl*, Jura 1998, 456, 461.
373 *Wolters*, in: SK StGB, Bd. IV, [9]2017, § 239 Rn. 4.
374 *Fahl*, Jura 1998, 456, 461.

ben", zugegeben, dass „der aktuelle Wille kein Indikator für die Achtung oder Mißachtung fremder Autonomie durch den Handelnden mehr" sein könne.[375] *Park/Schwarz* führen allerdings gegen den Schutz des hypothetischen Willens an, dass mit der Unterstellung eines solchen Willens das Rechtsgut der Bildung und Betätigung des Fortbewegungswillens verfälscht würde, und äußern bei Heranziehung des mutmaßlichen Willens zu Ungunsten des Täters im Hinblick auf Art. 103 II GG Bedenken.[376] Auch *Wolters* gesteht ein, dass im Einzelfall die Ermittlung eines solchen mutmaßlichen Willens Schwierigkeiten bereiten kann.[377] Es müsste stets festgestellt werden können, was der Betroffene gewollt hätte, wenn er frei von Drohung oder Zwang über das Verlassen seines Aufenthaltsortes hätte entscheiden können.[378] Auch weisen *Gössel/Dölling* darauf hin, dass in der Konstellation, in der das Opfer einen aktuellen Fortbewegungswillen nur deshalb nicht fasst, weil es die Unmöglichkeit der Fortbewegung erkannt hat, bereits die Willensentschließungsfreiheit verletzt sei, sodass es der Berücksichtigung eines hypothetischen oder mutmaßlichen Willens nicht bedürfe.[379]

(f) Stellungnahme

Es bedarf einer Stellungnahme hinsichtlich der angeführten Theorien.

Wird zunächst für die Potentialitätstheorie der Wortlaut des § 239 I StGB angeführt, so ist zwar einerseits zuzugeben, dass das Einsperren dem allgemeinen Sprachgebrauch nach – als Einschließen bzw. Einriegeln[380] – nicht fordert, dass das Opfer die Einsperrung bemerkt, vielmehr einen tatsächlichen, von dem Willen des Opfers unabhängigen Zustand beschreibt. Dies kann gleichermaßen für die sonstige Freiheitsberaubung angenommen werden, da der Entzug der Fortbewegungsfreiheit bedeutet, dass jemandem – laienhaft gesprochen – diese Freiheit weggenommen oder versagt wird.[381] Auch wenn der Betroffene die Freiheitsberaubung gar nicht bemerkt oder sich überhaupt nicht fortbewegen will, so kann ihm die Freiheit auf Fortbewegung rein tatsächlich durch den Täter entzogen werden. Andererseits ist aber auch beachtlich, dass die Einsperrung strafrechtlich das Verhindern des Verlassens eines umschlossenen Raumes durch äußere

375 *Bloy*, ZStW 96 (1984), 703, 712.

376 *Park/Schwarz*, Jura 1995, 294, 296.

377 *Wolters*, in: SK StGB, Bd. IV, [9]2017, § 239 Rn. 5.

378 *Bloy*, ZStW 96 (1984), 703, 713.

379 *Gössel/Dölling*, [2]2004, § 19 Rn. 4.

380 https://www.duden.de/rechtschreibung/einsperren, abgerufen am 05.01.2018.

381 https://www.duden.de/rechtschreibung/entziehen, abgerufen am 05.01.2018.

Vorrichtungen meint.[382] Aus dieser Definition kann sich insofern auch ergeben, dass der Betroffene den Raum verlassen will, der Täter ihn eben hieran jedoch hindert, mithin ihn in die Lage bringt, dass er etwas Beabsichtigtes – die Fortbewegung – nicht tun kann, er somit vom Verlassen abgehalten wird.[383] Der allgemeine Sprachgebrauch kann folglich für die Entscheidung zwischen aktuellem und potentiellem Willen kein eindeutiges Ergebnis herbeiführen.

Auch die Streichung der Formulierung „des Gebrauchs“ in § 239 I StGB infolge des Sechsten Strafrechtsreformgesetzes kann nicht als ein klares Indiz für eine der genannten Theorien verstanden werden, da nicht davon auszugehen ist, dass ein solch populärer, seit langer Zeit bestehender Streit mit dem bloßen Hinweis in der Gesetzesbegründung auf die Entbehrlichkeit entschieden werden sollte.

Gewichtiger erscheint vielmehr der Hinweis auf die Versuchsstrafbarkeit nach § 239 II StGB, deren Grenze zur Vollendung – insbesondere vor dem Hintergrund der Möglichkeit zum strafbefreienden Rücktritt nach § 24 StGB – nicht verwischt werden darf. Eine Straftat ist versucht, wenn der Täter subjektiv alles will, objektiv aber nicht jedes Tatbestandsmerkmal verwirklicht. Fraglich ist also, ob es dann, wenn der Betroffene sich nicht fortbewegen will oder die Freiheitsberaubung überhaupt nicht bemerkt, an einem Tatbestandsmerkmal des § 239 I StGB mangelt. Von den Vertretern der Aktualitätstheorie wird insofern auf den Erfolg der Freiheitsberaubung abgestellt, der in den fraglichen Fällen ausbleibe. Ob dem zuzustimmen ist, hängt allerdings davon ab, ob dieser Erfolg rein tatsächlich dahingehend zu verstehen ist, dass dem Opfer objektiv die Möglichkeit genommen wird, seine Fortbewegungsfreiheit auszuüben, oder aber vielmehr ein subjektives, am Opferwillen orientiertes Verständnis vorzuherrschen hat, nach dem das Opfer in der konkreten Situation der Möglichkeit zur Ausübung der Fortbewegungsfreiheit beraubt sein muss. Wird letzterem Verständnis gefolgt, so bliebe der Erfolg der Freiheitsberaubung in den Fällen aus, in denen der Betroffene die Freiheitsberaubung nicht bemerkt oder von seiner Fortbewegungsfreiheit keinen Gebrauch machen will; es käme eine Versuchsstrafbarkeit in Betracht. Wird hingegen der Erfolg der Freiheitsberaubung nach einem objektiven Verständnis bestimmt, so läge eine vollendete Freiheitsberaubung bereits dann vor, wenn dem Opfer abstrakt die Möglichkeit zur Fortbewegung genommen wird, mithin unabhängig davon, ob das Opfer die Unmöglichkeit bemerkt oder die Möglichkeit nutzen will. Für eine versuchte Freiheitsberaubung bliebe dennoch Raum, da sich der Täter beispielsweise über den Umstand irren kann, ob sich eine Person,

382 Siehe Fn. 396.

383 Vgl. https://www.duden.de/rechtschreibung/hindern, abgerufen am 05.01.2018.

dessen Verlassen verhindert werden soll, tatsächlich in einem Raum befindet. Den Ausführungen von *Kargl* ist damit beizupflichten, sodass die Argumentation um die Vorverlagerung des Versuchszeitpunkts keine Aussagekraft hinsichtlich des Rechtsguts besitzt, hängt der Zeitpunkt des Eintritts des Vollendungsstadiums doch davon ab, wie wiederum das Schutzgut des § 239 I StGB verstanden wird. Entsprechendes gilt in Bezug auf das hervorgebrachte Argument der Umdeutung von einem Verletzungs- in ein Gefährdungsdelikt. Ist der Erfolgseintritt einer Freiheitsberaubung subjektiv anhand des Opferwillens zu bestimmen, so wäre eine Verletzung im Rechtsgut der Fortbewegungsfreiheit erst dann begründet, wenn der Opferwille beeinträchtigt wird. Wird hingegen objektiv bestimmt, wann der tatbestandliche Erfolg des § 239 I StGB eintritt, so wäre eine Verletzung in dem Zeitpunkt anzunehmen, in dem objektiv die Möglichkeit zur Fortbewegung beschränkt ist.

Für die subjektive Betrachtung der Aktualitätstheorie spricht dabei das überwiegende Verständnis der vom 18. Abschnitt des Strafgesetzbuches geschützten persönlichen Freiheit als Freiheit der Willensentschließung und -betätigung.[384] Insofern könnte davon auszugehen sein, dass für eine Vollendung in den Willen des Betroffenen eingegriffen werden muss, und zuvor „lediglich" eine Versuchsstrafbarkeit begründet werden kann. Allerdings ist gleichermaßen zu erwägen, dass die Entscheidung des Betroffenen, von seiner Fortbewegungsfreiheit keinen Gebrauch zu machen – und infolgedessen eine bestehende Beschränkung nicht zu bemerken oder zu ignorieren – ebenfalls Ausdruck der Freiheit von Willensentschließung und Willensbetätigung ist. So ist die Freiheit ein Recht, das der Person unmittelbar anhaftet. Sie wird nicht nur dadurch genutzt, dass sie aktiv in Anspruch genommen wird. Freiheit von Willensentschließung und Willensbetätigung ermöglicht seinem Inhaber vielmehr gerade auch, in einem bestimmten Zeitpunkt einen Willen nicht zu betätigen und bestimmte Entschlüsse nicht zu fassen – mit dem Bewusstsein, jederzeit die Möglichkeit von Betätigung und Entschlussfassung zu haben. Ob diese Freiheit eine Einschränkung erfahren soll, sollte durch das Opfer in Form der Zustimmung entschieden werden, nicht jedoch dadurch, ob die Handlung des Täters bemerkt oder unbemerkt bleibt bzw. ob sich das Opfer fortbewegen will oder nicht.[385] Die Objektivität, der sich die Potentialitätstheorie bedient, beseitigt sodann auch die Schwierigkeit der Feststellung, inwiefern sich der Betroffene tatsächlich fortbewegen wollte oder in-

384 Siehe Fn. 29.

385 Siehe zu der Möglichkeit, in solchen Fällen eine Opferzustimmung zu bejahen, *Orth*, 1988, S. 52 ff.

wiefern er Kenntnis über das Abhandenkommen der Fortbewegungsmöglichkeit hatte. Zufällige Ergebnisse – abhängig davon, wann das Opfer die Einschränkung bemerkt und wann der aktuelle Wille zur Fortbewegung aufkeimt – werden damit vermieden. Dies gilt umso mehr vor dem Hintergrund, dass derjenige, der einem Opfer, von diesem unbemerkt, die Fortbewegung unmöglich macht, die gleiche kriminelle Energie aufweist wie derjenige, der das Opfer offensichtlich und von diesem erkannt an der Fortbewegung hindert. In beiden Fällen möchte der Täter doch gerade einen (eventuell) aufkeimenden Willen zur Fortbewegung unterbinden. So äußert selbst *Kretschmer*, Verfechter der Aktualitätstheorie: „Und wer einen anderen einsperrt, macht das doch wohl, um für den Fall eines Fortbewegungswillens das Opfer an einer Ortsveränderung zu hindern."[386] Würde der Täter, der sich einem Opfer gegenübersieht, das die Freiheitsberaubung nicht bemerkt oder sich nicht fortbewegen will, im Sinne der Aktualitätstheorie „nur" in das Versuchsstadium eintreten, so kann dieser zwar gleichermaßen bestraft werden wie ein Vollendungstäter, siehe § 23 II StGB. Ihm verbleibt jedoch die Möglichkeit des strafbefreienden Rücktritts nach § 24 I StGB, die dem Täter, dessen Opfer sich fortbewegen will, dies aber merklich nicht kann, genommen würde. Eine solche Unterscheidung ist anhand der identischen Handlung als Anknüpfungspunkt nicht nachvollziehbar. Vielmehr führt die Potentialitäts- gegenüber der Aktualitätstheorie zu einheitlicheren und praktikableren Ergebnissen, folglich zu mehr Rechtssicherheit.

Letztlich wird von *Park/Schwarz* hinsichtlich der verfassungsrechtlich verankerten Bedeutung der Fortbewegungsfreiheit in Art. 2 II 2 GG geltend gemacht, dass eine solche Entscheidung nicht schlichtweg in das Strafrecht übertragen werden kann. Diesbezüglich ist allerdings auf § 35 I StGB zu verweisen, der jemandem, der sich einer Gefahr unter anderem seiner Fortbewegungsfreiheit ausgesetzt sieht, die Möglichkeit des entschuldigenden Notstands gewährt. Dass eine solche Möglichkeit nur noch im Falle einer Gefahr für Leben und Leib besteht, zeigt die Bedeutung der Fortbewegungsfreiheit im Gefälle der Rechtsgüter.[387] Auch strafrechtlich ist daher die Fortbewegungsfreiheit ein besonders schützenswertes Gut, sodass eine weite Auslegung des § 239 I StGB zu bevorzugen ist.

Im Ergebnis ist folglich festzuhalten, dass hinsichtlich der Bestimmung, ob der Betroffene seiner Freiheit beraubt ist, auf den potentiellen Fortbewegungswillen abzustellen ist. Es genügt insofern bereits die Beeinträchtigung der Möglichkeit

---

386 *Kretschmer*, Jura 2009, 590, 591.

387 Siehe bereits unter **B.II.1.d.(1)**.

der Ortsveränderung, sodass es irrelevant ist, wenn das Opfer die Freiheitsberaubung nicht bemerkt oder sich gar nicht fortbewegen will.

Schutzgut des § 239 I StGB ist die potentielle Fortbewegungsfreiheit.

(g) Auswirkungen auf die List als Tatmittel des § 239 I Alt. 2 StGB

Fraglich ist, ob die Entscheidung für den Schutz der potentiellen Bewegungsfreiheit Auswirkungen auf die Anerkennung der List als Tatmittel des § 239 I Alt. 2 StGB hat.

Würde mit der Aktualitätstheorie angenommen, dass eine vollendete Freiheitsberaubung nur dann in Betracht kommt, wenn das Opfer einen aktuellen Willen zur Fortbewegung besitzt, mithin etwa seinen Aufenthaltsort auch verlassen will oder aber die Beschränkung bemerkt, ist die Einbeziehung der List als Tatmittel des § 239 I StGB zumindest fraglich, da listiges Verhalten gerade derart eingesetzt werden kann, dass das Opfer seinen Aufenthaltsort nicht verlassen will: In der Regel ist in tatsächlicher Hinsicht die Möglichkeit gegeben, den Aufenthaltsort zu verändern; das Opfer übt seinen Fortbewegungswillen allerdings aufgrund von vom Täter hervorgerufenen scheinbaren Hindernissen nicht aus. Dem Opfer wird die realitätsgetreue Wahrnehmung der wahren Absichten des Täters genommen. Die List führt dazu, dass das Opfer von seinem Fortbewegungswillen gerade keinen Gebrauch machen will, es insofern freiwillig an seinem Aufenthaltsort verbleibt.[388] Die Aktualitätstheorie fordert jedoch, dass das Opfer seinen Aufenthaltsort tatsächlich verlassen will, mithin dem ersten Anschein nach Gegenteiliges.

Zu berücksichtigen ist aber einerseits, dass mittels List die Willensentschließungsfreiheit angegriffen wird, weil sich das Opfer dazu entschließt, an seinem Aufenthaltsort zu verweilen. Eine Willensbeeinträchtigung liegt vor. An einer solchen Beeinträchtigung fehlt es der Aktualitätstheorie hingegen dann, wenn der Wille des Opfers überhaupt nicht berührt wird, die Handlung des Täters vielmehr unbeachtet bleibt. Dies ist Ausgangspunkt der Argumentation. Es ist folglich davon auszugehen, dass die Aktualitätstheorie den mittels List Beeinflussten nicht demjenigen gleichstellt, der die Freiheitsberaubung nicht bemerkt oder sich nicht fortbewegen will.

Andererseits ist zu beachten, dass der Wille des mittels List beeinflussten Opfers zumeist nur deswegen auf das Verweilen am Aufenthaltsort gerichtet ist, weil der Täter ihm etwa vorspiegelt, den Aufenthaltsort nicht verlassen zu können. Das Opfer handelt daher nicht völlig unbeeinflusst, mithin nicht vollkommen

388 Siehe unter **B.II.1.b.**, insbesondere die Fälle 6 bis 9.

frei. Gleiches stellt sich bei der Beeinflussung mittels Drohung dar. Der Täter bietet dem Opfer eine Entscheidungssituation, die bei Erfolg gegen das in Aussicht gestellte künftige Übel ausfällt. Um diesem Übel zu entkommen, wählt das Opfer die gebotene Alternative, will diese folglich. Dass dieser Wille allerdings nicht dem „wahren" entspricht, vielmehr infolge der Beeinflussung des Täters gebildet wurde, ist ersichtlich. Vor dem Hintergrund, dass die Drohung – zumindest mit einer gegenwärtigen Gefahr für Leib und Leben – unstreitig als Tatmittel des § 239 I StGB anerkannt ist, kann die List selbst dann, wenn der Aktualitätstheorie gefolgt würde, nicht als Tatmittel der Freiheitsberaubung ausscheiden, weil das Opfer infolge der Beeinflussung durch den Täter seinen Aufenthaltsort nicht verlassen will.

Mit dem Anschluss an die Potentialitätstheorie, für die irrelevant ist, inwiefern das Opfer die Freiheitsberaubung bemerkt oder sich fortbewegen will, kommt eine solche Diskussion hingegen von vornherein nicht auf. Im Ergebnis wirkt sich die Bestimmung des potentiellen Fortbewegungswillens als Schutzgut von § 239 I StGB damit nicht auf die Entscheidung über die List als Tatmittel der Freiheitsberaubung aus. Mit der Entscheidung für die Potentialitätstheorie wird aber die Wertigkeit der Fortbewegungsfreiheit noch verstärkt, da bereits die Freiheit, einen Willen zur Fortbewegung bilden und entsprechend handeln zu können, geschützt ist.

(3) Geschützter Personenkreis

Mit der Entscheidung für den Schutz der potentiellen Fortbewegungsfreiheit ist allerdings noch nicht abschließend über den von § 239 I StGB geschützten Personenkreis entschieden. Einigkeit besteht dahingehend, dass taugliches Tatopfer vor dem Hintergrund des bezweckten Rechtsgüterschutzes nur derjenige sein kann, der die natürliche Fähigkeit besitzt, einen Fortbewegungswillen zu bilden, sodass Kleinstkinder, Säuglinge und geistig Schwerbehinderte als Opfer der Freiheitsberaubung ausscheiden.[389] Äußerst umstritten ist hingegen die Behandlung von Menschen, die sich nur vorübergehend in einem Zustand befinden, in dem sie einen Willen zur Fortbewegung überhaupt nicht bilden können – etwa Schlafende, Bewusstlose oder Volltrunkene. Während die Potentialitätstheorie diese dem Schutz des § 239 I StGB unterstellt, lehnt die Aktualisierbarkeitstheorie die Einbeziehung ab.[390] Ein Streitentscheid ist jedoch entbehrlich, da derjenige, der

389 *Schluckebier*, in: LK StGB, Bd. 7/2, [12]2015, § 239 Rn. 6; *Rengier*, BT II, [18]2017, § 22 Rn. 5.

390 Siehe unter **B.II.1.d.(2)(a)** sowie **B.II.1.d.(2)(b)**.

mittels List beeinflusst wird, weiterhin in der Lage ist, einen natürlichen Fortbewegungswillen zu bilden, das Problem folglich nicht einem listigen Verhalten immanent entspringt. Darüber hinaus ist zu beachten, dass selbst für den Fall, dass der Aktualisierbarkeitstheorie gefolgt werden würde, nicht abschließend über die Einbeziehung der List als Tatmittel des § 239 I StGB entschieden wäre, da auch die Drohung – zumindest mit einer gegenwärtigen Gefahr für Leib und Leben – als Tatmittel der Freiheitsberaubung anerkannt ist, obwohl eine solche nicht gegenüber Schlafenden und Bewusstlosen ausgesprochen werden kann.

(4) Zusammenfassung: Teleologische Auslegung

Die Fortbewegungsfreiheit ist infolge der teleologischen Auslegung umfassend, mithin auch vor Beeinträchtigungen mittels List zu schützen. Schutzgut der Freiheitsberaubung ist dabei die potentielle – nicht erst die aktuelle – Fortbewegungsfreiheit. Darüber, ob auch Schlafende und Bewusstlose von dem Schutz des § 239 I StGB erfasst sind, wird hingegen nicht abschließend entschieden.

e. Systematik

In Bezug auf die Anerkennung der List als Tatmittel des § 239 I Alt. 2 StGB ist letztlich die systematische Stellung der Freiheitsberaubung im Strafgesetzbuch, das sogenannte „äußere System“[391] (**B.II.1.e.(1)**), sowie das System innerhalb der Norm (**B.II.1.e.(2)**) zu betrachten. Es folgt eine Zusammenfassung (**B.II.1.e.(3)**).

(1) Systematik im Strafgesetzbuch

Die Freiheitsberaubung ist im 18. Abschnitt des Strafgesetzbuches geregelt. In diesem Abschnitt finden sich einige Tatbestände, die die List explizit als Tatmittel nennen.[392] Hieraus könnte der Umkehrschluss gezogen werden, dass die Freiheitsberaubung, die die List nicht ausdrücklich nennt, keinen Raum lässt für die Anerkennung der List als Tatmittel, wurde doch die Möglichkeit, mittels List in die persönliche Freiheit einzugreifen, vom Gesetzgeber erkannt und vor einer solchen Handlungsweise explizit Schutz normiert. Zu berücksichtigen ist aber gleichermaßen, dass der Wortlaut des § 239 I StGB im Vergleich zu nahezu allen anderen Tatbeständen des Abschnitts – siehe die Ausnahme in § 238 I Nr. 5 StGB – sehr weit gefasst ist: Eine Freiheitsberaubung kann auch <u>auf andere Weise</u> begangen werden, während etwa der Menschenraub nach § 234 I StGB lediglich mittels Sichbemächtigens mit Gewalt, durch Drohung

---

391 *Von Heintschel-Heinegg*, in: BeckOK StGB, Std.: 01.11.2017, § 1 Rn. 14.

392 Siehe unter **B.I.2.a.**

mit einem empfindlichen Übel sowie durch List und die Nötigung nach § 240 I StGB lediglich mittels Gewalt oder Drohung mit einem empfindlichen Übel begangen werden können. Dass die List als Tatmittel in § 239 I StGB nicht ausdrücklich Erwähnung findet, ist aufgrund des weiten Wortlauts daher nicht aussagekräftig. Vielmehr scheint es hier eher möglich, die List als Tatmittel anzuerkennen, als bei solchen Tatbeständen im 18. Abschnitt, die die List nicht explizit erwähnen und gleichzeitig in ihrem Wortlaut eng gefasst sind. Darüber hinaus ist zu beachten, dass die List ausdrücklich Erwähnung im Strafgesetzbuch lediglich im Abschnitt über die Straftaten gegen die persönliche Freiheit findet.[393] Dies spricht dafür, dass die List eine derartige Nähe zu den Delikten des 18. Abschnittes aufweist, dass sie – wenn auch nicht ausdrücklich genannt – insbesondere im Rahmen der §§ 232 ff. StGB als Tatmittel in Betracht kommt. Die systematische Stellung des § 239 StGB im Strafgesetzbuch spricht somit für eine Anerkennung der List als Tatmittel des § 239 I Alt. 2 StGB.

(2) Systematik innerhalb des § 239 I StGB

Zu betrachten ist nunmehr die Systematik innerhalb des § 239 I StGB. Das Strafgesetzbuch nennt die List als Tatmittel nicht explizit. Vielmehr unterscheidet § 239 I StGB zwischen zwei Handlungsalternativen: Bestraft wird, wer einen Menschen einsperrt oder auf andere Weise der Freiheit beraubt. Eine Normierung von zwei Alternativen innerhalb eines Tatbestandes, mithin mit gleicher strafrechtlicher Vorwerfbarkeit, lässt vermuten, dass alle erfassten Verhaltensweisen einander irgendwie vergleichbar sein müssen. Es ist folglich zu prüfen, ob die List einerseits dem Einsperren, andererseits den sonstigen, anerkanntermaßen von § 239 I Alt. 2 StGB erfassten Handlungen vergleichbar ist. Ist dies der Fall, spricht die interne systematische Betrachtung für die Anerkennung der List als Tatmittel des § 239 I Alt. 2 StGB.

(a) Einsperren

Zunächst ist das Einsperren zu betrachten. Dabei gilt, dass das Tatmittel des Einsperrens als häufigste Begehungsform einer Freiheitsberaubung exemplarisch hervorgehoben wird,[394] nicht aber aliud zur zweiten Handlungsalternative ist.

393 Siehe unter **B.I.2.a.**

394 *Valerius*, in: BeckOK StGB, Std.: 01.11.2017, § 239 Rn. 9; *Bosch*, Jura 2012, 604, 606; *Schluckebier*, in: LK StGB, Bd. 7/2, [12]2015, § 239 Rn. 13; *Wieck-Noodt*, in: MüKo StGB, Bd. 4, [3]2017, § 239 Rn. 21; *Rengier*, BT II, [18]2017, § 22 Rn. 6; *Eser/Eisele*, in: Sch/Schr, [29]2014, § 239 Rn. 5.

Vielmehr können sich die Fälle des Einsperrens und der Freiheitsberaubung auf sonstige Weise überschneiden.[395]

(aa) Einsperren als Beeinträchtigung der Ausübung der Willensfreiheit

Unter dem Begriff des Einsperrens wird das Verhindern des Verlassens eines umschlossenen Raumes durch äußere Vorrichtungen verstanden.[396] Dem Opfer muss insofern die Möglichkeit genommen werden, nach eigenem Belieben seinen Aufenthaltsort zu verändern.[397] Dies kann nicht nur durch das Verschließen eines Ausgangs, vielmehr auch durch das Verhindern der Benutzung eines Ausgangs – etwa durch das Vorhandensein von Wachtposten oder aber das Verseuchen der Luft außerhalb eines Raumes mit Giftgas – geschehen.[398] Die äußere Vorrichtung kann somit mechanischer oder elektronischer Natur sein, aber auch in einem sonstigen Hindernis bestehen.[399] Insgesamt ist festzuhalten, dass der Täter, sperrt er das Opfer ein, mittels äußerer Vorrichtung eine physische Barriere zur Fortbewegung errichtet. *Eser/Eisele* statuieren, dass mittels Einsperrung die Willensfreiheit in Form der Willensausübungsfreiheit angegriffen wird, da der Betroffene zu einem bestimmten Verhalten gezwungen wird.[400] In Bezug auf die Freiheitsberaubung bedeutet dies, dass infolge einer Einsperrung der Wille, den Aufenthaltsort zu verändern, nicht realisiert werden kann und der Betroffene zum Verweilen gezwungen wird.

Im Unterschied zum Tatmittel der Einsperrung wird in dem Fall, in dem der Täter ein listiges Verhalten einsetzt, eine psychische Barriere zum Ortswechsel errichtet. Die Veränderung des Aufenthaltsortes ist in physischer Hinsicht weiterhin möglich. Die List begründet nach *Eser/Eisele* einen Angriff auf die Willensfreiheit in Form der Willensentschließungsfreiheit, da der Betroffene zu einem bestimmten Entschluss gebracht wird.[401] Im Rahmen der Freiheitsberaubung bedeutet dies, dass das überlistete Opfer nicht (mehr) den Willen bildet, einen Ort verlassen zu wollen. Vielmehr wird es zu dem Entschluss gebracht, an einem bestimmten Ort verweilen zu wollen.

---

395 *Hilgendorf*, in: A/W/H/H, ³2015, § 9 Rn. 26.

396 *Sonnen*, in: K/N/P, ⁵2017, § 239 Rn. 16; *Kühl*, in: L/K, ²⁸2014, § 239 Rn. 3; *Wieck-Noodt*, in: MüKo StGB, Bd. 4, ³2017, § 239 Rn. 21.

397 *Sonnen*, in: K/N/P, ⁴2013, § 239 Rn. 16.

398 *Schluckebier*, in: LK StGB, Bd. 7/2, ¹²2015, § 239 Rn. 13; *Park/Schwarz*, Jura 1995, 294, 296.

399 *Wieck-Noodt*, in: MüKo StGB, Bd. 4, ³2017, § 239 Rn. 23.

400 *Eser/Eisele*, in: Sch/Schr, ²⁹2014, Vorb. §§ 234 ff. Rn. 4.

401 *Eser/Eisele*, in: Sch/Schr, ²⁹2014, Vorb. §§ 234 ff. Rn. 3.

Einsperrung und List unterscheiden sich damit einerseits in ihrer Wirkung – ob physischer oder psychischer Natur. Zum anderen wird die Art, in der die Willensfreiheit beeinträchtigt wird, als Differenzierungskriterium aufgezeigt. Bezüglich Letzterem ist allerdings fraglich, ob eine starre Zuordnung der Tatmittel zu Beeinträchtigungen von Willensausübung und Willensentschließung überhaupt möglich ist. Zwar ist es kaum vorstellbar, dass mittels List dem Betroffenen ein Verhalten aufgezwungen wird, ist der List doch grundsätzlich die Freiwilligkeit eigen.[402] Es erscheint daher schwierig, die List als Beeinträchtigung der Willensausübungsfreiheit anzuerkennen.[403] Gleichzeitig scheint es aber nicht gänzlich ausgeschlossen, dass die Einsperrung die Freiheit zur Willensentschließung beeinträchtigt: So kann derjenige, der sich in einem verschlossenen Raum befindet, bei Wahrnehmung der Einsperrung und insbesondere mit Verstreichen eines längeren Zeitraums der Einsicht unterliegen, den Raum nicht verlassen zu können. Es kann sodann angenommen werden, dass der Betroffene nicht (mehr) den Willen bildet, den Raum verlassen zu wollen, und sich insofern mangels anderer Möglichkeiten zum Verweilen entschließt. Zu erwarten ist, dass einer solchen Betrachtungsweise entgegnet wird, dass der Entschluss, den Raum verlassen zu wollen, auch bei dem erkannt und für längere Zeit Eingesperrten vorhanden ist, und die Einsicht, sich nicht fortbewegen zu können, diesen ursprünglich gefassten Beschluss nicht zu beseitigen in der Lage ist. Beide Möglichkeiten der Betrachtung sind denkbar und davon abhängig, ob die Beeinträchtigung der Willensentschließungsfreiheit faktisch – welchen

---

402 Siehe unter **B.II.1.b.**

403 Ein anderes Ergebnis könnte sich einerseits im Hinblick auf Fn. 32 ergeben. Wird die List als Zwangsmittel verstanden, so zwingt der listig Handelnde den Betroffenen auch zu einem Verhalten. Insofern könnte angenommen werden, dass dem Opfer, das mittels List beeinträchtigt wird, die unbeeinflusste Ausübung der Willensfreiheit versagt wird, und ihm die Entscheidung, von der Willensausübungsfreiheit keinen Gebrauch zu machen, aufgezwungen wird. Allerdings lehnen *Eser/Eisele*, mit dessen Einordnung sich vorliegend auseinandergesetzt wird, die List als Zwangsmittel ab, sodass obig aufgeführtes Verständnis nicht in ihrem Sinne sein kann. Zum anderen ist auf die unter **B.II.1.e.(2)(a)(bb)** aufgeführten Fälle 12b und 12c zu verweisen, in denen sich das Opfer nach vorliegender Lösung infolge List seiner Willensausübungsfreiheit beraubt fühlt. Unabhängig hiervon muss letztlich zugegeben werden, dass selbst mit der Annahme, die List berühre nur die Freiheit der Willensentschließung, gilt, dass insofern bereits der Entschluss des Betroffenen „gelenkt" wird, sodass die Willensausübung notwendigerweise mitbeeinträchtigt wird: Derjenige, der sich entschließt, zu verweilen, übt auch den Willen, sich fortzubewegen, nicht (mehr) aus.

Entschluss fasst der Betroffene bei Wahrnehmung der konkreten Situation –, oder hypothetisch – welchen Entschluss würde der Betroffene fassen, wenn die Einsperrung nicht gegeben wäre – beurteilt wird.[404] Ohne hierüber entscheiden und die grundsätzliche Unterscheidung zwischen Willensentschließungs- und Willensausübungsfreiheit in Frage stellen zu wollen, sollte aufgezeigt worden sein, dass die jeweiligen Beeinträchtigungen nicht stets eindeutig zuzuordnen sind, und schon deshalb nicht angenommen werden sollte, dass hiernach hinsichtlich der Möglichkeit, welche Handlungen als Tatmittel der Freiheitsberaubung in Betracht kommen, differenziert werden sollte.

Darüber hinaus ist zu beachten, dass keinerlei Anhaltspunkte dafür vorliegen, § 239 I StGB wolle lediglich die Willensausübung,[405] damit nicht jegliche Art der Beeinträchtigung der Willensfreiheit schützen: Das Gesetz bestraft die Freiheitsberaubung, nicht die Beraubung, die Willensfreiheit auszuüben. Im Sinne eines weitgehenden Rechtsgüterschutzes sollte auch ein Eingriff in die Freiheit, überhaupt einen Fortbewegungswillen bilden zu können oder entsprechend einem unbeeinflussten Entschluss zu agieren, bestraft werden, da das Opfer in beiden Fällen – gleichermaßen wie bei einem Angriff auf die Willensausübungsfreiheit – daran gehindert wird, seine Fortbewegungsfreiheit umfassend und unbeeinflusst wahrzunehmen. Dies gilt umso mehr, als dass die Willensausübung an den Willensentschluss anknüpft, sodass im Sinne eines Erst-Recht-Schlusses bereits die Beeinträchtigung des Entschlusses als Grundlage der Ausübung bestraft werden sollte.[406]

Ferner ist zu berücksichtigen, dass der Tatbestand der Freiheitsberaubung gerade durch seine Erfolgsbezogenheit gekennzeichnet ist: Bestraft wird jegli-

---

404 Dies erinnert an die Problematik der Einstufung der Drohung als Beeinträchtigung der Willensentschließungs- oder Willensausübungsfreiheit, siehe unter **B.II.1.e.(2)(b)**.

405 So noch beispielsweise *Georgieff*, 1911, S. 42, S. 69; *Lind*, 1915, S. 10 f., S. 21, insb. mit Hinweis auf den früheren Wortlaut (Schutz nur des Gebrauchs der persönlichen Freiheit); *Uhlmann*, 1930, I. und III. c); *von Olshausen*, [11]1927, § 239 Rn. 3 f.; allesamt erkennen jedoch die List als Tatmittel der Freiheitsberaubung an. *Frank*, [18]1931, § 239 Rn. 1, erkennt zumindest Betäubung und hypnotische Suggestion als Tatmittel an, ebd. Rn. 4, äußert sich über die List nicht. Nach *Orth*, 1988, S. 46 f., spielt die Auffassung, nur die Willensbetätigung falle in den Schutzbereich des § 239 I StGB, „heute keine Rolle mehr".

406 Nach *Basedow*, 1935, S. 22, wäre andernfalls eine unzulässige Einengung gegeben, „weil wohl keine intensivere Beraubung der persönlichen Freiheit gedacht werden kann, als wenn die Möglichkeit beseitigt wird, einen Willensentschluß, der doch die Grundlage jeglicher Willensbetätigung ist, zu fassen."

ches Verhalten, das das Opfer (tatsächlich oder potentiell) an der Fortbewegung hindert. Worauf dieses Hindernis zurückzuführen ist – ob auf die beeinträchtigte Willensausübungs- oder bereits auf die davor liegende Willensentschließungsfreiheit – wird nicht festgelegt.[407] Es kann insofern auch nicht von Bedeutung sein, ob dies mittels einer vom Täter errichteten physischen oder psychischen Schranke geschieht. Stellt das Gesetz mehrere Handlungsalternativen unter Strafe, so sollen damit gerade hinreichend viele – wenn auch vergleichbare – Fälle, in denen auf das geschützte Rechtsgut eingewirkt wird, erfasst werden. Dies gilt umso mehr im Hinblick auf den weit gefassten Wortlaut des § 239 I Alt. 2 StGB. Ein listiges Verhalten scheint damit nicht in seiner Wirkung, aber zumindest insofern der Einsperrung vergleichbar, als dass mittels List der Erfolg der Freiheitsberaubung gleichermaßen herbeigeführt werden kann. Grundsätzlich ist die List daher in interner systematischer Hinsicht als Tatmittel der Freiheitsberaubung anzuerkennen.

(bb) Einsperren in Abhängigkeit von Fähigkeiten und Kenntnissen des Opfers

Ein Einsperren soll allerdings – so zumeist im Hinblick auf eine opferbezogene Sicht, die individuelle Fähigkeiten und Kenntnisse des Opfers berücksichtigen will[408] – auch dann gegeben sein, wenn zwar objektiv Ausgänge vorhanden sind, das Opfer diese aber nicht kennt oder nicht zu öffnen weiß.[409] *Maurach/Schroeder/Maiwald* sprechen in dieser Fallgestaltung von einer „relativen" Einsperrung, die ebenfalls von § 239 I Alt. 1 StGB erfasst sein soll.[410] Problematisch zumindest an

---

407 So äußert etwa *Hälschner*, Preußisches StR, 1868, § 31 S. 182 (Fn. 2), dass die Freiheitsberaubung auf andere Weise nicht den Charakter einer Einsperrung haben, vielmehr mit dieser nur „in dem Erfolge übereinstimmen müsse, daß Jemand widerrechtlich seiner freien Bewegung, der Freiheit den Ort des Aufenthaltes zu bestimmen, beraubt werde." Zudem sagt selbst *Uhlmann*, 1930, III., dass die Hervorhebung der Einsperrung „als die hauptsächlichste und praktisch wichtigste Art der Freiheitsberaubung […] keine Einschränkung hinsichtlich der für eine Freiheitsberaubung tauglichen Mittel" bedeutet.

408 *Zöller*, in: Zöller/Fornoff/Gries, 2008, S. 147. Auch *Basedow*, 1935, S. 34, kommt zu dem Ergebnis, dass „primär das Tatobjekt wertet, ob ein Einsperren oder ein auf sonstige Weise herbeigeführtes Berauben des Gebrauchs der persönlichen Freiheit, ob die Situation der Gefangenschaft vorgelegen hat."

409 *Valerius*, in: BeckOK StGB, Std.: 01.11.2017, § 239 Rn. 9; *Fischer*, [65]2018, § 239 Rn. 7; *Schluckebier*, in: LK StGB, Bd. 7/2, [12]2015, § 239 Rn. 15; *Wieck-Noodt*, in: MüKo StGB, Bd. 4, [3]2017, § 239 Rn. 24; *Eser/Eisele*, in: Sch/Schr, [29]2014, § 239 Rn. 5.

410 *Maurach/Schroeder/Maiwald*, BT/1, [10]2009, § 14 Rn. 5.

der Fallgestaltung der Unkenntnis eines Ausgangs ist, dass in einer solchen Konstellation scheinbar die Willensausübungsfreiheit angegriffen wird, indem sich das Opfer zum Verbleiben gezwungen sieht, in tatsächlicher Hinsicht allerdings keine physische Barriere besteht. Die Ausübung des Fortbewegungswillens ist vielmehr jederzeit möglich. Da das Opfer aber glaubt, seinen Willen zur Fortbewegung nicht realisieren zu können, kann die Grenze zu einer psychischen Barriere nicht mehr offensichtlich gezogen werden. Ob hierbei tatsächlich eine Einsperrung angenommen werden kann bzw. muss, bedarf einer näheren Untersuchung, unternommen anhand von Beispielsfällen. Diese Untersuchung dient insofern der Beantwortung der Frage, ob hinsichtlich der Bestimmung einer Einsperrung auf die Sicht des Opfers abzustellen oder eine objektive Beurteilung vorzunehmen ist.

Fall 10

Zunächst ist der Fall gegeben, dass sich das Opfer in einem Raum mit einer einzigen Tür befindet, die der Täter verschließt.

(i) Das Opfer ist taugliches Tatobjekt einer Freiheitsberaubung.

(ii) Das Schloss, mittels dessen der Ausgang versperrt ist, stellt eine äußere Vorrichtung dar, die es dem Opfer unmöglich macht, den Raum zu verlassen. Der Fall ist unproblematisch unter die oben genannte Definition des Einsperrens zu subsumieren, ohne dass es hinsichtlich der Bestimmung der Tathandlung eines Rückgriffs auf die persönlichen Fähigkeiten und Kenntnisse des Opfers bedarf.

(iii) Das Opfer ist infolge des Verschließens des Ausgangs seiner Freiheit beraubt.

Fall 11

Sodann ist anzunehmen, dass sich das Opfer in einem Raum mit einer einzigen Tür befindet, deren Schloss mit einer Zahlenkombination versehen ist. Diese Zahlenkombination ist dem Täter bekannt, dem Opfer jedoch unbekannt, sodass dieses nicht den Raum zu verlassen in der Lage ist. Das Opfer weiß den Ausgang insofern nicht zu öffnen.

(i) Der Betroffene ist taugliches Tatobjekt einer Freiheitsberaubung.

(ii) Zur Bestimmung der Tathandlung ist festzustellen, dass das Schloss, welches mit einer Zahlenkombination versehen ist, eine äußere Vorrichtung darstellt, die die Betätigung des Opferwillens zur Fortbewegung unmöglich macht. Insofern ist ein Einsperren mit oben genannter Definition anzunehmen. Hierbei hilft ein Rückgriff auf die persönlichen Kenntnisse des Opfers: Während dem Täter die Zahlenkombination bekannt ist und er damit in der Position des Opfers den Raum jederzeit verlassen könnte, ist die Kombination dem Opfer unbekannt. Allerdings besitzt auch im erstgenannten Fall der Täter den Schlüssel, mit dem der einzige Ausgang geöffnet werden kann. Es ergibt sich damit letztlich kein Unterschied zwischen beiden Fällen. Zur Subsumtion im zweiten Fall ist es jedoch hilfreich – aufgrund des Vorliegens aller Voraussetzungen der Definition des Einsperrens aber nicht erforderlich –, auf die konkreten Möglichkeiten des Opfers im Vergleich zum Täter zurückzugreifen.

(iii) Das Opfer ist mangels einer bestehenden Möglichkeit, den Raum zu verlassen, seiner körperlichen Bewegungsfreiheit beraubt.

Fall 12
Ferner muss die Situation betrachtet werden, dass sich das Opfer in einem Raum aufhält, wobei eine Tür offensichtlich verschlossen ist. Der Raum verfügt jedoch über einen weiteren Ausgang, der für das Opfer nicht erkennbar ist, aber ohne größere Mühen benutzbar wäre. Dies ist etwa dann gegeben, wenn sich das Opfer mangels vorhandener Fenster in einem völlig dunklen Raum befindet, der mehrere Ausgänge hat, wovon nur einer – nämlich der in Kenntnis des Opfers existierende – verschlossen ist. Die anderen Ausgänge vermag das Opfer jedoch aufgrund der Dunkelheit nicht zu erkennen.[411] Unterschieden werden kann sodann dahingehend, ob der Täter Kenntnis von dem weiteren Ausgang besitzt und ob er bei Kenntnis Maßnahmen zur Verschleierung des weiteren Ausgangs ergreift.

Fall 12a
Zum einen kann der Täter von einem weiteren Ausgang keine Kenntnis besitzen. Dies kann auf die objektiven Umstände – etwa die tatsächliche Nichterkennbarkeit – zurückzuführen sein.

(i) Das Opfer ist taugliches Tatobjekt einer Freiheitsberaubung.
(ii) Im Rahmen der Prüfung der Tathandlung ist daran anzuknüpfen, dass der Täter in diesem Fall lediglich den erkennbaren Ausgang verschlossen hat. Fraglich ist, ob das Opfer trotz der Möglichkeit der Fortbewegung, die es allerdings nicht kennt, eingesperrt ist. Wird der Ansicht gefolgt, dass eine Einsperrung auch dann gegeben ist, wenn das Opfer einen Ausgang nicht kennt, so liegt das Tatmittel des Einsperrens vor. Das Opfer erkennt lediglich, dass ihm ein Ausgang verwehrt bleibt. Problematisch erscheint aber im Hinblick auf die oben genannte Definition das Vorhandensein einer äußeren Vorrichtung. Diese besteht für das konkrete Opfer in dem Schloss, welches den einen erkennbaren Ausgang unbenutzbar macht. Allerdings erfordert die Definition des Einsperrens grundsätzlich einen umschlossenen Raum, dessen Verlassen durch eine äußere Vorrichtung nicht möglich ist. Aus objektiver Perspektive ist eine solche Möglichkeit vorliegend jedoch gegeben – trotz der einen verschlossenen Tür. Im Vergleich zu den oben aufgezeigten Fällen bestünde diese Möglichkeit auch nicht nur für den Täter, der den Schlüssel besitzt oder die Zahlenkombination kennt, sondern für jedermann. Das Schloss ist damit aus objektiver Sicht keine äußere Vorrichtung im definitorischen Sinne. Gleichzeitig kommt als Hindernis auch die Dunkelheit in Betracht, die es dem Opfer unmöglich macht, den weiteren Ausgang zu erkennen. Es erscheint allerdings fragwürdig, die Dunkelheit zumindest dann als eine Vorrichtung anzusehen, wenn sie allein darauf beruht, dass die Räumlichkeit über keine Fenster verfügt, stellt eine Vorrichtung doch dem allgemeinen Sprachgebrauch nach grundsätzlich einen Apparat oder ein Gerät für einen bestimmten Zweck dar.[412] Dementsprechend fordert *Hilgendorf*

411 Dieser Beispielsfall ist angelehnt an *Bockelmann*, 1977, § 18 S. 87.

412 https://de.pons.com/übersetzung?q=Vorrichtung&l=dedx&in=&lf=, abgerufen am 05.01.2018.

ein physisches Hindernis.[413] Ein solches ist bei der Dunkelheit – einem lichtarmen Zustand,[414] der die Fortbewegung nicht mittels körperlich greifbarer Barriere verhindert – nicht erkennbar. Zugegeben werden muss allerdings, dass nach den obigen Ausführungen auch das Verseuchen der Luft außerhalb eines Raumes mit Giftgas als Vorrichtung erfasst ist, hierbei gleichermaßen die Körperlichkeit des Hindernisses zumindest in Zweifel stehen könnte.[415] Im Unterschied zu dieser Fallkonstellation ist es dem Opfer jedoch bei Dunkelheit objektiv möglich, seinen Aufenthalt nach eigenem Belieben zu verändern, mithin den Raum zu verlassen, ohne dass außerhalb eine Gefahr besteht. Die Dunkelheit hindert insofern nichts an der tatsächlich bestehenden Möglichkeit zur Fortbewegung. Für ein Einsperren nach der Ausgangsdefinition fehlt es demnach an einer äußeren Vorrichtung auch des benutzbaren Ausgangs, die die Betätigung des Fortbewegungswillens ausschließt. Dieser Ansicht scheint *Eisele* zu entsprechen, wenn er darauf abstellt, dass das Opfer, um eingesperrt zu sein, objektiv daran gehindert sein muss, sich von der Stelle zu bewegen.[416] Wird allein auf die oben genannte Definition abgestellt und werden damit die persönlichen Fähigkeiten und Kenntnisse des Opfers außer Acht gelassen, mangelt es einer Freiheitsberaubung an einer Einsperrung. Dies könnte die Berücksichtigung der Fähigkeiten und Kenntnisse des Opfers erforderlich machen. Allerdings ergibt sich insofern keine Strafbarkeitslücke: Der Täter, der nur glaubt, das Opfer am Verlassen des Raumes zu hindern, indem er einen Ausgang versperrt, gleichzeitig aber ein weiterer Ausgang vorhanden ist, den er nicht kennt, macht sich wegen (untauglichen) Versuchs nach §§ 239 I Alt. 1, II, 23 I, 12 II StGB strafbar. Der Täter will (subjektiv) einsperren, verwirklicht dies (objektiv) mangels äußerer Vorrichtung, mithin mangels physischer Barriere nicht. Da der Versuch im Vergleich zur Vollendung nicht zwingend eine mildere Bestrafung mit sich bringt, siehe § 23 II StGB, steht der Annahme einer Versuchsstrafbarkeit auch nicht das Argument der identischen Schwere der Vorwerfbarkeit entgegen.[417] Es bedarf in diesem

413 *Hilgendorf*, in: A/W/H/H, ³2015, § 9 Rn. 26.

414 https://www.duden.de/rechtschreibung/Dunkelheit, abgerufen am 05.01.2018.

415 Gas wird, sofern es räumlich begrenzt ist, zumindest zum Teil als Sache, mithin als körperlicher Gegenstand angesehen, siehe etwa *Kühl*, in: L/K, ²⁸2014, § 242 Rn. 2; *Schmitz*, in: MüKo StGB, Bd. 4, ³2017, § 242 Rn. 25; *Kudlich*, in: S/S/W, ³2016, § 242 Rn. 5.

416 *Eisele*, BT I, ⁴2017, S. 155 Rn. 431, allerdings u. a. mit Verweis auf *Fischer* und *Wieck-Noodt*, die mit der **h.M.** annehmen, dass das Opfer auch eingesperrt ist, wenn es einen Ausgang nicht kennt oder nicht zu öffnen weiß, *Fischer*, ⁶⁵2018, § 239 Rn. 7; *Wieck-Noodt*, in: MüKo StGB, Bd. 4, ³2017, § 239 Rn. 24.

417 Ein Unterschied in der Dogmatik besteht allerdings darin, dass dem Täter im Falle der Versuchsstrafbarkeit die Rücktrittsmöglichkeit verbleibt. Im Gegensatz zu dem angeführten Streit betreffend das Schutzgut des § 239 I StGB, in dem die Rücktrittsmöglichkeit ein bedeutsames Argument gegen die Aktualitätstheorie darstellt, siehe unter **B.II.1.d.(2)(f)**, hängt vorliegend die Bestrafung des Täters nicht von einem

Fall folglich nicht der Berücksichtigung der Fähigkeiten und Kenntnisse des Opfers. Vielmehr ist grundsätzlich auf eine objektive Möglichkeit der Veränderung des Aufenthaltsortes abzustellen.[418] Mit einer solchen Sicht werden einheitliche Ergebnisse erzielt, ist doch die Kenntnis des Opfers nicht stets einwandfrei festzustellen. Sind daher weitere Ausgänge vorhanden, die ohne Mühen benutzbar wären, ist das Opfer damit nicht (in Vollendung) eingesperrt.[419]

---

derartigen – sich nach dem Verhalten des Opfers richtenden – Zufall ab, sodass die Einräumung der Rücktrittsmöglichkeit vertretbar erscheint. Auch die Annahme der Untauglichkeit des Versuchs führt nicht zu einer milderen Bestrafung, da eine solche nach § 23 III StGB lediglich bei grobem Unverstand des Täters in Betracht kommt. Unter grobem Unverstand wird die völlig abwegige Vorstellung von gemeinhin bekannten Ursachenzusammenhängen verstanden, sodass die Ungefährlichkeit des Versuchs für jeden Menschen mit durchschnittlichem Erfahrungswissen offenkundig, ja geradezu handgreiflich ist, siehe etwa BGHSt 41, 94 (95) v. 14.03.1995; *Beckemper/Cornelius*, in: BeckOK StGB, Std.: 01.11.2017, § 23 Rn. 11. Ist ein benutzbarer Ausgang weder für das Opfer noch für den Täter erkennbar, kann nicht von einem ungefährlichen Versuch – da offenkundig und handgreiflich – gesprochen werden.

418 So können anhand eines Umkehrschlusses auch *Hohmann/Sander*, BT II, ²2011, § 11 Rn. 10, verstanden werden, indem sie eine Einsperrung annehmen, wenn die <u>einzige</u> Tür verriegelt wird – mithin eine Einsperrung nicht zugleich vorliegt, wenn es einen weiteren Ausgang gibt. Gleiches klingt zunächst bei *Bosch*, Jura 2012, 604, 606, an, der das bloße Versperren <u>einer</u> Möglichkeit zum Verlassen eines Ortes oder zum Erreichen eines bestimmten anderen Ortes nicht als Beeinträchtigung der Fortbewegungsfreiheit ansieht. Indem *Bosch* aber dennoch ein Einsperren als gegeben ansieht, wenn das Opfer einen objektiv bestehenden Ausgang nicht kennt oder nicht zu öffnen weiß, zeigt sich, dass das Versperren einer Möglichkeit für ihn nur dann nicht für eine Einsperrung genügt, wenn das Opfer Kenntnis von einer anderen Ausgangsmöglichkeit besitzt, ebd. Ähnliches gilt bei *Gössel/Dölling*, ²2004, § 19 Rn. 12, die eine Einsperrung annehmen, wenn eine vorhandene Öffnungsvorrichtung unbekannt ist, gleichzeitig aber deklarieren, dass derjenige, der sich bloß für eingesperrt hält, nicht eingesperrt <u>ist</u>. Solche Widersprüche könnten sich mit *Steinberger*, 1911, S. 22 f., erklären lassen, der es ebenfalls grundsätzlich nicht genügen lässt, dass das Opfer nur irrtümlich meine, eingesperrt zu sein, eine Strafbarkeit aber letztlich von der Lage des Einzelfalls abhängig macht, und bei Unmöglichkeit des Erkennens einer Öffnung eine Einsperrung annimmt. Letztlich äußert auch *Schluckebier*, in: LK StGB, Bd. 7/2, ¹²2015, § 239 Rn. 15, dass die „Frage, ob Einsperrung vorliegt, im Wesentlichen tatsächlicher Natur ist". So wird eine Einsperrung dann verneint, wenn das Opfer den Ausgang kennt, ihn aber irrtümlich für verschlossen hält, gleichzeitig aber eine Einsperrung bei demjenigen angenommen, der einen nicht verschlossenen Ausgang nicht kennt.

419 Dass die **h.M.** von Gegenteiligem ausgeht, kann – so lässt sich nur vermuten – auf die bis 1998 fehlende Strafbarkeit wegen versuchter Freiheitsberaubung und dem

(iii) Innerhalb der Versuchsprüfung ist hinsichtlich des Eintritts des Erfolges einer Freiheitsberaubung sodann festzustellen, dass der Täter dazu entschlossen war, das Opfer mittels Einsperrung seiner Fortbewegungsfreiheit zu berauben.

Fall 12b

Ferner ist der Fall zu betrachten, dass es erneut einen vom Täter verschlossenen Ausgang und zugleich einen zweiten, dem Opfer unbekannten Ausgang gibt. Der Täter besitzt – im Vergleich zum Opfer – Kenntnis von dem weiteren Ausgang, nimmt aber keine Maßnahmen zur Verschleierung des weiteren Ausgangs vor.

(i) Das Opfer ist taugliches Tatobjekt einer Freiheitsberaubung.

(ii) Entsprechend den obigen Ausführungen ist nach der Ansicht, die trotz objektiv vorhandenen Ausgangs aufgrund der Unkenntnis des Opfers eine Einsperrung annimmt, die Tathandlung des § 239 I Alt. 1 StGB erfüllt. In objektiver Hinsicht ist das Vorliegen einer äußeren Vorrichtung aber gleichermaßen abzulehnen. Somit muss erneut danach gefragt werden, inwiefern eine Berücksichtigung der individuellen Fähigkeiten und Kenntnisse des Opfers notwendig ist. Ohne eine solche Berücksichtigung wäre vorliegend keine vollendete Einsperrung gegeben. Anzudenken wäre folglich eine Versuchsstrafbarkeit. Der Täter muss (subjektiv) alles wollen, aber (objektiv) nicht alles verwirklichen. Hierzu ist jedoch im vorliegenden Fall festzustellen, dass sich die Vorstellung des Täters nicht von der tatsächlichen Situation unterscheidet: Der Täter will (subjektiv) nur den einen Ausgang, nicht hingegen den anderen, ihm ebenso bekannten Ausgang verschließen, und hat (objektiv) entsprechend diesem Willen gehandelt. Eine Versuchskonstellation ist insofern nicht gegeben.

Fraglich ist, ob an eine andere Handlung des Täters anzuknüpfen ist. Zwar hat dieser über das Abschließen des einen Ausgangs hinaus keine Verschleierungsmaßnahmen ergriffen, sodass die Unkenntnis des Opfers nicht von dem Täter hervorgerufen wurde. Es ist aber auch zuzugeben, dass der Täter um den weiteren Ausgang, mithin um die objektive Möglichkeit zum Verlassen des Raumes weiß, das Opfer hingegen einer Fehlvorstellung unterliegt. Von dieser Fehlvorstellung des Opfers macht der Täter Gebrauch, sodass er die Unkenntnis des Opfers schlichtweg ausnutzt.[420] An diese Handlung des Täters ist strafrechtlich anzuknüpfen, sodass eine Freiheitsberaubung auf andere Weise nach § 239 I Alt. 2 StGB zu prüfen ist. Diesbezüglich wurde bereits festgestellt, dass das bloße Ausnutzen der Unkenntnis für das Vorliegen einer List genügt. Zudem kann es als geschickt und geflissentlich angesehen werden, trotz der Kenntnis von einem weiteren Ausgang eine offensichtlich

---

dennoch bestehenden Bedürfnis nach strafrechtlicher Würdigung des Verhaltens zurückzuführen sein.

420 Vgl. https://www.duden.de/rechtschreibung/ausnutzen, abgerufen am 05.01.2018. Im Einzelfall kann eine Abgrenzung zum Unterlassen erforderlich sein, da vorliegend gleichermaßen daran angeknüpft werden könnte, dass der Täter das Opfer nicht über den weiteren Ausgang aufklärt. Den Schwerpunkt bildet jedoch durch das (vorgelagerte) positive Tun des Abschließens als Vorspiegeln einer Einsperrung und des Ausnutzens der Unkenntnis des Opfers ein aktives Verhalten.

vorhandene Tür zu verschließen und das Opfer damit vermeintlich einzusperren. Der Täter handelt insofern mit dem Ziel, dass das Opfer den vorhandenen Ausgang nicht erkennt und daher von seiner Fortbewegungsfreiheit keinen Gebrauch macht. Folglich kann von einem listigen Verhalten des Täters ausgegangen werden. Strafbarkeitslücken entstehen damit nicht. Es bedarf somit ebenfalls nicht der Berücksichtigung der individuellen Fähigkeiten und Kenntnisse.

(iii) Verweilt das Opfer mangels Kenntnis von dem weiteren, objektiv nicht erkennbaren Ausgang in der Räumlichkeit, will es diese aber eigentlich verlassen, ist es seiner Fortbewegungsfreiheit beraubt.[421]

Fall 12c

Letztlich ist der Fall zu betrachten, dass es erneut einen vom Täter verschlossenen Ausgang und zugleich einen zweiten, dem Opfer unbekannten Ausgang gibt. Der Täter besitzt Kenntnis von dem weiteren Ausgang, und bezweckt, dass das Opfer diesen nicht zu erkennen in der Lage ist. Er nimmt insofern Maßnahmen zur Verschleierung des weiteren Ausgangs vor.

(i) Das Opfer ist taugliches Tatobjekt einer Freiheitsberaubung.

(ii) Allein unter Berücksichtigung der Aussage, dass das Opfer auch dann eingesperrt ist, wenn es einen Ausgang nicht kennt, ist die Tathandlung nach § 239 I Alt. 1 StGB gegeben. Aus objektiver Sicht fehlt es für eine Einsperrung allerdings an einer äußeren Vorrichtung, die das Verlassen des Raumes über den weiteren Ausgang unmöglich macht. Entsprechend den obigen Ausführungen scheidet auch eine Versuchsstrafbarkeit aus. Insofern könnten die Fähigkeiten und Kenntnisse des Opfers Berücksichtigung finden müssen.
Es ist jedoch zu beachten, dass die Unkenntnis des Opfers auf den Täter zurückzuführen ist, da der Täter den scheinbar einzigen Ausgang verschließt und Maßnahmen zur Verschleierung der Tatsache, dass ein weiterer Ausgang vorhanden ist, ergreift. Der Täter nimmt daher vorsätzlich eine Handlung vor, die dem Opfer die Möglichkeit zur Fortbewegung zu nehmen scheint. Diese Handlung könnte als Irreführung und folglich ebenso als Freiheitsberaubung auf andere Weise gewertet werden. Es kommt somit eine Bestrafung aus § 239 I Alt. 2 StGB in Betracht. Das Verschließen eines offensichtlichen Ausgangs sowie die Verschleierung des Vorhandenseines eines weiteren Ausgangs können als geschicktes und geflissentliches Verhalten einzuordnen sein, mittels dessen der Täter bezweckt, dass sich das Opfer eingesperrt fühlt und somit nicht von seiner körperlichen Bewegungsfreiheit Gebrauch macht. Der Täter handelt listig. Strafbarkeitslücken entstehen nicht. Es bedarf folglich ebenfalls nicht der Berücksichtigung der individuellen Fähigkeiten und Kenntnisse.

(iii) Verweilt das Opfer mangels Kenntnis von dem weiteren, objektiv nicht erkennbaren Ausgang in der Räumlichkeit, will es diese aber eigentlich verlassen, ist es seiner Fortbewegungsfreiheit beraubt.[422]

---

421 Zum Erfolgseintritt in einem solchen Fall siehe unter **C.IV.4.b.**

422 Zum Erfolgseintritt in einem solchen Fall siehe unter **C.IV.4.b.**

Fälle 10 bis 12c (Forts.)

Während in den ersten beiden Fällen eine Einsperrung gegeben ist, ist bei dem letztgenannten Fall zu differenzieren: Will der Täter eine Einsperrung verwirklichen, die objektiv aber an der Umschlossenheit des Raumes scheitert, mündet dies in eine Versuchsstrafbarkeit. Die Unterschiede zwischen den Fällen 10 und 11 einerseits und Fall 12a andererseits bestehen zum einen in den äußeren Umständen, zum anderen in der Kenntnis des Täters von diesen äußeren Umständen. In den Fällen 10 und 11 verwendet der Täter eine äußere Vorrichtung – er schließt den einzig vorhandenen Ausgang ab oder benutzt ein Zahlenschloss. Er weiß zudem entsprechend der Realität, dass der einzige Ausgang verschlossen oder die Zahlenkombination für das Opfer unbekannt ist. Mit dem Einsperren wird das Opfer erkennbar und objektiv daran gehindert, den Raum zu verlassen, folglich zum Verweilen gezwungen. Im Fall 12a besteht die Handlung des Täters erneut in dem Vorgang des Abschließens. Allerdings ist die Räumlichkeit, in der sich das Opfer befindet, infolge eines weiteren Ausgangs nicht umschlossen. Die Vorstellung des Täters entspricht nicht der Realität, da er keine Kenntnis von einem weiteren Ausgang hat. Er geht vielmehr davon aus, bereits eine physische Barriere zu errichten, will insofern das Opfer an der Fortbewegung mittels Einsperrung hindern. Hieran ist strafrechtlich anzuknüpfen.

Eine Einsperrung ist hingegen sowohl in Vollendung als auch im Versuch abzulehnen, siehe die Fälle 12b und 12c, wenn weder in objektiver Hinsicht – im Unterschied zu den Fällen 10 und 11 – noch subjektiv für den Täter – im Unterschied zu Fall 12a – eine äußere Vorrichtung gegeben ist, die das Opfer am Verlassen des Raumes hindert. Es kommt vielmehr die Handlungsalternative des § 239 I Alt. 2 StGB in Betracht. Als strafrechtlich anzuknüpfende Handlung des Täters gilt insofern nicht das Abschließen eines Ausgangs. Vielmehr ist darauf abzustellen, dass der Täter die fehlerbehaftete Opfervorstellung ausnutzt oder sogar herbeiführt.

Trotz der Unterschiede in dem vom Täter gezeigten Verhalten scheinen nach der herrschenden Meinung alle Fälle als Einsperrung behandelt zu werden, wenn es heißt, dass eine solche auch dann gegeben ist, wenn das Opfer einen vorhandenen Ausgang nicht kennt oder nicht zu öffnen weiß, ohne dass es hierfür ein (Strafbarkeits-)Bedürfnis gibt. Wird sich dabei weiterhin an die Definition der Einsperrung gehalten, kann nur damit argumentiert werden, dass neben einer äußeren Vorrichtung auch eine sonstige Vorkehrung genügt.[423] Zwar gilt als Vorkehrung im allgemeinen Sprachgebrauch jede (Schutz-) Maßnahme,[424] sodass grundsätzlich jegliche Handlungen erfasst sind. Als eine solche kommt vorliegend in den letztgenannten Fallkonstellationen (Fälle 12b und 12c) die Veränderung oder Ausnutzung der Opfervorstellung in Betracht. Es erscheint jedoch nur schwer begründbar, eine der <u>äußeren</u> Vorrichtung vergleichbare Vorkehrung in der

---

423 So *Schluckebier*, in: LK StGB, Bd. 7/2, [12]2015, § 239 Rn. 13; *Wessels/Hettinger/Engländer*, [41]2017, § 8 Rn. 420, ohne dabei den Begriff der sonstigen Vorkehrung näher zu erläutern.

424 https://de.pons.com/übersetzung?q=Vorkehrung&l=dedx&in=&lf=#, abgerufen am 05.01.2018.

Veränderung oder Ausnutzung der <u>inneren</u> Vorstellung des Opfers zu erkennen. Eine Gleichstellung mit einer äußeren Vorrichtung ist vielmehr abzulehnen. Eine Einsperrung liegt nicht vor. Vielmehr sollten das Hervorrufen einer Fehlvorstellung über einen vorhandenen Ausgang und das Ausnutzen der Unkenntnis des Opfers von diesem Ausgang unter die zweite Handlungsalternative des § 239 I StGB, der Freiheitsberaubung auf sonstige Weise, subsumiert werden.[425]

Insgesamt ist daher entsprechend der vorliegend vertretenen Ansicht festzuhalten, dass es für eine Einsperrung nach § 239 I Alt. 1 StGB einer äußeren Vorrichtung bedarf, die das Verhindern des Verlassens eines Raumes unmöglich macht oder zumindest wesentlich erschwert. Ob die Möglichkeit besteht, den Raum zu verlassen, ist dabei aus einer tatsächlichen Sicht mit Vergleich zu „jedermann" zu beurteilen, und nicht – wie weitestgehend behauptet – anhand der persönlichen Fähigkeiten und Kenntnisse des Opfers.[426] Zwar können diese individuellen Möglichkeiten, die dem konkreten Opfer zur Verfügung stehen, zur Argumentation, ob eine Einsperrung gegeben ist, herangezogen werden. Die Berücksichtigung solcher Kenntnisse vermag den Begriff der äußeren Vorrichtung allerdings nicht zu ersetzen. Geht der Täter lediglich von einer äußeren Vorrichtung aus, die das Verlassen des verschlossenen Raumes hindert, will er das Opfer einsperren, ist mithin wegen Versuchs strafbar. Als äußere Vorrichtung gelten dabei zwar nicht nur solche mechanischer Art, sondern auch sonstige Hindernisse, die ein Verlassen des Raumes unmöglich machen. Eine Grenze ist allerdings zu ziehen, wenn allein die Opfervorstellung vom Täter angegriffen wird, das Opfer insofern von einer falschen Sachlage ausgeht, oder die Fehlvorstellung des Opfers vom Täter ausgenutzt wird. In solchen Fällen ist ein Tatmittel nach § 239 I Alt. 2 StGB zu prüfen. Strafbarkeitslücken entstehen ohne Berücksichtigung der Fähigkeiten und Kenntnisse des Opfers nicht.

(cc) Zusammenfassung: Einsperren

Zusammenfassend ist festzuhalten, dass sich List und Einsperrung zum einen in der Art der Willensbeeinflussung unterscheiden: Während die Einsperrung grundsätzlich einen Angriff auf die Willensausübungsfreiheit darstellt, greift die List die Willensentschließungsfreiheit an. Beide Arten der Willensbeeinflussung

---

425 So wahrscheinlich auch *Rengier*, BT II, [18]2017, § 22 Rn. 8, der das Verheimlichen eines vorhandenen Ausgangs als List erfasst, gleichzeitig aber von dem Verheimlichen gegenüber dem „Eingesperrten" spricht.

426 Dies meint nur den Vergleich zu einem „ähnlichen Jedermann". Dass die Situation objektiv unterschiedlich bewertet wird, wenn ein Ausgewachsener und ein Kind der Fortbewegungsfreiheit beraubt werden, wird vorliegend nicht in Zweifel gestellt.

sind allerdings von § 239 I StGB erfasst, sodass hieraus nicht abzuleiten ist, dass die List als Tatmittel der Freiheitsberaubung ausscheidet. Mit der Einsperrung, deren Charakteristikum eine äußere Vorrichtung ist, wird zudem eine physische Barriere für das Opfer geschaffen. Ob das Opfer eingesperrt ist, ist dabei objektiv – unabhängig von den Fähigkeiten und Kenntnissen des Opfers – zu beurteilen. Der Tatsache entsprechend, dass die Freiheitsberaubung mehrere Handlungsalternativen vorsieht und jeder Alternative ein eigener Wirkbereich zukommen sollte, ist in dem Fall, dass zwar tatsächlich kein Hindernis besteht, das Opfer ein solches aber infolge des Täterverhaltens irrig annimmt oder schlichtweg keine Kenntnis über eine Fortbewegungsmöglichkeit besitzt, § 239 I Alt. 2 StGB zu prüfen.

(b) Gewalt und Drohung

Bezüglich der Freiheitsberaubung auf andere Weise werden als mögliche Tatmittel grundsätzlich Gewalt oder Drohung – zumindest unbestritten, wenn die Drohung mit gegenwärtiger Gefahr für Leib oder Leben erfolgt –,[427] auch die Betäubung, das Nichtanhalten eines Fahrzeugs, das Verweisen auf einen lebensgefährlichen Ausweg,[428] die Fesselung und das Einkesseln[429] genannt. Bezüglich dieser Handlungen könnte somit eine Vergleichbarkeit mit der List geprüft werden. Da aber – wie bereits festgestellt – das Gesetz die List nur dann als ausdrücklich genanntes Tatmittel kennt, wenn sogleich die Anwendung von Gewalt oder die Drohung als Handlungsalternativen in Betracht kommen,[430] beschränkt sich die Untersuchung darauf, ob die List mit diesen beiden Tatmitteln vergleichbar ist.

Im Hinblick auf die vorherrschende Gewaltdefinition[431] fällt zunächst auf, dass es eines körperlich wirkenden Zwanges bedarf. Gegen eine Vergleichbarkeit könnte somit sprechen, dass die listige Einwirkung psychischer Natur ist. Allerdings ist in Übereinstimmung mit der Rechtsprechung anzumerken – ohne dabei über den Gewaltbegriff entscheiden zu wollen –, dass auch psychischer Zwang dazu geeignet ist, physische Barrieren aufzubauen, mithin körperlich zu wirken.[432] Gleichzeitig wurde bereits hinsichtlich der Einsperrung und vor dem Hintergrund des weit gefassten Wortlauts des § 239 I StGB festgestellt, dass mit der Erfassung

427 Siehe Fn. 263.

428 *Kühl*, in: L/K, [28]2014, § 239 Rn. 2.

429 *Rengier*, BT II, [18]2017, § 22 Rn. 7.

430 Siehe unter **B.I.2.a.**

431 Siehe unter **B.I.2.b.(3)**.

432 Sog. Zweite-Reihe-Rspr. des BGH, siehe etwa BGHSt 41, 182 (184 f.) v. 20.07.1995, ohne verfassungsrechtliche Beanstandung durch das BVerfG, siehe BVerfGK 18, 365 (369) v. 07.03.2011.

jeglicher Zwangseinwirkung weitgehender Rechtsgüterschutz besteht. Da sowohl die Gewaltanwendung als auch der Einsatz von List dazu führen können, dass sich das Opfer nicht seiner Fortbewegungsfreiheit bedient, sind List und Gewalt zumindest gleichermaßen geeignet, den Erfolg der Freiheitsberaubung herbeizuführen. Dieses Ergebnis findet umso mehr Bestätigung, als die Drohung mit einer Gefahr für Leib oder Leben als psychischer Zwang gilt[433] und gleichwohl von den Tatmitteln des § 239 I Alt. 2 StGB erfasst ist.

Im Hinblick auf das Schutzgut des 18. Abschnittes – der persönlichen Freiheit – ist darüber hinaus festzuhalten, dass Gewalt, Drohung und List gleichermaßen als Mittel zur Einflussnahme auf Fremdverhalten gelten.[434] Ein Unterschied könnte jedoch in der Weise der Willensbeeinflussung festgestellt werden. Die List greift in die Willensentschließung, die Gewalt – zumindest als vis absoluta – in die Willensbetätigung ein. Dass dieser Unterschied kein wesentlicher ist und nicht zum Ausschluss der List als mögliches Tatmittel der Freiheitsberaubung führt, wurde bereits im Rahmen der Einsperrung behandelt.[435] Unterstützung findet dieses Ergebnis ferner bei Betrachtung der Drohung. Während die Drohung zum Teil als Mittel, welches die Willensausübung betrifft, angesehen wird,[436] äußert etwa *Uhlmann* Bedenken zumindest hinsichtlich der unmittelbaren Einwirkung auf die Willensbetätigung.[437] Die Unmittelbarkeit wird damit begründet, dass mittels Drohung zunächst auf die Willensentschließung im Sinne des psychischen Vorgangs des Wählens eingewirkt wird und der Wille, etwas zu tun oder zu unterlassen, das Ergebnis einer vorausgegangenen Wahl sein soll.[438] Nach *Meyer-Gerhards* wiederum wirkt die Drohung stets auf die Willensentschließung ein, da sie durch das Inaussichtstellen eines künftigen Übels die Wahl des Bedrohten hinsichtlich seines Wollens in eine bestimmte Richtung zwingt.[439] Diese Uneinigkeit begründet sich wie folgt: Es könnte einerseits davon ausgegangen werden, dass der Bedrohte – allein um das Übel, welches der Täter ihm in Aussicht stellt, nicht zu erfahren – seinen Entschluss gänzlich ändert, ihm mithin ein Entschluss aufgezwungen wird. Andererseits ist es ebenso nachvollziehbar anzunehmen, dass der wirkliche Entschluss des Bedrohten bestehen bleibt, er jedoch infolge der Drohung ein anderes, ihm mit der Drohung aufgezwungenes Verhalten aus-

433 Siehe unter **B.I.2.b.(7)**.
434 *Eser/Eisele*, in: Sch/Schr, [29]2014, Vorb. §§ 234 ff. Rn. 6.
435 Siehe unter **B.II.1.e.(2)(a)**.
436 *Lind*, 1915, S. 21.
437 *Uhlmann*, 1930, III.b).
438 *Basedow*, 1935, S. 24, mit Verweis auf RGSt 48, 346 (349 f.) v. 12.07.1914.
439 *Meyer-Gerhards*, JuS 1974, 566, 570.

übt. Unabhängig von einer abschließenden Entscheidung ist festzustellen, dass die Geeignetheit der Drohung als Tatmittel der Freiheitsberaubung nicht allein deswegen, weil sie auf die Willensentschließung einwirken könnte, infrage gestellt wird. Daher ist auch die List nicht aus diesem Grund als Tatmittel des § 239 I Alt. 2 StGB abzulehnen.

Letztlich ist darauf hinzuweisen, dass *Lind* zwar die List als Tatmittel der Freiheitsberaubung anerkennt, diese aber seiner Meinung nach im Gegensatz zu Gewalt und Drohung nicht dazu geeignet sei, Freiheitsberaubung selbst zu sein, da stets noch ein anderes Moment, etwa die Einschließung, hinzutreten müsse.[440] Dem kann nicht gefolgt werden. Es ist zwar zuzugeben, dass der Einsatz von List die Wirkung eines anderen Tatmittels unterstützen kann.[441] Zwingend ist dies jedoch nicht, um den Erfolg der Freiheitsberaubung herbeizuführen.[442]

Die Anerkennung von Gewalt und Drohung als Handlungsinstrumente der Freiheitsberaubung spricht somit nicht gegen die Einbeziehung der List als Tatmittel des § 239 I Alt. 2 StGB.

(3) Zusammenfassung: Systematische Auslegung

Die List ist als Tatmittel des § 239 I Alt. 2 StGB sowohl nach dem sogenannten „äußeren System" als auch – da sie vergleichbar ist mit der Einsperrung sowie mit Gewalt und Drohung – nach dem System innerhalb der Norm anzuerkennen.

f. Ergebnis der Auslegung

Vor dem Hintergrund des Wortlauts von § 239 I Alt. 2 StGB erscheint die List als Tatmittel zur Herbeiführung einer Freiheitsberaubung trotz der weiten Formulierung – „auf andere Weise" – zunächst fraglich, da das listige Verhalten des Täters beim Opfer ein freiwilliges Verhalten auslöst. Insofern erscheint ein Handeln gegen das Opfer, das zum Eintritt eines Freiheitsentzugs führt, problematisch. Sieht sich das Opfer jedoch mit einer Rechtsgüterabwägung zwischen der Fortbewegungsfreiheit einerseits und Leib und Leben andererseits konfrontiert, so ist aufgrund der Wertigkeit von letzteren Schutzgütern von einer

440 *Lind*, 1915, S. 29. Dies erscheint konsequent, weil *Lind* die „Scheinnatur der Hindernisse" nicht für eine Freiheitsberaubung genügen lässt, ebd. S. 14. Warum er dennoch die List als Tatmittel des § 239 StGB anerkennt, ebd. S. 21, bleibt aber fraglich, weil es einem Tatmittel fremd erscheint, nur in Verbindung mit einer anderen Handlung den Erfolg herbeiführen zu können.

441 Siehe unter **B.I.2.b.(3)**.

442 Siehe die Fälle 6 bis 9 unter **B.II.1.b.**

„Entscheidungsreduktion auf null", mithin von einer Beraubung auszugehen. In einem weiten sprachlichen Sinne kann eine Beraubung aber auch dann angenommen werden, wenn der Täter das Opfer in eine Entscheidungssituation bezüglich gleichrangiger Rechtsgüter versetzt, die zulasten der Fortbewegungsfreiheit ausgehen kann. Damit ist listiges Täterhandeln trotz des Umstands, dass es bei dem Opfer ein freiwilliges Verhalten hervorruft, grundsätzlich geeignet, den Erfolg der Freiheitsberaubung herbeizuführen. Die List ist daher von der in § 239 I Alt. 2 StGB enthaltenen Formulierung der Freiheitsberaubung auf andere Weise erfasst.

Auch in historischer Hinsicht ist die List als Tatmittel der Freiheitsberaubung, welche erstmals mit dem Strafgesetzbuch für das Königreich Bayern von 1813 eine im Vergleich zum Allgemeinen Preußischen Landrecht von 1794 weite Formulierung erfahren hat, in Übereinstimmung mit dem damaligen überwiegenden Meinungsbild anzuerkennen.

Da die List zudem dazu geeignet ist, das Rechtsgut der Fortbewegungsfreiheit zu beeinträchtigen, und dieses aufgrund seiner Wertigkeit und der Strafandrohung des § 239 I StGB umfassenden Schutz verdient, spricht auch das Telos für die Anerkennung der List als Tatmittel der Freiheitsberaubung. Dabei gilt, dass § 239 StGB bereits die potentielle körperliche Bewegungsfreiheit schützt.

Aufgrund der Nähe des Tatmittels der List zu Tatbeständen, die sich gegen die persönliche Freiheit richten, ist die Systematik des Strafgesetzbuches Indiz für die Anerkennung der List als Tatmittel des § 239 I Alt. 2 StGB. Im Vergleich zur ausdrücklich genannten Einsperrung und den anerkannten Tatmitteln von Gewalt und Drohung (zumindest mit einer Gefahr für Leib oder Leben) fällt auf, dass alle Handlungsinstrumente den Willen des Opfers – ob dessen Betätigung oder bereits den Entschluss – zu beeinflussen in der Lage sind. Auch die List kann dazu führen, dass das Opfer von seiner Fortbewegungsfreiheit keinen Gebrauch macht, mithin der Erfolg des § 239 I StGB eintritt. Auch eine interne systematische Betrachtung spricht somit für die Anerkennung der List als Tatmittel des § 239 I Alt. 2 StGB.

Die List ist folglich als taugliches Tatmittel der Freiheitsberaubung anzuerkennen.

2. Gestaltung der List als Tatmittel des § 239 I Alt. 2 StGB

Nunmehr bedarf es einer Auseinandersetzung mit der Gestaltung der List als Tatmittel des § 239 I Alt. 2 StGB. Hierzu wird in einem ersten Schritt die List dahingehend untersucht, ob ihr Vorliegen in Abhängigkeit von den Fähigkeiten und Kenntnissen des Opfers zu bestimmen ist (**B.II.2.a.**). Sodann wird geprüft, ob das

Tatmittel der List im Rahmen des § 239 I Alt. 2 StGB etwaige Einschränkungen zu erfahren hat (**B.II.2.b.**). Es folgt eine Zusammenfassung (**B.II.2.c.**).

a. List in Abhängigkeit von Fähigkeiten und Kenntnissen des Opfers

In Bezug auf die Einsperrung wurde festgestellt, dass ihr Vorliegen objektiv, mithin unabhängig von den Fähigkeiten und Kenntnissen des Opfers festgestellt wird.[443] Fraglich ist, ob auch der Einsatz eines listigen Verhaltens durch den Täter in tatsächlicher Hinsicht beurteilt werden sollte, oder ob die Tathandlung der List entfällt, wenn der Betroffene das Täterhandeln nicht ernst nimmt, es mithin durchschaut.

Für eine Handhabung entsprechend der Einsperrung spricht die Regelung der Tathandlungen von Einsperrung und Freiheitsberaubung in sonstiger Weise in einem Tatbestand. Gegen eine Gleichbehandlung könnte allerdings angeführt werden, dass – auch wenn ein kommunikativer Akt kein zwingendes Erfordernis der List ist[444] – ein solcher infolge der Täuschungsähnlichkeit, mithin mit der Ausnahme des Ausnutzens der bloßen Unkenntnis des wahren Sachverhaltes regelmäßig gegeben ist. Die Beziehung zwischen Täter und Opfer ist damit (teilweise) eine engere als in den Fällen des Einsperrens, sodass listiges Verhalten als (regelmäßig) kommunikativer Akt von dem Verständnis des Opfers abhängig sein könnte mit der Folge, dass die individuellen Fähigkeiten und Kenntnisse des Opfers im Rahmen der Beurteilung des Täterverhaltens besonders Berücksichtigung finden müssten.

Hiergegen spricht aber, dass die List nach ihrem definitorischen Verständnis eben keine Opferreaktion erfordert,[445] und es in diesem Sinne seltsam anmutet, dennoch hinsichtlich des Vorliegens der Tathandlung auf die Fähigkeiten und Kenntnisse des Opfers abzustellen. Dies gilt umso mehr, als dass eine Überlistung des Opfers von Rechtsprechung und Literatur gerade nicht verlangt wird, um ein Täterhandeln als listig qualifizieren zu können.[446] Es fragt sich zudem, warum das Täterverhalten in dem Fall, in dem das Opfer die List des Täters erkennt, rechtlich anders beurteilt werden sollte als das Täterverhalten, das zu einer Überlistung des Opfers führt, weist der Täter doch in beiden Konstellationen die gleiche kriminelle Energie auf. Die Bestimmung, ob eine Handlung listig erfolgt, unabhängig

443 Siehe unter **B.II.1.e.(2)(a)(bb)**.

444 Siehe unter **B.I.3.a.**

445 Siehe unter **B.I.3.a.** und **B.I.3.b.**

446 Siehe unter **B.I.2.a.(2)**, insb. Fn. 43 und Fn. 47.

von den Fähigkeiten und Kenntnissen des Opfers vermeidet zufällige Ergebnisse und trägt insofern zur Rechtssicherheit bei.

Ferner ist zu berücksichtigen, dass für listiges Verhalten – im Gegensatz zur Täuschung – nicht jede einfache Lüge genügt.[447] Würde für die Bestimmung, ob ein listiges Verhalten als Tathandlung nach § 239 I Alt. 2 StGB in Betracht kommt, die Opfersicht entscheiden, könnte das Erfordernis eines geflissentlichen und geschickten Verbergens der wahren Absichten schlichtweg umgangen werden, indem das (leichtgläubige) Opfer behauptet, eine auch noch so einfache Lüge habe in ihm die Vorstellung geweckt, seine Fortbewegungsfreiheit nicht ausüben zu können. Umgekehrt wäre der Täter, der sich einem besonders empathischen Opfer gegenübersieht, bessergestellt, obwohl er mit der Ausführung einer grundsätzlich erfolgsgeeigneten Tathandlung einen Angriff auf die Rechtsgüter des Opfers eröffnet. Die Kenntnis des Opfers im Hinblick auf das Täterverhalten sowie der Umgang des Opfers mit dieser Kenntnis sollten daher keinen Einfluss auf das Vorliegen der Tathandlung haben; sie sind vielmehr auf der Ebene des Erfolgseintritts zu berücksichtigen.[448]

Mit Verweis auf die Qualifikation der Freiheitsberaubung als Erfolgsdelikt[449] kann auch dem Einwand begegnet werden, dass die Freiheitsberaubung als Delikt des 18. Abschnitts des Strafgesetzbuches dem Schutz der Freiheit der Willensentschließung und -betätigung zu dienen bestimmt ist und damit missglückte Angriffe auf den Willen nicht als „Vollendungsunrecht" erfasst werden könnten:[450] Das listige Täterhandeln kennzeichnet allein die Art und Weise der Erfolgsherbeiführung, womit ihm ein Handlungsunwert zukommt. Der tatbestandliche Erfolg selbst begründet hingegen den Erfolgsunwert. Tritt dieser Erfolg – etwa infolge eines missglückten Angriffs – nicht ein, weil das Opfer dem Täterhandeln keinen Glauben schenkt und nicht entsprechend der List des Täters agiert, so ist dem Täter auch kein „Vollendungsunrecht" vorzuwerfen.

Letztlich kann im Hinblick auf die Frage der Berücksichtigung der individuellen Fähigkeiten und Kenntnisse des Opfers auch ein Vergleich zur Drohung gezogen werden, bei der es nach umstrittener Auffassung ebenfalls nicht von Bedeutung ist, ob das Opfer die Drohung ernst nimmt.[451] Die Drohung erscheint im Strafgesetzbuch – gleichermaßen wie die List – als ein vom Täter eingesetztes Mittel der Willensbeeinflussung, welches von der Wirkung des Mittels auf den

447 Siehe unter **B.I.2.a.(2)** und **B.I.3.b.**

448 Siehe unter **C.IV.4.a.**

449 Siehe unter **C.I.**

450 So zur Drohung *Rengier*, 2001, S. 1201.

451 Siehe Fn. 83.

Opferwillen, dem Erfolg, zu trennen ist.[452] Hierfür spricht im Hinblick auf die Drohung neben dem erfolgsneutralen Gesetzeswort-laut insbesondere auch ein Vergleich zu dem Verständnis in Bezug auf § 241 StGB, das keine Ernstnahme der Verbrechensdrohung durch das Opfer verlangt.[453]

Das Vorliegen der listigen Tathandlung ist demnach objektiv anhand der Definition der List zu bestimmen: Zu prüfen ist, ob der Täter ein Verhalten zeigt, das darauf abzielt, unter geflissentlichem und geschicktem Verbergen der wahren Zwecke oder Mittel seine Ziele durchzusetzen. Die List erscheint damit gleichermaßen wie die Drohung als „eine Methode des (intentionalen) Angriffs auf die Freiheit der Willensbestimmung".[454] Ein Erfolgsmoment ist der List nach ihrem definitorischen Verständnis nicht eigen, sodass im Rahmen der Prüfung der Tathandlung nicht maßgebend ist, ob das Opfer das Täterhandeln durchschaut. Insgesamt ergibt sich daher, dass das Täterverhalten objektiv – unabhängig von den Fähigkeiten und Kenntnissen des Opfers – zu beurteilen ist.

b. Einschränkungen des Tatmittels im Rahmen des § 239 I Alt. 2 StGB

Teilweise werden an das Tatmittel der List – in Abhängigkeit von dem jeweiligen Tatbestand – erhöhte Anforderungen gestellt.[455]

Fraglich ist daher, ob auch das Delikt der Freiheitsberaubung Einschränkungen erfordert, die festlegen, unter welchen Voraussetzungen eine List tatbestandsmäßig im Sinne des § 239 I Alt. 2 StGB ist. Insofern erscheint insbesondere problematisch, dass bei dem Einsatz von List durch den Täter die tatsächliche Möglichkeit des Verlassens des Aufenthaltsortes im Gegensatz zu einer Einsperrung nicht beseitigt wird und folglich keine absolute Unmöglichkeit der Ausübung der Fortbewegungsfreiheit besteht. Gleiches gilt, wenn der Täter dem Opfer droht, da dieses auch nach der Drohung noch die Möglichkeit besitzt, unter Inkaufnahme des angedrohten Übels seine Fortbewegungsfreiheit auszuüben. Nach dem überwiegend zum Tatmittel der Drohung im Rahmen der Freiheitsberaubung bestehenden Meinungsbild genügt die bloße Drohung mit einem empfindlichen Übel

---

452 *Küper/Zopfs*, [9]2015, Rn. 163; siehe auch unter **C.I.**

453 *Küper/Zopfs*, [9]2015, Rn. 163. Dazu, dass es im Rahmen des § 241 I StGB nur darauf ankommt, dass der Täter objektiv den Eindruck der Ernstlichkeit erweckt und will, dass die Drohung von dem Opfer ernst genommen wird, siehe etwa *Kindhäuser*, BT I, [8]2017, § 14 Rn. 1; *Toepel*, in: K/N/P, [5]2017, § 241 Rn. 10; *Sinn*, in: MüKo StGB, Bd. 4, [3]2017, § 241 Rn. 4; *Rengier*, BT II, [18]2017, § 27 Rn. 2; *Eser/Eisele*, in: Sch/Schr, [29]2014, § 241 Rn. 2.

454 So zur Drohung *Küper*, JuS 1976, 645, 648 (Fn. 30).

455 Siehe unter **B.I.2.b.(2)** sowie **B.I.2.b.(7)**.

nach § 240 I StGB insofern nicht als Tatmittel des § 239 I Alt. 2 StGB.[456] Eine solche sei schlicht ungeeignet, dem Bedrohten die Fortbewegungsfreiheit zu nehmen.[457]

Gegen diese Auffassung ist bereits der weit gefasste Wortlaut des § 239 I Alt. 2 StGB anzuführen, der keinerlei Einschränkungen hinsichtlich der Tatmittel kennt, obwohl das Strafgesetzbuch konsequent zwischen der Drohung mit einem empfindlichen Übel (siehe etwa § 240 I StGB) und der Drohung mit gegenwärtiger Gefahr für Leib oder Leben (siehe etwa § 249 I StGB) differenziert.[458]

Würde dieser Ansicht dennoch gefolgt, könnte dies bedeuten, dass es für das Tatmittel der Freiheitsberaubung nicht ausreichen würde, wenn dem Opfer mangels physischer Schranke die Möglichkeit zur Fortbewegung verbleibt und es die Wahl zwischen Fortbewegung und bloßem Übel hat.[459] Dennoch werden hinsichtlich des Tatmittels der List solche Einschränkungen nicht vorgenommen. Bei konsequenter Übertragung der Ausführungen zur Drohung könnte die List im Rahmen des § 239 I Alt. 2 StGB jedoch nur dann taugliches Tatmittel der Freiheitsberaubung sein, wenn das Täterverhalten bei dem Opfer eine (vermeintliche) Gefahr für dessen Leib oder Leben weckt. Führt die List hingegen dazu, dass sich das Opfer zugunsten anderer Rechtsgüter, etwa der eigenen Scham oder des Vermögens,[460] nicht mehr fortbewegt, so könnte damit eine Strafbarkeit wegen Freiheitsberaubung mangels Tatmitteltauglichkeit aufgrund einer zumutbaren Entscheidung abzulehnen sein. Da mit einer solchen Ansicht der Schutz der Fortbewegungsfreiheit reduziert wird, bedarf diese einer näheren Untersuchung. Die Unzulänglichkeit der einfachen Drohung als Tatmittel der Freiheitsberaubung könnte aus dem Prinzip der Eigenverantwortlichkeit (**B.II.2.b.(1)**) sowie aus dem Bedürfnis der Eigenbedeutung von § 239 I StGB (**B.II.2.b.(2)**) herrühren, sodass im Folgenden diesbezügliche Untersuchungen vorgenommen werden. Ob die ein-

---

456 Siehe Fn. 263.

457 *Schluckebier*, in: S/S/W, ^{3}2016, § 239 Rn. 4, mit Verweis auf BGH, Urteil v. 25.02.1993 – 1 StR 652/92, NJW 1993, 1807, 1807 f.

458 Hinzuweisen ist auf § 234a StGB, in dessen Gesetzeswortlaut lediglich die „Drohung“ Einzug gefunden hat. Es besteht aber – soweit ersichtlich – Einigkeit darüber, dass die Drohung mit einem empfindlichen Übel gemeint ist, siehe etwa *Valerius*, in: BeckOK StGB, Std.: 01.11.2017, § 234a Rn. 5; *Heger*, in: L/K, ^{28}2014, § 234a Rn. 2; *Wieck-Noodt*, in: MüKo StGB, Bd. 4, ^{3}2017, § 234a Rn. 19. Da eine Drohung mit einem empfindlichen Übel jedoch im Vergleich zu einer Drohung mit einer gegenwärtigen Gefahr für Leib oder Leben milder ist, kann hieraus keine Schlussfolgerung für die Drohung im Rahmen des § 239 I StGB, insbesondere dem Erfordernis einer solchen mit einer gegenwärtigen Gefahr für Leib oder Leben, gezogen werden.

459 So auch *Bosch*, Jura 2012, 604, 607.

460 Siehe hierzu die Fälle 7, 8 und 9 unter **B.II.1.b.**

fache Drohung tatsächlich als Tatmittel der Freiheitsberaubung ausscheidet und welche Konsequenzen sich für die List ergeben, ist sodann zusammenzufassen (**B.II.2.b.(3)**).

(1) Prinzip der Eigenverantwortlichkeit

Indem das Opfer die Entscheidung gegen die Fortbewegung und zugunsten anderer Rechtsgüter trifft, könnte das Prinzip der Eigenverantwortlichkeit der Drohung mit einem empfindlichen Übel die Tatmitteltauglichkeit nach § 239 I Alt. 2 StGB nehmen.[461]

Das Prinzip der Eigenverantwortlichkeit des Opfers wird im strafrechtlichen Aufbau in der objektiven Zurechenbarkeit verankert.[462] Nach der hierzu anerkannten Grundformel ist dem Täter ein von ihm verursachter Taterfolg zuzurechnen, wenn er eine rechtlich missbilligte Gefahr geschaffen hat, die sich im tatbestand-

461 So als Begründung zum Ausschluss der bloßen Erschwerung des Gebrauchs der persönlichen Freiheit explizit *Hilgendorf*, in: A/W/H/H, [3]2015, § 9 Rn. 21.

462 *Heuchemer*, in: BeckOK StGB, Std.: 01.11.2017, § 13 Rn. 28; *Kindhäuser*, AT, [8]2017, § 11 Rn. 23; *Wessels/Beulke/Satzger*, [47]2017, § 6 Rn. 259 f. Hierin zeigt sich eine dogmatische Unklarheit: In der **h.M.** der Lit. scheint die Drohung mit einem empfindlichen Übel als Tatmittel der Freiheitsberaubung verneint zu werden. Wird dies aber mit der strafrechtlichen Eigenverantwortlichkeit des Opfers begründet, müsste das Problem exakt in der objektiven Zurechnung im Rahmen des Erfolgs verankert werden, die Drohung mit einem empfindlichen Übel dennoch taugliches Tatmittel sein (**a.A.** *Frisch*, NStZ 1992, 1, 5, der das Prinzip in der Verhaltensweise verankert). Ob tatsächlich an das strafrechtliche Eigenverantwortlichkeitsprinzip angeknüpft wird, erscheint darüber hinaus fragwürdig, da dieses ausdrücklich nur im Zusammenhang mit anders gelagerten Fällen auftritt. So scheint etwa *Walther*, StV 2002, 367, 369, die Fallgruppe der eigenverantwortlichen Selbstgefährdung – entwickelt in Fällen, in denen der Rechtsgutsinhaber agiert – nicht als einschlägig zu erachten in Fallkonstellationen, in denen eine Person als Opfer eines deliktischen Übergriffs ein reaktives Verhalten zeigt. Indem die Entscheidung des Opfers für die Einschränkung der Fortbewegungsfreiheit in den zu untersuchenden Fällen auf einer Drohung des Täters beruht, könnte damit vorliegend auch nicht mit der Eigenverantwortlichkeit argumentiert werden. Der Unterschied zwischen den genannten Anwendungsfeldern des Eigenverantwortlichkeitsprinzips, siehe etwa *Frisch*, NStZ 1992, 1, 1 f.; *Lasson*, ZJS 2009, 359, 359, besteht wahrlich darin, dass trotz einer Veranlassung des Täters die Entscheidung des Opfers frei ist, dieses sich nicht derart in einer „Zwickmühle" befindet wie bei einer Drohung durch den Täter (so schon zur List unter **B.II.1.b.**). Dennoch wird – um der Meinung der Lit. hinreichend Rechnung zu tragen – das strafrechtliche Eigenverantwortlichkeitsprinzip diskutiert.

lichen Erfolg realisiert.[463] Es wird danach gefragt, ob die Erfolgsherbeiführung das Werk des Täters ist.[464] Das Eigenverantwortlichkeitsprinzip besagt dabei, dass sich jeder so verhalten soll, dass er selbst keine Rechtsgüter schädigt.[465] Geht das Opfer dennoch bewusst ein Gefährdungsrisiko ein, das sich sodann realisiert, ist derjenige, der die Gefährdung veranlasst, gefördert oder ermöglicht hat, grundsätzlich straflos.[466] Der Schutzbereich einer Norm, die den Rechtsgutsinhaber vor Eingriffen Dritter bewahren soll, findet insofern seine Grenzen im eigenen Verantwortungsbereich des Betroffenen.[467] Begründet wird das Eigenverantwortlichkeitsprinzip mit dem in einem solchen Fall nicht gegebenen unerlaubten Eingriff in eine fremde Rechtsphäre[468] und dem Respekt vor der durch Art. 1 und Art. 2 GG gewährleisteten Autonomie des Verletzten.[469] Verletzt sich das Opfer selbst, ist der Erfolgseintritt nicht das Werk des Täters, vielmehr das des Opfers.

Für einen Ausschluss der objektiven Zurechnung infolge des Prinzips der Eigenverantwortlichkeit gelten zwei Voraussetzungen: Zum einen muss das Opfer bei der Risikoschaffung maßgeblich mitwirken, das Risiko mithin allein oder zumindest gleichwertig steuern können.[470] Es ist eine Abgrenzung zur einverständlichen Fremdschädigung vorzunehmen,[471] die (analog[472]) der Abgrenzung zwischen Täterschaft und Teilnahme folgt.[473] Die Kriterien letzterer Abgrenzung sind seit jeher umstritten. Das Meinungsbild ist zusammenfassend derart zu statuieren, dass eine Selbstschädigung vorliegt, wenn das Opfer an der Schädigung beteiligt ist, diese aus eigenem Interesse will und/oder das Opfer als Zentralgestalt des Geschehens auftritt, dieses in den Händen hält.[474]

---

463 *Rengier*, AT, ⁹2017, § 13 Rn. 46.

464 *Heinrich*, ⁵2016, S. 440 Rn. 1048; *Rengier*, AT, ⁹2017, § 13 Rn. 48.

465 *Eisele*, BT I, ⁴2017, S. 84 f. Rn. 225.

466 BGHSt 32, 262 (264) v. 14.02.1984; Urteil v. 11.04.2000 – 1 StR 638/99, NJW 2000, 2286, 2287; Beschluss v. 11.01.2011 – 5 StR 491/10, NStZ 2011, 341, 342.

467 *Wessels/Beulke/Satzger*, ⁴⁷2017, § 6 Rn. 260.

468 *Kindhäuser*, AT, ⁸2017, § 11 Rn. 23.

469 *Frister*, ⁷2015, Kap. 10 Rn. 15; zur Begründung im Detail und m.w.N. siehe auch *Luzón Peña*, GA 2011, 295, 299 f.

470 *Kindhäuser*, AT, ⁸2017, § 11 Rn. 24 f.

471 *Eisele*, BT I, ⁴2017, S. 86 f. Rn. 226 f.

472 *Wessels/Beulke/Satzger*, ⁴⁷2017, § 6 Rn. 268.

473 BGHSt 49, 34 (39) v. 11.12.2003.

474 Zur überblicksartigen Darstellung von Tatherrschaftslehre (Schrifttum) und gemäßigt subjektiver Theorie (Rspr.) siehe etwa *Kindhäuser*, AT, ⁸2017, § 38 Rn. 34 ff.; *Rengier*, AT, ⁹2017, § 41 Rn. 7 ff., jeweils m.w.N.

Im Hinblick auf die Drohung mit einem empfindlichen Übel, welche zur Einschränkung der Fortbewegungsfreiheit führt, ergibt sich Folgendes: Das Opfer befindet sich in einer offenen Entscheidungssituation. Diese ist zwar mittels Drohung allein vom Täter herbeigeführt. Gleichzeitig kann aber auch darauf abgestellt werden, dass ausschließlich dem Opfer die Wahlmöglichkeit überlassen ist, sodass dieses das Geschehen in den Händen halten könnte. Ist das Opfer tatsächlich in seiner Fortbewegungsfreiheit beschränkt, so beruht diese Einschränkung ausschließlich auf seiner Letztentscheidung, die sich gegen das Rechtsgut der persönlichen Freiheit richtet. Der tatbestandliche Erfolg wird insofern erst dadurch herbeigeführt, dass das Opfer an eine vom Täter geschaffene Gefahrensituation anknüpft.[475] Die Freiheitsbeschränkung könnte sich somit als das Werk des Opfers darstellen. Indem darüber hinaus die Entscheidung gegen die Fortbewegungsfreiheit gerade getroffen wird, um ein anderes empfindliches Übel abzuwenden, will das Opfer die Beschränkung der Fortbewegungsfreiheit auch zugunsten des Schutzes eines anderen Rechtsgutes, ist mithin an dem Erfolg interessiert. Es könnte daher von einer Selbstschädigung ausgegangen werden.

Gegen eine Selbstschädigung spricht jedoch, dass die Tatherrschaft – als Abgrenzungskriterium zwischen Täterschaft und Teilnahme – als sogenannte „Handlungsherrschaft" allein an die Tathandlung anknüpft.[476] Die Tat beherrscht, wer die Durchführung der Tat eigenhändig vornimmt und damit durch seine Handlung in das Zentrum des Geschehens rückt.[477] Auch wenn das mit einem empfindlichen Übel bedrohte Opfer daher die Wahlmöglichkeit bezüglich der Einschränkung seiner Fortbewegungsfreiheit hat, kann das Opfer die Drohung des Täters selbst nicht beherrschen und auch nicht in anderer Weise beeinflussen.[478] Ein eigenverantwortliches Handeln des Opfers aufgrund einer Selbstschädigung durch die Entscheidung für die Fortbewegungsfreiheit sollte daher bereits mangels Handlungsherrschaft abgelehnt werden.

Selbst wenn allerdings von einer beherrschenden Stellung des Opfers ausgegangen wird, ist die Veranlassung durch die Drohung mit einem empfindlichen

475 *Walther*, StV 2002, 367, 368.

476 *Lasson*, ZJS 2009, 359, 363; *Kühl*, 82017, § 20 Rn. 27; *Roxin*, AT II, 2003, § 25 Rn. 28; *Heine/Weißer*, in: Sch/Schr, 292014, Vorb. §§ 25 ff. Rn. 74; *Wessels/Beulke/Satzger*, 472017, § 16 Rn. 751, Rn. 753; siehe auch BGHSt 53, 55 (60) v. 20.11.2008 sowie LG Berlin, Urteil v. 10.05.2010 – 1 Kap Js 1885/09: „Tatherrschaft über die Gefährdungs- bzw. Schädigungshandlung".

477 *Roxin*, AT II, 2003, § 25 Rn. 28.

478 Dies gilt zumindest dann, wenn die Beurteilung, ob eine Drohung gegeben ist, aus der Täterperspektive vertreten wird, siehe unter **B.II.2.a.** sowie Fn. 83.

Übel vor dem Hintergrund der mittelbaren Täterschaft nach § 25 I Alt. 2 StGB zu untersuchen. Demnach ist (auch) Täter, wer eine Straftat durch einen anderen begeht. *Roxin* entwickelte diesbezüglich verschiedene Kategorien, so unter anderem die der Willensherrschaft kraft Nötigung.[479] Hierbei ist der Nötigende mittelbarer Täter, wenn er durch die Nötigung den Genötigten beherrscht. Derjenige, der dem Opfer mit einem empfindlichen Übel droht, sodass dieses sich gegen seine Fortbewegungsfreiheit entscheidet, könnte somit mittelbarer Täter sein. Eine Besonderheit des Falles besteht dabei in der Nötigung zur Selbstschädigung, die jedoch den gleichen Regeln unterliegt. Der Genötigte wäre nicht Täter. Eine Fremdschädigung läge vor.

Streitig ist nunmehr, wie stark der Nötigungsdruck sein muss, damit von einer Beherrschung des Genötigten, mithin von einer mittelbaren Täterschaft des Nötigenden ausgegangen werden kann. Interessanterweise wird hierbei überwiegend an das Verantwortungsprinzip, welches sich ursprünglich doch bereits an der Abgrenzung von Täterschaft und Teilnahme orientierte, angeknüpft. Dies scheint einen Zirkelschluss zu begründen. Allerdings kann auf das für das Prinzip der Eigenverantwortlichkeit als zweites Prüfkriterium geltende Bedürfnis nach eigenverantwortlichem Handeln zurückgegriffen werden: Während zum Teil gefordert wird, dass das Opfer weder schuldunfähig noch entschuldigt ist, werden herrschend die Voraussetzungen der Einwilligung herangezogen.[480] Es ist folglich danach zu fragen, ob sich das Opfer nach seinen geistigen Fähigkeiten und seiner sittlichen Reife in der konkreten Situation der Bedeutung und Tragweite seiner Handlung bewusst ist.[481] Die Selbstschädigung muss sich als ein „Akt wirklicher Selbstbestimmung" darstellen.[482] Dies ist vorliegend abzulehnen. Indem das Opfer mit einem empfindlichen Übel bedroht wird, handelt es nicht frei von jeglicher Beeinflussung, ist mithin nicht selbstbestimmt.

---

479 Siehe hierzu und zum Folgenden *Roxin*, AT II, 2003, § 25 Rn. 45 ff., insb. Rn. 47 ff.

480 *Amelung*, NJW 1996, 2393, 2395; *Heinrich*, [5]2016, S. 440 Rn. 1048; *Hoffmann-Holland*, [3]2015, S. 45 Rn. 135; *Krey/Esser*, [6]2016, § 11 Rn. 363; *Otto*, Jura 1987, 246, 257; **a.A.**, ausschließlich auf die Schuld des Opfers (§§ 19, 20, 35 StGB, § 3 JGG) abstellend, etwa *Lasson*, ZJS 2009, 359, 362 f.; *Roxin*, 1977, S. 343 ff. (insb. S. 347); *Schünemann*, in: LK StGB, Bd. 1, [12]2007, § 25 Rn. 72 f.; sowohl auf die Schuld als auch auf die Einwilligung abstellend *Kindhäuser*, AT, [8]2017, § 11 Rn. 26 ff.; *Rengier*, AT, [9]2017, § 13 Rn. 79 ff.

481 BGH, Urteil v. 07.08.1984 – 1 StR 200/84, NStZ 1985, 25, 26; *Heinrich*, [5]2016, S. 440 Rn. 1048.

482 *Krey/Esser*, [6]2016, § 11 Rn. 364.

Ohne abschließend über Selbst- oder Fremdschädigung des mit einem empfindlichen Übel Bedrohten entscheiden zu wollen, ist im Ergebnis festzuhalten, dass das Opfer nicht eigenverantwortlich handelt.[483] Somit kann die Eigenverantwortlichkeit des Opfers nicht als Begründung dafür herangezogen werden, die Drohung mit einem empfindlichen Übel aus der Handlungsalternative der Freiheitsberaubung auf andere Weise herauszunehmen, ist das Opfer doch gerade infolge der von dem Täter beherrschten Drohung nicht gänzlich frei in seiner Entscheidung.

(2) Eigenbedeutung des § 239 I StGB

Die Unzulänglichkeit der Drohung mit einem empfindlichen Übel für eine Beraubung der Fortbewegungsfreiheit könnte sich vielmehr auf das Bedürfnis einer Eigenbedeutung des § 239 I StGB gegenüber der Nötigung stützen.[484]

Das Verhältnis beider Delikte zueinander ist daher zu betrachten. Es findet sich insofern vereinzelt die Aussage, dass mit der Verwirklichung der Freiheitsberaubung nahezu stets eine Nötigung zum Nichtgebrauch der Bewegungsfreiheit einherginge. Die Freiheitsberaubung sei lediglich tatbestandsmäßiges Mittel der Nötigung.[485] Einer solchen Auffassung kann wahrlich nur zugestimmt werden, wenn der Täter dem Opfer die Fortbewegungsfreiheit tatsächlich mittels Nötigungshandlung – Gewalt oder Drohung – nimmt. Aufgrund der Vielzahl von Tatmitteln, die § 239 I Alt. 2 StGB infolge des weiten Wortlauts (über Gewalt und Drohung hinaus) erfasst, könnte vielmehr umgekehrt davon auszugehen sein, dass mit der Verwirklichung einer Nötigung, die das Opfer in irgendeiner Form zum Verbleib an einer bestimmten Stelle veranlasst, regelmäßig eine Freiheitsberaubung erfüllt ist. Dabei ist jedoch zuzugeben, dass es seltsam anmutet, demjenigen, der das Opfer in eine Ecke drängt und diesem mit einer Gefahr für Leib oder Leben droht, sollte es nicht eine bestimmte Handlung vornehmen, eine Freiheitsberaubung allein in dem Moment der Drohung vorzuwerfen.

Um dem Delikt des § 239 I StGB einen eigenständigen Anwendungsbereich zu gewähren, wird die Verwirklichung des objektiven Tatbestandes des § 239 I StGB daher nur bei langen und/oder intensiven Eingriffen angenommen.[486]

---

483 So zur Eigenverantwortlichkeit bei Bedrohung etwa auch *Heinrich*, [5]2016, S. 440 Rn. 1048: „regelmäßig"; *Kindhäuser*, AT, [8]2017, § 11 Rn. 28, insb. Fn. 47 mit Verweis auf § 12 Rn. 21; *Krey/Esser*, [6]2016, § 11 Rn. 364; *Rengier*, AT, [9]2017, § 13 Rn. 80.

484 So explizit *Eser/Eisele*, in: Sch/Schr, [29]2014, § 239 Rn. 6.

485 Vgl. *Sonnen*, in: K/N/P, [5]2017, § 239 Rn. 18; nicht nur auf die Nötigung bezogen *Lenz*, in: D/D/K/R, [4]2017, § 239 Rn. 20.

486 Siehe unter **C.II.2.**

Eine Abgrenzung zur Nötigung nach § 240 StGB ist sodann möglich,[487] wobei diese die allgemeine Freiheit zur Willensentschließung und Willensbetätigung hinreichend schützt.[488] Nicht jede Nötigung begründet daher gleichzeitig eine Freiheitsberaubung.

Zu statuieren ist insofern, dass nach der heute überwiegenden Meinung § 239 I StGB dann lex specialis gegenüber § 240 I StGB ist, wenn sich die Nötigung lediglich darin erschöpft, das Opfer am Verlassen eines bestimmten Ortes zu hindern; § 240 StGB ist unanwendbar.[489] Tateinheit kann hingegen vorliegen, wenn von dem seiner Freiheit Beraubten eine andere, weitergehende Verhaltensweise erzwungen werden soll.[490]

Bei Ausschluss der einfachen Drohung aus dem Kreis möglicher Tathandlungen des § 239 I Alt. 2 StGB würde dies Folgendes bedeuten: Während in dem Fall, in dem dem Opfer ein empfindliches Übel angedroht wird, sollte es nicht an einem bestimmten Ort verweilen, als Straftatbestand stets „nur" eine Nötigung in Betracht käme, wäre in dem Fall, in dem das Opfer mittels Gewalt zum Verweilen gezwungen wird, die Freiheitsberaubung spezieller. Die herrschende Meinung erscheint insoweit nicht konsequent, müsste doch mit Verweis auf die Eigenbedeutung von § 239 I StGB auch die Gewaltanwendung – ohne dabei eine Gefahr für Leib oder Leben zu schaffen – aus dem Kreis möglicher Tathandlungen des § 239 I Alt. 2 StGB ausscheiden,[491] oder hinsichtlich der Konkurrenz beider

---

487 So auch *Hilgendorf*, in: A/W/H/H, ³2015, § 9 Rn. 25.

488 So auch *Bosch*, Jura 2012, 604, 606.

489 Siehe etwa RGSt 25, 147 (149) v. 23.02.1894; BGHSt 30, 235 (235) v. 15.10.1981; *Kindhäuser*, BT I, ⁸2017, § 15 Rn. 30; *Wieck-Noodt*, in: MüKo StGB, Bd. 4, ³2017, § 239 Rn. 60; *Wessels/Hettinger/Engländer*, ⁴¹2017, § 8 Rn. 427; **a.A.**, zumindest gegen die Freiheitsberaubung als einen „bloße[n] Spezialfall der Nötigung" BGH, Urteil v. 25.02.1993 – 1 StR 652/92, NJW 1993, 1807, 1807 f.

490 Siehe etwa RGSt 31, 301 (302) v. 17.10.1898; RGSt 55, 239 (241) v. 15.02.1921; BGHSt 30, 235 (235) v. 15.10.1981; *Schluckebier*, in: LK StGB, Bd. 7/2, ¹²2015, § 239 Rn. 55; *Wieck-Noodt*, in: MüKo StGB, Bd. 4, ³2017, § 239 Rn. 60; *Wessels/Hettinger/Engländer*, ⁴¹2017, § 8 Rn. 427.

491 Es wird sich an dem unter **B.I.2.b.(3)** aufgezeigten Gewaltbegriff orientiert, wobei davon ausgegangen wird, dass nicht jeder körperlich wirkende Zwang mit der Eignung, einen erwarteten oder geleisteten Widerstand zu überwinden, zugleich eine Gefahr für Leib oder Leben begründet. Kann dieser Annahme nicht gefolgt werden, so bleibt die Frage bestehen, warum hinsichtlich der List, mittels derer dem Opfer entsprechend dem Einsatz einer Drohung die Wahl zwischen der Fortbewegungsfreiheit und einem Übel eröffnet werden kann, keine Einschränkungen erfolgen.

Delikte zueinander festgestellt werden, dass eine solche bei der Anwendung einer Drohung mit einem empfindlichen Übel nicht bestehen kann. Die Begründung mittels Bedürfnisses einer eigenständigen Bedeutung von § 239 I Alt. 2 StGB überzeugt daher nicht.

(3) Zusammenfassung: Einschränkungen des Tatmittels

Mit der Feststellung, dass sowohl die Eigenverantwortlichkeit des Opfers als auch das Bedürfnis nach der Eigenbedeutung des § 239 I StGB nicht als Argumente dafür angesehen werden können, dass eine Drohung mit einem empfindlichen Übel tatmitteluntauglich im Sinne des § 239 I Alt. 2 StGB ist, fehlt es der Tatmitteluntauglichkeit – insbesondere vor dem Hintergrund des weit gefassten Wortlauts des § 239 I Alt. 2 StGB – an einer nachvollziehbaren Begründung.

Die Argumentation, die dazu dienen soll, die Drohung mit einem empfindlichen Übel als taugliches Tatmittel des § 239 I Alt. 2 StGB abzulehnen, ist darüber hinaus nicht auf die List übertragbar: Auch wenn in der Entscheidungssituation eine Wahlmöglichkeit besteht und daher insbesondere infolge der Freiwilligkeit[492] – und unabhängig von der fehlenden Handlungsherrschaft des Opfers[493] – eine Selbstschädigung angenommen werden könnte, so ist gleichzeitig zu beachten, dass sich das Opfer regelmäßig in einer Willensbeeinflussung befindet. Gegen eine Selbstschädigung ist daher auch folgender Gedanke anzustrengen: In Literatur und Rechtsprechung findet sich die Aussage, dass das Eigenverantwortlichkeitsprinzip dann nicht gelte, wenn der Hintermann das Geschehen kraft überlegenen Wissens besser überblickt.[494] Dies entstammt erneut den Ausführungen zur mittelbaren Täterschaft nach § 25 I Alt. 2 StGB, bei der der Hintermann sein Opfer durch Täuschung zu einer Selbstschädigung bestimmt. In solchen Fällen „liegt nach einhelliger Meinung mittelbare Täterschaft vor."[495] Eine ähnliche Situation ergibt sich bei der Anwendung von List: Der Täter bringt das Opfer regelmäßig in eine nur vermeintlich bestehende Entscheidungssituation. Indem er weiß, dass das Opfer bei Aufgabe seiner Fortbewegungsfreiheit

---

492 Siehe unter **B.II.1.b.**

493 Siehe unter **C.IV.4.a.** In Bezug auf das listige Täterverhalten kann mangels Tatherrschaft des Opfers eigentlich keine mittelbare Täterschaft angenommen werden, siehe auch **C.IV.3.a.(3)**. Eine Auseinandersetzung – unter Ausblendung der fehlenden Handlungsherrschaft – erfolgt nur deshalb, um dem Prinzip der Eigenverantwortung umfassend Rechnung zu tragen.

494 BGH, Urteil v. 07.08.1984 – 1 StR 200/84, NStZ 1985, 25, 26; *Wessels/Beulke/Satzger*, [47]2017, § 6 Rn. 269.

495 So explizit *Heine/Weißer*, in: Sch/Schr, [29]2014, § 25 Rn. 12 m.w.N.

tatsächlich kein empfindliches Übel trifft, besitzt der Täter im Vergleich zu dem Opfer überlegene Sachkenntnis. Täter und Opfer finden sich einer unterschiedlichen Entscheidungsgrundlage gegenüber. Das Opfer hat zwar Kenntnis von der (schädigenden) Wirkung des eigenen Entschlusses zum Verweilen, da es bewusst auf seine Fortbewegung verzichtet, glaubt dies jedoch zum Schutz eines anderen Rechtsgutes tun zu müssen. Insofern stehen der Annahme einer Selbstschädigung weitere Bedenken gegenüber. Da das Eigenverantwortlichkeitsprinzip selbst bei der Drohung mit einem empfindlichen Übel aber nicht als Rechtfertigung für eine Tatmitteluntauglichkeit angeführt werden kann, ist dieses auch nicht zwingend auf die List – infolge der Vergleichbarkeit der Tatmittel – übertragbar. Es wird daher von dem Gedanken der Eigenverantwortlichkeit Abstand genommen. Es verbleibt folglich das Argument der Eigenbedeutung des § 239 I StGB gegenüber § 240 I StGB. Dass – zumindest überwiegend – eine Strafbarkeit wegen Nötigung in Betracht kommt, wenn der Täter seinem Opfer mit einem empfindlichen Übel droht, ist nachvollziehbar. Die List stellt allerdings kein taugliches Tatmittel der Nötigung dar,[496] sodass in Fällen einer Freiheitsberaubung mittels List nicht regelmäßig auf § 240 I StGB verwiesen werden kann. Die Ablehnung des Tatmittels der List in Fällen, in denen sich das Opfer lediglich einem empfindlichen Übel ausgesetzt sieht, wenn es von seiner Fortbewegungsfreiheit Gebrauch macht, hält daher auch vor dem Hintergrund der Eigenbedeutung des § 239 I StGB einer Untersuchung nicht stand.

Die List ist somit als ein Verhalten, mit dem der Täter geflissentlich und geschickt seine wahren Absichten verbirgt, um ein eigenes Ziel zu verfolgen, uneingeschränkt als Tatmittel des § 239 I Alt. 2 StGB anzuerkennen.

c. Ergebnis: Gestaltung der List als Tatmittel des § 239 I Alt. 2 StGB

Festzuhalten ist, dass die List mögliches Tatmittel der Freiheitsberaubung ist und insofern eine Strafbarkeit des Täters nach § 239 I Alt. 2 StGB begründen kann. Die List unterliegt keinen Einschränkungen. Ob der Täter listig handelt, ist dabei aus einer objektiven Perspektive heraus zu bestimmen. Es ist folglich im Rahmen des Prüfungspunktes der Tathandlung, mithin innerhalb des objektiven Tatbestandes der Prüfung einer Freiheitsberaubung festzustellen, ob der Täter geschickt und geflissentlich zur Verbergung seiner wahren Absichten gehandelt hat.

496 Siehe unter **B.I.2.b.(3)**.

3. Ergebnis: Anerkennung der List als Tatmittel des § 239 I Alt. 2 StGB

Die List ist als Tatmittel der Freiheitsberaubung anzuerkennen.

III. Zusammenfassung: List

Nach der allgemein anerkannten und vorliegend nicht in Frage gestellten Definition ist List ein Verhalten, das darauf abzielt, unter geflissentlichem und geschicktem Verbergen der wahren Zwecke oder Mittel die Ziele des Täters durchzusetzen. Ein listiges Handeln ist somit geprägt durch Finalität und den Einsatz von Schlauheit und Klugheit. Eines heimlichen Verhaltens sowie einer Überlistung bedarf es nicht. Ob die bloße Verweigerung der Auskunft bereits als listig einzuordnen ist, hängt von den Umständen des Einzelfalls ab.

Im allgemeinen Sprachgebrauch wird der List das Element der Täuschung zugesprochen. Im Strafrecht sind die Begriffe voneinander zu unterscheiden, wobei ein Handeln durch List grundsätzlich weiter gefasst ist. Dies ist hauptsächlich darauf zurückzuführen, dass ein listiges Täterverhalten keine kommunikative Beziehung zu dem Betroffenen voraussetzt und auch keine Reaktion des Opfers, insbesondere in Form des Unterliegens einer Fehlvorstellung, erfordert. Folglich kann ein listiges Handeln auch dann angenommen werden, wenn unmittelbar lediglich auf Maschinen oder Automaten eingewirkt wird.

Während ein listiges Verhalten teilweise lediglich eine Strafschärfung begründen kann, findet sich die List als Tatmittel im Strafgesetzbuch explizit nur im 18. Abschnitt, der die Freiheit der Willensentschließung und -betätigung schützt. Listiges Verhalten ist insofern darauf gerichtet, die Willensfreiheit in Form der Willensentschließung anzugreifen. Es bedarf dabei keiner Täuschung des Opfers. Vielmehr genügt auch das Ausnutzen eines bereits bestehenden Irrtums oder der Unkenntnis des wahren Sachverhalts.

Die List kann auch dann taugliches Tatmittel sein, wenn sie nicht ausdrücklich als ein solches in einem Tatbestand aufgeführt ist. So ist die List als Tathandlung des § 239 I Alt. 2 StGB anzuerkennen. Dies ist insbesondere darauf zurückzuführen, dass die weite Formulierung der „Freiheitsberaubung auf andere Weise" (lediglich) ein Tatmittel erfordert, das dazu geeignet ist, den Erfolg der Freiheitsberaubung eintreten zu lassen. Eine solche Eignung zur Herbeiführung des Taterfolgs in Form der Beeinträchtigung zumindest der potentiellen Fortbewegungsfreiheit ist der List trotz der ihr immanenten Freiwilligkeit zuzusprechen.

Ob der Täter listig im Sinne der genannten Definition handelt, ist dabei – ebenso wie das Bestimmen einer Einsperrung nach § 239 I Alt. 1 StGB – objektiv zu beurteilen. Die Fähigkeiten und Kenntnisse des Opfers bleiben im Rahmen der Prüfung der Tathandlung unberücksichtigt. Folglich kommt mangels äußerer Vorrichtung die List als Tatmittel in Betracht, wenn sich das Opfer nur eingesperrt fühlt, da es einen vorhandenen Ausgang nicht erkennt.

Eine Einschränkung erfährt die List auf Ebene der Tathandlung nicht. Vielmehr ist nur festzustellen, ob der Täter listig, insbesondere geschickt und geflissentlich handelt.

C. Der Taterfolg der Freiheitsberaubung

Es bedarf darüber hinaus der Betrachtung des Taterfolgs der Freiheitsberaubung. Dazu wird in einem ersten Schritt die Freiheitsberaubung als Erfolgs- und Dauerdelikt qualifiziert (**C.I.**). Sodann werden die Charakteristika des von § 239 I StGB geforderten Taterfolgs bestimmt (**C.II.**). Hieran schließt sich die Darstellung der Zustimmung des Opfers zu einer Freiheitsberaubung an (**C.III.**), um sodann das mittels List erschlichene Einverständnis im Rahmen des § 239 I StGB behandeln zu können (**C.IV.**).

I. Die Freiheitsberaubung als Erfolgs- und Dauerdelikt

Die Freiheitsberaubung stellt ein reines Erfolgsdelikt dar.[497] Dies bedeutet, dass neben der tatbestandlichen Handlung auch ein bestimmter, von der Handlung gedanklich abgrenzbarer Erfolg in der Außenwelt in Form einer Verletzung oder Gefährdung eintreten muss.[498] Es genügt mithin nicht – im Gegensatz zu den schlichten Tätigkeitsdelikten –, allein eine Handlung vorzunehmen; diese muss vielmehr einen Erfolg herbeiführen.[499] Der Erfolg besteht im Rahmen des § 239 I Alt. 2 StGB, entsprechend dem Schutzgut der Vorschrift,[500] in der Aufhebung der körperlichen Bewegungsfreiheit, mithin im Entzug der Möglichkeit einer Ortsveränderung.

Es verwundert insofern, dass die Prüfung des objektiven Tatbestandes des § 239 I StGB überwiegend zweigliedrig erfolgt: Während in einem ersten Schritt das taugliche Tatobjekt besprochen und hierbei das Problem des geschützten Personenkreises im Zusammenhang mit dem Schutzgut behandelt wird,[501] findet in einem zweiten Schritt die Betrachtung der Tathandlung statt.[502] Nur selten wird innerhalb der Tathandlung sodann das Erfordernis eines Erfolges explizit erwähnt.[503] Erst recht besteht nach den meisten Prüfungsschemata kein eigenständiger Prüfungspunkt, der den Erfolg des § 239 I StGB enthält.[504] Dies könnte

---

497 *Wieck-Noodt*, in: MüKo StGB, Bd. 4, ³2017, § 239 Rn. 9.
498 *Heinrich*, ⁵2016, S. 74 Rn. 214; *Kindhäuser*, AT, ⁸2017, § 8 Rn. 18.
499 *Heinrich*, ⁵2016, S. 74 Rn. 214.
500 Siehe unter **B.I.2.a.** sowie **B.II.1.d.**
501 Siehe unter **B.II.1.d.(2)** sowie **B.II.1.d.(3)**.
502 Siehe Fn. 3.
503 *Sonnen*, 2005, S. 41.
504 So aber *Gössel/Dölling*, ²2004, § 19 Rn. 5 ff.; *Kindhäuser*, BT I, ⁸2017, § 15 Rn. 6 ff.

darauf zurückzuführen sein, dass die Tathandlungen des § 239 I StGB mit dem Oberbegriff der Freiheitsberaubung die Verletzung der Fortbewegungsfreiheit als Erfolg (zumindest sprachlich) bereits einzuschließen vermögen.[505] In dogmatischer Hinsicht, mithin vor dem Hintergrund der Freiheitsberaubung als Erfolgsdelikt erscheint es allerdings angemessen, innerhalb des objektiven Tatbestandes dreigliedrig zu prüfen: Der Bestimmung des Tatobjektes (i) sollte die Prüfung der tauglichen Tathandlung (ii) folgen. Sodann ist der Erfolg der Freiheitsberaubung (iii) zu diskutieren. Daher wird der Erfolg der Freiheitsberaubung vorliegend von der Darstellung der List als tauglichem Tatmittel des § 239 I Alt. 2 StGB getrennt behandelt.

Darüber hinaus gilt, dass § 239 I StGB ein Dauerdelikt darstellt.[506] Dauerdelikte zeichnen sich dadurch aus, dass der Täter in deliktischer Weise einen andauernden rechtswidrigen Zustand herbeiführt oder pflichtwidrig nicht beseitigt und diesen Zustand willentlich aufrechterhält.[507] Der Unterschied zu sogenannten Zustandsdelikten besteht darin, dass der strafrechtliche Vorwurf nicht allein an die Herbeiführung, sondern auch an das Aufrechterhalten des rechtswidrigen Zustands anknüpft.[508] Im Rahmen der Freiheitsberaubung wird daher mit dem Eintritt des Freiheitsentzugs eine Strafbarkeit begründet; die Freiheitsberaubung ist vollendet. Sie besteht allerdings so lange fort, wie der Täter die Situation des Freiheitsentzugs beim Opfer aufrechterhält. Erst dann, wenn die Möglichkeit der Fortbewegung wieder gegeben ist, mithin die Fortbewegungsfreiheit des Opfers wiederhergestellt ist, ist eine Freiheitsberaubung beendet.[509]

II. Charakteristika des Taterfolgs

Nunmehr wird der Taterfolg des § 239 I StGB näher charakterisiert – einerseits im Hinblick auf den Ort der Freiheitsberaubung (**C.II.1.**), andererseits betreffend die Überschreitung einer Bagatellgrenze (**C.II.2.**) sowie die Unmöglichkeit bzw. Unzumutbarkeit der Fortbewegung (**C.II.3.**). Hierbei wird stets auf die Herbei-

---

505 So auch *Gössel/Dölling*, ²2004, § 19 Rn. 5, die jedoch trotzdem den Taterfolg als eigenen Prüfungspunkt behandeln, ebd. Rn. 17 ff.

506 *Wieck-Noodt*, in: MüKo StGB, Bd. 4, ³2017, § 239 Rn. 8.

507 BGHSt 36, 255 (257) v. 03.10.1989 m.w.N.; BGHSt 42, 215 (216) v. 07.08.1996; *Sternberg-Lieben/Bosch*, in: Sch/Schr, ²⁹2014, Vorb. §§ 52 ff. Rn. 81.

508 *Sternberg-Lieben/Bosch*, in: Sch/Schr, ²⁹2014, Vorb. §§ 52 ff. Rn. 82.

509 *Hilgendorf*, in: A/W/H/H, ³2015, § 9 Rn. 35; *Bockelmann*, 1977, § 18 S. 88; *Sonnen*, in: K/N/P, ⁵2017, § 239 Rn. 23.

führung dieses Erfolgs durch List Bezug genommen. Es folgt eine Zusammenfassung (**C.II.4.**).

1. Ort der Freiheitsberaubung

Zunächst ist festzusetzen, welche Anforderungen an die Räumlichkeit zu stellen sind, in der das Opfer verweilt, ohne die Möglichkeit zur Ortsveränderung zu haben. Eine Freiheitsberaubung mittels Einsperrung kann, so ist anerkannt,[510] auch dann gegeben sein, wenn sich der Täter mit dem Opfer gemeinsam einsperrt; einer räumlichen Trennung bedarf es nicht. Der Ort der Freiheitsberaubung ist dabei ein umfassender und kann folglich auch ein beweglicher sein.[511] Für eine andere Bestimmung des Ortes in den Fällen, in denen der Täter die Freiheitsberaubung nicht mittels Einsperrung, sondern auf andere Weise, insbesondere durch List, vornimmt, ergeben sich keine Anhaltspunkte.[512]

2. Überschreitung einer Bagatellgrenze

Im Rahmen des Tatbestands der Freiheitsberaubung wird eine Einschränkung derart vorgenommen, dass ganz unerhebliche Beeinträchtigungen - nach Dauer und Intensität - nicht dem Erfolg der Freiheitsberaubung genügen.[513] Es ist eine Bagatellgrenze zu überschreiten, wobei eine flexible Handhabung vorgenommen wird. Eine kurze Dauer kann durch einen besonders intensiven Eingriff zum Ausgleich und damit zur Strafbarkeit nach § 239 I StGB gelangen.[514] Das Reichs-

---

510 Siehe etwa *Lenz*, in: D/D/K/R, [4]2017, § 239 Rn. 6; *Eidam*, in: M/R, 2013, § 239 Rn. 9. Dass die Ausführungen zum Ort der Freiheitsberaubung im Rahmen der Tathandlung des Einsperrens erfolgen, entspricht der nur zweigliedrigen Prüfung des objektiven Tatbestandes.

511 BGH, Beschluss v. 01.03.2001 - 4 StR 31/01, NZV 2001, 352, 353; *Park/Schwarz*, Jura 1995, 294, 296; *Schluckebier*, in: S/S/W, [3]2016, § 239 Rn. 3.

512 Zuzugeben ist dabei, dass eine den Täter und das Opfer gleichermaßen treffende Beschränkung der Fortbewegungsfreiheit durch List schwerlich vorstellbar ist, zielt die List doch auf eine Willensbeeinflussung ab, der der Täter gerade nicht unterliegt. Zumindest eine körperliche Anwesenheit des Täters stört jedoch nicht.

513 BGH, Beschluss v. 03.12.2002 - 4 StR 432/02, NStZ 2003, 371, 371; Beschluss v. 21.01.2003 - 4 StR 414/02, NStZ-RR 2003, 168, 168; *Valerius*, in: BeckOK StGB, Std.: 01.11.2017, § 239 Rn. 13; *Bosch*, Jura 2012, 604, 606; *Gössel/Dölling*, [2]2004, § 19 Rn. 20; *Sonnen*, in: K/N/P, [5]2017, § 239 Rn. 18; *Wieck-Noodt*, in: MüKo StGB, Bd. 4, [3]2017, § 239 Rn. 19; *Eser/Eisele*, in: Sch/Schr, [29]2014, § 239 Rn. 4.

514 BGH, Urteil v. 20.01.2005 - 4 StR 366/04, NStZ 2005, 507, 508; *Wieck-Noodt*, in: MüKo StGB, Bd. 4, [3]2017, § 239 Rn. 19.

gericht hat den Ansatz, die Zeit eines „Vaterunser" genüge nicht, als irrelevant abgelehnt, weil dem Opfer unabhängig von der Dauer die Fortbewegung tatsächlich unmöglich war,[515] sowie eine Freiheitsberaubung für zwei bis drei Minuten[516] anerkannt. Der Bundesgerichtshof hält es grundsätzlich für unerheblich, wenn die Freiheitsberaubung „nicht sehr lange dauert",[517] hat die Erfüllung des objektiven Tatbestands im Falle des Abschließens der Wohnung für etwa eine Minute nicht in Frage gestellt,[518] eine Freiheitsberaubung hingegen in einem Fall abgelehnt, in dem der Täter das Opfer in seinen Pkw bringt, es diesem jedoch „unmittelbar danach" gelingt, zu entkommen,[519] gleichermaßen in einem Falle des nur „kurzzeitige[n] Festhalten[s] des Gegners im Verlauf einer körperlichen Auseinandersetzung".[520]

Begründet wird eine solche Ausklammerung von kurzen und leichten Eingriffen mit dem Bezug des § 239 I StGB zu anderen Delikten, mithin dem Ausschluss von Fällen, in denen gegenüber dem Regelungsbereich eines anderen Delikts kein eigenständiges Unrecht verwirklicht wird. Zu betrachten ist etwa das Verhältnis der Freiheitsberaubung zur Körperverletzung: In dem Moment der körperlichen Misshandlung, einer Gewaltanwendung, ist das Opfer ebenso daran gehindert, seine Fortbewegungsfreiheit auszuüben. Die Verwirklichung des § 223 StGB impliziert damit regelmäßig die Beeinträchtigung auch der Fortbewegungsfreiheit, trägt dem Täterunrecht aber bereits Rechnung. Die „Freiheitsberaubung" ist bloße Nebenfolge.[521]

Eine solche Situation, in der dem Tatbestand des § 239 I StGB keine Eigenständigkeit zuteil wird, kann auch bei der Anwendung von List bestehen: Spiegelt der Täter vor, er sei Polizist und führe Durchsuchungen von Personen durch, um dem Opfer die Brieftasche entwenden zu können, so dient die List der Verwirklichung eines Trickdiebstahles. In der (kurzen) Zeit der Durchsuchung ist das Opfer ebenso daran gehindert, seine Fortbewegungsfreiheit auszuüben; der Erfolg der Freiheitsberaubung könnte erfüllt sein. Dennoch liegt der Schwerpunkt der strafrechtlichen Vorwerfbarkeit in der Verwirklichung des § 242 I StGB, wobei diese Regelung dazu geeignet ist, das gesamte Täterunrecht – die Vorspiegelung

---

515 RGSt 7, 259 (260) v. 28.11.1882.

516 RGSt 33, 234 (235 f.) v. 09.04.1900.

517 BGHSt 14, 314 (315) v. 31.05.1960.

518 BGH, Urteil v. 14.12.1966 – 2 StR 346/66, NJW 1967, 941, 942.

519 BGH, Urteil v. 25.03.2010 – 4 StR 594/09, NStZ 2010, 515, 516.

520 BGH, Beschluss v. 03.12.2002 – 4 StR 432/02, NStZ 2003, 371, 371.

521 *Lenz*, in: D/D/K/R, [4]2017, § 239 Rn. 20; § 239 StGB mit Verweis auf § 223 StGB ablehnend etwa auch *Hilgendorf*, in: A/W/H/H, [3]2015, § 9 Rn. 24; *Rengier*, BT II, [18]2017, § 22 Rn. 13.

des Polizistenamtes (gegebenenfalls zusätzlich durch § 132a I Nr. 4 StGB erfasst) und des vermeintlichen Durchsuchungsrechts sowie das Entwenden der Brieftasche – zu würdigen.

Insgesamt erscheint es daher sinnvoll und vor dem Hintergrund eines umfassenden Rechtsgüterschutzes auch gerechtfertigt, den Erfolg der Freiheitsberaubung in allen Fällen, in denen die Beeinträchtigung der Fortbewegungsfreiheit von geringer Dauer und Intensität ist, abzulehnen. Geht die Beschränkung nicht über das hinaus, was zur Tatbestandsverwirklichung eines anderen Delikts erforderlich ist, gelangt § 239 I StGB nicht zur Anwendung.[522] Bei der Herbeiführung des Taterfolgs mittels List ist daher gleichfalls eine Erheblichkeitsschwelle zu überschreiten. Bagatellfälle können keine (listige) Freiheitsberaubung begründen.

3. Unmöglichkeit/Unzumutbarkeit der Fortbewegung

Um den Erfolg der Freiheitsberaubung – den Freiheitsentzug – herbeizuführen, bedarf es grundsätzlich der vollständigen Aufhebung der Fortbewegungsfreiheit, sodass der Betroffene als Gefangener oder absolut Unfreier erscheint.[523] Eine solche Situation der Unmöglichkeit des Verlassens des Aufenthaltsortes mittels physischer Blockade herbeizuführen, ist dabei leichter vorstellbar als die Erzeugung einer nicht zu beseitigenden psychischen Fortbewegungsschranke. Problematisch sind insofern die Fälle, in denen tatsächlich eine Möglichkeit zur Ausübung der Fortbewegungsfreiheit gegeben ist, das Opfer aber von dieser Möglichkeit infolge einer psychischen Barriere – etwa aufgrund einer vom Täter ausgesprochenen Drohung mit einer gegenwärtigen Gefahr für Leib und Leben – keinen Gebrauch macht. Überwiegend wird daher vertreten, dass die Unmöglichkeit, sich zu entfernen, für die Verwirklichung des Taterfolgs der Freiheitsberaubung nicht unüberwindbar sein muss.[524] Dies erscheint dadurch, dass der Tatbestand des § 239 I StGB anerkanntermaßen auch psychisch wirkende Tatmittel erfasst, folgerichtig. Es wird insofern auf das Kriterium der Unzumutbarkeit zurückgegriffen, sodass der Erfolg der Freiheitsberaubung nicht nur bei Unmöglichkeit, sondern auch dann gegeben sein soll, wenn dem Opfer die Ausübung seiner Fortbewegungs-

---

522 So BGH, Beschluss v. 21.01.2003 – 4 StR 414/02, NStZ-RR 2003, 168, 168.

523 BGH, Urteil v. 25.02.1993 – 1 StR 652/92, NJW 1993, 1807, 1807; Urteil v. 22.01.2015 – 3 StR 410/14, NStZ 2015, 338, 339; *Wessels/Hettinger/Engländer*, [41]2017, § 8 Rn. 420.

524 RGSt 8, 210 (211) v. 10.04.1883; BGH, Beschluss v. 08.03.2001 – 1 StR 590/00, NStZ 2001, 420, 420; *Sonnen*, in: K/N/P, [5]2017, § 239 Rn. 16; *Schluckebier*, in: LK StGB, Bd. 7/2, [12]2015, § 239 Rn. 14; *Wieck-Noodt*, in: MüKo StGB, Bd. 4, [3]2017, § 239 Rn. 21; *Eser/Eisele*, in: Sch/Schr, [29]2014, § 239 Rn. 5.

freiheit unzumutbar ist.[525] Dabei werden an die Unzumutbarkeit weitestgehend hohe Anforderungen gestellt.[526] Das Ergebnis der Prüfung ist einzelfallabhängig.[527] Unzumutbarkeit liege in jedem Fall dann vor, wenn dem Opfer nur die Wahl bleibt, das Hindernis unter Inkaufnahme einer Gefahr für Leib und Leben zu überwinden.[528] Dies ist nachvollziehbar, mündet eine Wahlmöglichkeit zulasten der bedeutsamen Rechtsgüter Leib und Leben doch in eine Alternativlosigkeit.[529] Ebenso kann zur Begründung (erneut) § 35 I StGB herangezogen werden. Nach dessen S. 1 handelt derjenige, der in einer gegenwärtigen, nicht anders abwendbaren Gefahr für Leben, Leib oder Freiheit eine rechtswidrige Tat begeht, um die Gefahr von sich, einem Angehörigen oder einer anderen ihm nahestehenden Person abzuwenden, ohne Schuld. Das Gesetz trifft insofern die Wertung, dass die Rechtsgüter Leben, Leib und Freiheit – wobei hiermit die körperliche Bewegungsfreiheit gemeint ist – in ihrem Rang zumindest ungefähr gleichwertig sind. Der herrschenden Meinung, die die Drohung mit einem empfindlichen Übel nach § 240 I StGB ausschließen und nur eine solche mit einer gegenwärtigen Gefahr für Leib oder Leben als tatmitteltauglich gelten lassen will,[530] ist folglich insofern zuzustimmen, als dass in der Situation, in der dem Opfer mit einer Gefahr für Leib und Leben gedroht wird, stets der Erfolg der Freiheitsberaubung nach § 239 I Alt. 2 StGB eintritt.[531] Setzt der Täter damit ein listiges Verhalten ein, infolgedessen das Opfer seine Fortbewegungsfreiheit nur unter einer (vermeintlichen) Gefahr für Leib und Leben realisieren kann, kann dieses – zwar nicht aufgrund absoluter Unmöglichkeit, aber infolge der Unzumutbarkeit – den Erfolg einer Freiheitsberaubung begründen.

Ebenso wird vertreten, dass eine bloße Erschwerung des Gebrauchs der körperlichen Bewegungsfreiheit, etwa aufgrund von Ungewöhnlichkeit, Beschwerlichkeit oder Unschicklichkeit eines verbleibenden Auswegs, nicht zur Herbeiführung des Erfolgs genüge; dem Opfer sei die Ausübung der Fortbewegungsfreiheit

525 Siehe bereits unter **B.II.1.b.**

526 *Eidam*, in: M/R, 2013, § 239 Rn. 11; *Park/Schwarz*, Jura 1995, 294, 296: „Unzumutbarkeit nur in extrem gelagerten Ausnahmefällen".

527 *Lenz*, in: D/D/K/R, ⁴2017, § 239 Rn. 7; *Wieck-Noodt*, in: MüKo StGB, Bd. 4, ³2017, § 239 Rn. 30.

528 *Eisele*, BT I, ⁴2017, S. 156 f. Rn. 435; *Wieck-Noodt*, in: MüKo StGB, Bd. 4, ³2017, § 239 Rn. 32.

529 Siehe unter **B.II.1.b.** sowie zum Schweregrad allein der Leibesgefahr unter **C.IV.4.c.(1)(d).**

530 Siehe unter **B.II.2.b.**

531 Siehe aber zum Schweregrad allein der Leibesgefahr unter **C.IV.4.c.(1)(d).**

weiterhin zumutbar.[532] Hierzu ist anzumerken, dass mit der „Erschwerung des Gebrauchs der Fortbewegungsfreiheit“ kein objektives und damit der Rechtssicherheit dienendes Kriterium geschaffen wird: Was für den einen eine tatsächlich hemmende Erschwernis, gar Unmöglichkeit darstellen kann, ist dem anderen niemals Hinderung genug an der Ausübung seiner Fortbewegungsfreiheit.[533] Zudem ist auf das Kriterium des Überschreitens einer Bagatellgrenze zu verweisen,[534] das in der Intensität geringe Eingriffe als geeignete Verhaltensweisen einer Freiheitsberaubung bereits ausschließen kann. Diesen Gedankengängen steht allerdings der im Strafrecht äußerst entscheidende und als Grenze wirkende Wortlaut des § 239 I StGB gegenüber, der eine Freiheitsberaubung, mithin den Entzug der Fortbewegungsfreiheit fordert.[535] Ist dem Opfer die Möglichkeit, sich zu bewegen, faktisch nicht genommen, sondern lediglich – etwa, weil einer von drei möglichen Ausgängen unbenutzbar oder das Verlassen eines ebenen Raumes nur über ein Fenster möglich ist – zumutbar erschwert, so kann nicht von einer tatsächlichen Beschränkung im Sinne eines Entzugs der Fortbewegungsfreiheit auszugehen sein. Die Freiheit, einen Raum über einen bestimmten Ausgang oder auf einem bestimmten Weg zu verlassen, ist vielmehr von der allgemeinen Handlungsfreiheit umfasst. Mit dem Rechtsgüterschutz, den § 239 I StGB verfolgt, ist daher der herrschenden Ansicht auch insoweit Recht zu geben, als dass bei einer listigen Verhaltensweise, die die bloße Erschwerung des Gebrauchs der Fortbewegungsfreiheit herbeiführt, keine Freiheitsberaubung anzunehmen ist. Aufgrund der bestehenden Rechtsunsicherheit hinsichtlich der Bestimmung, wann eine Möglichkeit der Fortbewegung lediglich erschwert ist, sollte hierbei jedoch ein strenger und vor allem einheitlicher Maßstab angelegt werden.[536]

4. Zusammenfassung: Charakteristika des Taterfolgs

Der Taterfolg des § 239 I StGB ist durch die Aufhebung der körperlichen Bewegungsfreiheit gekennzeichnet. Dies kann sowohl in einer unbeweglichen als auch in einer beweglichen Räumlichkeit, ebenso gemeinsam mit dem Täter erfolgen.

---

532 Siehe Fn. 267.

533 Es verwundert daher nicht, dass sich in der Kommentarlit. hinsichtlich zumutbarer Erschwerungen der Fortbewegung häufig reine Kasuistik findet, siehe etwa *Lenz*, in: D/D/K/R, [4]2017, § 239 Rn. 7; *Wieck-Noodt*, in: MüKo StGB, Bd. 4, [3]2017, § 239 Rn. 31 f.; *Eser/Eisele*, in: Sch/Schr, [29]2014, § 239 Rn. 6a.

534 Siehe unter **C.II.2.**

535 Siehe unter **B.II.1.b.**

536 Zu einem möglichen Maßstab der Abgrenzung von Zumutbarkeit und Unzumutbarkeit siehe unter **C.IV.4.c.**

Geringfügige Einwirkungen nach Dauer und Intensität sind nicht tauglich, den Erfolg der Freiheitsberaubung herbeizuführen. Die Handhabung dieser Bagatellgrenze ist einzelfallabhängig. Ein listiges Verhalten im Rahmen des § 239 I Alt. 2 StGB muss daher zu einem Freiheitsentzug von einer gewissen Dauer und/oder Intensität führen, um dem Delikt der Freiheitsberaubung einen eigenständigen Anwendungsbereich zu gewährleisten. Absolute Unmöglichkeit des Verlassens des Aufenthaltsortes wird nicht verlangt, vielmehr kann die Ausübung der Fortbewegungsfreiheit für das Opfer auch unzumutbar sein. So ist etwa dann, wenn das listige Verhalten des Täters dazu führt, dass das Opfer seine Fortbewegungsfreiheit nur unter einer (vermeintlichen) Gefahr für Leib und Leben ausüben kann, der Erfolg des § 239 I Alt. 2 StGB gegeben.[537] Eine bloße Erschwerung der Fortbewegungsmöglichkeit genügt hingegen nicht. In einem solchen tritt der Erfolg der Freiheitsberaubung nicht ein.

III. Die Zustimmung des Opfers im Rahmen des § 239 I StGB

Besteht der Taterfolg des § 239 I StGB in dem Entzug der Möglichkeit einer Ortsveränderung, so könnte die Zustimmung des Opfers zu dem Nichtgebrauch seiner Fortbewegungsfreiheit, mithin zum Verweilen an einem bestimmten Ort keine Verletzung begründen. Die Opferzustimmung im Rahmen des § 239 I StGB könnte damit den Erfolg einer Freiheitsberaubung ausschließen, sodass die Zustimmung des Opfers im Rahmen des § 239 I StGB innerhalb des Taterfolgs zu diskutieren wäre.

Dazu muss allerdings zunächst erörtert werden, wie eine Zustimmung des Opfers zu der Freiheitsberaubung wirkt. In einem ersten Schritt wird überblicksartig die Differenzierung zwischen Einverständnis und Einwilligung dargestellt (**C.III.1.**), um sodann untersuchen zu können, ob die Opferzustimmung im Rahmen des § 239 I StGB ihre Wirkung auf Tatbestandsebene oder auf Rechtfertigungsebene entfaltet (**C.III.2.**). Darauffolgend sind die Voraussetzungen einer wirksamen Opferzustimmung zu einer Freiheitsberaubung zu determinieren (**C.III.3.**). Letztlich werden die gefundenen Ergebnisse zusammengefasst (**C.III.4.**).

1. Opferzustimmung im Strafrecht

Das traditionelle Strafrecht kennt die Opferzustimmung als Einwilligung und Einverständnis. In beiden Fällen stimmt der Betroffene einem ihn irgendwie be-

---

537 Siehe aber zum Schweregrad allein der Leibesgefahr unter **C.IV.4.c.(1)(d)**.

einträchtigenden Handeln zu – er erlaubt, gestattet, billigt es.[538] An dieser grundlegenden Unterscheidung sowie den Begrifflichkeiten wird in der vorliegenden Arbeit keine Kritik geübt.

Das Gesetz erwähnt die Opferzustimmung in Form des Einverständnisses nicht.[539] Die Einwilligung ist hingegen – zumindest nach der Überschrift – im Strafgesetzbuch explizit in § 228 StGB geregelt:[540] Wer eine Körperverletzung mit Einwilligung der verletzten Person vornimmt, handelt nur dann rechtswidrig, wenn die Tat trotz der Einwilligung gegen die guten Sitten verstößt. Anhand des Wortlauts und der systematischen Stellung der Vorschrift im 17. Abschnitt (Straftaten gegen die körperliche Unversehrtheit) zeigt sich, dass § 228 StGB ausschließlich Bezug nimmt auf die Körperverletzung, mithin auf die §§ 223 ff. StGB, insofern aber keine allgemeine Regelung für die Einwilligung begründet.[541] Ihre Existenz ist vielmehr gewohnheitsrechtlich anerkannt.[542]

Die Aufteilung der Opferzustimmung in Einwilligung und Einverständnis ist zurückzuführen auf *Geerds* und seine Dissertation zum Thema „Einwilligung und Einverständnis des Verletzten". Ihm folgten – zumindest zunächst – Lehre

538 *Geerds*, GA 1954, 262, 263.

539 Der Begriff des Einverständnisses findet sich zwar im Qualifikationstatbestand des Parteiverrats, § 356 II StGB. Hierbei wird er jedoch nicht im Sinne der Opferzustimmung verwendet, vielmehr als bewusstes schädigendes Zusammenwirken von Anwalt und Gegenpartei gegenüber einer anderen Partei, *Heger*, in: L/K, [28]2014, § 356 Rn. 11.

540 Es finden sich im Strafgesetzbuch weitere Tatbestände, die den Begriff der Einwilligung erwähnen, siehe §§ 56c III i.V.m. 68c II, 57 I Nr. 3, 109 I, 184c IV, 218a II, III, 283d I, 299, 323b StGB. Zum Teil wird der Begriff der Einwilligung hierbei nicht im Sinne einer Opferzustimmung verwendet, etwa bei §§ 109, 323b StGB. Zum anderen kann hierin – im Vergleich zu der Norm des § 228 StGB, die zumindest die Überschrift der „Einwilligung" trägt – erst Recht keine allgemeine Regelung der Einwilligung als Opferzustimmung erkannt werden.

541 *Hirsch*, in: LK StGB, Bd. 6, [11]2005, § 228 Rn. 1.

542 *Eschelbach*, in: BeckOK StGB, Std.: 01.11.2017, § 228 Rn. 3; *Stratenwerth/Kuhlen*, [6]2011, § 9 Rn. 3; *Zieschang*, [5]2017, Kap. 1 Rn. 276; *Rengier*, AT, [9]2017, § 23 Rn. 1, 7, der zugleich auf die allgemeine Handlungsfreiheit aus Art. 2 I GG und den Grundsatz „volenti non fit iniuria" (= dem Einwilligenden geschieht kein Unrecht) Bezug nimmt; ebenso auf diesen Grundsatz zurückgreifend *Kindhäuser*, NK StGB, [7]2017, vor § 13 Rn. 159. *Hirsch*, in: LK StGB, Bd. 6, [11]2005, § 228 Rn. 1, geht von einer gewohnheitsrechtlichen Anerkennung aus, erkennt allerdings ebenso eine positivrechtliche Ableitung aus Art. 2 I GG an. *Kühl*, [8]2017, § 9 Rn. 20, sieht gleichfalls das Selbstbestimmungsrecht aus Art. 2 I GG als verfassungsrechtliche Grundlage der Einwilligung an.

und Rechtsprechung. Er bezeichnet das Einverständnis als den Fall zustimmenden Willens des Verletzten, der die tatbestandsmäßige Vollendung einer Straftat ausschließt, was nur dann erfolgen könne, wenn der entsprechende Straftatbestand ausdrücklich oder seiner Natur nach voraussetzt, dass der Täter objektiv gegen oder ohne den tatsächlichen Willen des Verletzten handelt.[543] Der Bundesgerichtshof betrachtet die Einwilligung als ein Verhalten, durch das der Träger eines Rechtsgutes unmissverständlich kundtut, er wolle das Rechtsgut der Einwirkung eines bestimmten anderen preisgeben sowie insoweit auf Strafschutz verzichten,[544] und behandelt diese als Rechtfertigungsgrund.[545] Inwiefern diesen Definitionen, insbesondere im Hinblick auf Tatbestandsausschluss durch Einverständnis und Rechtswidrigkeitsausschluss durch Einwilligung, in der Literatur gefolgt wird (**C.III.1.a.**) und ob sich Einwilligung und Einverständnis in ihren Voraussetzungen voneinander unterscheiden (**C.III.1.b.**), wird nunmehr im Überblick dargestellt. Die Darstellung mündet sodann in ein Ergebnis (**C.III.1.c.**).

a. Unterscheidung bezüglich der Einordnung im Deliktsaufbau

Hinsichtlich der tatbestandsausschließenden Wirkung des Einverständnisses besteht Einigkeit. So setzt innerhalb bestimmter Delikte im Strafgesetzbuch bereits ein objektives Tatbestandsmerkmal voraus, dass die Tat gegen oder ohne den Willen des Opfers erfolgt.[546] Dieses Handeln gegen oder ohne den Willen des Betroffenen prägt dabei gerade den deliktischen Charakter der Tat.[547] Ist das Opfer einverstanden, „verwandelt sich die strafbare Handlung in einen normalen Vorgang im Rahmen der überlieferten Sozialordnung."[548] In einem solchen Fall kann der Deliktstatbestand nicht erfüllt sein und der Täter nicht tatbestandsmäßig handeln. Die Möglichkeit des Einverständnisses ist etwa beim Diebstahl gemäß § 242 StGB im Rahmen der Wegnahme oder beim Hausfriedensbruch gemäß § 123 StGB im Rahmen des Eindringens anerkannt.[549] Strittig ist hingegen, ob die

543 *Geerds*, GA 1954, 262, 264.

544 BGHSt 17, 359 (360) v. 10.07.1962.

545 Siehe etwa BGHSt 49, 34 (40 ff.) v. 11.12.2003; BGHSt 49, 166 (169 ff.) v. 26.05.2004; BGHSt 53, 55 (62 f.) v. 20.11.2008.

546 *Krey/Esser*, [6]2016, § 17 Rn. 656; *Kühl*, [8]2017, § 9 Rn. 25; *Rengier*, AT, [9]2017, § 23 Rn. 3; *Zieschang*, [5]2017, Kap. 1 Rn. 278.

547 *Heinrich*, [5]2016, S. 185 Rn. 442.

548 *Jescheck/Weigend*, [5]1996, § 34 S. 373.

549 *Frister*, [7]2015, Kap. 15 Rn. 1; *Gropp*, [4]2015, § 5 Rn. 113; *Kindhäuser*, NK StGB, [7]2017, vor § 13 Rn. 190; *Krey/Esser*, [6]2016, § 17 Rn. 656; *Kühl*, [8]2017, § 9, Rn. 25; *Rengier*,

Einwilligung ebenso die Tatbestandsverwirklichung auszuschließen in der Lage ist[550] oder aber als Rechtfertigungsgrund greift.[551]

(1) Einwilligung – Argumente für die Tatbestandslösung

Für eine Berücksichtigung der Einwilligung bereits auf Tatbestandsebene wird auf ein personales – liberales und auf das Individuum bezogenes – Verständnis des Rechtsguts hingewiesen.[552] Da der Wille des Betroffenen zu dem geschützten Objekt gehöre,[553] sei die Verfügungsfreiheit in das Individualrechtsgut integriert und mit dem Gegenstand, auf den sie sich bezieht, verknüpft.[554] Nach *Rudolphi* stellt die Verfügungsbefugnis über das Rechtsgut insofern ein konstitutives Element des Rechtsgutes dar, das von diesem nicht abgetrennt werden kann.[555] Eine Handlung, die auf einer freien Disposition des Rechtsgutsinhabers beruht, könne nicht in eine Rechtsgutsverletzung münden.[556] Mit dem Dispositionsakt des Berechtigten werde das Rechtsgut vielmehr aus dem Schutzbereich der Norm im Sinne eines Verzichts auf Strafrechtsschutz herausgenommen.[557] Der Rechtsgutseingriff stelle

---

AT, [9]2017, § 23 Rn. 4; *Roxin*, AT I, [4]2006, § 13 Rn. 2; *Stratenwerth/Kuhlen*, [6]2011, § 9 Rn. 8; *Wessels/Beulke/Satzger*, [47]2017, § 11 Rn. 543.

550 So *Gössel/Dölling*, [2]2004, § 12 Rn. 48; *Kientzy*, 1970, S. 82 f.; *Kühne*, JZ 1979, 241, 241 f.; *Schlehofer*, in: MüKo StGB, Bd. 1, [3]2017, Vorb. §§ 32 ff. Rn. 142 ff.; *Roxin*, AT I, [4]2006, § 13 Rn. 12 ff.; *Rudolphi*, ZStW 86 (1974), 68, 87; *Schmidhäuser*, AT, [2]1975, 8/125; *Hoyer*, in: SK StGB, Bd. I, [9]2017, vor §§ 32 ff. Rn. 30 ff.; *Zipf*, 1970, S. 28 ff.; zumindest in Bezug auf § 303 StGB *Gropengießer*, JR 1998, 89, 91.

551 So BGHSt 23, 1 (4) v. 13.05.1969; *Amelung/Eymann*, JuS 2001, 937, 938; *Mitsch*, in: B/W/M/E, [12]2016, § 15 Rn. 118 ff.; *Eschelbach*, in: BeckOK StGB, Std.: 01.11.2017, § 228 Rn. 1; *Dölling*, in: D/D/K/R, [4]2017, § 228 Rn. 1; *Frister*, [7]2015, Kap. 15 Rn. 4; *Geppert*, ZStW 83 (1971), 947, 952 f.; *Gropp*, [4]2015, § 5 Rn. 108 ff.; *Heinrich*, [5]2016, S. 184 f. Rn. 440; *Jescheck/Weigend*, [5]1996, § 34 S. 375 ff.; *Krey/Esser*, [6]2016, § 17 Rn. 655; *Kühl*, [8]2017, § 9 Rn. 22; *Noll*, ZStW 77 (1965), 1, 19; *Rengier*, AT, [9]2017, § 23 Rn. 1; *Rosenau*, in: S/S/W, [3]2016, vor §§ 32 ff. Rn. 32 ff.; *Lenckner/Sternberg-Lieben*, in: Sch/Schr, [29]2014, Vorb. §§ 32 ff. Rn. 33; *Wessels/Beulke/Satzger*, [47]2017, § 11 Rn. 539; *Zieschang*, [5]2017, Kap. 1 Rn. 276.

552 *Rönnau*, in: LK StGB, Bd. 2, [12]2006, Vorb. § 32 Rn. 148; *Roxin*, AT I, [4]2006, § 13 Rn. 12.

553 *Stratenwerth*, ZStW 68 (1956), 41, 43.

554 *Rönnau*, in: LK StGB, Bd. 2, [12]2006, Vorb. § 32 Rn. 154.

555 *Rudolphi*, ZStW 86 (1974), 68, 87.

556 *Kientzy*, 1970, S. 65 ff., insb. S. 81; *Roxin*, AT I, [4]2006, § 13 Rn. 12; *Rudolphi*, ZStW 86 (1974), 68, 87; *Wolters*, in: SK StGB, Bd. IV, [9]2017, § 228 Rn. 2; *Weigend*, ZStW 98 (1986), 44, 61.

557 *Gössel/Dölling*, [2]2004, § 12 Rn. 48; *Lenckner*, ZStW 72 (1960), 446, 453; *Maurach/Zipf*, [8]1992, § 17 Rn. 33 f.; *Zipf*, 1970, S. 29.

insofern eine Unterstützungshandlung bei der Verwirklichung des Selbstbestimmungsrechts des Rechtsgutsinhabers dar.[558] Dieser Unterstützungshandlung dürfe nicht der Vorwurf des Erfolgsunrechts gemacht werden.[559] Eine Rechtsgutsverletzung und folglich die Tatbestandsmäßigkeit seien zu verneinen. Dogmatisch wird dies teilweise mit der Einwilligung als negativ gefasstem Tatbestandsmerkmal begründet, sodass den Tatbestand nur erfüllt, wer ohne wirksame Einwilligung des Berechtigten in fremde Rechtsgüter eingreift.[560]

(2) Einwilligung – Argumente für die Rechtfertigungslösung

Gegen einen Tatbestandsausschluss durch die Einwilligung, mithin für die Berücksichtigung der Einwilligung auf Rechtfertigungsebene wird ein vom konkreten Willen des durch die einzelne Tat betroffenen Rechtsgutsträgers unabhängiger Rechtsgutsbegriff angeführt. Die Bestimmung des Rechtsgutes erfolge abstrakt nach seiner Eignung zur Gewährung personaler Entfaltungsmöglichkeiten in der Rechtsgesellschaft.[561] Für ein solches Rechtsgutsverständnis wird hervorgebracht, dass der abstrakte Unwert der Tat, der aus dem generell verbotenen, mit einer Werteinbuße verbundenen Eingriff in fremde Rechtsgüter resultiert, trotz freier Disposition berücksichtigt werden müsse.[562] So seien die entsprechenden Rechtsgüter als Lebensgüter der Gemeinschaft, die Freiheit, Menschenwürde und Selbstbestimmung zum Ausdruck bringen, zunächst unabhängig von dem Willen des Betroffenen als Bestandteil der Rechtsordnung geschützt.[563] Die Rechtsgüter gelten damit als Anknüpfungspunkt einer staatlichen Schutzpflicht, wobei das Allgemeininteresse an der Erhaltung der Rechtsgüter gegenüber dem Willen des Betroffenen – zumindest auf Tatbestandsebene – Vorrang genieße.[564] Da die Straftatbestände die Rechtsgüter im Allgemeininteresse sichern, könne die Geltung eines Verbots nicht vom Willen des Einzelnen

---

558 *Gropengießer*, JR 1998, 89, 92; *Kühl*, [8]2017, § 9 Rn. 21.

559 *Maurach/Zipf*, [8]1992, § 17 Rn. 33 f.; *Rönnau*, 2001, S. 125.

560 *Rönnau*, in: LK StGB, Bd. 2, [12]2006, Vorb. § 32 Rn. 154. Auch *Gropp*, [4]2015, § 5 Rn. 111, führt an, dass überlegt wird, die fehlende Voraussetzung der Strafbarkeit auf Tatbestandsebene durch ein ungeschriebenes Merkmal der „freien Selbstbestimmung über disponible Rechtsgüter" zu ersetzen.

561 *Otto*, Jura 2004, 679, 680; *Rosenau*, in: S/S/W, [3]2016, vor §§ 32 ff. Rn. 34.

562 *Mitsch*, in: B/W/M/E, [12]2016, § 15 Rn. 123; *Wessels/Beulke/Satzger*, [47]2017, § 11 Rn. 541.

563 *Jescheck/Weigend*, [5]1996, § 34 S. 375 f.; *Rosenau*, in: S/S/W, [3]2016, vor §§ 32 ff. Rn. 34.

564 *Eschelbach*, in: BeckOK StGB, Std.: 01.11.2017, § 228 Rn. 8.

abhängen.[565] Der Unwert eines Eingriffs in diese Güter könne lediglich mittels eines besonderen Rechtfertigungsgrundes beseitigt werden.[566] Der Tatbestand wäre folglich trotz wirksamer Einwilligung des Opfers erfüllt; die Rechtswidrigkeit der Tat würde entfallen.

(3) Auseinandersetzung mit den Argumenten

Es muss sich mit den hervorgebrachten Argumenten auseinandergesetzt werden.

Zu entscheiden, welchem Verständnis des Rechtsgutsbegriffes – ob vorrangig[567] vom Individuum oder von der Gemeinschaft aus – zu folgen ist, erscheint schwierig. Der Rechtfertigungslösung wird eine künstliche Aufspaltung disponibler Güter in ein Gegenstands- und ein Freiheitsinteresse vorgeworfen.[568] Gleichzeitig ist zuzugeben, dass die Tatbestandslösung mit ihrem Rechtsgutsverständnis zu einer Schwerpunktverlagerung zugunsten der Dispositionsfreiheit führt.[569] *Amelung/Eymann* sprechen insofern von einer „Überanstrengung des sog. ‚Personalismus'".[570] Die Rechtfertigungslösung kritisiert, dass die Natur von Rechtsgütern wie Eigentum und körperlicher Unversehrtheit verkürzt und dabei verkannt würde, dass es bei Strafnormen zum Schutz dieser Rechtsgüter primär um die Unversehrtheit des angegriffenen Objekts und nicht um die Verfügungsfreiheit des Berechtigten ginge.[571]

So schütze etwa § 223 StGB auch den Körper einer Person, die über diesen nicht autonom verfügen kann, so beispielsweise den eines willensunfähigen Kleinkindes.[572] Dem diesbezüglichen Einwand, dass in solchen Fällen der Sorgeberechtigte eine Stellvertretung im Willen ausübt,[573] wird der Vorwurf einer „gekünstelte[n] Konstruktion" mit dem Hinweis auf die Schutzlosigkeit beim Fehlen eines Sorgeberechtigten gemacht,[574] entspreche aber nach *Roxin* „den

565 *Kindhäuser*, 2004, S. 139, der sich i.E. aber für eine tatbestandsausschließende Wirkung von Einwilligung und Einverständnis ausspricht, ebd. S. 137, S. 149.

566 *Wessels/Beulke/Satzger*, [47]2017, § 11 Rn. 541.

567 *Otto*, 1995, S. 610.

568 *Rönnau*, Jura 2002, 595, 597; *Roxin*, AT I, [4]2006, § 13 Rn. 14: „Aber damit wird Untrennbares auseinandergerissen."

569 *Rönnau*, Jura 2002, 595, 597.

570 *Amelung/Eymann*, JuS 2001, 937, 938.

571 *Jescheck/Weigend*, [5]1996, § 34 S. 375; *Krey/Esser*, [6]2016, § 17 Rn. 658; *Lenckner/Sternberg-Lieben*, in: Sch/Schr, [29]2014, Vorb. §§ 32 ff. Rn. 33a.

572 *Amelung/Eymann*, JuS 2001, 937, 938.

573 *Roxin*, AT I, [4]2006, § 13 Rn. 16.

574 *Amelung/Eymann*, JuS 2001, 937, 938.

rechtlichen und praktischen Notwendigkeiten". Ist (vorübergehend) kein Sorgeberechtigter vorhanden, so könne die substantielle Verletzung der Dispositionsbefugnis doch nicht bestritten werden.[575]

Eine strafrechtliche Verankerung der Begründung eines von der Autonomie des Berechtigten unabhängigen Rechtsgutsbegriffes finde sich nach *Hirsch* in der Norm des § 34 StGB, die zum Ausdruck bringe, dass die Rechtsgüter für sich allein Werte verkörpern, die den grundsätzlichen Schutz der Rechtsordnung genießen und zumeist auch durch die Verfassung garantiert werden, nicht hingegen bloße Tatobjekte eines (mittelbaren) Angriffs auf den Willen des Berechtigten darstellen.[576] Würde der freie Wille zum tatbestandlichen Angriffsobjekt, so erfahren die im Strafgesetzbuch enthaltenen Straftatbestände einen Opfervorbehalt, dem es an begrifflicher Festigkeit fehle.[577] Da sich nicht jedes Individuum all' seiner Rechtsgüter bewusst ist, könnten – mit Abstellen auf einen aktuellen Willen – Strafbarkeitslücken entstehen, die sodann mittels Abstellens auf einen bloß fiktiven (generellen, latenten, vermuteten oder potentiellen) Willen geschlossen werden müssten.[578] Gleiches gelte, wenn die selbstständige Entscheidungsfähigkeit nie wieder erlangt wird, etwa bei einem Wachkomapatienten.[579] Dass auch der vermutete Wille beispielsweise Ausdruck der eigenen Dispositionsbefugnis ist,[580] vermag die Rechtsunsicherheit nicht zu beseitigen.

Im Hinblick auf die erstgenannte Ansicht, die dem Selbstbestimmungsrecht des Einzelnen die wesentlichere Bedeutung zumisst, ist zudem anzumerken, dass mit der Annahme der Tatbestandsmäßigkeit kein abschließendes Unrechtsurteil gefällt ist, vielmehr damit lediglich zum Ausdruck gebracht wird, dass eine Handlung die typischerweise unrechtsbegründenden Merkmale aufweist.[581] Eine solche „Unrechtsindikation" kann gerade mittels der Rechtfertigungsgründe entkräftet werden,[582] sodass der Handlung insgesamt nicht der Unrechtsvorwurf gemacht wird. Dementsprechend äußert *Kindhäuser*, dass die Rechtsgutsverletzung keine im Deliktsaufbau im Rahmen der Tatbestandsmäßigkeit zu prüfende Kategorie

575 *Roxin*, AT I, ^{4}2006, § 13 Rn. 16.
576 *Hirsch*, in: LK StGB, Bd. 2, ^{11}2003, vor § 32 Rn. 98.
577 *Kargl*, JZ 2002, 389, 395.
578 *Rönnau*, Jura 2002, 595, 597.
579 *Roxin*, AT I, ^{4}2006, § 13 Rn. 18.
580 *Roxin*, AT I, ^{4}2006, § 13 Rn. 18.
581 *Mitsch*, in: B/W/M/E, ^{12}2016, § 15 Rn. 123; *Stratenwerth/Kuhlen*, ^{6}2011, § 9 Rn. 9.
582 *Stratenwerth/Kuhlen*, ^{6}2011, § 9 Rn. 9.

darstellt, eine solche vielmehr erst nach Abschluss der Rechtswidrigkeitsprüfung angenommen werden kann.[583]

Für die tatbestandsausschließende Wirkung der Einwilligung wird jedoch angeführt, sie passe nicht in das „System der Rechtfertigungsgründe", sei diesen doch eigen, dass eine Rechtsgutsverletzung ausnahmsweise zugunsten eines höherwertigen Interesses zulässig ist.[584] Das Prinzip der Güterabwägung bzw. eines überwiegenden Interesses finde im Rahmen der Einwilligung keinen Niederschlag.[585] Die Qualifikation der Einwilligung als Rechtfertigungsgrund sei damit systemfremd.[586]

Gegen eine solche Systemfremdheit wird jedoch zum Teil hervorgebracht, dass auch bei dem Institut der Einwilligung zumindest ein Interessenübergewicht bestehe, da die Einwilligung nur demjenigen Rechtfertigung verschaffe, der bei Interessenpreisgabe auf der Opferseite ein legitimes Interesse an der Tatausführung besitzt.[587] Ebenso wird argumentiert, dass bei einem Verzicht des Begünstigten auf Rechtsschutz durch die Rechtsgesellschaft das verbleibende gesellschaftliche Interesse grundsätzlich keine strafrechtliche Absicherung mehr rechtfertigt. Ausnahmsweise – etwa im Rahmen des § 216 StGB – übersteige aber das Interesse der Gesamtheit am Erhalt höchstpersönlicher Rechtsgüter das Interesse an der Achtung des freien Verfügungswillens des Rechtsgutsträgers, sodass eine Interessenabwägung gleichfalls erfolge.[588] Letztlich wird, wenn der Inhaber eines Rechtsgutes dieses nicht geschützt wissen will, auch angenommen, dass sich mit der Einwilligung das Selbstbestimmungsrecht aus Art. 2 I GG im Strafrecht

583 *Kindhäuser*, 2004, S. 138, siehe aber Fn. 565.

584 *Hirsch*, ZStW 74 (1962), 78, 104; für eine wesensmäßige Abweichung der Einwilligung von den übrigen Rechtfertigungsgründen auch *Kientzy*, 1970, S. 79 f.

585 So mit Bezug auf das „System der Rechtfertigungsgründe" *Stratenwerth*, ZStW 68 (1956), 41, 42; ähnlich *Gössel/Dölling*, ²2004, § 12 Rn. 48, die der Einwilligung die für die Rechtfertigungsproblematik wesentliche Kollision rechtlich geschützter Interessen absprechen.

586 In diesem Sinne kann auch *Kaufmann*, 1983, S. 282, verstanden werden, wenn er ausführt, dass bei Einordnung der Einwilligung als tatbestandsausschließend „der Bereich der Rechtfertigungsgründe klare Konturen" gewinnt.

587 *Schlehofer*, in: MüKo StGB, Bd. 1, ³2017, Vorb. §§ 32 ff. Rn. 60, der die Besonderheit der Einwilligung darin sieht, dass auf Seiten des Opfers gar kein schutzwürdiges Interesse in die Waagschale fällt, aus dieser Besonderheit aber gerade keine „Systemfremdheit" ableitet.

588 *Otto*, AT, ⁷2004, § 8 Rn. 127; ähnlich *Jescheck/Weigend*, ⁵1996, § 34 S. 377: Abwägung zwischen dem ungehinderten Gebrauch der persönlichen Freiheit aus Art. 2 I GG gegenüber dem Gemeinschaftsinteresse an der Erhaltung der Rechtsgüter.

als Rechtfertigungsgrund unmittelbar gegenüber demjenigen Rechtsgut durchsetzt, das der Täter verletzt. Insofern könnte ebenso von einer Güterabwägung ausgegangen werden.[589]

Unabhängig davon, ob die Einwilligung tatsächlich eine Interessenabwägung mit sich bringt, ist auf das als Rechtfertigungsgrund anerkannte Institut der Notwehr zu verweisen. Das Strafgesetzbuch bestimmt in § 32 II StGB die Notwehr als diejenige Verteidigung, die erforderlich ist, um einen gegenwärtigen rechtswidrigen Angriff von sich oder einem anderen abzuwenden. Der Prüfungsaufbau der objektiven Rechtfertigungselemente gliedert sich entsprechend dem Wortlaut in eine Notwehrlage, eine Notwehrhandlung und die Gebotenheit der Notwehr.[590] Eine Güterabwägung erfolgt innerhalb dieser Prüfungspunkte nicht.[591] Lediglich im Rahmen der Gebotenheit werden Fälle des krassen Missverhältnisses zwischen angegriffenem Rechtsgut und Verteidigungshandlung dem Anwendungsbereich der Notwehr entzogen. Dieser Ausnahmefall dient der Verwirklichung des allgemeinen Rechtsgrundsatzes, der jeden Rechtsmissbrauch untersagt,[592] und erfasst Situationen, in denen die Einbuße an Rechtsgütern derart unbedeutend ist, dass ein rechtlich schützenswertes Interesse an der Verteidigung des angegriffenen Rechtsgutes nicht mehr erkennbar ist.[593] Eine Verhältnismäßigkeitsabwägung ist insofern bei der Notwehr nicht zwingend, sodass die Notwehr „ein deutliches Beispiel dafür [ist], daß die Güterabwägung allein die Rechtfertigung nicht vollständig erfaßt."[594]

---

589 *Kühl*, [8]2017, § 9 Rn. 23. Ähnlich nimmt *Mitsch*, in: B/W/M/E, [12]2016, § 15 Rn. 123, an, dass der Rechtsgutsinhaber seine Einwilligungsentscheidung nach Abwägung der Vor- und Nachteile, die für ihn voraussichtlich aus der Tat resultieren, trifft, sodass eine „‚interne' […] Interessenabwägung" vorgenommen wird.

590 Obwohl hinsichtlich der Prüfungsebenen keine Einheitlichkeit besteht, können diese Voraussetzungen als allgemein anerkannt bezeichnet werden, siehe *Kindhäuser*, NK StGB, [7]2017, § 32 Rn. 7; *Rönnau/Hohn*, in: LK StGB, Bd. 2, [12]2006, § 32 Rn. 76; *Rengier*, AT, [9]2017, § 18 Rn. 4. Da die Anforderungen an das subjektive Rechtfertigungselement bei der Notwehr streitig sind, dieser Streit aber keine Relevanz für das behandelte Thema besitzt, wird hierauf nicht eingegangen.

591 BGH, Urteil v. 10.01.1956 – 1 StR 412/55, NJW 1956, 920, 920; *Erb*, in: MüKo StGB, Bd. 1, [3]2017, § 32 Rn. 214: „Irrelevanz der Güterproportionalität"; differenzierend – den Hinweis auf das Güterabwägungsprinzip ablehnend, jedoch das Verhältnismäßigkeitsprinzip anerkennend – *Schroeder*, 1972, S. 139.

592 BGH, Urteil v. 10.01.1956 – 1 StR 412/55, NJW 1956, 920, 920; *Kindhäuser*, AT, [8]2017, § 16 Rn. 44.

593 *Erb*, in: MüKo StGB, Bd. 1, [3]2017, § 32 Rn. 214.

594 *Noll*, ZStW 77 (1965), 1, 9.

Zum Teil wird das Institut der Einwilligung aber auch ohne den Versuch einer Bezugnahme zur Güterabwägung bzw. zu dem überwiegenden Interesse im „System der Rechtfertigungsgründe“ anerkannt, da es insgesamt schwierig erscheint, ein solches System zu bestimmen. Vielmehr herrscht über die Systematisierung der Rechtfertigungsgründe Streit. Vorwiegend früher wurde dabei vertreten, dass die Rechtfertigungsgründe ausschließlich auf ein Grundprinzip, einen allumfassenden Leitgedanken, zurückzuführen sind.[595] Aus diesem monistischen Verständnis folgt sodann das obige Argument der Systemfremdheit. Das heute herrschende Verständnis greift jedoch auf ein pluralistisches Verständnis zurück,[596] ohne dass über die Einzelheiten Einigkeit besteht. So führen etwa *Lenckner/Sternberg-Lieben* aus, dass Rechtfertigungsgründe in zwei Grundsituationen greifen: Zum einen, wenn das Interesse am Schutz eines Rechtsgutes zugunsten eines anderen Rechtsgutes zurückgedrängt würde oder zum anderen, wenn für das Recht kein Anlass zum Schutz aufgrund eines mangelnden Interesses des Rechtsgutsinhabers bestünde.[597] Die Einwilligung wäre hiernach von der Kategorie des mangelnden Interesses erfasst. *Jakobs* wiederum gliedert die Rechtfertigungsgründe in drei Gruppen, wobei er nach dem Prinzip der Verantwortung, dem Prinzip der Interessendefinition durch das Eingriffsopfer und dem Solidaritätsprinzip systematisiert.[598] Die Einwilligung fiele dabei unter das zweitgenannte Prinzip. *Duttge* hingegen erkennt fünf leitende Ordnungsprinzipien an – das Schutzprinzip, das Rechtsbewährungsprinzip, das Prinzip des überwiegenden Interesses, das Autonomieprinzip und das Solidari-

595 Siehe *Duttge*, in: D/D/K/R, [4]2017, Vorb. §§ 32 ff. Rn. 8 m.w.N.; zu den monistischen Theorien im Überblick siehe auch *Lenckner/Sternberg-Lieben*, in: Sch/Schr, [29]2014, Vorb. §§ 32 ff. Rn. 6. m.w.N. Als Beispiel sei zum einen auf die Zwecktheorie nach *von Liszt/Schmidt*, [26]1932, § 31 S. 176, hinzuweisen: „Die Verletzung oder Gefährdung eines Rechtsguts ist […] materiell rechtmäßig, wenn und soweit sie jenen Zwecken der Rechtsordnung und somit des menschlichen Zusammenlebens selbst entspricht.“ Ein rechtmäßiges Verhalten erfordere insofern ein „rechtes Mittel zu rechtem Zweck“, siehe *Graf zu Dohna*, 1905, S. 38 ff., insb. S. 54. Zum anderen sei das „Mehr-Nutzen-als-Schaden-Prinzip“ von *Sauer*, [3]1955, § 13 S. 56, genannt: „Rechtmäßig […] ist ein Wirken […], das in seiner allgemeinen Tendenz generalisiert der staatlichen Gemeinschaft […] mehr […] Nutzen als Schaden gewährt.“

596 Siehe etwa *Duttge*, in: D/D/K/R, [4]2017, Vorb. §§ 32 ff. Rn. 8; *Jescheck/Weigend*, [5]1996, § 31 S. 325; *Kindhäuser*, NK StGB, [7]2017, vor §§ 32–35 Rn. 7.

597 *Lenckner/Sternberg-Lieben*, in: Sch/Schr, [29]2014, Vorb. §§ 32 ff. Rn. 7.

598 *Jakobs*, [2]1991, Kap. 11/3, der – insofern vermittelnd – zwischen Einverständnis, tatbestandsausschließender und rechtfertigender Einwilligung unterscheidet, ebd. Kap. 7/104 ff., 7/111 ff.

tätsprinzip, wobei die Einwilligung Ausdruck des Autonomieprinzips sei.[599] Welchem Systematisierungsversuch zu folgen ist, wird oftmals mit dem Hinweis auf die fehlende praktische Bedeutung einer solchen Systematisierung der Rechtfertigungsgründe offen gelassen.[600] Hieraus ergibt sich, dass sich Rückschlüsse auf die Behandlung der Einwilligung – ob tatbestandsausschließend oder rechtfertigend – aus einem „System der Rechtfertigungsgründe" wohl nicht ziehen lassen.[601]

Gegen den Tatbestandsausschluss durch eine Einwilligung spricht letztlich der alltägliche Sprachgebrauch, nach dem eine Person auch dann (körper-)verletzt, also misshandelt oder an der Gesundheit geschädigt[602] ist, wenn sie in die Körperverletzung eingewilligt hat. Zum anderen ist der Wortlaut des § 228 StGB zu betrachten, nach dem eine Körperverletzung mit Einwilligung grundsätzlich als nicht rechtswidrig einzustufen ist. Im Zusammenhang mit dem dreistufigen Deliktsaufbau bedeutet dies, dass die Einwilligung in eine Körperverletzung als eine Frage der Rechtswidrigkeit, mithin als Rechtfertigungsgrund behandelt wird.[603] Eine unterschiedliche Behandlung mit der Einwilligung in andere Rechtsgutsverletzungen wäre – insbesondere auch aufgrund der gleichen Bezeichnung – nicht schlüssig. Hiergegen führt *Schlehofer* durchaus überzeugend an, dass aus § 228 i.V.m. § 11 I Nr. 5 StGB folge, dass auch die Nichterfüllung eines Tatbestandsmerkmals die Rechtswidrigkeit ausschließe.[604] Ebenso betont *Wolters*, dass sich aus § 228 StGB nicht notwendigerweise ergebe, dass mit einer Einwilligung erst die Rechtswidrigkeit entfiele.[605] Dass das Verständnis der Behandlung der Einwilligung auf Ebene der Rechtswidrigkeit allerdings näher liegt – da der Täter bei einer Einwilligung des Opfers dem Wortlaut nach nicht rechtswidrig handelt –

599 *Duttge*, in: D/D/K/R, ^{4}2017, Vorb. §§ 32 ff. Rn. 8, in Zusammenführung von *Jakobs*, ^{2}1991, Kap. 11/3 und *Roxin*, AT I, ^{4}2006, § 14 Rn. 42.

600 So etwa *Kühl*, in: L/K, ^{28}2014, Vorb. §§ 32 ff. Rn. 3; *Roxin*, AT I, ^{4}2006, § 14 Rn. 41; *Rosenau*, in: S/S/W, ^{3}2016, vor §§ 32 ff. Rn. 8.

601 So auch *Hoyer*, in: SK StGB, Bd. I, ^{9}2017, vor §§ 32 ff. Rn. 29: „Eine […] ‚Weltformel' für sämtliche Rechtfertigungsgründe ermöglicht […] keinerlei Aufschlüsse […] dazu, welche einzelnen Rechtfertigungsgründe unter welchen einzelnen Voraussetzungen ihr nun unterfallen sollen."

602 https://de.pons.com/übersetzung?q=Körperverletzung&l=dedx&in=&lf=, abgerufen am 05.01.2018.

603 *Krey/Esser*, ^{6}2016, § 17 Rn. 658; *Kühl*, ^{8}2017, § 9 Rn. 22; *Rengier*, AT, ^{9}2017, § 23 Rn. 1; *Rosenau*, in: S/S/W, ^{3}2016, vor §§ 32 ff. Rn. 34; *Wessels/Beulke/Satzger*, ^{47}2017, § 11 Rn. 541; *Zieschang*, ^{5}2017, Kap. 1 Rn. 276.

604 *Schlehofer*, in: MüKo StGB, Bd. 1, ^{3}2017, Vorb. §§ 32 ff. Rn. 143.

605 *Wolters*, in: SK StGB, Bd. IV, ^{9}2017, § 228 Rn. 2.

und ein solches Verständnis mit dem dreistufigen Deliktsaufbau, an dem nicht gezweifelt wird, am besten zu vereinbaren ist, ist jedoch nicht abzuweisen.

(4) Ergebnis: Einordnung der Einwilligung in den Deliktsaufbau

Die Ausführungen werden mit dem Ergebnis abgeschlossen, dass die Einwilligung (erst) die Rechtswidrigkeit auszuschließen fähig ist. Eine deliktssystematische Einordnung der Einwilligung als Tatbestandsausschluss oder Rechtfertigungsgrund wirkt sich praktisch etwa in Bezug auf den Vorsatzinhalt und die Versuchslehre[606] sowie dann aus, wenn Irrtümer auf Tatbestands- und Rechtswidrigkeitsebene unterschiedlich, mithin entgegen der eingeschränkten Schuldtheorie einheitlich nach § 16 I StGB aufgelöst werden.[607] Für die Behandlung der mittels List erschlichenen Opferzustimmung im Rahmen des § 239 I Alt. 2 StGB ist der Streit nur dann relevant, wenn die Opferzustimmung hinsichtlich der Freiheitsberaubung nicht als Einverständnis, sondern als Einwilligung zu behandeln ist.[608] An dieser Stelle ist festzuhalten, dass die Zustimmung tatbestandsausschließend in Form des Einverständnisses oder rechtfertigend in Form der Einwilligung wirken kann.

b. Das Problem (weiterer) sachlicher Unterschiede

Fraglich ist, ob darüber hinaus sachliche Unterschiede in der Handhabung von Einwilligung und Einverständnis bestehen. Dies ist umstritten. Hierbei wird nicht mehr darauf eingegangen, inwiefern die Einordnung im Deliktsaufbau als ein Unterschied angesehen wird. Es geht allein um sonstige Differenzierungsmöglichkeiten in der Prüfung. Dazu werden zunächst die vertretenen Ansichten dargestellt (**C.III.1.b.(1)**), um darauffolgend im Speziellen auf die Behandlung von Willensmängeln einzugehen (**C.III.1.b.(2)**). Es folgt eine Auseinandersetzung mit den dargestellten Auffassungen (**C.III.1.b.(3)**), die in ein Ergebnis mündet (**C.III.1.b.(4)**).

(1) Darstellung der vertretenen Ansichten

In einem ersten Schritt werden die im Schrifttum vertretenen Ansichten dargestellt.

---

606 *Rönnau*, JuS 2007, 18, 19.

607 *Kindhäuser*, AT, ^{8}2017, § 12 Rn. 6.

608 Siehe unter **C.III.2.**

Nach einer Auffassung bestehen zwischen Einwilligung und Einverständnis keine Unterschiede in der Prüfung.[609] Hierfür wird angeführt, dass die Behandlung einer Zustimmung des Opfers nicht vom mehr oder minder zufälligen Gesetzeswortlaut einer Norm abhängen dürfe.[610] In beiden Fällen verletze der Täter durch seine Handlung ein individuelles Recht des Opfers,[611] sodass es der vom Strafrecht geschützte Rechtsgutsträger sei, der über das Rechtsgut und damit über die Grenzen des ihm zukommenden strafrechtlichen Schutzes entscheide.[612] Hinsichtlich der konkreten Prüfungsvoraussetzungen nehmen etwa *Stratenwerth/Kuhlen* sowie *Roxin* an, dass sowohl in Bezug auf die Einwilligung als auch bezüglich des Einverständnisses keine allgemeinen Voraussetzungen determiniert werden können, vielmehr eine deliktsspezifische, an der Natur des betroffenen Rechtsgutes und des konkreten Eingriffs orientierte Behandlung zu erfolgen hat.[613]

Nach einer anderen Auffassung sind Einwilligung und Einverständnis in ihrer Prüfung unterschiedlich zu behandeln. Für eine solch unterschiedliche Behandlung weist etwa *Geppert* auf die Schutzrichtung der jeweiligen Rechtsgüter hin, die andernfalls nicht hinreichend Berücksichtigung finde: „Während beim tatbestandsausschließenden Einverständnis gerade die Willensfreiheit des Einzelnen geschütztes Rechtsgut und folglich bei einem dieses Rechtsgut charakterisierenden Tatbestandsmerkmal zu berücksichtigen ist, wird in den Fällen rechtfertigender Einwilligung die Willensfreiheit als solche nicht tatbestandlich geschützt."[614] Eine Einwilligung sei vielmehr Ergebnis einer mit freier Selbstbestimmung vorgenommenen Güterabwägung zulasten des tatbestandsgeschützten Rechtsgutes.[615]

Vielfach verbreitet ist darüber hinaus die Argumentation, dass das tatbestandsausschließende Einverständnis rein tatsächlicher Natur, während die rechtferti-

---

609 *Herzberg/Schlehofer*, JZ 1984, 481, 483; *Kühne*, JZ 1979, 241, 241; *Roxin*, AT I, ^{4}2006, § 13 Rn. 32; *Schmidhäuser*, 1995, S. 599, der als Unterschied lediglich erkennt, dass das Einverständnis tatbestandlich geschildert ist, was sich allerdings auf die Straftatsystematik nicht auswirke, ebd. S. 599, 602. Die Annahme einer „willkürlichen Differenzierung" vertritt auch *Kientzy*, 1970, S. 32 ff., insb. S. 55, 65.

610 *Gropengießer*, JR 1998, 89, 91; *Kühne*, JZ 1979, 241, 242, der die Begriffe insofern als identisch erachtet. Auch *Herzberg/Schlehofer*, JZ 1984, 481, 483, äußern zumindest Bedenken, „ob die Tatbestandsformulierung – was die Opferzustimmung angeht – nicht eher stilistischer Zufall als reflektierte Entscheidung ist."

611 *Kindhäuser*, 2004, S. 136.

612 *Kühne*, JZ 1979, 241, 241.

613 *Roxin*, AT I, ^{4}2006, § 13 Rn. 32; *Stratenwerth/Kuhlen*, ^{6}2011, § 9 Rn. 10 f.

614 *Geppert*, ZStW 83 (1971), 947, 960.

615 *Geppert*, ZStW 83 (1971), 947, 960.

gende Einwilligung durch einen rechtlichen Charakter geprägt ist.[616] Erfordert ein Straftatbestand ein Handeln gegen oder zumindest ohne den Willen des Opfers und ist dies nicht gegeben, so sei das Opfer tatsächlich einverstanden; eine Strafbarkeit scheide aus. Hierbei handele es sich um eine reine Tatfrage.[617] Eine ausscheidende Bestrafung aufgrund einer rechtfertigenden Einwilligung sei hingegen auf die fehlende Schutzwürdigkeit des Opfers zurückzuführen.[618] Das Opfer verzichte in diesem Fall auf den Schutz eines Rechtsgutes, der im Strafgesetzbuch grundsätzlich angelegt ist; es mache insofern von seinem Selbstbestimmungsrecht Gebrauch.[619] „Das Recht räumt gewissermaßen [...] dem Verletzten durch einen Unrechtsausschließungsgrund die Befugnis ein, das Unwerturteil der Gemeinschaft dadurch zu verhindern, daß er der Tat mit der EW [Einwilligung] das sittlich Anstößige nimmt."[620] Nach der im Schrifttum vertretenen Ansicht ist ein solcher Verzicht vom Gesetz zu akzeptieren, müsse aber strengen – und im Vergleich zum Einverständnis strengeren – Anforderungen unterliegen.[621] Auch *Geerds* sieht die Einsicht in das Unrecht der Tat aufgrund der tatbestandlichen Funktion des Einverständnisses als nicht erheblich an; das Opfer müsse lediglich dem Geschehen das Gewaltmäßige nehmen, indem es einen natürlichen Willen zustimmend betätigt.[622] Ein solcher zustimmender Wille schließe rein tatsächlich das Tatbestandsmerkmal des entgegenstehenden Willens aus – und das selbst dann, wenn der Täter von dem bestehenden Einverständnis des Opfers keine Kenntnis hat.[623] Da Freiheitsdelikte solche Handlungen sanktionieren, die die freie Persönlichkeitsentfaltung zumindest teilweise vereiteln, und eine Persönlichkeitsentfaltung unabhängig von der rechtlichen Handlungsfähigkeit stattfinde, genügt auch nach *Lenckner* die natürliche Willensfähigkeit, mithin das „Verständnis für das Tatsächliche".[624] Ebenso wird eine unterschiedliche Behandlung von

616 *Dölling*, in: D/D/K/R, [4]2017, § 228 Rn. 1; *Geerds*, 1953, S. 142; *Krey/Esser*, [6]2016, § 17 Rn. 662; *Otto*, 1995, S. 622; *Rengier*, AT, [9]2017, § 23 Rn. 40; *Welzel*, [11]1969, S. 95; *Wessels/Beulke/Satzger*, [47]2017, § 11 Rn. 540.

617 *Geerds*, 1953, S. 142.

618 *Krey/Esser*, [6]2016, § 17 Rn. 662.

619 *Krey/Esser*, [6]2016, § 17 Rn. 662.

620 *Geerds*, 1953, S. 142.

621 *Geerds*, 1953, S. 143; *Krey/Esser*, [6]2016, § 17 Rn. 662.

622 *Geerds*, GA 1954, 262, 265.

623 *Geerds*, GA 1954, 262, 266.

624 *Lenckner*, ZStW 72 (1960), 446, 449. Dass jegliche Tatbestände, deren Schutzgut die Freiheit der Willensentschließung und -betätigung ist, einem Einverständnis zugänglich sind, befindet auch *Mitsch*, in: B/W/M/E, [12]2016, § 15 Rn. 119; *Jescheck/Weigend*, [5]1996, § 34 S. 373.

rechtfertigender Einwilligung und tatbestandsausschließendem Einverständnis damit begründet, dass es bei solchen Tatbeständen, bei denen die Zustimmung des Opfers auf Rechtfertigungsebene zu behandeln ist, um den Schutz besonders bedeutsamer Rechtsgüter ginge,[625] wohingegen bei Straftatbeständen, die ein Einverständnis zulassen, der natürliche Wille des Opfers wesentlich sei.[626] Im Gegensatz zur rechtfertigenden Einwilligung müsse das Opfer lediglich dazu in der Lage sein, „das vom Täter erzwungene Verhalten willentlich zu vollziehen."[627]

Soll das tatbestandsausschließende Einverständnis insofern anders behandelt werden als die rechtfertigende Einwilligung, so besteht Uneinigkeit darüber, ob für das Einverständnis allgemeine Voraussetzungen determiniert werden können oder aber die Voraussetzungen an das jeweilig zu prüfende Delikt anzupassen sind.

Für eine individuelle, vom jeweiligen Straftatbestand abhängige Behandlung[628] wird angeführt, dass diese angezeigt sei, resultiere doch auch der Tatbestandsausschluss aus der jeweiligen konkreten Deliktsbeschreibung.[629] *Maurach/Zipf* bezeichnen das Einverständnis insofern als eine „Erscheinungsform der Auslegung von Tatbestandsmerkmalen", sodass auch die jeweiligen Anforderungen an die Opferzustimmung individuell durch Auslegung zu ermitteln sind.[630] *Kußmann* übernimmt dabei die Formulierung, das Einverständnis als „Subsumtionsproblem im Rahmen des einzelnen Straftatbestandes" begreifen zu müssen.[631] Allgemeine Grundsätze ließen sich nicht aufstellen.[632]

Gegen eine solche von der Funktion des jeweiligen Tatbestandes und dem Wesen des dort geschützten Rechtsgutes abhängige Behandlung wird hervorgebracht, dass es mitunter schwierig sei, den Bezugspunkt der Opferzustimmung

---

625 *Eschelbach*, in: BeckOK StGB, Std.: 01.11.2017, § 228 Rn. 8.

626 *Eschelbach*, in: BeckOK StGB, Std.: 01.11.2017, § 228 Rn. 8; nur die natürliche Willensfähigkeit fordernd auch *Dölling*, in: D/D/K/R, ⁴2017, § 228 Rn. 1.

627 *Kindhäuser*, AT, ⁸2017, § 12 Rn. 41.

628 So etwa *Mitsch*, in: B/W/M/E, ¹²2016, § 15 Rn. 119: „Eine allgemeine Lehre des tatbestandsausschließenden Einverständnisses gibt es nicht"; *Bernsmann*, NZV 1989, 49, 52; *Frister*, ⁷2015, Kap. 15 Rn. 3; *Jescheck/Weigend*, ⁵1996, § 34 S. 374; *Lenckner*, ZStW 72 (1960), 446, 448; *Murmann*, ⁴2017, § 25 Rn. 119; *Rengier*, AT, ⁹2017, § 23 Rn. 40; *Lenckner/Sternberg-Lieben*, in: Sch/Schr, ²⁹2014, Vorb. §§ 32 ff. Rn. 32; *Wessels/Beulke/Satzger*, ⁴⁷2017, § 11 Rn. 545.

629 *Frister*, ⁷2015, Kap. 15 Rn. 3.

630 *Maurach/Zipf*, ⁸1992, § 17 Rn. 41.

631 *Kußmann*, 1988, S. 336; so auch schon *Zipf*, 1970, S. 18.

632 *Zipf*, 1970, S. 18.

zu bestimmen.[633] Bei *Krey/Esser* ist insofern ein Katalog an Prüfungsvoraussetzungen erkennbar, der im Folgenden kurz dargestellt wird:[634] In einem ersten Schritt müsse klargestellt werden, dass das Einverständnis zwar tatsächlich gegeben ist, dieses aber weder ausdrücklich noch konkludent erklärt worden zu sein braucht. Auch bedürfe es keiner Kenntnis des Täters von dem Einverständnis. In einem zweiten Prüfungspunkt sei zu untersuchen, ob der Betroffene die natürliche Willensfähigkeit besitzt. Letztlich sei festzuhalten, dass jegliche Willensmängel beim Opfer grundsätzlich irrelevant sind.

(2) Insbesondere: Das Problem der Behandlung von Willensmängeln

Fraglich ist insbesondere die Behandlung von Willensmängeln bei rechtfertigender Einwilligung und tatbestandsausschließendem Einverständnis (siehe auch den eben angeführten letzten Prüfungspunkt von *Krey/Esser*). Hierbei wird, entsprechend soeben erfolgter Darstellung, zum einen eine einheitliche Behandlung der Institute vertreten **(C.III.1.b.(2)(a))**, wobei wiederum hinsichtlich der Wirksamkeit einer durch Täuschung erschlichenen Opferzustimmung Uneinigkeit herrscht. Andere Ansichten sprechen sich für eine unterschiedliche Behandlung von Willensmängeln bei Einwilligung und Einverständnis aus **(C.III.1.b.(2)(b))**; ob eine generelle Aussage hinsichtlich der (Un-)Beachtlichkeit von Willensmängeln getroffen werden kann, ist dabei wiederum streitig.

(a) Einheitliche Behandlung von Willensmängeln

Zum Teil wird vertreten, dass die Behandlung von Willensmängeln bei einem Einverständnis der Behandlung von Willensmängeln bei einer Einwilligung folgt.[635] So sieht *Zieschang* keinen Grund dafür, die im Hinblick auf die rechtfertigende Einwilligung geltenden Regeln – allein aufgrund unterschiedlicher Verortung der Institute im Verbrechensaufbau – nicht auch auf das durch Täuschung erschlichene tatbestandsausschließende Einverständnis zu übertragen.[636] Ähnlich argumentieren auch *Amelung/Schall*, die eine unterschiedliche Behandlung von Willensmängeln bei der Einwilligung und dem Einverständnis nicht für gerechtfertigt halten, da ansonsten sprachliche Zufälligkeiten, mithin die Willkür des

---

633 *Herzberg/Schlehofer*, JZ 1984, 481, 483.

634 *Krey/Esser*, [6]2016, § 17 Rn. 659 ff.

635 Siehe etwa OLG Hamm, Beschluss vom 30.06.1986 – 4 Ss 271/86, NJW 1987, 1034, 1035; *Amelung/Schall*, JuS 1975, 565, 567; *Arzt*, 1970, S. 28; *Bernsmann*, NZV 1989, 49, 52; *Bloy*, ZStW 96 (1984), 703, 714; *Roxin*, AT I, [4]2006, § 13 Rn. 99; *Zieschang*, [5]2017, Kap. 1 Rn. 297.

636 *Zieschang*, [5]2017, Kap. 1 Rn. 297.

Gesetzgebers ausschlaggebend wäre.[637] Insofern schließt sich die Frage an, wie eine auf Willensmängeln beruhende Einwilligung zu behandeln ist. Hierbei besteht weitestgehend Einigkeit über die Unwirksamkeit der durch Drohung oder Zwang herbeigeführten Opferzustimmung.[638] Was hingegen für die durch Täuschung erschlichene Zustimmung des Opfers gilt, ist umstritten.[639]

(aa) Lehre von der Willensmängelfreiheit[640]

Nach der Lehre von der Willensmängelfreiheit ist eine durch Täuschung erschlichene Opferzustimmung stets unwirksam.[641] Hierfür wird hervorgebracht, dass der Rechtsgutsinhaber infolge der Täuschung seine einwilligungsrelevanten Interessen falsch bewerte, sodass das Abwägungsergebnis nicht dem Ergebnis

---

637 *Amelung/Schall*, JuS 1975, 565, 567.

638 So etwa *Kindhäuser*, NK StGB, [7]2017, vor § 13 Rn. 180; *Otto*, 1995, S. 614; *Stratenwerth/Kuhlen*, [6]2011, § 9 Rn. 26. Uneinigkeit besteht in Bezug auf die Frage, ab welchem Grad der Einflussnahme die Einwilligung unwirksam wird. Nach *Mitsch*, in: B/W/M/E, [12]2016, § 15 Rn. 138 f., kann selbst eine Drohung unterhalb der Schwelle eines empfindlichen Übels einwilligungsschädlich sein. *Rosenau*, in: S/S/W, [3]2016, vor §§ 32 ff. Rn. 40, und *Lenckner/Sternberg-Lieben*, in: Sch/Schr, [29]2014, Vorb. §§ 32 ff. Rn. 48, lassen hingegen Unwirksamkeit eintreten, wenn die Schwelle des § 240 StGB überschritten wird. *Joecks/Jäger*, [12]2018, vor § 32 Rn. 34, und *Rudolphi*, ZStW 86 (1974), 68, 85, nehmen Unwirksamkeit erst dann an, wenn sich der Betroffene in einer Situation des § 35 StGB befindet.

639 Die Darstellung des Problems der Behandlung von Willensmängeln bei der Einwilligung erfolgt im Überblick und generell, mithin werden auch solche Ansichten aufgezeigt, die hinsichtlich der Behandlung von Willensmängeln bei dem Einverständnis eine andere Behandlung vertreten.

640 Die Bezeichnung der Theorien folgt *Hillenkamp/Cornelius*, AT, [15]2017, Problem 7 S. 59.

641 So etwa OLG Stuttgart, Urteil v. 21.06.1982 – 3 Ss (12) 184/82, NJW 1982, 2266, 2267; *Mitsch*, in: B/W/M/E, [12]2016, § 15 Rn. 140; *Dölling*, in: D/D/K/R, [4]2017, § 228 Rn. 6; *Frister*, [7]2015, Kap. 15 Rn. 16 ff., allerdings unter Annahme einer Ausnahme, wenn der Betroffene trotz der Irrtumsaufklärung durch den Handelnden weiterhin auf seinem Irrtum beharrt, ebd. Rn. 21; *Heinrich*, [5]2016, S. 194 Rn. 469; *Kindhäuser*, NK StGB, [7]2017, vor § 13 Rn. 184; *Rönnau*, in: LK StGB, Bd. 2, [12]2006, Vorb. § 32 Rn. 206; *Maurach/Zipf*, [8]1992, § 17 Rn. 59; *Rengier*, AT, [9]2017, § 23 Rn. 27 ff., mit der Beschränkung auf wesentliche Willensmängel, ebd. Rn. 33; *Stratenwerth/Kuhlen*, [6]2011, § 9 Rn. 26; *Welzel*, [11]1969, S. 95; *Zipf*, 1970, S. 44 f., mit der Betonung, dass sich die Sachlage entscheidend verändert, „wenn die Täuschung nicht vom Empfänger der Einwilligung ausgeht und dieser sie auch nicht kennt."

entspreche, welches ohne die unlautere Einflussnahme bestehen würde.[642] Eine durch Täuschung erschlichene Einwilligung sei damit nicht mehr Ausdruck des autonomen Willens des Opfers, dessen Schutz jedoch im Sinne eines wirksamen Rechtsgüterschutzes erforderlich sei.[643] Dieser Schutz müsse sowohl demjenigen zukommen, der keine Kenntnis davon hat, dass der von ihm erstrebte Zweck mit der Preisgabe seines Rechtsgutes nicht erreichbar ist, als auch demjenigen, dem bereits die Preisgabe des Rechtsgutes selbst verborgen bleibt. In beiden Fällen erleide das Opfer einen unfreiwilligen Freiheitsverlust.[644] Ein solch umfassender Schutz werde dem Selbstbestimmungsrecht am besten gerecht.[645]

(bb) Lehre von der Bedeutungskenntnis

Die Lehre von der Bedeutungskenntnis sieht eine durch Täuschung erschlichene Zustimmung des Betroffenen nur dann als unwirksam an, wenn die Täuschung bei dem Betroffenen eine rechtsgutsbezogene Fehlvorstellung hervorgerufen hat.[646] Dies sei wiederum der Fall, wenn die Täuschung zur Unkenntnis über Bedeutung, Tragweite und Auswirkungen des Rechtsgutsverzichts führt.[647] Hervorgebracht wird insofern, dass ein nichtrechtsgutsbezogener Irrtum einer autonomen Verfügung über das Rechtsgut nicht entgegenstehe, da der Gutsinhaber im Hinblick auf dieses wisse, was er tut, und seine Entscheidung insofern auf einem frei gefassten Entschluss beruhe.[648] Das Strafrecht biete einen Bestandsschutz hinsichtlich bestimmter, als statisch gedachter Rechtsgüter; es bestehe kein Anlass, dem Rechtsgutsträger die Auswechselung des Rechtsgutes zu ermöglichen und das Surrogat, mithin das mit der Rechtsgutspreisgabe verfolgte Ziel zu schützen, obwohl es als solches keinen Strafrechtsschutz genießt.[649]

---

642 *Rönnau*, in: LK StGB, Bd. 2, [12]2006, Vorb. § 32 Rn. 206.

643 *Heinrich*, [5]2016, S. 194 Rn. 469.

644 *Frister*, [7]2015, Kap. 15 Rn. 19.

645 *Rengier*, AT, [9]2017, § 23 Rn. 32.

646 Das Kriterium der Rechtsgutsbezogenheit geht zurück auf *Arzt*, 1970. Sich hieran anschließend *Eschelbach*, in: BeckOK StGB, Std.: 01.11.2017, § 228 Rn. 14; *Jescheck/Weigend*, [5]1996, § 34 S. 382 f.; *Joecks/Jäger*, [12]2018, vor § 32 Rn. 30 f.; *Krey/Esser*, [6]2016, § 17 Rn. 661; *Kühl*, [8]2017, § 9 Rn. 37; *Michel*, JuS 1988, 8, 11; *Schlehofer*, in: MüKo StGB, Bd. 1, [3]2017, Vorb. §§ 32 ff. Rn. 174 ff.; *Lenckner/Sternberg-Lieben*, in: Sch/Schr, [29]2014, Vorb. §§ 32 ff. Rn. 46 f.; *Wessels/Beulke/Satzger*, [47]2017, § 11 Rn. 559.

647 *Kühl*, [8]2017, § 9 Rn. 37; *Lenckner/Sternberg-Lieben*, in: Sch/Schr, [29]2014, Vorb. §§ 32 ff. Rn. 46; *Wessels/Beulke/Satzger*, [47]2017, § 11 Rn. 559.

648 *Lenckner/Sternberg-Lieben*, in: Sch/Schr, [29]2014, Vorb. §§ 32 ff. Rn. 47.

649 *Arzt*, 1970, S. 17, 23.

(cc) Normative Autonomietheorie

Nach der normativen Autonomietheorie macht eine Täuschung die Zustimmung des Opfers dann unwirksam, wenn sich das Geschehen nach normativen Maßstäben nicht mehr als Ausdruck der Autonomie des Rechtsgutsträgers, als Verwirklichung seiner Handlungsfreiheit darstellt.[650] Autonomie betreffe dabei nicht primär das Wissen um das, was man tut, sondern das Wissen um das Warum einer Handlung. Wird dieses Wissen durch heteronome Einflussnahme verfälscht, könne nicht mehr von einer autonomen Handlung gesprochen werden.[651] Es dürfe insofern nicht lediglich der Bestandsschutz, vielmehr müsse der Gesamtvorgang betrachtet werden, sodass eine wirksame Einwilligung abzulehnen sei, wenn die Einwilligung fremdbestimmt und „das Geschehen nicht dem Getäuschten, sondern dem Täuschenden als sein Unrechtswerk zuzurechnen ist."[652]

(b) Unterschiedliche Behandlung von Willensmängeln

Zum anderen findet sich die Ansicht, dass bezüglich der Behandlung von Willensmängeln zwischen Einwilligung und Einverständnis zu differenzieren ist. *Kußmann* begründet eine unterschiedliche Behandlung von Einwilligung und Einverständnis mit der „Verschiedenartigkeit der Zustimmungsformen": Erfordert ein Tatbestand bereits ein Handeln gegen oder ohne den Willen des Opfers, so müssten an eine Zustimmung des Betroffenen andere Wirksamkeitsvoraussetzungen gestellt werden als bei Tatbeständen, die eine Zustimmung erst auf Rechtfertigungsebene behandeln.[653]

(aa) Keine generelle Aussage zur Behandlung von Willensmängeln

Teilweise wird vertreten, dass die Frage, ob Willensmängel die Wirksamkeit des Einverständnisses beeinträchtigen, nicht generell zu beantworten, die Antwort vielmehr in der Auslegung des jeweiligen Tatbestandes begründet ist.[654] Die Voraussetzungen seien folglich an dem jeweiligen Tatbestand und dem geschützten Rechtsgut zu messen und von diesem abhängig.[655]

---

650 *Otto*, 1995, S. 616 f.; *Roxin*, AT I, [4]2006, § 13 Rn. 99.

651 *Otto*, 1995, S. 615 f.

652 *Roxin*, 1984, S. 286.

653 *Kußmann*, 1988, S. 334 f.

654 Siehe etwa *Jescheck/Weigend*, [5]1996, § 34 S. 374; *Kindhäuser*, AT, [8]2017, § 12 Rn. 49 ff.; *Kußmann*, 1988, S. 336; *Kühl*, in: L/K, [28]2014, Vorb. §§ 32 ff. Rn. 11; *Lenckner/Sternberg-Lieben*, in: Sch/Schr, [29]2014, Vorb. §§ 32 ff. Rn. 32 f.

655 *Kußmann*, 1988, S. 336.

(bb) Generelle Unbeachtlichkeit der Täuschung

Mit Rücksicht auf die rein tatsächliche Natur des tatbestandsausschließenden Einverständnisses wird auch vertreten, dass Willensmängel das Einverständnis nicht zu berühren in der Lage sind, eine Täuschung mithin unbeachtlich ist.[656] Entscheidend sei allein die Betätigung eines natürlichen Willens durch den Betroffenen.[657] So nimmt etwa *Geerds* an, dass eine erschlichene Einwilligung unbeachtlich sein müsse, „weil das Recht nur den wahren Willen des Verletzten als maßgebend anerkennen kann", während ein erschlichenes Einverständnis den objektiven Tatbestand wirksam ausschließen könne.[658] Auch wenn das Einverständnis nur auf einer Täuschung des Täters beruhe, so sei dem Opfer die eigene oder fremde Schädigung dennoch bewusst.[659] *Rengier* macht von diesem Grundsatz dann eine Ausnahme, wenn dem tatbestandsausschließenden Einverständnis ein rechtsgeschäftlicher Charakter zukommt; eine Täuschung müsse sodann – etwa bei § 266 I StGB – beachtlich sein.[660] *Wessels/Beulke/Satzger* vertreten wiederum, dass das tatbestandsausschließende Einverständnis trotz Täuschung oder Sittenwidrigkeit so lange Beachtung findet, wie es freiwillig zustande gekommen ist.[661]

(3) Auseinandersetzung mit den dargestellten Ansichten

Es bedarf einer Auseinandersetzung mit dem Problem sachlicher Unterschiede von Einwilligung und Einverständnis. Diese Auseinandersetzung findet vor dem Hintergrund statt, dass die Einordnung der Einwilligung im Deliktsaufbau vorliegend nach der Rechtfertigungslösung geschieht, mithin das Einverständnis tatbestandsausschließend und die Einwilligung rechtfertigend wirkt.[662] Die Opferzustimmung in Form des Einverständnisses kommt nur dann in Betracht,

656 *Geppert*, JuS 1975, 384, 386; *Krey/Esser*, [6]2016, § 17 Rn. 661, für die grundsätzliche Unbeachtlichkeit der Täuschung, nicht hingegen von Drohung und Zwang; *Rengier*, AT, [9]2017, § 23 Rn. 42: „in der Regel", sodann als Ausnahme die Pflichtverletzung in § 266 I StGB, „wohl auch" § 248b StGB nennend, ebd. Rn. 43; *Wessels/Beulke/Satzger*, [47]2017, § 11 Rn. 546, mit der Annahme der ausnahmsweisen Unbeachtlichkeit, „wenn das Gesetz (wie in § 235 I Nr 1) ‚listiges' Verhalten unter Strafe stellt."

657 *Otto*, 1995, S. 606.

658 *Geerds*, GA 1954, 262, 268 f., mit Verweis auf RGSt 56, 118 v. 07.06.1921, welches sich ebenfalls für die Wirksamkeit des erschlichenen Einverständnisses auszusprechen scheint.

659 OLG Nürnberg, Beschluss v. 08.07.1948 – Ss 117/48, NJW 1949, 877, 878.

660 *Rengier*, AT, [9]2017, § 23 Rn. 43.

661 *Wessels/Beulke/Satzger*, [47]2017, § 11 Rn. 546.

662 Siehe unter **C.III.1.a.**

wenn bereits ein Merkmal des objektiven Tatbestandes eine Tat gegen oder ohne den Willen des Opfers impliziert. Ein zustimmender Wille ist hingegen bei Tatbeständen, die einer Einwilligung zugänglich sind, kein im objektiven Tatbestand zu berücksichtigendes Merkmal; eine Zustimmung wird innerhalb der Rechtswidrigkeit als Rechtfertigungsgrund geprüft.

Die Ebenen von Tatbestand und Rechtswidrigkeit drücken im Rahmen des dreistufigen Deliktsaufbaus gemeinsam aus, ob die Tat nach den Wertungen des Strafgesetzbuches und der Gesamtrechtsordnung Unrecht begründet.[663] Objektive Tatbestandsmerkmale umschreiben dabei das äußere Erscheinungsbild einer Tat, indem etwa Tatsubjekt, Tatobjekt und Tathandlung, Tatsituation sowie Tatmodalitäten genannt werden.[664] Der Tatbestandsmäßigkeit kommt insofern die Aufgabe zu, die Verbotsmaterie – bzw. ausnahmsweise die Gebotsmaterie – sowie den typischen Unrechtsgehalt der Tat zu beschreiben.[665] Rechtfertigungsgründe dienen wiederum dem Ausgleich eines generell positiv begründeten Unrechts, als dass zur Kompensation des Erfolgsunwerts objektive sowie zur Beseitigung des Handlungsunwerts subjektive Merkmale vorausgesetzt sind.[666] Erst im Anschluss an die Prüfung der Rechtswidrigkeit kann ein endgültiges Urteil über den materiellen Unrechtscharakter der Tat getroffen werden.[667]

Zum einen ist zuzugeben, dass bereits die Anknüpfung der Opferzustimmung in Form des Einverständnisses an den objektiven Tatbestand dafür spricht, dass das Einverständnis grundsätzlich tatsächlicher Natur ist und demnach anderen Prüfungsvoraussetzungen als die Einwilligung folgt, die auf Ebene der Rechtswidrigkeit zu prüfen ist.[668] Immerhin beschreibt der objektive Tatbestand das äußere Erscheinungsbild einer Tat,[669] und bildet den „gegenständlich-reale[n] Kern eines jeden Delikts".[670]

663 *Krey/Esser*, [6]2016, § 10 Rn. 255.

664 *Kindhäuser*, AT, [8]2017, § 9 Rn. 2.

665 *Krey/Esser*, [6]2016, § 10 Rn. 261.

666 *Rengier*, AT, [9]2017, § 17 Rn. 9; *Wessels/Beulke/Satzger*, [47]2017, § 8 Rn. 388, 401.

667 Siehe etwa *Frister*, [7]2015, Kap. 7 Rn. 9; *Heinrich*, [5]2016, S. 118 Rn. 305; *Kühl*, [8]2017, § 3 Rn. 2; *Wessels/Beulke/Satzger*, [47]2017, § 8 Rn. 386.

668 Ähnlich *Wessels/Beulke/Satzger*, [47]2017, § 11 Rn. 542: „ist [...] davon auszugehen, dass die abweichende systematische Einordnung der beiden Rechtsfiguren und die damit einhergehenden Unterschiede in Funktion und Natur [...] bedingen, dass auch für deren Voraussetzungen grundsätzlich andere Prüfungsmaßstäbe gelten müssen."

669 *Bringewat*, [2]2008, S. 152 Rn. 370.

670 *Welzel*, [11]1969, S. 62.

Darüber hinaus ergibt sich unter Anerkennung des Gesetzeswortlauts, anhand dessen die Form der Opferzustimmung bestimmt wird, dass dem Eingriff in bestimmte Rechtsgüter die Einstufung als vertypisiertes Unrecht bereits versagt wird, wenn der Rechtsgutsinhaber dem Eingriff zustimmt. Die generell als Unrecht bewertete Rechtsgutseinbuße kann hierbei nur in Abhängigkeit von dem entgegenstehenden oder fehlenden Willen des Betroffenen erlitten werden. Der objektive Tatbestand leitet seinen Unwert gerade erst daraus her, dass er nach der gesetzlichen Beschreibung gegen oder ohne den Willen des Opfers erfolgt.[671] Ist der Wille des Betroffenen hingegen auf Zustimmung zu der Tat gerichtet, liegt schon im Generellen kein Unrecht vor. Aufgrund einer solchen Wertung müssen an den Willen des Betroffenen in rechtlicher Hinsicht grundsätzlich auch keine allzu strengen Anforderungen gestellt werden. Dies spricht ebenso dafür, hinsichtlich der Zustimmung auf Ebene des objektiven Tatbestandes, der nicht bei einem entgegenstehenden oder fehlenden Willen des Betroffenen gegeben sein kann, grundsätzlich auf den natürlichen bzw. tatsächlichen Willen des Betroffenen abzustellen.

Eine solche Wertung entspricht ferner dem Argument, dass die Möglichkeit der Einwilligung bei besonders bedeutsamen Rechtsgütern gegeben ist. Wird vom Gesetz bestimmt, dass ein Eingriff in bestimmte Rechtsgüter generell Unrecht begründet, das Opfer jedoch der Tat den Unrechtsgehalt über eine Einwilligung nehmen kann, so müssen an die Opferzustimmung strengere Voraussetzungen gestellt werden. Während das Opfer mit seinem Einverständnis – entsprechend der Gesetzeswertung – über den abstrakten Unwert der Tat (positiv) entscheiden kann, ist hinsichtlich einer Tat, der das Opfer auf Ebene der Rechtswidrigkeit zustimmen kann, bereits typischerweise Unrecht erfüllt. Das Opfer verdient insofern vor unüberlegten sowie voreiligen Entscheidungen (mehr) Schutz. Die gesetzliche Wertung spricht somit gegen eine Gleichbehandlung der Formen der Opferzustimmung.

Dieses Ergebnis findet zudem in folgenden Überlegungen Unterstützung: Zum einen wird der Unterschied von den zu prüfenden Deliktsstufen – Tatbestandsmäßigkeit und Rechtswidrigkeit – darin gesehen, dass Rechtfertigungsgründe das fragliche Verhalten insgesamt, d. h. in der gesamten Rechtsordnung rechtens machen und sich nicht auf das Strafrecht beschränken.[672] Die Wirkung der Rechtfertigungsgründe über die Grenzen des Strafrechts hinweg ist also eine andere als die von Tatbestandsmerkmalen, sodass eine unterschiedliche Prüfung angezeigt

671 Auf die Tathandlung bezogen *Wessels/Beulke/Satzger*, [47]2017, § 11 Rn. 543.

672 *Walter*, in: LK StGB, Bd. 1, [12]2007, vor § 13 Rn. 148.

sein könnte. Zum anderen wird betont, dass mit Verwirklichung des Tatbestandes grundsätzlich Unrecht verwirklicht würde; der Täter könne jedoch bei dem Vorliegen eines Rechtfertigungsgrundes auf Umstände verweisen, die sein unrechtes Verhalten ausnahmsweise rechtfertigen.[673] Die Tatbestandsmäßigkeit indiziere die Rechtswidrigkeit.[674] Ein solches Regel-Ausnahme-Verhältnis kann das Ergebnis einer Ungleichbehandlung von Einwilligung und Einverständnis insofern stützen, als dass an die Ausnahme der Verwirklichung eines Rechtfertigungsgrundes, die sodann ein endgültiges Urteil über das Unrecht nicht nur im strafrechtlichen Bereich fällt, höhere Anforderungen zu stellen sind.

Es wird sich folglich der Meinung angeschlossen, dass Einwilligung und Einverständnis unterschiedlichen Prüfungsvoraussetzungen folgen. Welche dies im Hinblick auf die Einwilligung konkret sind, muss nur dann entschieden werden, wenn § 239 I StGB einer Einwilligung zugänglich ist.[675] Hinsichtlich des Einverständnisses ist festzuhalten, dass grundsätzlich ein natürlicher Wille für die Opferzustimmung genügt. Allerdings ist auch die Auffassung, der enge Zusammenhang von der Opferzustimmung in Form des Einverständnisses mit dem Gesetzeswortlaut führe zu einer deliktsspezifischen Prüfung, absolut überzeugend, sodass die Behandlung von Willensmängeln mitunter vom jeweiligen Tatbestand abhängen kann.[676] Daher muss stets – je nach dem zu prüfenden Delikt – untersucht werden, ob der natürliche Wille des Opfers die Wirksamkeit der Zustimmung begründen kann, oder es erhöhter, deliktsspezifischer Anforderungen bedarf.

(4) Ergebnis: Unterschiede hinsichtlich der Prüfung

Einwilligung und Einverständnis folgen nicht den gleichen Prüfungsvoraussetzungen, sind mithin unterschiedlich zu behandeln. Unterliegt das Opfer einem Willensmangel, genügt für die Wirksamkeit des Einverständnisses grundsätzlich ein natürlicher Wille. Gegebenenfalls können sich jedoch aus dem konkret zu prüfenden Delikt strengere Anforderungen ergeben, die bei der Frage, ob das Einverständnis wirksam ist, Berücksichtigung finden müssen.

---

673 *Heinrich*, [5]2016, S. 45 Rn. 114; *Krey/Esser*, [6]2016, § 10 Rn. 262; *Kühl*, [8]2017, § 6 Rn. 1.

674 BGHSt 35, 270 (275 f.) v. 05.05.1988; *Mitsch*, in: B/W/M/E, [12]2016, § 14 Rn. 9; *Heinrich*, [5]2016, S. 119 Rn. 310; *Krey/Esser*, [6]2016, § 10 Rn. 261; *Kühl*, [8]2017, § 6 Rn. 2; *Wessels/Beulke/Satzger*, [47]2017, § 8 Rn. 386; krit. aber *Kindhäuser*, AT, [8]2017, § 8 Rn. 4; *Otto*, AT, [7]2004, § 8 Rn. 3 f.; *Puppe*, in: K/N/P, [5]2017, vor § 13 Rn. 9.

675 Siehe unter **C.III.2.**

676 Ähnlich *Kühl*, [8]2017, § 9 Rn. 44: „Da aber das Einverständnis zu einem Tatbestandsausschluss führen kann, sollte auch die Auslegung des jeweiligen Tatbestandes über die Beachtlichkeit des täuschungsbedingten Irrtums entscheiden."

c. *Ergebnis: Opferzustimmung im Strafrecht*

Das deutsche Strafrecht kennt zwei Formen der Opferzustimmung – die Einwilligung und das Einverständnis. Während der Einwilligung rechtfertigende Wirkung zukommt, schließt ein wirksames Einverständnis des Betroffenen bereits den entsprechenden Deliktstatbestand aus. In der Prüfung folgen beide Institute unterschiedlichen Voraussetzungen, wobei hinsichtlich der Wirksamkeit des Einverständnisses das Opfer grundsätzlich nur eines natürlichen Willens bedarf, aufgrund der Nähebeziehung zum Gesetzeswortlaut jedoch keine abschließenden allgemeinen Anforderungen festgelegt werden können. Die Voraussetzungen an ein wirksames Einverständnis hängen insofern von der konkret zu prüfenden Norm ab.

2. Behandlung bei § 239 I StGB

Fraglich ist, ob die Zustimmung des Opfers im Rahmen der Freiheitsberaubung tatbestandsausschließender oder aber rechtfertigender Natur ist. Eine dem § 248b StGB vergleichbare ausdrückliche Formulierung in § 239 I StGB dahingehend, dass die Freiheitsberaubung gegen oder zumindest ohne den Willen des Opfers stattfinden muss, fehlt. Die Entscheidung, ob der objektive Tatbestand seinen deliktischen Charakter dadurch erhält, dass er nur dann erfüllt ist, wenn die Tat gegen oder ohne den Willen des Betroffenen erfolgt, mithin die Opferzustimmung ihre Wirkung bereits auf Tatbestandsebene entfaltet, kann sich aber auch logisch zwingend aus der Eigenart eines Delikts – insbesondere aus der Natur des geschützten Rechtsguts[677] – bzw. aus Sinn und Zweck – der ratio legis[678] – ergeben. Untersucht werden können Wortsinn, Systematik, Historie und Telos.[679] Nachdem der Meinungsstand betreffend die Behandlung der Opferzustimmung im Rahmen der Freiheitsberaubung dargestellt wird (**C.III.2.a**), erfolgt somit eine Betrachtung der Eigenart von § 239 I StGB (**C.III.2.b.**). Es wird ein Ergebnis festgehalten (**C.III.2.c.**).

a. *Darstellung der vertretenen Ansichten*

Zunächst sind die Ansichten aus Literatur und Rechtsprechung darzustellen.

Überwiegend wird vertreten, dass eine Zustimmung des Opfers im Rahmen der Freiheitsberaubung ihre Wirkung bereits auf Tatbestandsebene entfaltet, mithin

677 *Lenckner*, ZStW 72 (1960), 446, 448.

678 *Krey/Esser*, [6]2016, § 17 Rn. 656.

679 *Frister*, [7]2015, Kap. 15 Rn. 2.

ein tatbestandsausschließendes Einverständnis gegeben sein kann.[680] Begründet wird dies damit, dass Schutzgut des § 239 I Alt. 2 StGB die Fortbewegungsfreiheit sei,[681] die sich im Willen zur Fortbewegung manifestiert.[682] Es gehöre zum Wesen aller Delikte gegen die Freiheit der Willensbildung und -betätigung, dass der Wille des Betroffenen überwunden wird.[683] Der Fortbewegungsfreiheit könne das Opfer daher nur beraubt sein, wenn die Tat gegen oder ohne seinen Willen erfolgt. Andernfalls sei kein verletzbares Rechtsgut vorhanden.[684] Nach der gesetzlichen Verhaltensbeschreibung leite die Freiheitsberaubung ihren deliktischen Gehalt somit gerade daraus her, dass sie gegen oder ohne den Willen des Opfers erfolge.[685] Insofern setze die Freiheitsberaubung bereits ihrem Tatbestand nach ein Handeln gegen oder ohne den Willen des Betroffenen voraus.[686]

Gegen diese Ansicht bringt *Otto* hervor, sie lasse sich nicht in Einklang bringen mit der herrschend vertretenen Auffassung, dass § 239 I StGB bereits die potentielle Bewegungsfreiheit schütze.[687] Es komme nach der Potentialitätstheorie nicht darauf an, dass der Wille des Opfers tatsächlich gebrochen wird. Vielmehr sei nur entscheidend, dass dem Opfer die Möglichkeit der Fortbewegung genommen werde. Stelle die Freiheitsberaubung aber kein Willensbruchsdelikt im engeren

---

680 Siehe etwa BGH, Urteil v. 25.02.1993 – 1 StR 652/92, NStZ 1993, 387, 387; Urteil v. 20.01.2005 – 4 StR 366/04, NZV 2005, 541, 541; *Mitsch*, in: B/W/M/E, [12]2016, § 15 Rn. 119; *Valerius*, in: BeckOK StGB, Std.: 01.11.2017, § 239 Rn. 5; *Bloy*, ZStW 96 (1984), 703, 713 (Fn. 31); *Geppert*, JuS 1975, 384, 386; *Gössel/Dölling*, [2]2004, § 19 Rn. 8, 19; *Hohmann/Sander*, BT II, [2]2011, § 11 Rn. 15; *Kindhäuser*, NK StGB, [7]2017, § 239 Rn. 14; *Sonnen*, in: K/N/P, [5]2017, § 239 Rn. 20; *Kühl*, in: L/K, [28]2014, § 239 Rn. 5; *Schluckebier*, in: LK StGB, Bd. 7/2, [12]2015, § 239 Rn. 31; *Lenckner*, ZStW 72 (1960), 446, 448; *Eidam*, in: M/R, 2013, § 239 Rn. 14; *Mitsch*, NZV 2013, 417, 418 f.; *Wieck-Noodt*, in: MüKo StGB, Bd. 4, [3]2017, § 239 Rn. 36; *Park/Schwarz*, Jura 1995, 294, 297; *Rengier*, BT II, [18]2017, § 22 Rn. 16; *Eser/Eisele*, in: Sch/Schr, [29]2014, § 239 Rn. 3; *Wolters*, in: SK StGB, Bd. IV, [9]2017, § 239 Rn. 11; *Wessels/Beulke/Satzger*, [47]2017, § 11 Rn. 543; *Wessels/Hettinger/Engländer*, [41]2017, § 8 Rn. 422; *Wimmer*, 1980, S. 32.

681 Siehe unter **B.I.2.a.** sowie **B.II.1.d.**

682 *Mitsch*, NZV 2013, 417, 418; *Park/Schwarz*, Jura 1995, 294, 297.

683 *Lenckner*, ZStW 72 (1960), 446, 448; ähnlich *Wessels/Beulke/Satzger*, [47]2017, § 11 Rn. 543: „naturgemäß".

684 *Gössel/Dölling*, [2]2004, § 19 Rn. 8, 19; *Mitsch*, NZV 2013, 417, 419.

685 *Eser/Burkhardt*, [4]1992, S. 155 A.4.

686 So *Bockelmann*, 1977, § 18 S. 87 ff; *Schluckebier*, in: LK StGB, Bd. 7/2, [12]2015, § 239 Rn. 27; *Lenckner*, ZStW 72 (1960), 446, 448, generell für alle Delikte gegen die Freiheit der Willensbildung und -betätigung; *Park/Schwarz*, Jura 1995, 294, 296.

687 Siehe unter **B.II.1.d.(2)(a)**.

Sinne dar, so dürfe auch nicht bereits im Tatbestand ein entgegenstehender Wille zu fordern sein.[688]

Hiergegen ist wiederum einzuwenden, dass sich das Abstellen auf einen potentiellen Willen zur Fortbewegung und die Annahme eines tatbestandsausschließenden Einverständnisses nicht widersprechen. Wenn die Potentialitätstheorie besagt, dass es für eine vollendete Freiheitsberaubung nicht von Belang sei, ob sich der Betroffene der Freiheitsbeschränkung bewusst wird, so bringt dies schlichtweg zum Ausdruck, dass es überhaupt keiner Willensbildung beim Opfer hinsichtlich des Freiheitsentzugs – ob zustimmend oder ablehnend – bedarf. Der Täter agiert hierbei ohne den Willen des Betroffenen. Ein Einverständnis kommt aber bei Straftatbeständen in Betracht, die voraussetzen, dass die Tat bereits objektiv gegen oder ohne den tatsächlichen Willen des Verletzten erfolgt.[689] Begründet werden kann die Erfassung auch der Konstellation der Tat ohne den Willen des Opfers mit den Auswirkungen einer tatbestandsausschließenden Opferzustimmung: Das Einverständnis nimmt dem Täterverhalten bereits den abstrakten Unwertgehalt, lässt es zu einem normalen – strafrechtlich irrelevanten – Vorgang werden. Der Betroffene entzieht sich mit dem Einverstandensein insofern des Schutzes des Strafgesetzbuches. Um das Opfer vor einer solch weitreichenden Folge zu bewahren, sollte ein Tatbestandsausschluss nur dann wirksam erfolgen können, wenn das Opfer (positiv) zustimmt. Zuzugeben ist damit gleichermaßen, dass der Begriff des Willensbruchs in einer Konstellation, in der sich das Opfer über seine Fortbewegung keine Gedanken macht, unpassend erscheinen kann. Andererseits ist es nicht gänzlich fernliegend, von einem Willensbruch zu sprechen, wenn der Betroffene zwar aktuell seinen Aufenthaltsort nicht verändern will, aber – wovon grundsätzlich auszugehen ist – an eine dahingehende Möglichkeit glaubt, und eine solche potentielle Willensentschließung und -betätigung infolge der Freiheitsbeschränkung durch den Täter tatsächlich nicht realisierbar ist. Die Argumentation *Ottos* überzeugt folglich nicht.[690]

Zum Teil wird die Ansicht, § 239 I StGB sei einem Einverständnis zugänglich, dahingehend modifiziert, dass eine Zustimmung des Opfers in Form des Tatbestandsausschlusses wiederum dann nicht möglich sei, wenn das Einverständnis erschlichen wurde, da auch die List als Tatmittel anerkannt sei.[691] Ei-

688 Siehe hierzu *Otto*, BT, ^{7}2005, § 28 Rn. 9.

689 Siehe bereits die Definition von *Geerds* unter **C.III.1.**

690 Diese Arbeit geht insofern weiterhin davon aus, dass die Freiheitsberaubung ein Delikt darstellt, das einen Willensbruch – wenn auch im weiteren Sinne – erfordert.

691 So *Kühl*, in: L/K, ^{28}2014, § 239 Rn. 5; *Schäfer*, in: LK StGB, Bd. 5, ^{10}1989, § 239 Rn. 26; *Rengier*, BT II, ^{18}2017, § 22 Rn. 16.

ner solchen Auffassung ist jedoch entgegenzuhalten, dass sie nicht hinreichend differenziert: Die Frage, ob die List ein Tatmittel des § 239 I Alt. 2 StGB sein kann, ist zu unterscheiden von der Frage, wie die Zustimmung des Opfers im Rahmen der Freiheitsberaubung wirkt, und letztlich von der Frage, wie sodann ein mittels List erschlichenes Einverständnis zu behandeln ist. Die Aussage, dass einer Freiheitsberaubung bereits dem Tatbestand nach nicht strafbar ist, wer sich einem einverstandenen Opfer gegenübersieht, es sei denn, das Einverständnis beruhe auf einem listigen Verhalten des Täters, kann derart verstanden werden, dass ein mittels List erschlichenes Einverständnis stets unwirksam sein soll. Ob dem zuzustimmen ist, bleibt zu untersuchen.[692] Dies beeinflusst jedoch nicht das grundsätzliche Verständnis, dass die Opferzustimmung bei § 239 I StGB tatbestandsausschließend wirkt.[693]

Andere Literaturstimmen berücksichtigen die Zustimmung des Opfers zu einer Freiheitsberaubung auf der Rechtfertigungsebene.[694] *Jescheck/Weigend* sehen insofern das Schutzgut der Fortbewegungsfreiheit auch dann als beeinträchtigt an, wenn die Beeinträchtigung mit dem Willen des Rechtsgutsinhabers übereinstimmt. Dieser verzichte lediglich auf den Schutz und übe die ihm zustehende Dispositionsfreiheit „aus welchen Gründen auch immer" zulasten seiner Fortbewegungsfreiheit aus.[695] Nicht verständlich ist jedoch, warum gleichzeitig festgestellt wird, dass „[b]ei den Delikten gegen die Freiheit der Willensbildung und -betätigung [...] das Einverständnis des Betroffenen die Tatbestandsmäßigkeit der Handlung" ausschließt.[696]

Geerds erkennt die Willensfreiheit zwar als Schutzobjekt der Freiheitsberaubung an, meint aber, dass diese nicht tatsächlich angegriffen werden müsse, sondern „vom Gesetzgeber durch das Verbot der objektiven, räumlichen Beschränkung einer anderen Person gesichert" sei, sodass es tatbestandlich genüge, wenn dem Opfer die Betätigungsmöglichkeit genommen werde.[697] Insofern stützt er sich ebenso wie *Otto* auf die Potentialitätstheorie und scheint mit dieser Entscheidung auch die Aussage über die Einordnung der Opferzustimmung als Einwilligung treffen zu müssen. Eine solche Verknüpfung wurde bereits abgelehnt.

---

692 Siehe unter **C.IV.**

693 So i.E. auch *Park/Schwarz*, Jura 1995, 294, 297, die explizit zwischen der List als Tatmittel und dem erschlichenen Einverständnis unterscheiden.

694 So etwa *Geerds*, GA 1954, 262, 263 (Fn. 6); *Jescheck/Weigend*, [5]1996, § 34 S. 373; *Maurach/Schroeder/Maiwald*, BT/1, [10]2009, § 12 Rn. 15; *Otto*, BT, [7]2005, § 28 Rn. 9.

695 *Jescheck/Weigend*, [5]1996, § 34 S. 373.

696 *Jescheck/Weigend*, [5]1996, § 34 S. 373.

697 *Geerds*, 1953, S. 37.

Ebenso ist nicht nachvollziehbar, wie die (zwangsläufig subjektive) Willensfreiheit als in § 239 I StGB geschütztes Rechtsgut anerkannt und dessen Verletzung gleichzeitig nur objektiv anhand einer räumlichen Begrenzung festgestellt werden soll. So äußert *Geerds* selbst, dass bei einer Einwilligung der Wille des Verletzten „ein außerhalb des eigentlichen Tatbestandes liegender Umstand" ist.[698] Seine Ansicht, die Freiheitsberaubung sei der Opferzustimmung in Form der Einwilligung zugänglich, würde damit konsequent verlangen, dass er die Fortbewegung als einen tatsächlichen Vorgang und folglich unabhängig von dem Opferwillen als geschützt ansieht. Dies widerspricht dem von der Freiheitsberaubung verfolgten Rechtsgüterschutz, der dieser Arbeit zugrunde gelegt wird.[699]

Preisendanz differenziert derart, dass ein Einverständnis stets nur in solchen Fällen in Betracht kommen soll, in denen eine Handlung schon ihrem sozialen Sinn nach nicht zu einer Freiheitsberaubung führt, etwa bei einer Zugreise mangels Ausstiegsmöglichkeit zwischen zwei Stationen. Eine Einwilligung komme hingegen in allen anderen Fällen in Betracht, beispielsweise dann, wenn sich jemand freiwillig in einen Raum einschließen lässt, um an einem Experiment teilzunehmen.[700] Diese Differenzierung erscheint jedoch wenig praktikabel, lässt sie doch kaum deutliche Abgrenzungskriterien zur Bestimmung von Handlungen nach ihrem sozialen Sinn erkennen. Darüber hinaus ist es dem Strafrecht fremd, innerhalb eines Tatbestandes mit Anknüpfung an <u>einen</u> objektiven Tatbestand bei der Opferzustimmung, ob tatbestandsausschließend oder rechtfertigend, zu differenzieren, ergibt sich diese doch aus der Eigenart des Delikts selbst, nicht hingegen aus der konkreten Situation.[701] Zwar kann hiergegen eingewendet werden, dass die Literatur im Rahmen des Hausfriedensbruchs ein Einverständnis nur bezüglich der ersten Alternative, dem Eindringen, explizit annimmt. Der Unterschied gegenüber der Freiheitsberaubung besteht allerdings darin, dass der Tatbestand des § 123 StGB zwei voneinander zu unterscheidende Handlungsalternativen erfasst – ein Eindringen ist von einem unbefugten Verweilen als echtem Unterlassen[702] abgrenzbar –, während § 239 StGB jegliche Handlung erfasst, die das Opfer der Freiheit beraubt; das Einsperren ist dabei Unterfall der Freiheitsberaubung.[703] So muss sich auch bei der Nötigung nach § 240 StGB das

---

698 *Geerds*, 1953, S. 143.

699 Siehe unter **B.I.2.a.** sowie **B.II.1.d.** und sogleich unter **C.III.2.b.**

700 *Preisendanz*, [30]1978, § 239 Anm. 3.

701 Siehe auch sogleich unter **C.III.2.b.**

702 Siehe etwa *Schäfer*, in: MüKo StGB, Bd. 3, [3]2017, § 123 Rn. 49; *Ostendorf*, in: K/N/P, [5]2017, § 123 Rn. 44.

703 Siehe unter **B.II.1.e.(2)(a)**.

Einverständnis auf die vom Täter begründete Zwangslage beziehen – unabhängig von dem Tatmittel, welches diese Zwangslage herbeiführt.[704] Da das Gesetz die Tatmittel des § 239 I StGB insofern als gleichwertig behandelt, dürfen die Auswirkungen der Opferzustimmung nicht vom Zufall des vom Täter gewählten Tatmittels abhängen.

Ein hingegen als praktikabel erscheinendes Abgrenzungskriterium zur Einordnung der Opferzustimmung als Einverständnis oder Einwilligung schlägt *Kindhäuser* vor, indem er eine Einwilligung immer dann annimmt, wenn die Tathandlung auch von dem Verletzten selbst – als Werkzeug eines mittelbaren Täters – vollzogen werden kann. Mittels Einverständnisses könne der Tatbestand dagegen bei sogenannten Delikten mit vertypter unmittelbarer Täterschaft ausgeschlossen werden.[705] Mit dieser Abgrenzung kommt *Kindhäuser* zu dem Ergebnis, dass die Freiheitsberaubung einwilligungsfähig ist, „da sich der Verletzte auch selbst einschließen und damit seiner Freiheit berauben" könne.[706] Als Beispiel für die Bewertung der Opferzustimmung als Einverständnis wird zum einen § 123 StGB genannt, da der Hausrechtsinhaber nicht selbst in seine Wohnung eindringen könne, und zum anderen wird auf § 242 StGB verwiesen, da der Besitzer nicht seinen eigenen Gewahrsam brechen könne.[707] Eine solche Abgrenzung ist zunächst überzeugend, da scheinbar praktikabel. Zuzugeben ist auch, dass die Abgrenzung nach *Kindhäuser* weitestgehend mit der herrschenden Meinung hinsichtlich derer Delikte, die der Opferzustimmung in Form des Einverständnisses zugänglich sind, übereinstimmt. Allerdings ist ebenso festzustellen, dass sich eine solche Abgrenzung nicht durchgesetzt hat. Literaturstimmen, die sich der Abgrenzung danach, ob ein sogenanntes Delikt mit vertypter unmittelbarer Täterschaft gegeben ist, angeschlossen haben, sind nicht aufzufinden. Zudem geht *Kindhäuser* selbst in seinen späteren Ausführungen davon aus, dass zumindest das Einsperren im Rahmen des § 239 StGB ein Tatbestandsmerkmal darstellt, dass nur bei einem Handeln gegen den Willen oder ohne die Zustimmung des Berechtigten verwirklicht werden kann, mithin der Tatbestand der Freiheitsberaubung einem Einverständnis zugänglich ist[708] – obwohl für ihn ein Einsperren und somit eine Freiheitsberaubung durch das Opfer selbst erfolgen kann. Darüber hinaus kann zwar der Annahme, Diebstahl und Hausfriedensbruch seien ebenso wie die sexuelle Nötigung/Vergewaltigung nach § 177 StGB Delikte mit vertypter

---

704 *Sinn*, in: MüKo StGB, Bd. 4, ^{3}2017, § 240 Rn. 104.

705 *Kindhäuser*, 2004, S. 148 f.

706 *Kindhäuser*, 2004, S. 149.

707 *Kindhäuser*, 2004, S. 148.

708 *Kindhäuser*, NK StGB, ^{7}2017, vor § 13 Rn. 190.

unmittelbarer Täterschaft, gefolgt werden. Gleichzeitig nimmt *Kindhäuser* eine Opferzustimmung in Form des Einverständnisses als Ergebnis seiner „Testfrage",[709] inwiefern die Tathandlung auch vom Verletzten selbst als Werkzeug eines mittelbaren Täters vollzogen werden kann, auch bei dem unbefugten Gebrauch eines Kraftfahrzeugs an. Hierbei ist allerdings zuzugeben, dass der Verletzte ein Kraftfahrzeug oder ein Fahrrad auch selbst in Gebrauch nehmen kann, eine Opferzustimmung im Rahmen des § 248b StGB aber ausdrücklich als Einverständnis wirkt. Für das Ergebnis von *Kindhäuser* kann insofern allerdings angeführt werden, dass im Rahmen des § 248b StGB nicht allein die Tathandlung der Ingebrauchnahme, sondern vielmehr die „Ingebrauchnahme gegen den Willen des Berechtigten" den entgegenstehenden Willen des Opfers zum Ausdruck bringt.

Gleichzeitig sieht *Kindhäuser* auch die Unterschlagung als ein Delikt mit vertypter unmittelbarer Täterschaft an.[710] Gemäß § 246 I StGB ist strafbar, wer eine fremde bewegliche Sache sich oder einem Dritten rechtswidrig zueignet. Im Falle der Drittzueignung ermöglicht der Handelnde einem Dritten die Inbesitznahme der Sache als eigene, indem er ihm die hierzu erforderliche Sachherrschaft in enteignender Weise verschafft.[711] Es bedarf der erkennbaren Manifestation des (Dritt-)Zueignungswillens nach außen.[712] Welche Anforderungen an eine solche Manifestation zu stellen sind, ist umstritten.[713] Im Sinne der überwiegend vertretenen Manifestationstheorie und entgegen der Annahme *Kindhäusers* kann insoweit festgestellt werden, dass der verletzte Sachinhaber selbst – etwa infolge eines Irrtums über das eigene Besitzrecht und entsprechend der Anweisung eines Dritten – ein Verhalten aufweisen kann, in dem sich sein Drittzueignungswille objektiviert,[714] sodass er verlässlich und unzweideutig zum Ausdruck bringt, die eigene Sache dem Vermögen des Dritten einverleiben zu wollen.[715] Zu beachten ist aber auch, dass Tatobjekt des § 246 I StGB eine fremde bewegliche Sache ist,

709 *Kindhäuser*, 2004, S. 149.

710 *Kindhäuser*, 2004, S. 149.

711 *Kindhäuser*, in: K/N/P, [5]2017, § 246 Rn. 5.

712 **H.M.**, siehe etwa *Wittig*, in: BeckOK StGB, Std.: 01.11.2017, § 246 Rn. 4; *Kühl*, in: L/K, [28]2014, § 246 Rn. 4; *Hohmann*, in: MüKo StGB, Bd. 4, [3]2017, § 246 Rn. 16; *Wessels/Hillenkamp*, [40]2017, § 5 Rn. 309.

713 Einen Überblick zu den vertretenen Ansichten vermittelt *Hillenkamp*, BT, [12]2013, Problem 24 S. 120.

714 Sog. weite Manifestationstheorie, vgl. etwa BGHSt 14, 38 (41) v. 07.12.1959; *Welzel*, [11]1969, S. 344.

715 Sog. enge Manifestationstheorie, vgl. etwa BGHSt 34, 309 (312) v. 17.03.1987; *Wittig*, in: BeckOK StGB, Std.: 01.11.2017, § 246 Rn. 4; *Rengier*, BT I, [19]2017, § 5 Rn. 23; *Eser/Bosch*, in: Sch/Schr, [29]2014, § 246 Rn. 11; *Wessels/Hillenkamp*, [40]2017, § 5 Rn. 311.

und dem verletzten Sachinhaber die Sache gerade nicht fremd ist. Insofern könnte die Unterschlagung doch als ein Delikt mit vertypter unmittelbarer Täterschaft qualifiziert werden. Im Vergleich zur Sachbeschädigung nach § 303 I StGB, die zumindest nicht explizit von *Kindhäuser* als ein solches Delikt mit vertypter unmittelbarer Täterschaft bezeichnet wird, fällt jedoch Folgendes auf: Der Wortlaut der Norm statuiert, dass sich strafbar macht, wer eine fremde Sache beschädigt oder zerstört. Insofern kann der Betroffene zwar körperlich derart auf eine Sache einwirken, dass die Substanz nicht nur unerheblich verletzt, die bestimmungsgemäße Brauchbarkeit nicht nur unerheblich beeinträchtigt ist, gar verlustig geht oder die Sache vernichtet wird.[716] Ist er jedoch der Eigentümer der Sache, so ist ihm diese niemals fremd, wie vom Tatbestand gefordert. Führt ein Hintermann eine solche Selbstschädigung herbei, indem er bei dem (tatbestandslos handelnden) Werkzeug einen Irrtum über den selbstschädigenden Charakter hervorruft, kann sich dieser dennoch als mittelbarer Täter strafbar machen.[717] Die mangelnde Fremdheit der Sache begründet in diesem Fall gerade das deliktische Minus bei dem Tatmittler und steht somit der Annahme einer mittelbaren Täterschaft nicht entgegen. Eine Qualifizierung *Kindhäusers* als Delikt mit vertypter unmittelbarer Täterschaft erfolgt dennoch nicht. Es zeigt sich daher, dass auch die Abgrenzung nach *Kindhäuser* nicht stets eindeutig ist. Insbesondere wird ihr aber, wie bereits erwähnt, deshalb nicht gefolgt, weil sie keinerlei Einzug in die Wissenschaft gefunden hat. Die Schlussfolgerung aus der Abgrenzung *Kindhäusers*, in den Fällen, in denen die Tathandlung nicht von dem Verletzten selbst als Werkzeug eines mittelbaren Täters vollzogen werden könne, impliziere sie ein Handeln gegen oder ohne den Willen des Opfers, bleibt damit unberücksichtigt für die Frage, ob die Zustimmung bei § 239 I StGB tatbestandsausschließend oder rechtfertigend wirkt.

b. Betrachtung der Eigenart des Delikts

Zu betrachten ist die Eigenart des Delikts, um bestimmen zu können, ob die Opferzustimmung im Rahmen der Freiheitsberaubung auf Tatbestands- oder auf Rechtfertigungsebene wirkt. Fraglich ist somit, ob die Freiheitsberaubung ihren deliktischen Charakter erst dadurch erhält, dass sie gegen oder zumindest ohne den Willen des Betroffenen erfolgt.

Hierbei ist zu statuieren, dass im Rahmen der Delikte, die – soweit ersichtlich – einverständlich einem Einverständnis zugänglich sind, stets an die Tathandlung

716 Vgl. zu den Definitionen „beschädigen“ sowie „zerstören“ *Stree/Hecker*, in: Sch/Schr, [29]2014, § 303 Rn. 8, 14.

717 *Rengier*, AT, [9]2017, § 43 Rn. 8.

angeknüpft wird. So ergibt sich das Erfordernis des entgegenstehenden Opferwillens im Rahmen des § 242 I StGB aus der Wegnahme, bei dem Hausfriedensbruch nach § 123 I StGB aus dem Eindringen. Konsequenterweise müsste nunmehr an die Tathandlung des Einsperrens bzw. der Freiheitsberaubung auf andere Weise – etwa an die Gewalt, die Drohung oder die List – angeknüpft werden.

Vorliegend wird die Prüfung der Opferzustimmung allerdings, sollte sie innerhalb des objektiven Tatbestandes stattfinden, innerhalb des Taterfolgs des Freiheitsentzugs verortet. Ob dies im Einklang mit der überwiegenden Meinung ist, kann hierbei nicht festgestellt werden, da der Taterfolg des § 239 I StGB kaum explizit Erwähnung im Prüfungsaufbau findet.[718] Wird allerdings in der Literatur darauf eingegangen, dass es eines Handelns gegen oder ohne den Willen des Opfers bedarf, oder dass sich der deliktische Charakter aus der Verhaltensbeschreibung ergeben kann,[719] spricht dies für eine Anknüpfung der Opferzustimmung an das Tatmittel des § 239 I StGB. Gleichzeitig wird geäußert, dass der Betroffene der Fortbewegungsfreiheit nur beraubt sei, wenn er einen entgegenstehenden Willen besitzt, da es andernfalls an einem verletzbaren Rechtsgut fehlt.[720] Als Erfolgsdelikt verlangt die Freiheitsberaubung die Verletzung der Fortbewegungsfreiheit, mithin die Aufhebung der Fähigkeit, den Aufenthaltsort zu verändern. Da der Erfolg der Freiheitsberaubung somit in der Verletzung der Fortbewegungsfreiheit besteht, könnte hiernach an den Taterfolg angeknüpft werden. Auch der Bundesgerichtshof ist nicht eindeutig zu verstehen, wenn er in einer Entscheidung von der „Einwilligung […] in die abendliche <u>Einschließung</u>" spricht, aber auch festsetzt, dass eine <u>Freiheitsberaubung</u> nicht vorliegt, wenn der Eingesperrte einwilligt.[721]

Das Problem rührt daher, dass die Beschreibung der von § 239 I StGB erfassten Tatmittel mit dem Oberbegriff der Freiheitsberaubung gleichermaßen den Erfolg des § 239 I StGB, die Freiheitsberaubung in Form des Freiheitsentzugs, enthält.[722] Um den deliktischen Charakter des § 239 I StGB – insbesondere dahingehend, ob dieser erst bei einem entgegenstehenden oder fehlenden Opferwillen hervortritt – zu bestimmen, ist insofern unstreitig an den Begriff der Freiheitsberaubung anzuknüpfen. Da vorliegend eine dreigliedrige Prüfung des objektiven Tatbestandes von § 239 I StGB vertreten[723] und der Taterfolg nach der Tathand-

718 Siehe bereits unter **C.I.**

719 Siehe unter **C.III.2.a.**

720 Siehe unter **C.III.2.a.**

721 BGH, Urteil v. 25.02.1993 – 1 StR 652/92, NJW 1993, 1807, 1807.

722 Siehe bereits unter **C.I.**

723 Siehe unter **C.I.**

lung geprüft wird, ist die Betrachtung der Eigenart des Delikts im Rahmen des Taterfolgs zu verorten. Für eine Anknüpfung der Opferzustimmung an den Taterfolg des § 239 I StGB spricht darüber hinaus, dass bei der Bestimmung der Opferzustimmung in Form von Einverständnis oder Einwilligung auf die Natur des geschützten Rechtsgutes bzw. das Telos der Norm Bezug genommen wird.[724] Ferner ist zuzugeben, dass eine Opferzustimmung nur dann wirksam sein kann, wenn das Opfer dem Erfolg, der Verletzung seines Rechtsgutes, zustimmt. Dies impliziert sodann, dass das Opfer auch dem Handeln des Täters zustimmt. Die Zustimmung des Opfers, ob Einverständnis oder Einwilligung, wird daher im Ergebnis anhand des Taterfolgs der Freiheitsberaubung qualifiziert.[725] Somit sind im Folgenden zum einen der Begriff der Freiheit und zum anderen der Begriff der Beraubung zu hinterfragen.

(1) „Freiheit“

Zunächst wird der Begriff der Freiheit im Sinne von § 239 I StGB untersucht. Entsprechend der systematischen Stellung der Norm im 18. Abschnitt des Strafgesetzbuches ist Schutzgut der Freiheitsberaubung ausschließlich die körperliche Bewegungsfreiheit. Der Vorwurf, der einem Täter der Freiheitsberaubung gemacht wird, besteht folglich darin, die Fortbewegungsfreiheit eines anderen

---

724 Siehe unter **C.III.2.**

725 Die tatbestandsmäßige Verwirklichung eines Erfolgsdelikts verlangt stets die Ursächlichkeit der Handlung für den Erfolg, *Heinrich*, [5]2016, S. 57 Rn. 158; *Wessels/Beulke/Satzger*, [47]2017, § 1 Rn. 37. Dass Anknüpfungspunkt des Einverständnisses vorliegend der Taterfolg ist, muss insofern nicht als Besonderheit gelten: Auch wenn das Einverständnis andernorts im Zusammenhang mit der Tathandlung geprüft wird, ist das mit der Vornahme der Handlung einverstandene Opfer letztlich zwangsläufig auch gewillt, den – kausal durch eben diese Handlung herbeigeführten – Erfolgseintritt hinzunehmen. Entsprechend könnte ebenso (etwas umständlich) geprüft werden, ob das Opfer mit der List, die eine Freiheitsberaubung zur Folge hat, einverstanden ist. Aufgrund der klaren Abgrenzbarkeit zwischen der List als Tatmittel und dem Erfolg der Freiheitsberaubung wird das Einverständnis vorliegend jedoch zunächst ausschließlich an den Taterfolg angeknüpft, um sodann einen Rückschluss auf das Einverstandensein des Opfers auch mit dem listigen Täterverhalten zu ziehen. Diese Abgrenzbarkeit unterscheidet den Tatbestand der Freiheitsberaubung etwa von § 242 StGB, denn anders als die Wegnahme, die in ihrer gängigen Definition – Bruch fremden und Begründung neuen Gewahrsams, siehe etwa BGH, Urteil v. 06.07.2010 – 3 StR 180/10, NStZ 2011, 36, 37 – bereits den Erfolg des Diebstahls in Form des Gewahrsamsverlusts bei dem Opfer beinhaltet, ist die List „deliktsneutral“ definiert, siehe unter **B.I.2.a.(2)**.

in irgendeiner Art und Weise anzutasten. Hierin begründet sich der deliktische Charakter des § 239 I StGB.

Fraglich ist, ob der Schutz der körperlichen Bewegungsfreiheit gleichzusetzen ist mit dem Schutz des Willens zur Ausübung dieser Freiheit. Grundsätzlich wird – mit der Entscheidung für die Rechtfertigungslösung – von einer Trennung von Rechtsgut und Willen ausgegangen.[726] Zu prüfen ist, ob ausnahmsweise der Wille zur Fortbewegung bereits zum Schutzgut des § 239 I StGB gehört, sodass eine tatbestandliche Verletzung nur gegen oder zumindest ohne den Willen des Opfers gegeben sein kann.

Einerseits könnte angenommen werden, dass die Fortbewegungsfreiheit zunächst abstrakt schützenswert ist, sodass jegliche Beeinträchtigung des Wertes „Fortbewegung" – unabhängig davon, ob das Opfer einer solchen zustimmt – tatbestandlich eine Freiheitsberaubung begründet. Der konkrete Wille des Betroffenen würde daraufhin als Ausdruck seines Selbstbestimmungsrechts auf Ebene der Rechtfertigung Berücksichtigung finden. Hierfür kann die hohe Wertigkeit des Rechtsguts der körperlichen Bewegungsfreiheit angeführt werden, vergleiche § 35 I 1 StGB.[727] Angenommen werden könnte insofern, dass bereits jegliche Beeinträchtigung der Fortbewegungsfreiheit an sich Unrecht begründet, und nur ausnahmsweise eine – strengeren Voraussetzungen unterliegende – Kompensation dieses Unrechts mittels Einwilligung auf Rechtfertigungsebene stattfinden kann.

Fraglich ist jedoch andererseits, ob die Freiheit, die von § 239 I StGB geschützt wird, von dem Willen des Betroffenen trennbar ist. In der Rechtsprechung des Bundesgerichtshofes findet eine solche Trennung nicht statt, wenn es etwa heißt, dass „§ 239 [...] nicht erst die Verwirklichung des auf eine Ortsveränderung gerichteten <u>Willensentschlusses</u>, sondern schon die potentielle persönliche Bewegungsfreiheit [schützt], also die Möglichkeit des Ortswechsels. [...] In sie wird auch dann eingegriffen, wenn der von der Tathandlung Betroffene sich gar nicht fortbewegen <u>will</u>. Entscheidend ist allein, [...] ob er sich ohne die vom Täter ausgehende Beeinträchtigung seiner Bewegungsmöglichkeit fortbegeben könnte, wenn er es <u>wollte</u>."[728] Das gleiche Verständnis zeigt sich in der Literatur: Die körperliche Bewegungsfreiheit ist bereits nach der Gesetzessystematik – die Freiheitsberaubung ist im 18. Abschnitt geregelt – Teil der persönlichen Freiheit, die sich nach der überwiegenden Meinung in die Freiheit von Willensentschließung und

726 Siehe unter **C.III.1.a.**

727 Siehe unter **B.II.1.d.**

728 BGHSt 32, 183 (188) v. 06.12.1983 (Hervorhebungen durch Verfasserin), mit Verweis auf BGHSt 14, 314 (316) v. 31.05.1960.

-betätigung gliedert. Geschützt werde somit in § 239 I StGB der Entschluss zur Veränderung des Aufenthaltsortes sowie die Betätigung des Willens zur Veränderung des Aufenthaltsortes selbst.[729] Dass der Wille des Betroffenen mit den Delikten des 18. Abschnitts nach Ansicht der Kommentarliteratur bereits tatbestandlich verknüpft ist, zeigt sich etwa in Bezug auf die Norm des § 232a StGB, die primär die persönliche Freiheit in ihrer Ausprägung der sexuellen Selbstbestimmung schützt, mithin „die Freiheit, sich frei (insb. ohne Zwang) zu entscheiden, der Prostitution oder prostitutionsähnlichen sexuellen Kontakten nachzugehen."[730] Zudem soll § 237 StGB etwa das Interesse schützen, „sich frei und selbstbestimmt für oder gegen eine Eheschließung entscheiden zu können."[731] Es wird folglich vertreten, dass der Wille des Betroffenen zum entsprechenden Rechtsgut gehört und eine Rechtsgutsverletzung somit einen Willensbruch fordert.

Der Annahme, die Freiheitsberaubung sei ein Willensbruchsdelikt, ist zuzustimmen. Nach dem allgemeinen Sprachgebrauch stellt die Freiheit einen Zustand dar, in dem jemand von bestimmten persönlichen oder gesellschaftlichen, als Zwang oder Last empfundenen Bindungen oder Verpflichtungen frei ist und sich in seinen Entscheidungen nicht (mehr) eingeschränkt fühlt.[732] Frei ist ein Mensch folglich, wenn er sich unabhängig, nicht unterdrückt und ohne gefangen zu sein[733] für oder gegen etwas entscheiden kann. Die Fähigkeit, eine solche Entscheidung zu treffen, wird wiederum als Wille bezeichnet.[734] Wird dem Menschen in § 239 I StGB die Freiheit zur Fortbewegung gewährleistet, so bedeutet dies für

729 Siehe unter **B.I.2.a.** sowie **B.II.1.d.**

730 So zu § 232 StGB a. F. *Eidam*, in: M/R, 2013, § 232 Rn. 2; zu § 232a StGB *Renzikowski*, in: MüKo StGB, Bd. 4, ³2017, § 232a Rn. 1: „Freiheit, sich für oder gegen die Vornahme von sexuellen Handlungen […] zu entscheiden"; siehe auch BT-Drs. 18/9095 v. 06.07.2016, http://dip21.bundestag.de/dip21/btd/18/090/1809095.pdf (S. 32 f.), abgerufen am 05.01.2018: „Freiheit einer von Zwang freien Bestimmung über die Ausübung von Prostitution sowie prostitutionsnaher sexueller Kontakte […]. Strafgrund ist eine verwerfliche […] Beeinflussung der Willensentschließungsfreiheit des Opfers."

731 *Sonnen*, in: K/N/P, ⁵2017, § 237 Rn. 1; ähnlich *Valerius*, in: BeckOK StGB, Std.: 01.11.2017, § 237 Rn. 2, der zudem darauf hinweist, dass auch „die negative Freiheit, selbst zu entscheiden, überhaupt den Bund der Ehe einzugehen", geschützt ist; ähnlich auch *Fischer*, ⁶⁵2018, § 237 Rn. 3.

732 https://www.duden.de/rechtschreibung/Freiheit, abgerufen am 05.01.2018.

733 https://de.pons.com/übersetzung?q=Freiheit&l=dedx&in=&lf=, abgerufen am 05.01.2018.

734 https://de.pons.com/übersetzung?q=Wille&l=dedx&in=&lf=, abgerufen am 05.01.2018.

den Rechtsgutsträger, dass er grundsätzlich Entscheidungen hinsichtlich seiner Fortbewegungsfreiheit selbst und unbeeinflusst treffen kann; er kann sich unbeeinflusst zur Fortbewegung entschließen oder den Aufenthaltsort verändern. Nutzt der Mensch seine Fortbewegungsfreiheit bzw. entschließt er sich zu einer derartigen Nutzung, so erfolgt dies stets mit seinem Willen. Der Wille des Betroffenen ist damit in das Rechtsgut der Fortbewegungsfreiheit integriert, mithin nicht von diesem trennbar.[735]

Bezüglich der Annahme, dass die Freiheitsberaubung ein Willensbruchsdelikt darstellt, ergeben sich auch keine Änderungen dadurch, dass bereits der potentielle Wille zur Fortbewegung von § 239 I StGB geschützt ist.[736] Steht dieser Wille einer Tat nicht entgegen, sodass das Opfer mit einer Beschränkung seiner Möglichkeiten zur Veränderung des Aufenthaltsortes explizit einverstanden ist, ist mangels Willensbruchs eine Rechtsgutsverletzung abzulehnen. Mit der Zustimmung übt das Opfer gerade die von § 239 I StGB geschützte Freiheit aus, sodass ein Anknüpfungspunkt für generelles Unrecht fehlt. Beschränkt der Täter hingegen diesen Willen, indem er dem Betroffenen gegen oder ohne seinen Willen die umfassende Möglichkeit zur Fortbewegung nimmt, ist der deliktische Charakter des § 239 I StGB realisiert. Der Wille des Betroffenen ist folglich im Rechtsgüterschutz einer jeden Freiheitsberaubung nicht nur als bloße Begleiterscheinung inbegriffen. Indem der Wille zur Fortbewegung Teil des von § 239 I StGB geschützten Rechtsgutes ist, sprechen gute Gründe dafür, dass sich ein (erfolgreiches) Täterverhalten, das dem Betroffenen die Freiheit raubt, gegen seinen Willen richten oder zumindest ohne seinen Willen erfolgen muss.

(2) „Berauben“

Zuzugeben ist, dass es ebenso Ausdruck einer jeden Freiheit sein kann, sich dazu zu entscheiden, etwas nicht zu tun. In Bezug auf die Fortbewegungsfreiheit bedeutet dies, dass diese dem Einzelnen auch das Recht vermittelt, sich nicht zur Fortbewegung zu entschließen bzw. von der Fortbewegungsfreiheit in Form der Ortsveränderung keinen Gebrauch zu machen. Wird dem Betroffenen die Möglichkeit genommen, sich fortzubewegen, und will dieser sich auch überhaupt nicht fortbewegen, so übt er seine Freiheit gleichermaßen aus. In einer solchen Konstellation könnte daran gedacht werden, eine (abstrakte) Beeinträchtigung

735 Ähnlich *Stratenwerth/Kuhlen*, ^{6}2011, § 9 Rn. 8, nach denen „der Widerspruch gegen den Willen des Betroffenen immer schon zur *Begründung* des tatbestandlichen Unrechts“ gehört.

736 Siehe unter **C.III.2.a.**

der Fortbewegungsfreiheit anzunehmen; das Opfer erleidet nach eigenem Empfinden (konkret) allerdings keinen Willensbruch. Allein der von § 239 I StGB verfolgte Rechtsgüterschutz in Bezug auf die körperliche Bewegungsfreiheit lässt damit nicht eindeutig darauf schließen, dass der objektive Straftatbestand des § 239 I StGB nur gegen oder zumindest ohne den Willen des Opfers realisiert werden kann. Daher bedarf es darüber hinaus einer Fokussierung des Begriffs der Beraubung.[737]

Das Strafgesetzbuch kennt die „Beraubung" außerhalb des § 239 I StGB im Zusammenhang mit der Verschleppung nach § 234a StGB sowie mit der politischen Verdächtigung nach § 241a StGB. Die Kommentarliteratur geht hinsichtlich der Bestimmung, wann die konkrete Gefahr einer Freiheitsberaubung gegeben ist, jedoch nicht über eine kasuistische Darstellung hinaus,[738] sodass auf den allgemeinen Sprachgebrauch abgestellt werden muss. Wird dem Berauben die Bedeutung zugemessen, dass es gleichzusetzen ist mit der Formulierung „jemandem etwas (gewaltsam) entwenden",[739] so liegt die Annahme nahe, dass sich die Freiheitsberaubung gegen den Willen des Beraubten richten oder zumindest ohne seinen Willen erfolgen muss. Wird die Beraubung aber derart verstanden, dass dem Opfer die Fortbewegungsfreiheit entzogen werden muss, so könnte ebenso angenommen werden, dass der Betroffene schlichtweg eine Einbuße – unabhängig von seinem diesbezüglichen Willen – erleiden muss. Dennoch wird überwiegend (ohne nähere Untersuchung) vertreten, dass eine Freiheitsberaubung bereits begrifflich ausgeschlossen ist, wenn das Opfer mit dieser einverstanden ist.[740]

Dieser Ansicht ist zuzustimmen: Der Begriff des Beraubens ist nicht – wie etwa gegebenenfalls der Begriff des Entziehens – neutral ausgestaltet, sodass damit lediglich eine Einbuße für den Betroffenen verbunden ist. Eine Beraubung liegt vielmehr dann vor, wenn dem Opfer in Bezug auf die Ausübung seiner Fortbewegungsfreiheit auch tatsächlich ein Hindernis bereitet wird. Insofern ist zuzugeben,

737 Siehe unter **B.II.1.b.**

738 Siehe etwa *Krehl*, in: LK StGB, Bd. 7/2, [12]2015, § 234a Rn. 36; *Wieck-Noodt*, in: MüKo StGB, Bd. 4, [3]2017, § 234a Rn. 35; die Kommentierungen zu § 241a StGB verweisen diesbezüglich lediglich auf § 234a StGB, siehe etwa *Krehl*, in: LK StGB, Bd. 7/2, [12]2015, § 241a Rn. 21; *Eidam*, in: M/R, 2013, § 241a Rn. 1.

739 https://www.duden.de/rechtschreibung/berauben, abgerufen am 05.01.2018.

740 Siehe etwa *Valerius*, in: BeckOK StGB, Std.: 01.11.2017, § 239 Rn. 5; *Kindhäuser*, BT I, [8]2017, § 15 Rn. 27; *Sonnen*, in: K/N/P, [5]2017, § 239 Rn. 20; *Kühl*, in: L/K, [28]2014, § 239 Rn. 5; *Schluckebier*, in: LK StGB, Bd. 7/2, [12]2015, § 239 Rn. 31; *Wieck-Noodt*, in: MüKo StGB, Bd. 4, [3]2017, § 239 Rn. 36; *Wimmer*, 1980, S. 32; nicht auf den Wortlaut, sondern auf die Struktur abstellend *Wessels/Hettinger/Engländer*, [41]2017, § 8 Rn. 422.

dass jemand nur dann in der Freiheitsausübung verhindert sein kann, wenn er grundsätzlich gewillt ist, die Freiheit auszuüben bzw. einen hierauf gerichteten Entschluss zu fassen. Die (negative) Konnotation des Begriffes der Beraubung folgt – so ist anzunehmen – ferner auch daraus, dass er eng mit dem Begriff des Raubes verbunden ist, den das Strafgesetzbuch insbesondere in § 249 I StGB verwendet. Der Raub, der sich aus den Tatbestandsmerkmalen des Diebstahls und qualifizierten Nötigungsmitteln zusammensetzt, kann infolge der Wegnahme als Tathandlung ebenso tatbestandlich nicht realisiert werden, wenn das Opfer mit dem Täterverhalten ausdrücklich einverstanden ist.[741] Dies kann gleichermaßen für den entgegenstehenden oder fehlenden Willen des Opfers als Voraussetzung für die Verwirklichung einer Freiheitsberaubung sprechen. Letztlich könnte auch fragwürdig sein, ob der bloße Entzug der Möglichkeit zur Fortbewegung (mit dem Willen des Betroffenen) zur Begründung abstrakten Unrechts genügen kann; vor dem Hintergrund des vergleichsweise hohen Strafrahmens[742] sollte Vorsicht geboten sein.[743] Das Verständnis von dem Begriff der Beraubung spricht folglich ebenso dafür, dass der Betroffene seiner Freiheit nur dann beraubt ist, wenn ein entgegenstehender oder fehlender Wille auf Seiten des Opfers gegeben ist.

(3) Ergebnis: Eigenart der Freiheitsberaubung

Die Betrachtung der Eigenart des Delikts kommt entsprechend der Rechtsprechung und der überwiegenden Ansicht in der Literatur zu dem Ergebnis, dass die Freiheitsberaubung bereits im objektiven Tatbestand voraussetzt, dass die Tat gegen oder zumindest ohne den Willen des Betroffenen erfolgt.

c. Ergebnis: Opferzustimmung bei § 239 I StGB

Die Freiheitsberaubung ist einem Einverständnis zugänglich, sodass bei einem zustimmenden Willen des Opfers der Tatbestand des § 239 I StGB ausgeschlossen ist. Vorliegend wird dabei vertreten, dass es bei einem zustimmenden Willen des

---

741 Siehe Fn. 549.

742 Siehe bereits unter **B.II.1.d.(1)**.

743 Zuzugeben ist, dass der vergleichsweise hohe Strafrahmen der Freiheitsberaubung – umgekehrt – auch dafür angeführt werden kann, dass das Gut der Fortbewegungsfreiheit besonderen Schutz verdient, dieser sich mithin auch auf Beeinträchtigungen beziehen sollte, die mit dem Willen des Opfers erfolgen. Dies gilt umso mehr vor dem Hintergrund der herausragenden Stellung der persönlichen Freiheit im System der Rechtsgüter, vgl. § 35 I 1 StGB, vermag aber die negative Konnotation des Begriffes des „Beraubens", auf die es zur Bestimmung der Opferzustimmung ankommt, nicht wettzumachen.

Opfers an dem Taterfolg der Freiheitsberaubung fehlt. Der Erfolg des Freiheitsentzugs kann folglich nicht eintreten, wenn das Opfer mit der Freiheitsberaubung einverstanden ist. Im Rahmen der dritten Prüfungsebene des objektiven Tatbestands des § 239 I StGB ist damit zu prüfen, ob ein Freiheitsentzug gegen oder ohne den Willen des Opfers eingetreten ist. Anzumerken ist darüber hinaus, dass die Antwort auf die Frage, ob das Opfer infolge des listigen Täterverhaltens stets freiwillig in Bezug auf die Aufhebung seiner Fortbewegungsfreiheit reagiert, mithin mit der Freiheitsberaubung einverstanden ist,[744] in dem Prüfungspunkt des einzutretenden Erfolgs der Freiheitsberaubung zu finden ist. Im Rahmen eines möglichen Einverständnisses ist zu klären, inwiefern der Betroffene tatsächlich mit der Freiheitsberaubung einverstanden ist und eine Tatbestandsmäßigkeit ausscheidet, oder aber das scheinbar freiwillige Handeln des Betroffenen aufgrund der Einwirkung durch den Täter zu einem unwirksamen Einverständnis führt, somit das Opfer seiner Fortbewegungsfreiheit beraubt und der Täter zu bestrafen ist.

3. Voraussetzungen der wirksamen Opferzustimmung bei § 239 I StGB

Nachdem nunmehr feststeht, dass die Zustimmung des Betroffenen bei § 239 I StGB als tatbestandsausschließendes Einverständnis wirkt, und dieses grundsätzlich rein tatsächlicher Natur ist, gilt es, im Überblick die anerkannten allgemeinen Wirksamkeitsvoraussetzungen des Einverständnisses zusammenzutragen.

a. Einverständnisfähigkeit

Fraglich ist zunächst, welche Anforderungen an die Fähigkeit, ein Einverständnis abzugeben, zu stellen sind. Das Strafgesetzbuch sanktioniert in § 239 I StGB jegliche Handlung, die die körperliche Bewegungsfreiheit eines anderen in Form des Entzugs beeinträchtigt. Diese Freiheit ist mit dem Willen zur Fortbewegung derart verknüpft, dass der Wille bereits Teil des geschützten Rechtsgutes ist.[745] Verhindert werden soll insofern die Vereitelung der freien Willensentschließung und -betätigung in Bezug auf die eigene Fortbewegung. Der Betroffene ist vor einer voreiligen Preisgabe des Rechtsgutes derart, dass der Tat mit seiner Zustimmung der abstrakte Unwertgehalt genommen wird, dann aber hinreichend geschützt, wenn er fähig ist, einen solchen Willen zu bilden und auszuüben, und somit über diesen Willen selbst verfügen zu können. Es wird daher überwiegend vertreten, dass für die Einverständnisfähigkeit bei § 239 I StGB die natürliche

744 Siehe unter **B.II.1.b.**

745 Siehe soeben unter **C.III.2.b.**

Willensfähigkeit des Betroffenen genügt.[746] Es bedarf folglich keiner besonderen Einsichts- oder Unrechtsfähigkeit, vielmehr lediglich des Verständnisses für das Tatsächliche.[747] Geschützt wird die Willenssphäre des Opfers „in ihrer reinen Faktizität."[748]

b. Einverständniserklärung

Das Einverständnis fordert weder eine ausdrückliche noch eine konkludente Erklärung.[749] *Kindhäuser* begründet dies mit dem Schutzgut der Freiheit von Willensentschließung und Willensbetätigung. Entscheidend sei lediglich, ob der Täter diese Freiheit tatsächlich aufgehoben hat, sodass es auch nur darauf ankomme, was der Betroffene tatsächlich gewollt hat.[750] Es genügt daher eine „innere Zustimmung"[751] zu dem Entzug der Fortbewegungsfreiheit, von der der Täter keine Kenntnis zu haben braucht.[752] Eine Strafbarkeit kann sich bei Unkenntnis des Täters wegen untauglichen Versuchs ergeben.[753] Die Zustimmung muss bewusst erfolgen.[754] Ein bloßes Geschehenlassen oder passives Erdulden der Tat genügt nicht.[755]

---

746 Siehe etwa *Geerds*, 1953, S. 135; *Gropp*, [4]2015, § 5 Rn. 118; *Heinrich*, [5]2016, S. 186 Rn. 445; *Rönnau*, in: LK StGB, Bd. 2, [12]2006, Vorb. § 32 Rn. 158; *Lenckner*, ZStW 72 (1960), 446, 449; Roxin, AT I, [4]2006, § 13 Rn. 81; *Lenckner/Sternberg-Lieben*, in: Sch/Schr, [29]2014, Vorb. §§ 32 ff. Rn. 32a; **a.A.**, mithin für das Erfordernis der natürlichen Einsichts- und Urteilsfähigkeit *Schumacher*, 1993, S. 444, mit dem Hinweis, dass andernfalls der Schutz durch § 239 I StGB – insbesondere für (partiell) demente Heimbewohner – zu sehr eingeschränkt wäre. *Stratenwerth/Kuhlen*, [6]2011, § 9 Rn. 12, fordern Gleiches „angesichts der größeren Intensität des Eingriffs" bei einer Freiheitsberaubung.

747 *Lenckner*, ZStW 72 (1960), 446, 449.

748 *Roxin*, AT I, [4]2006, § 13 Rn. 81.

749 *Geerds*, 1953, S. 137; *Heinrich*, [5]2016, S. 187 Rn. 448; *Kindhäuser*, NK StGB, [7]2017, vor § 13 Rn. 213; *Wessels/Beulke/Satzger*, [47]2017, § 11 Rn. 547.

750 *Kindhäuser*, NK StGB, [7]2017, vor § 13 Rn. 213.

751 BayObLG, Beschluss v. 03.10.1978 – Rreg. 3 St 230/78, NJW 1979, 729, 729; OLG Düsseldorf, Beschluss v. 07.09.1987 – 5 Ss 276/87 – 221/87 I, NJW 1988, 83, 83; *Lenckner/Sternberg-Lieben*, in: Sch/Schr, [29]2014, Vorb. §§ 32 ff. Rn. 32c.

752 *Heinrich*, [5]2016, S. 187 Rn. 448.

753 *Gössel/Dölling*, [2]2004, § 19 Rn. 19; *Rönnau*, in: LK StGB, Bd. 2, [12]2006, Vorb. § 32 Rn. 160; *Maurach/Zipf*, [8]1992, § 17 Rn. 63.

754 *Gropp*, [4]2015, § 5 Rn. 119; *Heinrich*, [5]2016, S. 186 Rn. 446; *Schumacher*, 1993, S. 444; *Wessels/Beulke/Satzger*, [47]2017, § 11 Rn. 547.

755 *Wessels/Beulke/Satzger*, [47]2017, § 11 Rn. 547.

c. *Zeitpunkt des Einverständnisses*

Das Einverständnis des Betroffenen muss zu Beginn des Eintritts des Taterfolgs als Rechtsgutsverletzung vorliegen.[756] Eine (nachträgliche) Genehmigung genügt nicht.[757]

d. *Sonstiges*

Das Einverständnis kann unter einer Bedingung abgegeben werden. Hinsichtlich Täter, Tatort, Tatzeit sowie Tatmodalitäten muss es hinreichend bestimmt sein.[758] Das Einverständnis ist frei widerruflich,[759] wobei der Bundesgerichtshof zur Wirksamkeit des Widerrufs fordert, dass der Betroffene „den eindeutigen und unmissverständlichen Wunsch" zum Ausdruck bringt, seine Fortbewegungsfreiheit (wieder) betätigen zu können.[760] Da es im Rahmen des Einverständnisses lediglich auf den natürlichen Willen ankommt und diesem „ausschließlich die Bedeutung eines rein tatsächlichen Vorgangs"[761] zukommt, entfällt die Möglichkeit einer gesetzlichen Vertretung.[762]

4. Zusammenfassung: Die Zustimmung des Opfers i.R.d. § 239 I StGB

Zusammenfassend ist festzuhalten, dass an die Unterscheidung von *Geerds* anzuknüpfen ist, mithin das Strafrecht die Opferzustimmung einerseits auf Tatbestandsebene als Einverständnis, andererseits auf Ebene der Rechtswidrigkeit als Einwilligung behandelt. Beide Formen der Zustimmung sind voneinander zu unterscheiden und folgen insofern anderen Voraussetzungen. Welche dies für die Einwilligung sind, muss hierbei nicht entschieden werden.

Ob ein Einverständnis möglich ist, kann sich dabei unmittelbar aus der Norm selbst, aber auch aus der Eigenart des Delikts ergeben. Letzteres ist bei der Freiheitsberaubung nach § 239 I StGB einschlägig: Sowohl das geschützte Rechtsgut

---

756 Vgl. *Geerds*, 1953, S. 137 ff., und *Wessels/Beulke/Satzger*, [47]2017, § 11 Rn. 547, allerdings bezogen auf die Tatausführung, da insofern an die Handlung angeknüpft wird.

757 Siehe etwa *Kindhäuser*, NK StGB, [7]2017, vor § 13 Rn. 214; *Rönnau*, in: LK StGB, Bd. 2, [12]2006, Vorb. § 32 Rn. 160.

758 Siehe etwa *Schumacher*, 1993, S. 445.

759 Siehe etwa *Geerds*, 1953, S. 139; *Kindhäuser*, NK StGB, [7]2017, vor § 13 Rn. 214.

760 BGH, Urteil v. 20.01.2005 – 4 StR 366/04, NStZ 2005, 507, 508.

761 *Lenckner*, ZStW 72 (1960), 446 (452).

762 Siehe etwa *Lenckner/Sternberg-Lieben*, in: Sch/Schr, [29]2014, Vorb. §§ 32 ff. Rn. 32b; *Schumacher*, 1993, S. 445.

der Fortbewegungsfreiheit, welches nicht nur das Gut der Fortbewegung, sondern untrennbar auch den Willen zur Fortbewegung umfasst, als auch das Erfordernis des Taterfolgs der Beraubung sprechen dafür, dass bereits der Straftatbestand voraussetzt, dass dieser gegen oder zumindest ohne den Willen des Betroffenen verwirklicht wird. Eine Strafbarkeit gemäß § 239 I StGB ist folglich tatbestandlich schon nicht gegeben, wenn das Opfer der Freiheitsberaubung zustimmt. Wortlaut, Telos und Systematik führen zu dem Ergebnis, dass die Opferzustimmung bei § 239 I StGB auf Ebene des Tatbestandes wirkt. Da somit ein enger Zusammenhang zwischen der Einordnung der Opferzustimmung als Einverständnis und dem Straftatbestand selbst besteht, ist es konsequent, die Wirksamkeitsvoraussetzungen letztlich ebenso von dem Delikt abhängig zu machen. Ein umfassendes, einheitliches Prüfungsschema für „das Einverständnis" besteht nicht. In Bezug auf die Freiheitsberaubung bedarf es für die Wirksamkeit des Einverständnisses dabei grundsätzlich keiner besonderen Einsichts- und Urteilsfähigkeit des Opfers. Dieses muss „lediglich" dazu imstande sein, einen Fortbewegungswillen zu bilden und zu betätigen, um über einen solchen auch selbst entscheiden bzw. verfügen zu können. Der tatsächliche Charakter des Einverständnisses zeigt sich zudem darin, dass es keiner ausdrücklichen oder konkludenten Erklärung bedarf. Entscheidend ist ausschließlich, ob das Opfer der Freiheitsberaubung tatsächlich vor dem Eintritt der Rechtsgutsverletzung zustimmt. Die Zustimmung muss letztlich eine bewusste und hinreichend bestimmte sein. Sie kann an eine Bedingung geknüpft sein und ist einem Widerruf zugänglich.

IV. Das mittels List erschlichene Einverständnis

Nachdem nunmehr festgestellt wurde, dass die List als Tatmittel des § 239 I Alt. 2 StGB anzuerkennen und die Freiheitsberaubung aufgrund des vorausgesetzten Erfolges des Freiheitsentzugs einem Einverständnis zugänglich ist, das grundsätzlich rein tatsächlicher Natur ist, bedarf es der Behandlung des mittels List erschlichenen Einverständnisses. Dazu wird zunächst das Problem dargestellt (**C.IV.1.**). Es folgt ein Überblick über die in Bezug auf die Problematik vertretenen Ansichten (**C.IV.2.**) sowie eine detailliertere Darstellung der in Literatur und Rechtsprechung vereinzelt entwickelten Kriterien, die zur Behandlung des mittels List erschlichenen Einverständnisses bei § 239 I Alt. 2 StGB herangezogen werden können (**C.IV.3.**). Sodann soll das Ziel dieser Arbeit erreicht werden, indem ein eigenes Modell zur Behandlung des mittels List erschlichenen Einverständnisses entwickelt wird (**C.IV.4.**).

1. Darstellung des Problems

Das Problem des mittels List erschlichenen Einverständnisses basiert auf den folgenden Prämissen:

(1) Die Opferzustimmung kann als Einverständnis auf Ebene des Tatbestandes sowie als Einwilligung auf Rechtfertigungsebene behandelt werden.
(2) Das Einverständnis ist rein tatsächlicher Natur und auch dann wirksam, wenn das Opfer einem Willensmangel unterliegt.
(3) Der Tatbestand des § 239 I StGB ist einem Einverständnis zugänglich.
(4) List kommt als Tatmittel der Freiheitsberaubung in Betracht.
(5) List ist ein Verhalten, das darauf abzielt, unter geflissentlichem und geschicktem Verbergen der wahren Zwecke oder Mittel die Ziele des Täters durchzusetzen.

Die genannten Prämissen wurden bereits im Rahmen dieser Arbeit dargestellt und hinsichtlich ihrer Geltung als je eigenständige Annahmen bestätigt. Die Zusammenfügung dieser Prämissen im Rahmen der Lösung von Sachverhalten, die eine listige Freiheitsberaubung beinhalten, führt jedoch zu nicht überzeugenden Ergebnissen. Um dieses zu verdeutlichen, werden im Folgenden die unter **B.II.1.b.** angeführten Fälle ausschließlich unter Anwendung der soeben dargestellten Prämissen gelöst.

Fall 6 (Forts.)

(i) Die Ehefrau ist taugliches Tatobjekt einer Freiheitsberaubung.
(ii) Der Ehemann handelt listig.
(iii) Das listige Verhalten führt dazu, dass die Ehefrau freiwillig in der unverschlossenen Wohnung verbleibt, sodass sie mit der Freiheitsberaubung einverstanden ist. Dass sie sich aus der Wohnung bei Kenntnis der wahren Sachlage, mithin bei Kenntnis des Umstandes, dass ihr keine Ausweisung bei Verlassen der Räumlichkeiten droht, gegebenenfalls begeben würde, ist unbeachtlich. Die Verwirklichung des objektiven Tatbestandes und damit eine Strafbarkeit des Ehemannes nach § 239 I Alt. 2 StGB scheiden infolge des wirksamen Einverständnisses der Ehefrau aus.

Fall 7 (Forts.)

(i) Der Betroffene ist taugliches Tatobjekt einer Freiheitsberaubung.
(ii) Der Täter handelt listig.
(iii) Auch das freiwillige Verweilen in einer nicht verschlossenen Räumlichkeit mit dem Ziel, die (vermeintliche) Plünderung der eigenen Wohnung durch eine Bande zu verhindern, kann als Einverständnis interpretiert werden. Der Mangel der Kenntnis von dem wirklichen Sachverhalt ist irrelevant, sodass die Tatbestandsverwirklichung des § 239 I Alt. 2 StGB infolge der tatbestandsausschließenden Opferzustimmung abzulehnen ist.

Fall 8 (Forts.)

(i) Der Nacktbadende ist taugliches Tatobjekt einer Freiheitsberaubung.

(ii) Der Täter handelt listig.

(iii) Bewegt sich der Nacktbadende vor Scham nicht fort, so ist er mit dem Nichtgebrauch seiner Fortbewegungsfreiheit einverstanden. Der Umstand, dass die Wegnahme der Kleider mittels List, etwa durch Vorspiegelung einer wahrheitswidrigen Verwendungsabsicht zum Verbergen der wahren Entwendungsabsicht, erfolgte, ist unbeachtlich. Der Täter hat sich mangels Tatbestandsverwirklichung infolge eines wirksamen Einverständnisses nicht nach § 239 I Alt. 2 StGB strafbar gemacht.

Fall 9 (Forts.)

(i) Der Betroffene ist taugliches Tatobjekt einer Freiheitsberaubung.

(ii) Der Täter handelt listig.

(iii) Derjenige, der sich für ein Experiment – wahrheitswidrig gegen Entgelt – in einen unverschlossenen Raum begibt, ist mit dem Entzug seiner Fortbewegungsfreiheit einverstanden, sodass auch in diesem Fall, unabhängig davon, dass in tatsächlicher Hinsicht eine Zahlungsbereitschaft nicht gegeben ist, eine tatbestandsmäßige Freiheitsberaubung abzulehnen ist.

Die Anwendung der einzeln nicht zu beanstandenden Prämissen führt folglich stets zu dem Ergebnis, dass die Strafbarkeit eines listigen Täters nach § 239 I Alt. 2 StGB infolge eines wirksamen Einverständnisses des Opfers ausgeschlossen ist.[763] Zur Begründung ist auszuführen: Die List, welche als Tatmittel des § 239 I Alt. 2 StGB anzuerkennen ist, zielt darauf ab, dass der Täter mittels Schlauheit und Klug-

763 Zu diesem Ergebnis kommt zumindest die **h.M.**, die eine Einsperrung – und damit keine Freiheitsberaubung mittels List – annimmt, wenn zwar objektiv Ausgänge vorhanden sind, das Opfer diese aber nicht kennt oder nicht zu öffnen weiß, siehe Fn. 409. Ein listiges Verhalten, das nicht zur Erschleichung des Einverständnisses führt, ist im Sinne der **h.M.** nicht vorstellbar. Werden hingegen, wie vorliegend, die Fälle, in denen mangels äußerer Vorrichtung keine Einsperrung gegeben ist, als Freiheitsberaubung mittels List begriffen (siehe etwa die Fälle 12b und 12c unter **B.II.1.e.(2)(a)(bb)**), so sind auch Konstellationen einer listigen Freiheitsberaubung denkbar, in denen die vom Täter eingesetzte List nicht zwangsläufig ein erschlichenes, aber wirksames Einverständnis bewirkt: Das Opfer, das sich in einer Räumlichkeit befindet, deren einer Ausgang vom Täter verschlossen wurde, die jedoch noch über einen weiteren, dem Täter bekannten, dem Opfer jedoch nicht erkennbaren Ausgang verfügt, verweilt – trotz der List des Täters – nicht freiwillig an seinem Aufenthaltsort, sodass nicht per se von einem Einverständnis ausgegangen werden kann. Der Täter setzt in diesem Fall die List ein, damit sich das Opfer eingesperrt fühlt, nicht aber dazu, um sein Einverständnis zu erschleichen. Nach dieser Auffassung sind folglich auch Fälle vorstellbar, in denen die Vollendung einer listigen Freiheitsberaubung trotz der angeführten Prämissen in Betracht kommt.

heit seine wahren Zwecke und Absichten verbirgt. Will der Täter seinem Opfer die körperliche Bewegungsfreiheit entziehen und geht er dabei listig vor, so bedeutet dies, dass er die Freiheitsberaubung als seine wahre Absicht verbirgt. Erkennt der Betroffene dadurch nicht, dass er seiner Freiheit beraubt ist, sondern agiert er entsprechend der vom Täter bestehenden Absicht, so erfolgt der Freiheitsentzug nicht gegen seinen Willen. Der Betroffene begibt sich „freiwillig" seiner körperlichen Bewegungsfreiheit und stimmt dem Entzug seiner Fortbewegungsfreiheit zu. Diese Zustimmung wirkt im Rahmen der Freiheitsberaubung nach § 239 I StGB tatbestandsausschließend. Sie ist somit als Einverständnis zu bezeichnen. Hierbei spielt es in Bezug auf die Wirksamkeit dieses Einverständnisses keine Rolle, dass es erschlichen wurde. Auch wenn nach dem strafrechtlichen Verständnis die Begriffe von List und Täuschung nicht synonym zu verstehen sind, so ist mit der List zumindest regelmäßig auch eine Täuschung verwirklicht, sodass entsprechend dem mittels Täuschung erschlichenen Einverständnisses sowie mit Rücksicht auf die rein tatsächliche Natur des tatbestandsausschließenden Einverständnisses angenommen wird, dass Willensmängel die Wirksamkeit des Einverständnisses nicht zu berühren in der Lage sind. Da die List gerade darauf abzielt, den Willen des Opfers zu beugen, sind Fälle, in denen bei listigem Täterverhalten eine Strafbarkeit nicht infolge eines wirksamen Einverständnisses des Opfers ausscheidet, daher im Sinne der herrschenden Meinung undenkbar.

Wimmer spricht insofern – zwar in Bezug auf Täuschungen bei § 239 I Alt. 2 StGB, aufgrund der Begriffsüberschneidungen allerdings eine vergleichbare Situation betreffend – davon, dass das Einverständnis bei der Freiheitsberaubung täuschungsunempfindlich sei, sodass „überhaupt keine Sachverhalte vorstellbar sind, bei denen die Wirksamkeit der Zustimmung durch reine Täuschung beeinflußt wird."[764]

Die List wäre folglich zwar als Tatmittel der Freiheitsberaubung anzuerkennen, würde jedoch ausschließlich ein wirksames Einverständnis des Opfers herbeiführen und demnach – mangels Realisierung des Taterfolgs – keine Tatbestandsverwirklichung begründen können.

2. (Pauschale) Auseinandersetzung in Literatur und Rechtsprechung

Festzustellen ist, dass sich Literatur und Rechtsprechung teilweise nur pauschal mit der aufgezeigten Problematik auseinandersetzen.

So trifft etwa *Geerds* die Aussage, dass Arglist die Wirksamkeit des Einverständnisses nicht beeinflussen kann.[765] Diese Annahme fußt auf dem Gedanken der rein

764 *Wimmer*, 1980, S. 38.
765 *Geerds*, 1953, S. 189, 200.

tatsächlichen Natur des Einverständnisses, das dadurch gegenüber Einflüssen in Form von Zwang, Sittenwidrigkeit und Arglist unempfindlich sein soll. Unabhängig davon, inwiefern mit der Erfassung der Arglist auch die Fälle der List einbezogen sind,[766] wird sich hierbei nicht mit Delikten auseinandergesetzt, die die List als Tatmittel erfassen. Das aufgeführte Problem entspringt allerdings gerade einer solchen Fallkonstellation. *Geerds*' Aussage wird dem vorliegenden Spezialfall daher nicht gerecht.

Darüber hinaus stellen etwa *Wieck-Noodt*, *Amelung/Eymann*, *Zipf*, *Haft*, *Murmann* und *Wessels/Beulke/Satzger* fest, dass ein listig erschlichenes Einverständnis die Tat nicht ausschließe,[767] mithin eine Strafbarkeit aus § 239 I Alt. 2 StGB gegeben sei. Gleiches ist einem Urteil des Bundesgerichtshofes zu entnehmen, nach dem das Opfer, das infolge listigen Täterverhaltens einem Willensmangel unterliegt, kein wirksames tatbestandsausschließendes Einverständnis erteilen kann.[768] Im Ergebnis bedeutet dies, dass nach teilweise vertretener Ansicht eine Strafbarkeit wegen Freiheitsberaubung durch List stets die Unbeachtlichkeit einer Zustimmung zur Folge hätte. Der Umstand, dass die List gerade darauf gerichtet ist, bei dem Opfer einen Irrtum derart herbeizuführen oder aufrechtzuerhalten, dass dieses – zumindest scheinbar – mit der Freiheitsberaubung einverstanden ist, würde insofern berücksichtigt, als dass diesem Einverständnis nie eine Bedeutung zukommt.

Gegen eine Abhängigkeit der Wirksamkeit der Zustimmung von der Tatmodalität bringt *Krack* hervor, dass mit der Verfolgung einer solchen Ansicht bei Tatbeständen, die keine speziellen Tatmittel nennen, jede Einwirkung „zur Unwirksamkeit der Zustimmung führen [müsste], wenn man auch hier die Zustimmung immer dann für unwirksam hielte, wenn sie auf einer Einwirkung beruht, die mögliche Tatmodalität ist."[769] Er nimmt dabei Bezug auf *Regel*, der aus der Ansicht, ein durch List erschlichenes Einverständnis sei bei Tatbeständen, die die List explizit als Tatmittel nennen, generell unbeachtlich, schlussfolgert, dass immer dann, wenn das Tatmittel der List nicht explizit genannt ist – wie etwa im Falle des erschlichenen

---

766 Nach vorliegendem Verständnis sind Arglist und List nicht miteinander gleichzusetzen (siehe unter **B.I.2.c.(1)**).

767 Generell *Amelung/Eymann*, JuS 2001, 937, 938; explizit für § 239 StGB *Haft*, [8]2005, S. 167; *Wieck-Noodt*, in: MüKo StGB, Bd. 4, [3]2017, § 239 Rn. 36; *Zipf*, 1970, S. 17; wohl auch *Murmann*, [4]2017, § 25 Rn. 119 (Fn. 259), der eine Ausnahme der Unbeachtlichkeit von Willensmängeln bei §§ 234, 234a, 235 StGB annimmt, da „auch listiges Verhalten vom Tatbestand erfasst ist" sowie *Wessels/Beulke/Satzger*, [47]2017, § 11 Rn. 546, die das Einverständnis als unbeachtlich qualifizieren, wenn listiges Verhalten unter Strafe gestellt wird.

768 BGHSt 32, 267 (269) v. 21.02.1984.

769 *Krack*, 1994, S. 133.

Verzichts des Unfallverletzten auf Feststellungen bei § 142 StGB –, der Tatbestand entfallen, die Opferzustimmung folglich als wirksam behandelt werden müsste.[770]

Es erscheint jedoch nicht angemessen, aus der Ansicht, ein durch List erschlichenes Einverständnis sei unwirksam, wenn der Tatbestand die List als Tathandlung erfasse, derartige Konsequenzen zu ziehen. Vielmehr wird nach der teilweise vertretenen Ansicht „lediglich" die Unwirksamkeit der Zustimmung konkret von dem Tatmittel der List abhängig gemacht. Zunächst muss dazu festgestellt werden, dass der Täter listig gehandelt hat. Eine solche Feststellung ist sowohl innerhalb der Prüfung von Tatbeständen zu machen, die die List explizit als Tatmittel nennen, als auch im Rahmen der Prüfung solcher Tatbestände, die die List als Tatmittel erfassen, ohne sie ausdrücklich anzuführen – wie etwa § 239 I StGB. Erst nach dieser Feststellung soll die Zustimmung des Opfers unbeachtlich sein. Damit ist aber noch keine Aussage darüber getroffen, welche Regeln für andere, nach der Konzeption des Tatbestandes ebenso in Betracht kommende Tatmodalitäten gelten.[771]

3. Kriterien zur Behandlung des mittels List erschlichenen Einverständnisses

Vereinzelt finden sich in Literatur und Rechtsprechung aber auch Kriterien zur Behandlung des aufgezeigten Problems. Diese Kriterien wurden teilweise spezifisch für die Behandlung des mittels List erschlichenen Einverständnisses im Rahmen des § 239 I Alt. 2 StGB entwickelt, zum Teil beziehen sie sich generell auf die Wirksamkeit einer Opferzustimmung bei Täuschung durch den Täter und sind insofern auf das vorliegende Problem übertragbar. Teilweise überschneiden sich die Ausführungen mit den bereits unter **C.III.1.b.(2)** dargestellten Ansichten. Diese erfahren aufgrund der problemspezifischen Betrachtung eine erneute Darstellung.[772] Die Kriterien können dabei grob[773] als irrtumsbezogen (**C.IV.3.a.**),

---

770 *Regel*, 1975, S. 103.

771 Siehe etwa *Eser/Eisele*, in: Sch/Schr, [29]2014, § 235 Rn. 8, die lediglich darauf eingehen, dass das durch List erschlichene Einverständnis keine tatbestandsausschließende Wirkung haben kann.

772 Die Wiederholung speist sich insbesondere daraus, dass das Problem des mittels List erschlichenen Einverständnisses nach teilweise vertretenen Ansichten anhand von Kriterien gelöst werden soll, die für die Behandlung von Willensmängeln bei der Einwilligung entwickelt wurden. Zu beachten ist, dass das unter **C.III.1.** gefundene Ergebnis – Einwilligung und Einverständnis folgen unterschiedlichen Prüfungsvoraussetzungen – nicht ausschließt, dass Überschneidungen vorkommen.

773 Die Zuordnung kann nicht immer eindeutig erfolgen, siehe etwa unter **C.IV.3.b.** oder **C.IV.3.c.(2)**.

täterbezogen (**C.IV.3.b.**) sowie opferbezogen (**C.IV.3.c.**) charakterisiert werden. Es folgt eine Zusammenfassung der gefundenen und für eine Problembehandlung verwertbaren Erkenntnisse (**C.IV.3.d.**).

a. Irrtumsbezogene Kriterien

Zunächst werden die irrtumsbezogenen Kriterien aufgezeigt, mithin solche Kriterien, aufgrund derer die Behandlung des mittels List erschlichenen Einverständnisses bei § 239 I Alt. 2 StGB von der Art des Irrtums abhängig ist. Im Anschluss an die Darstellung folgt eine Auseinandersetzung mit den aufgezeigten Kriterien.

(1) Das Kriterium der Rechtsgutsbezogenheit

Ausgangspunkt für die Behandlung des mittels List erschlichenen Einverständnisses bei der Freiheitsberaubung ist zum Teil die auf *Arzt* zurückzuführende Anknüpfung an das Kriterium der Rechtsgutsbezogenheit.[774] Die Übertragbarkeit der ursprünglich für die Behandlung von Willensmängeln bei der Einwilligung entwickelten Grundsätze auf das Einverständnis wird derart begründet, dass das Einverständnis noch mehr mit dem jeweiligen Tatbestandszusammenhang verhaftet – da unmittelbar aus dem Tatbestand abgeleitet – und der jeweiligen Tatbestandsfunktion damit umso mehr Rechnung zu tragen sei.[775]

(a) Übertragung der Grundsätze von *Arzt*

Mit der Übertragung der Grundsätze von *Arzt* kommt es darauf an, ob sich der Irrtum, der auf dem listigen Verhalten des Täters beruht, auf das von dem Tatbestand der jeweiligen Norm geschützte Rechtsgut bezieht: So lässt ein von dem Täter erschlichenes Einverständnis seine Strafbarkeit dann nicht entfallen, wenn bei dem Betroffenen eine rechtsgutsbezogene Fehlvorstellung entsteht.[776] Begrün-

---

774 So ausdrücklich auch für das Einverständnis *Bernsmann*, NZV 1989, 49, 52; *Bloy*, ZStW 96 (1984), 703, 75, siehe noch **sogleich**; *Bosch*, Jura 2012, 604, 608; *Eser/Burkhardt*, [4]1992, S. 157 A.16; *Jäger*, [7]2017, § 3 Rn. 116; *Krack*, 1994, S. 138, siehe noch **sogleich**; *Marxen*, 2004, S. 55; *Orth*, 1988, S. 132 ff.; *Schlehofer*, 1985, S. 77; wohl auch *Arzt*, 1970, S. 28, selbst; zumindest ähnlich *Wimmer*, 1980, S. 34 f., indem er das Einverständnis für unwirksam hält, „wenn das Opfer irrtumsbefangen nicht übersehen kann, in welchem Maße es sich des geschützten Rechtsguts begibt", und nach dem infolge „der leicht überschaubaren Struktur des geschützten Rechtsguts" bei § 239 I StGB keine Sachverhalte denkbar sind, bei denen die Wirksamkeit der Opferzustimmung durch reine Täuschung beeinflusst wird, ebd. S. 38.

775 *Bernsmann*, NZV 1989, 49, 52.

776 *Orth*, 1988, S. 133.

det wird dies damit, dass nicht die Ursache des Willensmangels, sondern vielmehr das Schutzgut des fraglichen Tatbestandes in den Mittelpunkt zu stellen sei[777] und somit nur derjenige Irrtum, der sich in dem Bereich bewegt, der durch die Norm geschützt werden soll, eine Zustimmung zum Handeln des Täters unwirksam machen könne.[778] Nicht rechtsgutsbezogene Irrtümer sollen als Motivirrtümer keinen Einfluss auf die Wirksamkeit der Opferzustimmung haben. Andernfalls würden, so *Küper*, Delikte mit beschränktem Normzweck „zu unspezifisch-allgemeinen Delikten gegen die ‚Autonomie'" werden.[779]

Die Norm des § 239 I Alt. 2 StGB schützt die Fortbewegungsfreiheit,[780] sodass infolge der Anwendung des Kriteriums der Rechtsgutsbezogenheit ein Willensmangel stets dann beachtlich, ein Einverständnis mithin unwirksam wäre, wenn sich das Opfer der Beeinträchtigung seiner Fortbewegungsfreiheit im Hinblick auf Bedeutung, Tragweite und Auswirkungen nicht bewusst ist. Der Betroffene müsse vielmehr, um mit einer Freiheitsberaubung in wirksamer Weise einverstanden zu sein, das Rechtsgut der Fortbewegungsfreiheit bewusst preisgeben.

Um einen nicht rechtsgutsbezogenen Irrtum aufzuzeigen, wird dabei folgender Beispielsfall angeführt:[781]

Fall 13

A erklärt sich bereit, für 500 € eine Freiheitsstrafe anstelle des B abzusitzen. B hat A über seine Zahlungsbereitschaft und -fähigkeit getäuscht; er will und kann tatsächlich nicht bezahlen.

(i) A ist taugliches Tatobjekt einer Freiheitsberaubung.

(ii) Indem B dem A vorspiegelt, er würde ihm 500 € zahlen wollen und können, wenn A für ihn eine Freiheitsstrafe absitzt, handelt B geschickt und geflissentlich unter Verbergung des Ziels, selbst lediglich der Freiheitsstrafe zu entkommen, ohne dafür ein Entgelt leisten zu wollen und zu können. Das Verhalten des B ist als List zu qualifizieren.

(iii) A begibt sich seiner Fortbewegungsfreiheit, um eine Gegenleistung zu erhalten, wobei diese von dem Täter nie erbracht werden soll. Vielmehr hat der Täter dem Opfer seine Zahlungsbereitschaft und -fähigkeit vorgespiegelt, um dieses dazu zu bewegen, für ihn die Strafe abzusitzen. Die Zustimmung des Opfers A in die Freiheitsberaubung wurde mithin durch ein listiges Verhalten des Täters B erschlichen. Die Lösung nach dem Kriterium der Rechtsgutsbezogenheit betont, dass sich das Opfer in einem solchen Fall der Aufgabe seiner Fortbewegungsfreiheit bewusst ist.

---

777 *Eser/Burkhardt*, ⁴1992, S. 157 A.15.

778 *Bloy*, ZStW 96 (1984), 703, 716.

779 *Küper*, JZ 1986, 219, 226.

780 Siehe unter **B.I.2.a.** sowie **B.II.1.d.**

781 Siehe etwa *Wimmer*, 1980, S. 34, mit Verweis auf *Arzt*, 1970, S. 18 f. Dieser Fall ähnelt dem unter **B.II.1.b.** aufgezeigten Fall 9.

„A weiß, wie lange und unter welchen Bedingungen er sich der Freiheitsbeschränkung unterziehen muß.“[782] Der Betroffene irre nur über einen Umstand – die Gegenleistung –, der nicht als Schutzgut von § 239 I StGB erfasst sei. Insofern könne das Einverständnis wirksam sein. Eine Strafbarkeit des Täters nach § 239 I Alt. 2 StGB scheide aus. Ein solches Ergebnis sei angebracht, da die Tauschfreiheit, von der das Opfer Gebrauch macht, nicht in dem Tatbestand der Freiheitsberaubung, sondern in dem Tatbestand des § 263 I StGB Schutz finde.[783] Würde auch in Fällen, in denen sich das Opfer in dem Irrtum, sich aufgrund einer Gegenleistung seiner Freiheit zu begeben, die Zustimmung unwirksam, könnte die Gegenleistung über das gesamte Strafrecht und damit nicht ausschließlich über die Betrugsstrafbarkeit nach § 263 I StGB erzwungen werden.[784]

Den Ausführungen ist insofern zuzustimmen, als dass in der Regel in Fällen, in denen ein Irrtum über die Gegenleistung erweckt wird, eine Betrugsstrafbarkeit in Betracht kommt. Dies gilt jedoch – zumindest mangels Vermögensschadens – nicht in Fällen, in denen die versprochene Gegenleistung immaterieller Art ist. Für *Amelung* entsteht in solchen Konstellationen mit dem Ausscheiden der Prüfung des § 263 I StGB eine „nicht unbedenkliche Strafbarkeitslücke“.[785] *Roxin* meint allerdings, dass in Fällen, in denen § 263 I StGB nicht einschlägig ist, der Rückgriff auf eine Strafbarkeit wegen Freiheitsberaubung ausscheide, weil ausschließlich der Betrugstatbestand das Vertrauen auf die Gegenleistung schütze; dies entspreche dem gesetzgeberischen Willen als auch der Kriminalpolitik.[786]

B wäre damit aufgrund des wirksamen Einverständnisses des A nicht nach § 239 I Alt. 2 StGB strafbar. Zu prüfen wäre eine Betrugsstrafbarkeit nach § 263 I StGB.

Die Lehre von *Arzt* hat in der Literatur vielerlei Zustimmung erhalten, bleibt aber auch nicht kritiklos.

So versteht *Otto* das Rechtsgut, das im Sinne der Betonung des autonomen Willens des Rechtsgutsträgers zu schützen ist, als „stets dynamische Beziehung der Person zu bestimmten Werten“, und sieht sich damit im Widerspruch zu dem einem statischen Verständnis von Rechtsgütern folgenden Kriterium der Rechtsgutsbezogenheit.[787]

Hierauf nimmt auch *Amelung* Bezug, indem er im Hinblick auf die Lehre von *Arzt* zu Bedenken gibt, dass Rechtsgüter dann in Beziehung zu anderen für den Handelnden bedeutenden Werten treten, wenn sie zur Verfolgung von Handlungszielen eingesetzt werden, und dieser Wertzusammenhang keine Berück-

782 *Wimmer*, 1980, S. 35.

783 *Bloy*, ZStW 96 (1984), 703, 716; *Roxin*, AT I, ^{4}2006, § 13 Rn. 99.

784 *Kühne*, JZ 1979, 241, 244.

785 *Amelung*, 1998, S. 24.

786 *Roxin*, AT I, ^{4}2006, § 13 Rn. 99.

787 *Otto*, AT, ^{7}2004, § 8 Rn. 112.

sichtigung finde, wenn für die Wirksamkeit der Opferzustimmung allein auf das Kriterium der Rechtsgutsbezogenheit abgestellt wird.[788] Bei Hingabe des Rechtsguts aufgrund einer versprochenen Gegenleistung würde derjenige, der mit der Preisgabe den Wert seines Rechtsguts lediglich in Relation zu einem anderen Gut setzt, nach *Arzt* so behandelt, als würde er seinem Rechtsgut überhaupt keinen Wert beimessen.[789] *Amelung* wirft der Theorie von der Rechtsgutsbezogenheit darüber hinaus ein Missverständnis von der Dispositionsfreiheit vor, insbesondere die Missachtung der Interessenlage des Trägers disponibler Rechtsgüter.[790] Wenn die Dispositionsfreiheit des Opfers derart beeinträchtigt wird, dass der Rechtsgutsträger über den mit der Rechtsgutsdisposition erstrebten Wert irrt, so könne, müsse aber dieser Wert nicht im gleichen Rechtsgutsbereich liegen wie das preisgegebene Rechtsgut; diese „Fehlleitung der Dispositionsfreiheit" finde aber innerhalb der Lehre der Rechtsgutsbezogenheit keine Berücksichtigung.[791] Ferner weist *Amelung* auch auf die seines Erachtens bestehende Inkonsequenz von *Arzt* hin, wenn dieser die durch eine Drohung herbeigeführte Opferzustimmung als unwirksam betrachtet,[792] obwohl sich in der Regel Rechtsgüter aus verschiedenen Bereichen – etwa bei dem Ausspruch „Geld oder Leben" – gegenüberstehen, sich die Drohung mithin nicht unmittelbar gegen das preisgegebene Rechtsgut richtet.[793] Für *Arzt* ist (dennoch) jede Drohung rechtsgutsbezogen, „weil der wirkliche Wille des Bedrohten der Verletzung entgegensteht."[794]

Ebenso äußert *Roxin* bezüglich des Kriteriums der Rechtsgutsbezogenheit Kritik. *Arzt* verkenne, dass die Zustimmung des Opfers Ausdruck dessen Selbstbestimmung im Umgang mit den eigenen Verfügungsgegenständen sei, nicht aber der Bestandsschutz der eigenen Rechtsgüter im Vordergrund stehe. Entscheidend sei nach der Lehre der Rechtsgutsbezogenheit allein, ob das Opfer wisse, was es preisgebe, nicht aber, ob der mit der Verfügung verfolgte Zweck durch die Täu-

---

788 *Amelung*, 1998, S. 21; ähnlich auch *Rönnau*, 2001, S. 287, der den „Grundfehler" der Lehre nach *Arzt* darin sieht, dass „der soziale Kontext in dem und der Zweck, zu dem dies geschieht, [...] ausgeblendet" werden.

789 *Amelung*, 1998, S. 24; auch hier ähnlich *Rönnau*, 2001, S. 287, der dem Lösungsansatz nach der Rechtsgutsbezogenheit vorwirft, die Preisgabe des Rechtsgutes „in unnatürlicher Weise aus dem Gesamt-, insbesondere dem Wertungszusammenhang" zu lösen.

790 *Amelung*, GA 1999, 182, 200.

791 *Amelung*, GA 1999, 182, 200.

792 So *Arzt*, 1970, S. 31, 35.

793 *Amelung*, 1998, S. 22.

794 *Arzt*, 1970, S. 32, allerdings mit der Einschränkung, dass es einer Drohung nach § 240 StGB bedarf, ebd. S. 33 f.

schung vereitelt werde. Konsequenterweise soll somit eine Täuschung, die einen nicht rechtsgutsbezogenen Irrtum herbeiführt, niemals die Selbstbestimmung des Opfers antasten.[795]

In ähnlicher Weise betont *Rönnau*, dass mit der Annahme einer wirksamen Opferzustimmung in den Gegenleistungsfällen die Aufgabe des Rechtsgutes ohne Erhalt der versprochenen Gegenleistung für den Rechtsgutsträger sinnlos würde, und dies Berücksichtigung finden muss.[796] Kommt der Gegenleistung kein Vermögenswert zu oder handelt der Täter ohne Bereicherungsabsicht, so genieße das Opfer regelmäßig keinen strafrechtlichen Schutz, obwohl es über höchstpersönliche Rechtsgüter entscheidet. Dieser Schutz komme aber – in unbefriedigender Weise – dem bloßen Vermögen über § 263 I StGB zu.[797] In Übereinstimmung mit *Amelung* weist *Rönnau* sodann auf die „Inkonsequenz in Zwangskonstellationen" hin, die aus der grundsätzlichen Annahme der Rechtsgutsbezogenheit von aus der Drohung herrührenden Willensmängeln folgt, sodass in diesen Fällen (plötzlich) die Tauschfreiheit geschützt werde.[798] Insgesamt sei die Behandlung der erschlichenen Opferzustimmung nach *Arzt* wenig opfer-, mithin zu täterfreundlich.[799]

Auch *Krack* erkennt als Schwäche einer Beurteilung nach dem Kriterium der Rechtsgutsbezogenheit an, dass es einige Fälle gibt, in denen Fehlvorstellungen über Sinn und Zweck der Rechtsgutspreisgabe geeignet sind, der Opferzustimmung den Charakter einer autonomen Entscheidung zu nehmen.[800] Dass lediglich § 263 I StGB die Tauschfreiheit schütze und darüber hinaus Täuschungen über die Gegenleistung strafrechtlich irrelevant seien, ergebe sich weder aus der Gesetzessystematik noch aus dem Willen des Gesetzgebers.[801]

Darüber hinaus gesteht selbst *Bosch*, Verfechter der Beurteilung des mittels List erschlichenen Einverständnisses nach dem Kriterium der Rechtsgutsbezogenheit, ein, dass dieses „keine für alle Fälle leicht erkennbare Abgrenzung ermöglich[t]".[802]

Letztlich kritisiert *Bloy*, dass mit der Abgrenzung nach dem Kriterium der Rechtsgutsbezogenheit bei der erschlichenen Zustimmung stets auf einen hypothetischen Willen (pauschal) zurückgegriffen werden müsse, um zu entscheiden, ob Unrecht erfolgt ist. Hierbei ergebe sich sodann folgendes Ergebnis: Immer

---

795 *Roxin*, 1984, S. 279.
796 *Rönnau*, 2001, S. 287.
797 *Rönnau*, 2001, S. 287 f.
798 *Rönnau*, 2001, S. 291.
799 *Rönnau*, 2001, S. 306.
800 *Krack*, 1994, S. 132.
801 *Krack*, 1994, S. 132.
802 *Bosch*, Jura 2012, 604, 608.

dann, wenn das Täterverhalten die Preisgabe des Rechtsguts bewirke, müsse die Zustimmung des Rechtsgutsinhabers als seinem „wahren" Willen widersprechend eingestuft werden.[803]

(b) *Bloy*: Ergänzung um die soziale Bedeutung des Geschehens

Da Fälle, in denen die Gegenleistung nicht materieller Art ist, diese Leistung nicht vom Täter als eigene in Aussicht gestellt wird oder die sich gar außerhalb des Bereichs der erschlichenen Zustimmung über das Versprechen einer Gegenleistung bewegen, teilweise nur schwer mit dem Kriterium der Rechtsgutsbezogenheit zu lösen sind, zieht *Bloy* zudem das Kriterium der sozialen Bedeutung des Geschehens heran. „Dieser soziale Kontext ist von der Verfügungsfreiheit über die Rechtsgüter nicht abtrennbar."[804] Eine Strafbarkeit aus § 239 I Alt. 2 StGB soll demnach auch dann gegeben sein, wenn dem Opfer infolge des listigen Täterverhaltens zwar die natürliche Bedeutung der Freiheitsberaubung als eine solche bekannt ist, ihm jedoch die soziale Bedeutung des Geschehens verborgen bleibt, mithin ein Irrtum über den sozialen Sinngehalt der Freiheitsberaubung besteht. Eine solche Ergänzung der Problembehandlung nach dem Kriterium der Rechtsgutsbezogenheit entspreche der Gewährleistung der Straftatbestände von sozial sinnvollem Handeln.[805]

Kritik erfährt *Bloy* von *Orth*, der die Verknüpfung zwischen der Bedeutungskenntnis des sozialen Sinns der Tathandlung und der Verfügungsfreiheit über das Rechtsgut als nicht nachvollziehbar beschreibt, vielmehr eine Vermengung des Rechtsgutsbegriffs mit rechtsgutsfremden Erwägungen annimmt.[806] Das Opfer müsse lediglich „[d]ie natürliche Bedeutung der Tathandlung, soweit sie das Rechtsgut betrifft", begreifen, mithin erkennen, was der Täter in Bezug auf das betroffene Rechtsgut bezweckt, nicht aber sonstige rechtsgutsfremde Ziele und Absichten des Täters kennen.[807]

(c) *Krack*: Ergänzung um den fortbewegungsrelevanten Zweck

Krack schließt sich in seiner Dissertation zum Thema „List als Straftatbestandsmerkmal"[808] der grundsätzlichen Unterscheidung anhand der Rechtsgutsbezogen-

803 *Bloy*, ZStW 96 (1984), 703, 715.
804 *Bloy*, ZStW 96 (1984), 703, 717 f.
805 *Bloy*, ZStW 96 (1984), 703, 718.
806 *Orth*, 1988, S. 136 f.
807 *Orth*, 1988, S. 137 f.
808 In seiner Dissertation vertritt *Krack*, 1994, S. 123 ff., die Ansicht, dass eine unterschiedliche rechtliche Behandlung von Einwilligung und Einverständnis unzutref-

heit des Irrtums an. Ein rechtsgutsbezogener Irrtum liegt nach *Krack* vor, wenn die zustimmende Erklärung des Betroffenen auf einer Fehlvorstellung über Art oder Intensität des konkret von der Strafnorm geschützten Rechtsgutes basiert.[809] Er will jedoch nicht jeden Motivirrtum als unbeachtlich einstufen. Vielmehr soll ein nicht rechtsgutsbezogener Irrtum erheblich und damit die Wirksamkeit des Einverständnisses auszuschließen in der Lage sein, wenn „die mit der Zustimmung einhergehende Erwartung eine Verbindung zu dem durch den jeweiligen Tatbestand geschützten Rechtsgut aufweist" und diese Verbindung von der Rechtsordnung anerkannt ist.[810] Übertragen auf die Zustimmung zu einer Freiheitsberaubung bedeutet dies, dass immer dann der Tatbestand verwirklicht, mithin das Einverständnis unwirksam sein soll, wenn der Betroffene - einem nicht rechtsgutsbezogenen Irrtum unterliegend - infolge seiner Stellung als Träger des Gutes „Fortbewegungsfreiheit" zustimmt. Der von ihm verfolgte Zweck darf nicht rechtsgutsfremd sein, muss vielmehr in fortbewegungsrelevanten Überlegungen wurzeln.[811] *Krack* selbst räumt hinsichtlich der Ergänzung von *Arzt* um den relevanten Zweck ein, dass die Begrifflichkeiten nicht derart handhabbar sind, dass bei einem über das Motiv irrenden Opfer in Grenzfällen eine eindeutige Beurteilung erfolgen kann.[812]

---

fend ist, sodass seine Ausführungen auch für das (erschlichene) Einverständnis gelten.

809 *Krack*, 1994, S. 128 f.

810 *Krack*, 1994, S. 139. Als Beispiel für einen nicht rechtsgutsbezogenen erheblichen Irrtum bezogen auf § 235 StGB führt er den Fall an, dass der Vater der sorgeberechtigten Mutter vorspiegelt, das Kind sei bei dessen wohlhabender Großmutter besser aufgehoben. Die Mutter glaubt dem Vater und übergibt ihm das Kind, das er zu der tatsächlich in ärmlichen Verhältnissen lebenden Großmutter bringt. In diesem Fall liegt nach *Krack* ein nicht rechtsgutbezogener Irrtum vor. Allerdings verfolge die Mutter mit der Überlegung, dass es dem Kind besser gehen solle, einen erziehungsrelevanten Zweck. Da ihr auch die Entscheidung als Rechtsgutsinhaberin zugestanden werde, komme ihrem zustimmenden Willen keine strafausschließende Wirkung zu, ebd. S. 127 f., S. 139 f.

811 Vgl. *Krack*, 1994, S. 139 f.; sich anschließend *Maurach/Schroeder/Maiwald*, BT/2, ^{10}2013, § 63 Rn. 69. Ein von *Krack* neben dem in Fn. 810 genannten Beispiel angeführter Fall zur Organspende (ebd.) lässt vermuten, dass in Bezug auf § 239 I StGB etwa dann von einem nicht rechtsgutsbezogenen erheblichen Irrtum ausgegangen werden könnte, wenn das Opfer der Beeinträchtigung seiner Fortbewegungsfreiheit zustimmt, um damit (vermeintlich) die körperliche Bewegungsfreiheit naher Angehöriger zu schützen.

812 *Krack*, 1994, S. 140.

(d) *Göbel*: Ergänzung um die Verhältnismäßigkeit

Auch *Göbel* ergänzt das Kriterium der Rechtsgutsbezogenheit.[813] Entscheidend ist für ihn, inwiefern dem Betroffenen eine Situation vorgespiegelt wird, „in der die Umschichtung eines Guts objektiv vernünftig und daher quasi-gerechtfertigt i.S.d. § 34 StGB ist."[814] Quasi-Rechtfertigung bedeutet, dass sich der Betroffene im Rahmen der Proportionierung des § 34 StGB, mithin in einer von der Rechtsordnung gebilligten Weise verhält.[815] Zu prüfen wäre folglich, ob der Täter für den Betroffenen einen vernünftigen Anlass für die Erteilung der Zustimmung geschaffen hat. Dies sei – hinsichtlich der Fälle, in denen der Täter dem Betroffenen eine Gegenleistung verspricht, ohne zu einer solchen bereit oder imstande zu sein – dann nicht gegeben, wenn die Leistung des Gutsinhabers und die versprochene Gegenleistung in einem objektiven Missverhältnis stehen. Die Verletzung des Rechtsguts falle hierbei in den Verantwortungsbereich des Rechtsgutsinhabers.[816] Darüber hinaus ist anzumerken, dass *Göbel* den Täter angesichts der Gleichwertigkeit von Opferzustimmung und Selbstverletzung als mittelbaren Täter nach § 25 I Alt. 2 StGB ansieht, sodass der Zustimmende Werkzeug und derjenige, der den Defekt beherrscht, mithin der für „den defekten Grund" der Zustimmung Verantwortliche mittelbarer Täter ist.[817]

---

813 Die Dissertation *Göbels* bezieht sich ihrem Titel nach lediglich auf die Einwilligung. Seine Ergänzung des Kriteriums der Rechtsgutsbezogenheit wird dennoch angeführt, da für *Göbel* die Einwilligung generell tatbestandsausschließend wirkt, siehe *Göbel*, 1992, S. 66 ff., sodass die von ihm entwickelten Grundsätze auch auf die Opferzustimmung in eine Freiheitsberaubung anwendbar sein sollen, siehe ebd. S. 63 f.

814 *Göbel*, 1992, S. 125 f. Als Beispiel führt *Göbel* den Fall an, dass der Frisör seinem Kunden vorspiegelt, dieser habe Kopfläuse. Der Kunde ist infolge dieser Vorspiegelung mit dem Abschneiden seiner Haare einverstanden. Im Rahmen der Lösung berücksichtigt *Göbel* sodann, dass das Verhalten des Kunden bei dem tatsächlichen Vorliegen einer solchen Situation analog § 34 StGB gerechtfertigt wäre. Für das Herbeiführen des Irrtums hafte der Frisör daher.

815 *Rönnau*, 2001, S. 364.

816 *Göbel*, 1992, S. 125 f. Einen vernünftigen Anlass für die Erteilung der Zustimmung in den Gegenleistungsfällen erkennt *Göbel* in dem Fall an, dass jemand zu einer Blutspende gebracht wird mit der Vorspiegelung, er erhalte hierfür eine Vergütung in Höhe von 50DM. Der den Irrtum Herbeiführende hafte daher wegen Körperverletzung. Für das Vorliegen eines objektiven Missverhältnisses wird hingegen kein Fallexemplar aufgezeigt.

817 *Göbel*, 1992, S. 127 f., insb. Fn. 130. Auch *Jakobs*, ²1991, Kap. 7/117 f., hält die mittelbare Täterschaft hinsichtlich der tatbestandsausschließenden Einwilligung (siehe

(2) Das Kriterium der Wesentlichkeit

Einer Entscheidung des Bundesgerichtshofes ist das Kriterium der Wesentlichkeit zu entnehmen. Hiernach ist ein Einverständnis, das auf einem für die Motivation des Opfers wesentlichen Willensmangel beruht, unbeachtlich, sodass es keine ausschließende Wirkung haben kann.[818] Der Täter agiere bei einer wesentlichen Fehlvorstellung entgegen dem Willen des Opfers, weil dieses dem Täterhandeln „widerstreben würde, falls es wüßte, was der Täter bezweckt."[819] Übertragen auf die Freiheitsberaubung bedeutet dies, dass der Täter nicht nach § 239 I Alt. 2 StGB strafbar sein soll, wenn das listige Verhalten bei dem Betroffenen einen unwesentlichen Willensmangel hervorruft, der Irrtum für seine Motivation mithin bedeutungslos ist. Welche Grenzen im Rahmen einer solchen Wesentlichkeit gezogen werden müssen, wird sodann jedoch vom Bundesgerichtshof nicht weiter konkretisiert. Daher wird dieses Abgrenzungskriterium auch als konturenlos bezeichnet, das allenfalls Randkorrekturen ermögliche.[820]

(3) Auseinandersetzung mit den irrtumsbezogenen Kriterien

Einer Behandlung nach dem Kriterium der Rechtsgutsbezogenheit ist im Hinblick darauf beizupflichten, dass eine Zustimmung des Opfers mit der Beeinträchtigung seines Rechtsgutes der Fortbewegungsfreiheit nur dann als wirksam angesehen werden kann, wenn sich das Opfer der Aufgabe seiner Fortbewegungsfreiheit grundsätzlich bewusst ist. Der Betroffene muss hierzu erkennen, in der Ausübung seines Fortbewegungswillens beschränkt zu werden. Dies resultiert allerdings nicht erst aus der Bestimmung der Wirksamkeit eines Einverständnisses nach dem Kriterium der Rechtsgutsbezogenheit, sondern folgt bereits aus dem Konstrukt der Opferzustimmung: Der Betroffene stimmt einem ihn irgendwie beeinträchtigenden Handeln zu – er erlaubt, gestattet, billigt es.[821] Dies setzt voraus, dass das Opfer die Folgen für das beeinträchtigte Rechtsgut zumindest in groben Zügen mit einem natürlichen Willen überblicken und erfassen kann. So fordert bereits *Geerds*, dass sich der Wille des Zustimmenden auf das gesamte Vorgehen des Täters beziehen muss, da ein „Gestatten" oder „Nichts-dagegen-

---

Fn. 823) für möglich, wenn diese durch eine nicht rechtsgutsbezogene Täuschung herbeigeführt wurde und insofern wirksam ist.

818 BGHSt 32, 267 (269 f.) v. 21.02.1984.

819 BGHSt 32, 267 (269) v. 21.02.1984.

820 *Bloy*, ZStW 96 (1984), 703, 715, mit Verweis auf BGHSt 16, 309 (310 f.) v. 01.02.1961, wobei es in dieser Entscheidung um die Behandlung von Willensmängeln bei einer Einwilligung geht.

821 Siehe unter **C.III.1.**

Haben“ voraussetzt, dass sich der Verletzte die Vorgänge überhaupt vorstellt.[822] Wird der Betroffene über die Beeinträchtigung seines Rechtsgutes nun aber derart in die Irre geführt, dass er nicht einmal die Aufgabe des Rechtsgutes in der konkreten Gestalt erkennt, kann er keinen einer solchen Aufgabe zustimmenden Willen fassen.[823] Dass ihm damit ein hypothetischer, der Preisgabe des Rechtsguts widersprechender Wille unterstellt würde, kann jedoch nicht statuiert werden. Vielmehr wird (umgekehrt) schlichtweg nicht von einem der Aufgabe des Rechtsgutes zustimmenden Willen ausgegangen. *Otto* äußert, dass der Sachverhalt, in dem die Zustimmung des Betroffenen in die konkret eingetretene Verletzung fehlt, auch dahingehend formuliert werden kann, „daß ein rechtsgutsbezogener Irrtum des Betroffenen stets beachtlich ist.“[824] Auch *Roxin*, der die sich in der Opferzustimmung verwirklichende Autonomie des Betroffenen in den Fokus der Betrachtung rückt, konstatiert, dass „[t]atbestandliche Beeinträchtigungen, auf die sich die Einwilligung des Opfers nicht bezieht, [...] der Natur der Sache nach nicht Ausdruck seiner Willensautonomie sein“ können.[825] Es lässt sich folglich festhalten, dass das Opfer, erkennt es nicht einmal die Beeinträchtigung der Möglichkeit seiner Fortbewegung, einer solchen Beeinträchtigung auch nicht zustimmen kann. Dabei ist zuzugeben, dass der Fall einer rechtsgutsbezogenen Täuschung bei der Freiheitsberaubung mit der Folge, dass der Betroffene nicht erkennt, ob er sich infolge eines bestimmten (Täter-)Geschehens noch ungehindert bewegen kann, schwer vorstellbar ist.[826]

Fraglich bleibt darüber hinaus, ob ein rechtsgutsbezogener Irrtum stets eindeutig bestimmbar ist. Erfasst werden soll jeglicher Irrtum über Bedeutung, Tragweite und Auswirkungen des Rechtsgutsverzichts. Übertragen auf Fall 6 ergibt sich Folgendes:

---

822 *Geerds*, 1953, S. 101.

823 I.E. so auch *Jakobs*, ^{2}1991, Kap. 7/117, allerdings in Bezug auf die Behandlung von Zwang und Irrtum bei der tatbestandsausschließenden Einwilligung, die nach ihm neben dem tatbestandsausschließenden Einverständnis sowie der rechtfertigenden Einwilligung existiert, ebd. Kap. 7/111 ff. Gedacht werden kann insofern an den Fall, dass das Opfer über die Dauer des Freiheitsentzugs getäuscht wird: Die Zustimmung zur Einschränkung des Rechtsguts über eine Stunde erfasst etwa nicht eine dreistündige Beeinträchtigung.

824 *Göbel*, 1992, S. 86.

825 *Roxin*, 1984, S. 283.

826 Für *Wimmer*, 1980, S. 39, gehört die Freiheitsberaubung zu den wenigen Delikten, bei denen der Fall einer rechtsgutsbezogenen Täuschung „von vornherein undenkbar“ ist; siehe hiergegen *Orth*, 1988, S. 139 f., der auch den Irrtum über den Zustand des Rechtsguts als einen rechtsgutsbezogenen Irrtum begreift.

Fall 6 (Forts.)[827]

(i) Die Ehefrau ist taugliches Tatobjekt einer Freiheitsberaubung.

(ii) Der Ehemann handelt listig.

(iii) Die Ehefrau verbleibt freiwillig in der unverschlossenen Wohnung, sodass sie mit der Freiheitsberaubung einverstanden ist. Ob dieses Einverständnis wirksam ist, könnte von der Rechtsgutsbezogenheit des Irrtums abhängig gemacht werden.
Zum einen könnte bei der Ehefrau, die in der Wohnung verbleibt, da ihr Ehemann ihr wahrheitswidrig vorspiegelte, dass sie beim alleinigen Verlassen der Wohnung in ihr Heimatland, zugleich Krisengebiet, ausgewiesen werde, angenommen werden, dass sie keine Kenntnis von einer Beeinträchtigung durch ihren Mann hat. Sie glaubt, dass sie sich zwischen dem Verweilen in der Wohnung und der Ausweisung entscheiden müsse, und nicht etwa zwischen der Aufgabe oder der Ausübung ihrer Fortbewegungsfreiheit. Zumindest ihre Entscheidungsgrundlage ist daher beeinträchtigt. Sie weiß schlichtweg nicht darum, dass sie mit der von ihrem Mann provozierten Entscheidung, in der Wohnung zu verbleiben, auf ihr Rechtsgut der körperlichen Bewegungsfreiheit verzichtet, ohne davon – etwa durch Nichtausweisung – zu profitieren. *Geerds* verlangt insofern, dass sich das Opfer stets eines Handelns des Täters bewusst ist.[828] Die Ehefrau weiß vorliegend nur darum, dass der Ehemann ihr (vermeintlich) die Rechtslage in Deutschland erklärt. Die Ehefrau könnte folglich keine Kenntnis von der Bedeutung des Rechtsgutsverzichts haben, sodass ein rechtsgutsbezogener Irrtum vorliegen könnte. Die Besonderheit im Vergleich zu Irrtümern über die Gegenleistung, die nicht rechtsgutsbezogen sind, besteht darin, dass der Ehefrau etwas in Aussicht gestellt wird, das von dem Täter offensichtlich nicht beeinflussbar ist.
Gleichermaßen könnte vertreten werden, dass die Ehefrau infolge ihrer Entscheidung ihre Fortbewegungsfreiheit bewusst nicht mehr ausübt. Sie verbleibt freiwillig in der Wohnung[829] und könnte sich daher darüber im Klaren sein, was sie aufwendet, mithin preisgibt.[830] Sollte ihr Mann ihr zudem gesagt haben, dass das alleinige Verlassen der Wohnung lediglich in den ersten drei Monaten untersagt sei, so weiß die Ehefrau auch um den zeitlichen Umfang des Verzichts auf die Ausübung der Fortbewegungsfreiheit. Die Ehefrau könnte lediglich hinsichtlich der Motivation der Aufgabe des Rechtsgutes – der Nichtausweisung – irren. Ein nicht rechtsgutsbezogener Irrtum könnte gegeben sein.
Eine Entscheidung ist folglich nicht eindeutig zu treffen. Zu berücksichtigen ist aber, dass *Arzt* darauf abstellt, inwiefern das Opfer mit der Rechtsgutspreisgabe einen rechtsgutsfremden Zweck verfolgt und als ein solcher vorliegend die Nichtausweisung gelten kann. Ferner geht er von einer wirksamen Zustimmung auch bei

827 Siehe zum Fallbeispiel unter **B.II.1.b.**

828 *Geerds*, 1953, S. 101.

829 Siehe bereits unter **B.II.1.b.**

830 Die Formulierung ist übernommen von *Arzt*, 1970, S. 22.

„Zweckverfehlung der Rechtsgutspreisgabe" aus.[831] Dies spricht dafür, den Irrtum der Frau, bei dem Verweilen in der Wohnung nicht ausgewiesen zu werden, als nicht rechtsgutsbezogen einzustufen.[832]
Das Einverständnis wäre damit wirksam, sodass die Strafbarkeit des Ehemannes wegen Freiheitsberaubung abgelehnt werden müsste.

Festzuhalten ist folglich, dass die Bestimmung der Rechtsgutsbezogenheit eines Irrtums nicht stets einfach und eindeutig ist.
Der Behandlung nach dem Kriterium der Rechtsgutsbezogenheit ist ferner zuzustimmen in der Annahme, dass Straftatbestände dem Schutz von bestimmten Rechtsgütern dienen. Aus dem Telos einer jeden Norm die Schlussfolgerung zu ziehen, dass immer dann, wenn in Bezug auf das von der Tatbestandsnorm geschützte Rechtsgut kein Irrtum gegeben ist, kein Schutz durch die entsprechende Norm erforderlich sei, klingt zumindest nicht abwegig. Zu überprüfen bleibt aber, ob der Argumentation, der Irrtum über eine sich außerhalb des von der Norm bezweckten Schutzes befindliche Gegenleistung sei unbeachtlich, da über § 263 I StGB geschützt, zu folgen ist. Die sich anschließenden Ausführungen widmen sich daher der (Über-)Prüfung, ob in den Fällen eines erschlichenen Einverständnisses durch Erzeugung (oder Verstärkung) eines Irrtums über eine Gegenleistung eine Betrugsstrafbarkeit gegeben ist.

Fall 13 (Forts.)[833]
Die Vorspiegelung der Zahlungsbereitschaft und -fähigkeit des B gegenüber A begründet eine Täuschung. Indem sich A sodann dazu bereit erklärt, für 500 € die Freiheitsstrafe anstelle des B abzusitzen, dieser jedoch weder bereit noch fähig ist, die Gegenleistung zu erbringen, unterliegt A einer Fehlvorstellung über die für sein Tun in Aussicht gestellte Gegenleistung, mithin einem Irrtum. Fraglich ist aber, ob A eine Vermögensverfügung trifft. Als Vermögensverfügung gilt jedes Tun, Dulden oder Unterlassen, das sich unmittelbar vermögensmindernd auswirkt.[834] Neben rechtsgeschäftlichen Handlungen aller

831 *Arzt*, 1970, S. 22 f.

832 Anders gegebenenfalls *Brandts/Schlehofer*, JZ 1987, 442, 446 ff., die in dem Fall, dass Stars ihr Blut vermeintlich der Lebensrettung anderer wegen spenden, tatsächlich aber das Blut verkauft werden soll, trotz Wissens darum, was preisgegeben wird, Rechtsgutsbezogenheit anzunehmen scheinen: „Aber so eng ist in Arzts Lehre die Rechtsgutsbezogenheit nicht zu verstehen", siehe *Brandts/Schlehofer*, ebd. I.E. wird die Wirksamkeit der Zustimmung versagt, da in dem konkreten Fall ein sozialadäquater Druck besteht, der zumindest bei der Wirksamkeit der erschlichenen Einwilligung als Korrektiv dienen könne.

833 Siehe zum Fallbeispiel unter **C.IV.3.a.(1)(a)**.

834 Siehe etwa BGHSt 14, 170 (171) v. 11.03.1960; *Beukelmann*, in: BeckOK StGB, Std.: 01.11.2017, § 263 Rn. 31; *Kindhäuser*, NK StGB, [7]2017, § 263 Rn. 10; *Kühl*, in: L/K, [28]2014, § 263 Rn. 22.

Art genügen alle sonstigen Verhaltensweisen, die unmittelbar eine Vermögensverringerung bewirken.[835] Es bedarf eines vermögensrelevanten Abflusses.[836] Die Handlung, die A in selbstschädigender Weise vornimmt, kann darin gesehen werden, die Freiheitsstrafe anstelle des B abzusitzen. Allein durch dieses Verhalten verringert sich auf der Rechtsgutsseite des A das Gut der Fortbewegungsfreiheit, welches nicht mehr wahrgenommen werden kann, wenn eine Freiheitsstrafe abgesessen wird. Das Vermögen des A mindert sich hingegen – aus einer wirtschaftlichen Perspektive heraus – nicht. Ob dennoch eine Vermögensverringerung gegeben ist, hängt davon ab, welcher Vermögensbegriff zugrunde zu legen ist. Dies ist umstritten.[837] Nach der überwiegenden Ansicht, die einem juristisch-ökonomischen Vermögensbegriff folgt, bedeutet Vermögen die Summe aller Güter mit Marktwert, die einer Person rechtlich schutzwürdig zugeordnet sind.[838] Die wirtschaftliche Komponente des Vermögensbegriffs fordert folglich, dass dem Gut im Geschäftsverkehr ein wirtschaftlicher Wert beigemessen wird.[839] Der Fortbewegungsfreiheit ist ein solcher Geldwert grundsätzlich jedoch nicht immanent. Sie ist vielmehr immaterielles Gut. Es könnte jedoch daran gedacht werden, der Hingabe der Fortbewegungsfreiheit insofern einen „in Geld zu veranschlagende[n] Wert“[840] beizumessen, weil A für eine solche Hingabe einen Rechtsanspruch gegenüber B in Höhe von 500 € innehaben könnte. Hierbei ist entscheidend, ob ein solcher Anspruch aufgrund des § 138 BGB nichtig ist, wodurch er nicht vom juristisch-ökonomischen Vermögensbegriff erfasst wäre.[841] Bei Ablehnung eines gegen die guten Sitten verstoßenden, mithin bei Annahme eines sittengemäßen Rechtsgeschäfts kommt der Aufgabe der körperlichen Bewegungsfreiheit sodann infolge des Rechtsanspruches ein Vermögenswert zu, sodass in der Leistung durch A, die Freiheitsstrafe abzusitzen, ohne dafür eine Gegenleistung zu erhalten, eine Vermögensminderung und somit eine Vermögensverfügung gesehen werden kann. Bleibt die Gegenleistung aus, so ergibt sich bei A auch ein Vermögensschaden in Höhe von 500 €. Die Voraussetzungen des Betrugs liegen vor. Eine Strafbarkeit aus § 263 I StGB ist begründet.

---

835 *Kindhäuser*, in: K/N/P, ⁵2017, § 263 Rn. 198.

836 *Beukelmann*, in: BeckOK StGB, Std.: 01.11.2017, § 263 Rn. 37.

837 Siehe zum Meinungsstand etwa *Hillenkamp*, BT, [12]2013, Problem 31 S. 166; *Kindhäuser*, NK StGB, [7]2017, § 263 Rn. 116 ff.; *Hefendehl*, in: MüKo StGB, Bd. 5, [2]2014, § 263 Rn. 337 ff.; *Perron*, in: Sch/Schr, [29]2014, § 263 Rn. 87b ff.

838 *Kindhäuser*, NK StGB, [7]2017, § 263 Rn. 122.

839 *Hefendehl*, in: MüKo StGB, Bd. 5, [2]2014, § 263 Rn. 341.

840 Vgl. BGHSt 4, 373 (373) v. 09.10.1953.

841 Siehe etwa *Saliger*, in: M/R, 2013, § 263 Rn. 174. Eine Entscheidung über die Sittenwidrigkeit wird in dem vorliegenden (übernommenen) Fall nicht getroffen, da sich der Sachverhalt insofern als zu knapp erweist. Vor dem Hintergrund, dass auch bei Fall 9 (siehe unter **B.II.1.b.**) stets auf die Strafbarkeit aus § 263 I StGB verwiesen wird, und die Teilnahme an einem Experiment gegen Entgelt grundsätzlich nicht gegen die guten Sitten verstößt, wird vorliegend keine Nichtigkeit nach § 138 BGB angenommen.

Der Argumentation, die Fälle einer Täuschung über die (entgeltliche) Gegenleistung könnten über § 263 I StGB zu lösen sein, ist zuzustimmen. Zu berücksichtigen ist jedoch, dass der Betrugstatbestand stets eine Bereicherungsabsicht des Täters verlangt, sodass ein reiner Schädigungswille nicht genügt.[842] Wie bereits aufgezeigt, kann eine Betrugsstrafbarkeit ferner aufgrund von Sittenwidrigkeit ausscheiden.

Zudem stößt die Lehre von *Arzt* zumindest dann an ihre Grenzen, wenn die versprochene Gegenleistung immaterieller Art ist und dieser in der konkreten Situation auch kein Vermögenswert zugesprochen werden kann. Eine immaterielle Gegenleistung, die zwar in Aussicht gestellt wird, der Versprechende diese aber nicht zu erfüllen bereit und fähig ist, führt innerhalb der Betrugsprüfung spätestens zu der Ablehnung eines Vermögensschadens, dem Unterschied zwischen dem Wert des Gesamtvermögens vor und nach der Verfügung.[843] Insofern muss bei der Bestimmung der Wirksamkeit eines erschlichenen Einverständnisses zumindest das Bewusstsein dafür bestehen, dass bei Beachtlichkeit lediglich der rechtsgutsbezogenen Fehlvorstellung eine Strafbarkeitslücke entsteht.
Einen Fall des Tausches der Fortbewegungsfreiheit gegen eine immaterielle Leistung (ohne Vermögenswert) stellt *Kientzy* dar:

Fall 14
Der Betroffene lässt sich infolge der bewusst wahrheitswidrigen Auskunft seines Arztes, er habe eine ansteckende Krankheit, in Quarantäne einschließen.[844]

(i) Der Betroffene ist taugliches Tatobjekt einer Freiheitsberaubung.
(ii) Der Arzt handelt listig, wenn er dem Betroffenen in der Absicht, dass sich dieser in Quarantäne begibt, bewusst wahrheitswidrig vorspiegelt, er habe eine ansteckende Krankheit.
(iii) Fraglich ist, ob der Betroffene, der in Quarantäne nicht von seiner Fortbewegungsfreiheit Gebrauch machen kann, mit der Freiheitsberaubung in wirksamer Weise einverstanden ist.
Für *Kientzy* ist „selbstverständlich" ein Fall des § 239 I StGB gegeben.[845] *Wimmer* hingegen, der dem Einverständnis die Wirksamkeit versagt, wenn das Opfer sich keinen Überblick darüber verschafft, „in welchem Maße es sich des geschützten Rechtsguts begibt", und insofern als mit der Abgrenzung nach *Arzt* in Übereinstimmung gebracht werden kann, scheint in dem Quarantänefall von einer wirksamen Opferzustimmung infolge unbeachtlicher Täuschung auszugehen. Die Beachtlichkeit des Willensmangels mit dem Ergebnis, dass die Zustimmung des Betroffenen

842 So *Amelung*, 1998, S. 19.
843 *Perron*, in: Sch/Schr, [29]2014, § 263 Rn. 99.
844 *Kientzy*, 1970, S. 102.
845 *Kientzy*, 1970, S. 102.

unwirksam, mithin eine Strafbarkeit wegen Freiheitsberaubung gegeben ist, ergebe sich sodann daraus, dass der Arzt dem Betroffenen vielmehr (konkludent) droht, ihn bei Verweigerung zwangsweise unterbringen zu müssen.[846]
Im Hinblick auf das Kriterium der Rechtsgutsbezogenheit ist zuzugeben, dass das Opfer mit der Entscheidung, der Anweisung des Arztes zu folgen, genau weiß, dass es damit seine körperliche Bewegungsfreiheit für einen bestimmten Zeitraum aufgeben muss. Dennoch nimmt *Orth* einen rechtsgutsbezogenen Irrtum an, weil der Patient eine Verbesserung für sein Rechtsgut (gemeint ist das Rechtsgut der Gesundheit) sowie die Abwendung von Gefahren bezwecke.[847] Die Motivation für die Rechtsgutspreisgabe - so wird *Arzt* zumindest vorliegend verstanden - soll jedoch gerade nicht entscheidend sein, wenn sie rechtsgutsfremd ist. Damit rückt das Kriterium der Rechtsgutsbezogenheit die Sicht des Betroffenen in Bezug auf das konkret betroffene Rechtsgut - ob und inwiefern dieses einer Einschränkung zugänglich sein soll - in den Fokus. Dass der Betroffene bei der Zustimmung, sich in Quarantäne zu begeben, dadurch motiviert ist, dass er glaubt, seine Gesundheit zu bewahren, ist folglich für die Einschränkung der Fortbewegungsfreiheit irrelevant.[848] Für diese ist eine Besserung nicht erkennbar, sodass ein solcher Irrtum als nicht rechtsgutsbezogen einzustufen ist.[849] Eine Strafbarkeit aus § 239 I StGB scheidet mit diesem Ergebnis unter Anwendung des Kriteriums der Rechtsgutsbezogenheit ebenso aus wie eine Betrugsstrafbarkeit, der es zumindest an einer Vermögensverfügung und einem Vermögensschaden mangelt. Ob das Verhalten

---

846 *Wimmer*, 1980, S. 34 ff.

847 *Orth*, 1988, S. 135 f., S. 140.

848 Dass es *Arzt*, 1970, S. 22, bei der Entscheidung, ob eine rechtsgutsbezogene Fehlvorstellung gegeben ist, darauf ankommt, inwiefern die Zustimmung in eine Rechtsgutsverletzung durch die Besserung für das konkrete Rechtsgut motiviert ist, kann sich aus dem genannten Beispielsfall - Preisgabe der körperlichen Unversehrtheit infolge des Täterversprechens, das körperliche Wohlbefinden zu verbessern - sowie der Argumentation, nur § 263 I StGB schütze die Tauschfreiheit, ergeben. Nicht nachvollziehbar ist daher, dass *Orth*, 1988, S. 141, auch in dem Fall von einer Rechtsgutsbezogenheit ausgeht, in dem das Opfer der Einschränkung seiner Fortbewegungsfreiheit zustimmt, „da es andernfalls Schäden für sein Rechtsgut befürchtet (z. B. die Tötung durch eine Drittperson)". In diesem Fall stimmen das eingeschränkte Rechtsgut (Fortbewegungsfreiheit) und das zu verbessernde Rechtsgut (Leib und Leben) gerade nicht überein.

849 Die Rechtsgutsbezogenheit aufgrund einer Verbesserung für die Fortbewegungsfreiheit könnte lediglich angenommen werden, wenn die Einweisung in die Quarantäne (langfristig) zumindest auch dem Erhalt der körperlichen Bewegungsfreiheit dient. Eine solche Motivation des Betroffenen ist im vorliegenden Fall jedoch zum einen nicht erkennbar. Zum anderen ist eine Verbesserung des Rechtsgutes zumindest dann fragwürdig, wenn der Betroffene trotz der Krankheit seine Fortbewegungsfreiheit ungehindert ausüben kann.

des Arztes als eine Drohung qualifiziert werden kann, ist zudem äußerst fraglich, da diese voraussetzt, dass der Täter dem Opfer ein künftiges Übel in Aussicht stellt, auf dessen Eintritt der Drohende Einfluss hat oder zu haben vorgibt.[850] Dass der Arzt es beeinflussen kann, inwiefern den Betroffenen bei der Weigerung, in Quarantäne zu gehen, Nachteile treffen, ist nicht erkennbar; allein die Möglichkeit zur Zwangseinweisung genügt – ohne konkrete Androhung – nicht. Darüber hinaus zeigt sich anhand des Quarantänefalls noch einmal, wie schwer und different eine Einordnung des Irrtums, ob rechtsgutsbezogen oder nicht rechtsgutsbezogen, sein kann.

In Bezug auf die nach *Amelung* bestehende Inkonsequenz der Behandlung der List gegenüber der Behandlung der Drohung ist diesem insofern recht zu geben, als dass die Argumentation, § 239 I StGB schütze lediglich die Fortbewegungsfreiheit und nicht etwa die Tauschfreiheit, nicht überzeugt. Dies gilt vor dem Hintergrund, dass sich der Bedrohte ebenfalls in einer Abwägungssituation befindet, und dieser auch dann nach der entsprechenden Ansicht Schutz finden soll, wenn er sich gegen seine Fortbewegungsfreiheit entscheidet. Wird dem Opfer gedroht, bei Verlassen eines Raumes werde es all‘ seines Geldes beraubt, und verbleibt das Opfer dadurch in der Räumlichkeit, so wird sein Irrtum als rechtsgutsbezogen empfunden, während bei demjenigen, dem vorgespiegelt wird, er werde bei Nichtverlassen des Raumes 1000 € erhalten, ein nicht rechtsgutsbezogener Irrtum angenommen wird.[851] In beiden Fällen ist der Betroffene mit einer Abwägung zwischen seinen Rechtsgütern Vermögen und körperliche Bewegungsfreiheit konfrontiert. Dennoch soll in ersterem Fall (Drohung) ein rechtsgutsbezogener Irrtum, in letzterem Fall (List) ein nicht rechtsgutsbezogener Irrtum vorliegen.

Der Argumentation, § 239 I StGB schütze als Rechtsgut lediglich die körperliche Bewegungsfreiheit, ist grundsätzlich zuzustimmen. Zu beachten ist aber auch, dass mit der Fortbewegungsfreiheit untrennbar der Fortbewegungswille verknüpft ist.[852] Die Entscheidung des Individuums über Gebrauch, aber auch Nichtgebrauch seines Rechtsgutes der körperlichen Bewegungsfreiheit ist daher – im Willensentschluss und in der Willensausübung – mitgeschützt. Die Freiheit, eine Abwägung zulasten der eigenen Fortbewegung zu treffen, kann folglich be-

---

850 Siehe unter **B.I.2.b.(3)**.

851 Dieser Vergleich lässt unberücksichtigt, dass nach überwiegender Meinung für eine Freiheitsberaubung eine Drohung mit einem empfindlichen Übel nicht als tatmitteltauglich angesehen wird. Der Vergleich soll insofern lediglich die Inkonsequenz bei der Beurteilung aufzeigen, ob ein rechtsgutsbezogener Irrtum vorliegt. Hierbei ist darauf hinzuweisen, dass für *Arzt* eine Drohung genügt, die die Schwelle des § 240 I StGB erreicht, siehe Fn. 794.

852 Siehe unter **C.III.2.b.**

reits im Tatbestand Berücksichtigung finden, und zwar unabhängig davon, ob das Rechtsgut dadurch zu einem Tauschobjekt wird. So ist auch der Behauptung, dass das Einverständnis dann wirksam sein soll, wenn das Schutzgut von dem Irrtum des Opfers nicht betroffen ist, da die Straftatbestände nicht zu „unspezifisch-allgemeinen Delikten gegen die ‚Autonomie'" werden dürften, zumindest in Bezug auf die Freiheitsberaubung nach § 239 I StGB entgegenzusetzen, dass diese gerade die Willensfreiheit des Opfers, mithin dessen Autonomie schützt.

Hinsichtlich der auf die Rechtsgutsbezogenheit des Irrtums abstellenden Lehre nach *Arzt* ist zusammenfassend festzuhalten, dass ihre wohl größte Schwäche darin besteht, nicht stets eindeutige Ergebnisse hervorbringen zu können und ihr mit dem Vergleich zwischen der Behandlung von Täuschung und List gegenüber der Behandlung der Drohung eine Inkonsequenz vorzuwerfen ist. Gleichzeitig kann ihr zumindest entnommen werden, dass das Einverständnis des Betroffenen stets unwirksam ist, wenn diesem überhaupt nicht bewusst ist, dass er sich seiner Fortbewegungsfreiheit begibt, er folglich das „Ob" der Rechtsgutsbeeinträchtigung gänzlich verkennt.

Der Versuch *Bloys*, die Beurteilung anhand des Kriteriums der Rechtsgutsbezogenheit um weitere Aspekte zu ergänzen, ist infolge der aufgezeigten Strafbarkeitslücken, insbesondere bei immaterieller Gegenleistung, äußerst nachvollziehbar. Die Erweiterung um die Beachtlichkeit eines Irrtums über den sozialen Sinngehalt der Freiheitsberaubung erscheint jedoch zum einen wenig praktikabel, da die soziale Bedeutung eines Geschehens nicht stets eindeutig bestimmbar ist. Zum anderen muss Berücksichtigung finden, dass die List mit dem Verbergen der wahren Absichten des Täters nahezu immer darauf abzielt, das Opfer über den sozialen Sinngehalt seines Verhaltens im Unklaren zu lassen. Da darüber hinaus ein gewisser Grad an Schlauheit und Klugheit seitens des Täters erforderlich ist, ist der soziale Sinn der Freiheitsberaubung auch nicht leicht erkennbar. Es fragt sich folglich, in welchen Fallkonstellationen des durch List herbeigeführten Motivirrtums ein solcher unerheblich sein soll, mithin inwiefern der Vorschlag *Bloys* von der pauschalen Aussage, ein durch List erschlichenes Einverständnis sei stets unwirksam, dann noch zu unterscheiden ist.

Die Ergänzung des Kriteriums der Rechtsgutsbezogenheit von *Krack* um den fortbewegungsrelevanten Zweck ist, wie er selbst einräumt, wenig handhabbar.

Hinsichtlich der Überlegungen von *Göbel* fällt auf, dass es schwer bestimmbar scheint, wann für das Opfer ein vernünftiger Anlass für die Erteilung der Zustimmung gegeben ist. Gleichzeitig wird mit § 34 StGB und der Bezugnahme auf die Quasi-Rechtfertigung ein handhabbarer Maßstab zur Verfügung gestellt. Bei nicht rechtsgutsbezogenen Irrtümern soll es somit darauf ankommen, ob sich das Opfer infolge des wesentlichen Überwiegens eines anderen Interesses gegen seine Fortbewegungsfreiheit entscheidet. Dass hiermit für die Beurteilung des tatbestandsausschließenden Einverständnisses auf Grundsätze aus der Rechtfertigungslehre zurückgegriffen würde, unterstützt gegebenenfalls die Ansicht, Einwilligung und Einverständnis würden denselben Regeln folgen,[853] auch wenn eine gleiche Behandlung auf Tatbestandsebene und nicht auf Rechtfertigungsebene vertreten wird. Der Rückgriff steht der Meinung einer differenzierenden Betrachtung jedoch nicht entgegen, da diese Überschneidungen nicht ausschließt. Zudem kann der Ansicht von *Göbel* entnommen werden, dass es für ihn darauf ankommt, ob der Täter die Entscheidungssituation beim Opfer herbeigeführt hat. Nicht nachvollziehbar ist hingegen die Annahme einer mittelbaren Täterschaft. Den Ausführungen *Göbels* kann zwar insofern noch gefolgt werden, als dass er die Opferzustimmung stets als wirksam anzusehen und bei einem beachtlichen Willensmangel von einem Defekt bei dem Betroffenen auszugehen scheint. Aus der Übertragung der Theorie *Göbels* auf das mittels List erschlichene Einverständnis ergibt sich insofern, dass infolge der tatbestandsausschließenden Wirkung des Einverständnisses auch bei einem beachtlichen Irrtum die Tatbestandsverwirklichung durch den (unmittelbaren) Täter und folglich eine weitere Prüfung im Sinne von § 25 I Alt. 1 StGB ausscheiden würde. Sodann wäre eine Begehung in mittelbarer Täterschaft zu prüfen, weil der Täter für eine Situation zuständig sein soll, in der der Betroffene für die Erteilung seiner Zustimmung nicht selbst verantwortlich und damit Werkzeug sei.[854] Die mittelbare Täterschaft zeichnet sich gemäß § 25 I Alt. 2 StGB dadurch aus, dass der Täter die Straftat durch einen anderen begeht. Erfasst ist der Fall, dass der Täter den Tatmittler durch Zwang, Täuschung oder auf andere Weise zur Straftatverwirklichung instrumentalisiert, indem er etwa einen Irrtum herbeiführt oder ausnutzt, aufgrund dessen der Betroffene eine für ihn selbst nicht strafbare Selbstschädigung verwirklicht.[855] Wird die Opferzustimmung erschlichen, so wandelt sich die Fremdverletzung jedoch nicht in eine Selbstverletzung. Die bloße Erteilung der Zustimmung in den Erfolgseintritt kann nicht als – listige – Straftatverwirklichung <u>durch das Opfer</u> angesehen werden. Vielmehr begeht der Täter die Tat weiterhin selbst nach § 25 I Alt. 1 StGB, da er – ungeachtet dessen, dass die Tatbestandsverwirklichung nach *Göbel* infolge wirksamen Einverständnisses durch den Betroffenen abzulehnen wäre – sämtliche objektive und subjektive Tatbestandsmerkmale in seiner Person

853 Siehe unter **C.III.1.b.**

854 *Göbel*, 1992, S. 128.

855 *Heine/Weißer*, in: Sch/Schr, [29]2014, § 25 Rn. 7.

verwirklicht,[856] insbesondere die Handlungsherrschaft ausübt. Der Täter schafft damit die Voraussetzungen für eine Strafbarkeit, nicht hingegen das Opfer. Dieses stimmt dem durch das Täterverhalten herbeigeführten Erfolg „lediglich", ob wirksam oder unwirksam, zu. Es folgt dem Täter insofern nur; aus der Zustimmung erwächst jedoch keine Tatherrschaft.[857] Die Annahme einer mittelbaren Täterschaft infolge der Opferzustimmung ist abzulehnen.[858]

Zum Kriterium der Wesentlichkeit des Irrtums ist (erneut) festzuhalten, dass die Grenzen zwischen Wesentlichem und Unwesentlichem nicht gezogen werden können und eine solche Abgrenzung insofern wenig praktikabel ist.

b. Täterbezogenes Kriterium der Veranlassung

Zur Behandlung des mittels List erschlichenen Einverständnisses wird auch das Kriterium der Veranlassung herangezogen, das sich auf die Person des Täters bezieht. Dieses Kriterium wird daher vorliegend als täterbezogen kategorisiert, auch wenn *Kühne*[859] hinsichtlich der strafrechtlichen Relevanz einer auf Fehlvorstellungen gegründeten Opferzustimmung grundsätzlich nach der Art des Irrtums unterscheidet.

(1) Darstellung des Kriteriums der Veranlassung

Grob unterscheidet *Kühne* zwischen Inhalts- und Erklärungs- sowie Motivirrtümern.

---

856 Vgl. etwa BT-Drs. IV/650 v. 04.10.1962, http://dipbt.bundestag.de/doc/btd/04/006/0400650.pdf (S. 149), abgerufen am 05.01.2018; *Kudlich*, in: BeckOK StGB, Std.: 01.11.2017, § 25 Rn. 18; *Kühl*, in: L/K, [28]2014, § 25 Rn. 1.

857 Siehe auch unter **C.IV.4.a.**

858 *Jakobs*, [2]1991, Kap. 7/120, entgegnet insofern Folgendes: „Ob jemand durch eine Täuschung [...] zu einer – sowieso tatbestandslosen – Selbstverletzung, oder aber zur Einwilligung in eine Fremdverletzung gebracht wird, ist axiologisch gleichwertig." Unabhängig davon, ob dem zuzustimmen ist, unterscheidet § 25 I StGB zwischen dem unmittelbaren und dem mittelbaren Täter, ohne hieran eine differenzierende Behandlung anzuknüpfen – beides sind Formen der Täterschaft. Es leuchtet nicht ein, warum die Fremdverletzung des mittels List handelnden Täters, der durch sein listiges Verhalten die Opferzustimmung zu dem Freiheitsberaubungserfolg bewirkt, als Selbstverletzung behandelt werden soll, um sodann eine Strafbarkeit wegen mittelbarer Täterschaft konstruieren zu können.

859 Auch *Kühne*, JZ 1979, 241, 241 f., hält sowohl das Einverständnis als auch die Einwilligung für tatbestandsausschließend. Da beide Begriffe „keine unterschiedliche Bedeutung haben", gelten seine Ausführungen, die er explizit auf die Einwilligung bezieht, auch für das Einverständnis.

Unterliegt der Betroffene einem Inhalts-[860] oder Erklärungsirrtum, so müssten Fehler, die ihm bei der Zustimmung unterlaufen, grundsätzlich seinem Risikobereich zurechenbar sein. Weiß der Täter allerdings um den Irrtum des Opfers, und nutzt er diesen zu einer Freiheitsberaubung aus, sei ein auf dem Irrtum beruhendes Einverständnis unwirksam.[861] Demjenigen, der um ein ausschließlich auf einem Irrtum beruhendes Einverständnis weiß, dürfe die tatbestandsausschließende Wirkung einer solchen Opferzustimmung nicht zugutekommen. Es kann nach *Kühne* insofern keinen Unterschied zu einem „normalen Täter" geben, wenn in ein Rechtsgut des zustimmenden Opfers eingegriffen wird, jedoch das Wissen darum besteht, dass der Betroffene dem Eingriff ohne seinen Irrtum gerade nicht zustimmen würde. Das Einverständnis sei zwar grundsätzlich wirksam; dem Täter sei es aber gleichzeitig versagt, sich auf das Einverständnis zu berufen, sodass die Zustimmung des Opfers als nicht existent anzusehen sei (relative Unwirksamkeit).[862] Dies gilt gemäß *Kühne* erst recht, wenn der Täter infolge einer Täuschung als Veranlasser für einen Irrtum, der eine Zustimmung des Opfers herbeiführt, anzusehen ist.

Begründet wird diese Ansicht mit einer gerechten Verteilung der Risikosphären sowie der Vorbeugung von Rechtsmissbräuchen.[863] In Bezug auf das mittels List erschlichene Einverständnis bedeutet dies, dass in den Fällen, in denen der Täter bei dem Opfer listig einen Inhalts- oder Erklärungsirrtum hervorruft, aufgrund dessen der Betroffene mit der Beschränkung seiner Fortbewegungsfreiheit einverstanden ist, dem Täter die tatbestandsausschließende Wirkung des Einverständnisses nicht zugutekommt, der Täter mithin tatbestandsmäßig im Sinne von § 239 I Alt. 2 StGB handelt.

In diese Richtung kann auch *Kindhäuser* verstanden werden, wenn er hinsichtlich der Behandlung eines mit Willensmängeln behafteten Einverständnisses zwischen verschiedenen Fallkonstellationen differenziert und bei Tatbestandsmerkmalen, welche die Überwindung eines Opferwillens erfordern, ein Einverständnis stets dann als unmaßgeblich betrachtet, wenn „es gerade auf dem Mangel

860 Mit den Inhaltsirrtümern sind rechtsgutsbezogene Irrtümer erfasst, siehe *Roxin*, 1984, S. 292.

861 *Kühne*, JZ 1979, 241, 244 f.

862 *Kühne*, JZ 1979, 241, 244 f. Er verweist insofern auf die Norm des § 142 II BGB, die – „[a]us entsprechenden Erwägungen" – eine Gleichbehandlung desjenigen, der die Anfechtbarkeit eines Rechtsgeschäfts kannte oder kennen musste, mit demjenigen, der von vornherein die Nichtigkeit eines Rechtsgeschäfts kannte oder kennen musste, normiert.

863 *Kühne*, JZ 1979, 241, 244 f.

beruht, den der Täter durch sein tatbestandliches Handeln herbeiführt."[864] Ein wirksames Einverständnis zu einer Freiheitsberaubung durch List, die als Tatmittel der Willensbeugung im Rahmen des § 239 I Alt. 2 StGB anzuerkennen ist, wäre daher grundsätzlich immer dann abzulehnen, mithin Tatbestandsmäßigkeit anzunehmen, wenn der Täter gerade durch Listanwendung bei dem Betroffenen einen Irrtum über seine Fortbewegungsfreiheit hervorruft und insofern sein Einverständnis erzeugt.

Stimmt der Betroffene hingegen infolge eines Motivirrtums der Einwirkung auf sein Rechtsgut zu, so wird von *Kühne* wiederum unterschieden, ob die Motivation gegenwarts- oder zukunftsbezogen ist. Da die Abhängigkeit der Wirksamkeit der Opferzustimmung von Zukünftigem die Möglichkeit der rückwirkenden Auflösung der Opferzustimmung bedeute, könne ein zukunftsbezogener Wille nicht die Unwirksamkeit einer aktuell abgegebenen Zustimmung bewirken. Dies gelte selbst dann, wenn diese Zustimmung vom Täter erschlichen wurde.[865] Gibt der Betroffene somit seine Fortbewegungsfreiheit lediglich in der Erwartung einer zukünftigen Gegenleistung auf, wäre sein Einverständnis dennoch wirksam.

Ist die Motivation für die Zustimmung allerdings gegenwartsbezogen, so seien entgeltliche Verfügungen hinreichend über § 263 I StGB geschützt und auf diese Norm begrenzt. Als Beispiel kann angeführt werden, dass dem Betroffenen ein Briefumschlag übergeben wird, in dem dieser fälschlich Geld zu spüren meint, und daher sein Einverständnis mit der Beeinträchtigung seiner körperlichen Bewegungsfreiheit erklärt.[866] Bei einem gegenwartsbezogenen unentgeltlichen Motivirrtum müsse mit Rückgriff auf das Rechtsmissbrauchsprinzip, das infolge der fehlenden Anwendbarkeit von § 263 I StGB greifen kann, die Zustimmung unwirksam sein. Es ergebe sich insofern – wie bei einem Inhalts- und Erklärungsirrtum – eine Strafbarkeit wegen Vollendung nach Rechtsmissbrauchsgrundsätzen.[867] Als Beispiel hierfür kommt der Fall in Betracht, dass dem Betroffenen vorgespiegelt wird, mit dem Verzicht auf seine Fortbewegungsfreiheit, etwa infolge der Teilnahme an einem wissenschaftlichen Experiment, steige (unmittelbar) sein Ansehen in der Öffentlichkeit. Bei einem Täter, der mittels List ein auf einem Motivirrtum beruhendes Einverständnis seines Opfers erschleicht, wäre folglich

864 *Kindhäuser*, AT, [8]2017, § 12 Rn. 50.

865 *Kühne*, JZ 1979, 241, 245. Als Beispiel führt *Kühne* den Fall an, dass der Betroffene einer Blutentnahme in der später enttäuschten Erwartung zustimmt, er werde dafür Geld bekommen. Die Einwilligung sei in diesem Fall zwar aktuell, aber zukunftsbezogen motiviert. Die Opferzustimmung wäre wirksam.

866 Vgl. *Kühne*, JZ 1979, 241, 245.

867 *Kühne*, JZ 1979, 241, 246.

im Falle der Entgeltlichkeit des Motivs eine Betrugsstrafbarkeit, im Falle der Unentgeltlichkeit eine Strafbarkeit wegen Freiheitsberaubung zu prüfen.

Das Erfordernis der Gegenwartsbezogenheit, sodass Täuschungen über das künftige Täterverhalten die Wirksamkeit der Opferzustimmung nicht berühren, führt nach *Roxin* zu sachwidrigen Ergebnissen.[868] Zudem bemerkt *Amelung*, dass *Kühne* auf die Interessen sowohl des Erklärenden als auch des Empfängers Rücksicht nehmen will, hierbei aber verkennt, dass mit Bestimmung der Wirksamkeit einer Zustimmung nicht zugleich ein endgültiges Urteil über die Strafbarkeit getroffen ist. Ein solches treffe vielmehr das Gesamtsystem des Strafrechts, etwa mit der Prüfung auch des Vorsatzes, der Fahrlässigkeit und des schuldausschließenden Irrtums.[869] Darüber hinaus ist auf *Arzt* zu verweisen, der die Überlegung anstellt, inwiefern der Schutz desjenigen ausgestaltet sein muss, der auf die Wirksamkeit der Zustimmungserklärung vertraut hat.[870] Er betont sodann allerdings, dass die Verfügungsmöglichkeit über ein Rechtsgut dem Rechtsgutsinhaber in dessen Interesse gewährt wird, die Opferzustimmung daher nicht als Privileg des Täters verstanden werden darf. Der Rechtsgutsträger besitze die Verantwortung für den Gebrauch einer Zustimmung.[871] Dies kann – stets vor dem Hintergrund, dass auch für *Arzt* eine Opferzustimmung unwirksam sein kann – zumindest derart verstanden werden, dass die Anforderungen an die Wirksamkeit des Einverständnisses nicht zu sehr bzw. zu streng täterbezogen sein sollten. Letztlich hält *Rönnau* den Vorschlag *Kühnes* zur Behandlung des erschlichenen Einverständnisses für einen „dogmatisch aufwendigen“ Versuch, der regelmäßig damit befasst sei, die Grundannahme, dass eine Opferzustimmung wirksam ist, durch den Missbrauchsgedanken wieder zu korrigieren.[872] Insgesamt wird das von *Kühne* entwickelte System insofern als „überkonstruiert“ bezeichnet.[873]

(2) Auseinandersetzung mit dem täterbezogenen Kriterium der Veranlassung

Es muss eine Auseinandersetzung mit dem Kriterium der Veranlassung stattfinden.

Der Grundsatz, dass die Mängel den entsprechenden Risikosphären zuzuordnen sind, erscheint äußerst plausibel. Würde jedoch ausschließlich danach entschieden, ob der Täter für den Irrtum, auf dem die Opferzustimmung beruht,

---

868 *Roxin*, 1984, S. 292.

869 *Amelung*, 1998, S. 33 f.

870 *Arzt*, 1970, S. 30.

871 *Arzt*, 1970, S. 48 f.

872 *Rönnau*, 2001, S. 322, 326.

873 Siehe etwa *Kußmann*, 1988, S. 109; *Rönnau*, 2001, S. 326; *Roxin*, 1984, S. 292.

verantwortlich ist, so sind zumindest im Zweipersonenverhältnis keine Fälle vorstellbar, in denen eine Strafbarkeit wegen Freiheitsberaubung infolge einer listig erschlichenen, aber wirksamen Opferzustimmung ausscheidet. Die Frage, inwiefern sich die Veranlassung bestimmt und ob es etwa genügt, wenn der Täter unter anderem, mithin in einem Mehrpersonenverhältnis nicht ausschließlich für den die Zustimmung herbeiführenden Irrtum bei dem Betroffenen verantwortlich ist, wird nicht beantwortet.

Eine differenzierte Behandlung der Wirksamkeit der Opferzustimmung findet sodann jedoch in Bezug auf Motivirrtümer statt. Die Differenzierung von *Kühne* zwischen gegenwarts- und zukunftsbezogenen Motivirrtümern erscheint dabei allerdings willkürlich: Zu betrachten ist einerseits der (bereits oben angeführte) Fall, in dem der Täter dem Opfer einen bestimmten Geldbetrag dadurch in Aussicht stellt, dass er ihm einen verschlossenen Briefumschlag übergibt und dem Opfer vorspiegelt, dass sich hierin Geld befindet, welches dieses auch durch Ertasten zu spüren vermag, und sodann für einen gewissen Zeitraum in einem unverschlossenen Raum verweilt. Andererseits ist dieser Fall ohne die Übergabe des Briefumschlags vorstellbar, folglich mit dem bloßen Versprechen des Täters gegenüber dem Opfer, diesem einen bestimmten Geldbetrag bei einer gewissen Verweildauer zu zahlen. Die strafrechtliche Behandlung beider Fälle – gleichermaßen mit dem Ergebnis, dass das Opfer in der Erwartung einer Gegenleistung für einen bestimmten Zeitraum seine Fortbewegungsfreiheit nicht ausübt – darf nicht unterschiedlich sein, sodass *Roxin* in seiner Argumentation von sachwidrigen Ergebnissen Recht zu geben ist. Die Behauptung, die Abhängigkeit der Wirksamkeit der Opferzustimmung von Zukünftigem bedeute die Möglichkeit der rückwirkenden Auflösung der Opferzustimmung, kann einer Überprüfung ebenfalls nicht standhalten: Ob die Opferzustimmung zu einer Freiheitsberaubung bei Aufgabe der Fortbewegungsfreiheit aufgrund des (vermeintlichen) Erhalts einer Gegenleistung wirksam ist, wird stets in dem Zeitpunkt der Abgabe der Zustimmungserklärung bestimmt. Die Wirksamkeit ist dabei davon abhängig, ob dem Irrtum, verursacht durch den listig handelnden Täter und verantwortlich dafür, dass der Betroffene seinen Fortbewegungswillen nicht ausübt, Beachtlichkeit geschenkt wird. Es geht insofern nicht darum, dass rückwirkend von dem Moment an, in dem das Opfer seinen Irrtum erkennt, eine Zustimmung korrigiert wird. Zudem ist im Anschluss an *Rönnau*[874] darauf hinzuweisen, dass der Täter im Zeitpunkt der Tat alle Umstände, mithin auch die den zustimmenden Willen begründende Fehlvorstellung des Opfers kennt, die als Grundlage für die Beurteilung der Wirk-

874 *Rönnau*, 2001, S. 331.

samkeit der Zustimmung des Betroffenen dienen; eine Unsicherheit im Hinblick auf seine Strafbarkeit ergibt sich daher für ihn nicht.

Auch die Unterscheidung zwischen unentgeltlichen und entgeltlichen Motivirrtümern ist nicht nachvollziehbar. Soll der Fall der Übergabe des Briefumschlags als ein Betrugsfall von § 263 I StGB erfasst sein, könnte bereits die Vermögensverfügung, die das Opfer mit der Aufgabe seiner körperlichen Bewegungsfreiheit trifft, fraglich sein.[875] Selbst wenn jedoch in diesem Fall hinreichender Schutz über § 263 I StGB gewährleistet ist, kann es Fälle geben, in denen eine Täterstrafbarkeit nach § 263 I StGB versagt wird, etwa mangels Vermögensverfügung bei einem nichtigen Anspruch aus einem sittenwidrigen Geschäft oder aber infolge eines reinen Schädigungswillens, mithin infolge fehlender Bereicherungsabsicht. Nicht jeder Fall des gegenwartsbezogenen entgeltlichen Motivirrtums ist daher über § 263 I StGB geschützt. Es fragt sich sodann, warum aber gleichermaßen in <u>allen</u> Fällen des gegenwartsbezogenen unentgeltlichen Motivirrtums aufgrund des Rechtsmissbrauchsprinzips schlichtweg eine unwirksame Opferzustimmung im Rahmen der Prüfung der Freiheitsberaubung angenommen werden soll.

Insgesamt überzeugt damit die Behandlung des mittels List erschlichenen Einverständnisses anhand des Kriteriums der Veranlassung nach *Kühne* nicht.

c. Opferbezogene Kriterien

Zugleich können für die Behandlung des mittels List erschlichenen Einverständnisses Kriterien herangezogen werden, die sich auf das Opfer beziehen, sogenannte opferbezogene Kriterien.

(1) Das Kriterium der normativen Autonomie

Roxin vertritt die Theorie der normativen Autonomie.[876] Im Sinne dieser normativen Autonomietheorie gilt, dass ein Einverständnis nur insoweit Wirksamkeit entfalten kann – mithin eine Strafbarkeit aus § 239 I Alt. 2 StGB ausscheidet –,

---

875 Ob eine Vermögensverfügung in einem ähnlich gelagerten Fall – der Betroffene stimmt einer Blutentnahme zu, weil er fälschlich glaubt, in einem Briefumschlag Geld erhalten zu haben – gegeben ist, lässt *Kühne*, JZ 1979, 241, 246, offen („problematisch"); siehe hierzu aber unter **C.IV.3.a.(3)**.

876 Die normative Autonomietheorie entwickelte *Roxin* in Bezug auf die Behandlung der Einwilligung. Da *Roxin*, AT I, ^{4}2006, § 13 Rn. 12 ff., aber gleichzeitig Anhänger der Ansicht ist, dass eine Unterscheidung zwischen Einwilligung und Einverständnis nicht nachvollziehbar ist, findet sein Ansatz hinsichtlich der tatbestandsausschließenden Opferzustimmung (= Einverständnis) Anwendung, und daher in dieser Arbeit Erwähnung.

als sich das Geschehen nach normativen Maßstäben noch als Ausdruck der Autonomie des Rechtsgutsträgers darstellt.[877] Entscheidend soll sein, dass sich der Betroffene des Ausmaßes, in dem er das Rechtsgut tatsächlich preisgibt, bewusst ist; er muss über sein Rechtsgut frei verfügen, um ein wirksames Einverständnis erteilen zu können. Eine Täuschung, die eine selbstbestimmte Entscheidung des Opfers ausschließt, sei somit zu trennen von einer Täuschung, die nach rechtlichen Maßstäben eine freie Verfügung des Opfers bestehen lässt.[878] *Roxin* nimmt sodann eine Aufteilung der verschiedenen Irrtümer vor: Während entsprechend *Arzt* eine rechtsgutsbezogene Täuschung stets zur Unwirksamkeit der Zustimmung des Opfers führen soll, sei gleichzeitig der Irrtum über den Erhalt einer Gegenleistung grundsätzlich unbeachtlich, mithin ein Einverständnis wirksam. Führe die Täuschung allerdings dazu, dass das Opfer primär aus altruistischen Zwecken handelt, gebe es gleichermaßen nicht sein Rechtsgut preis. Auch wenn es sich der Beeinträchtigung bewusst sei, müsse Berücksichtigung finden, dass die Täuschung eine sinnlose Schädigung herbeiführt und der erwünschte Zustand regelmäßig nicht mehr herstellbar ist.[879] In diesen Fällen sei mit Betrachtung des Gesamtgeschehens nur eine Strafbarkeit des Täters angemessen, mithin eine etwaige Zustimmung des Opfers unwirksam. Werde die Täuschung eingesetzt, um ein Unheil vorzuspiegeln, dass das Opfer nur durch Preisgabe seines Rechtsgutes zu verhindern glaubt, dieses mithin in eine psychische Zwangslage versetzt, sogenannter Schadensabwendungsfall, könne ein Einverständnis des Opfers gleichwohl keine Wirkung entfalten. Die Situation, eine Abwägung zwischen verschiedenen Rechtsgütern vornehmen zu müssen, komme einer Drohung gleich; eine freie Entscheidung sei nicht mehr gegeben.[880] Bei einem Irrtum über einen Begleitumstand sei eine Strafbarkeit wegen einer wirksamen Zustimmung des Opfers hingegen ebenso ausgeschlossen wie bei einer Täuschung über motivationsrelevante Erwartungen, deren Erfüllung außerhalb der Handlungssphäre des Täters liegt.[881]

Gegen die Ausführungen *Roxins* richtet sich *Amelung*, indem er äußert, dass eben nicht alle Straftatbestände die autonome Selbstbestimmung schützen. Wäre dies der Fall, so müsste etwa dem Querschnittsgelähmten ebenso wie dem willensunfähigen Baby der (zumindest teilweise) strafrechtliche Schutz aus § 223 StGB

877 *Roxin*, AT I, ^{4}2006, § 13 Rn. 99.
878 *Roxin*, 1984, S. 281.
879 *Roxin*, 1984, S. 286.
880 *Roxin*, 1984, S. 287.
881 *Roxin*, 1984, S. 290 f.

versagt werden.[882] Vielmehr finde die Autonomie bei einigen Normen erst auf Rechtswidrigkeitsebene innerhalb der Einwilligung Berücksichtigung.[883] Darüber hinaus kritisiert *Amelung*, dass es *Roxin* versäumt, die Begriffe von Autonomie und Selbstbestimmung zu definieren, sodass „sich aus ihnen alles und damit gar nichts ableiten" lässt.[884] *Rönnau* erscheinen die Ergebnisse *Roxins* insofern als „eher intuitiv".[885]

(2) Das Kriterium des mutmaßlichen Willens

Wendet der Täter List an, um sich des Opfers Zustimmung zu erschleichen, so soll nach *Orth* für die Beurteilung der Wirksamkeit der Zustimmung auf den mutmaßlichen Willen des Opfers zurückgegriffen werden. Dies liege darin begründet, dass die List zwangsläufig den Willen des Opfers beeinträchtige, und somit lediglich auf einen mutmaßlichen Willen abgestellt werden könne. Es müsse danach gefragt werden, wie sich der Betroffene ohne die Beeinflussung durch den Täter, mithin bei Kenntnis des Täterhandelns verhalten hätte.[886] Zusätzlich zu diesem hypothetischen Willen zieht *Orth* sodann das Kriterium der Rechtsgutsbezogenheit heran.[887]

(3) Das Kriterium der Überprüfbarkeit

Ferner wird auf das Kriterium der Überprüfbarkeit zurückgegriffen. Ein mittels List erschlichenes Einverständnis soll demnach grundsätzlich Wirkung entfalten können, wenn es dem Opfer zumutbar ist, die List des Täters zu überprüfen. Ist eine solche Überprüfung hingegen unzumutbar, gelte eine „psychische Barriere", die einer faktischen Unüberwindbarkeit gleichkommt.[888] In letzterem Falle sei das Opfer der Freiheit beraubt, ohne damit einverstanden zu sein. Der Täter wäre strafbar.

Bosch hält eine solche Behandlung anhand der Zumutbarkeit der Überprüfung allerdings – zumindest für den Fall, dass eine rechtsgutsbezogene Täuschung gegeben ist, und daher das Opfer den Eindruck hat, von seiner Fortbewegungsfreiheit keinen Gebrauch mehr machen zu können – für wenig sinnvoll.[889]

---

882 *Amelung*, 1998, S. 28 f.
883 *Amelung*, 1998, S. 29.
884 *Amelung*, 1998, S. 29 f.; so auch *Rönnau*, 2001, S. 313 f.
885 *Rönnau*, 2001, S. 314.
886 *Orth*, 1988, S. 122 f.
887 *Orth*, 1988, S. 132 ff.
888 *Kudlich*, BT II, ^{4}2016, S. 84.
889 *Bosch*, Jura 2012, 604, 608.

(4) Das Kriterium der Freiwilligkeit

Park/Schwarz stellen letztlich auf das Kriterium der Freiwilligkeit ab[890] und unterscheiden dabei zwischen der List als Tatmittel und dem erschlichenen Einverständnis. Eine Strafbarkeit aus § 239 I Alt. 2 StGB mittels List, ohne dass ein tatbestandsausschließendes Einverständnis greift, sei demnach möglich. Es bedürfe allerdings einer Abgrenzung zum erschlichenen Einverständnis. Wesentlich für eine solche Abgrenzung soll sein, ob das Opfer seinen Fortbewegungswillen freiwillig aufgibt. Ist dies der Fall, so liege ein unbeachtlicher Motivirrtum vor, der die Wirksamkeit des Einverständnisses nicht berührt, sodass eine Strafbarkeit des Täters wegen Freiheitsberaubung nach § 239 I Alt. 2 StGB ausscheide. Gibt das Opfer seinen Fortbewegungswillen hingegen nicht freiwillig auf, mache sich der Täter infolge des erschlichenen Einverständnisses wegen einer Freiheitsberaubung strafbar.[891] Der Täter müsse dazu derart listig handeln, dass auf das Vorstellungsbild des Opfers in einer Weise eingewirkt wird, dass dieses sich zwingend seiner Freiheit beraubt fühlt.[892] Eine Strafbarkeit aus § 239 I Alt. 2 StGB ist daher nach *Park/Schwarz* begründet, wenn das Opfer glaubt, eine Ortsveränderung sei unmöglich oder unzumutbar.[893] Freiwilligkeit, mithin ein beachtliches Einverständnis liege hingegen dann vor, wenn das Opfer Handlungsalternativen erkennt, diese aber nicht nutzt.[894]

Als Argumente für eine Beurteilung nach dem Kriterium der Freiwilligkeit führen *Park/Schwarz* an, dass eine Strafbarkeit aus § 239 I Alt. 2 StGB nicht überdehnt werden dürfe. Gleichfalls wird betont, dass eine solche Ansicht zumindest im Vergleich zu der Auffassung, ein mittels List erschlichenes Einverständnis sei stets unwirksam, moralischen Bedenken gegenüber stehen kann, jedoch auch der Ultima-ratio-Gedanke des Strafrechts beachtet werden müsse.[895]

An einer konkreteren Bestimmung, was (noch) eine zu einer freiwilligen Aufgabe der Fortbewegungsfreiheit führende Handlungsalternative ist und wie sich eine unzumutbare Ortsveränderung gestaltet, fehlt es jedoch. Insofern wird nur eine erhebliche Einwirkung gefordert, sodass die Beurteilung, wann sich das Opfer freiwillig seinem Fortbewegungswillen begibt, nicht stets eindeutig möglich erscheint.

---

890 *Park/Schwarz*, Jura 1995, 294, 297 f. Hieran schließen sich gegebenenfalls *Wessels/Beulke/Satzger*, [47]2017, § 11 Rn. 546, an, indem sie statuieren, dass das erschlichene Einverständnis nur dann wirksam sein soll, wenn es freiwillig zustande gekommen ist. Weitere Ausführungen zur Freiwilligkeit werden allerdings nicht gemacht.

891 *Park/Schwarz*, Jura 1995, 294, 297.

892 *Park/Schwarz*, Jura 1995, 294, 297 f.

893 *Park/Schwarz*, Jura 1995, 294, 297.

894 *Park/Schwarz*, Jura 1995, 294, 298.

895 *Park/Schwarz*, Jura 1995, 294, 298.

(5) *Auseinandersetzung mit den opferbezogenen Kriterien*

Die Auseinandersetzung mit den opferbezogenen Kriterien beginnt mit der Bewertung der normativen Autonomietheorie *Roxins*. Dass das Einverständnis des Opfers zu einem Delikt, das die Willensentschließungs- und Willensausübungsfreiheit schützt, anhand der Autonomie des Rechtsgutsträgers beurteilt werden soll, überzeugt zunächst. Wie bereits dargestellt,[896] bedarf es zudem richtigerweise für *Roxin* des Bewusstseins des Betroffenen über das Ob und das Gewicht der Beeinträchtigung der Fortbewegungsfreiheit. Hinsichtlich des Irrtums über eine vom Täter in Aussicht gestellte Gegenleistung soll das Einverständnis dann unwirksam sein, wenn das Opfer einen altruistischen Zweck verfolgt oder aus Gründen der Schadensabwendung handelt. Für eine Beurteilung der Opferzustimmung bedarf es daher stets der Kenntnis um die wahre Motivation des Betroffenen zur Hinnahme der Beeinträchtigung. Ist diese Motivation nicht erkennbar oder bestehen mehrere Möglichkeiten, aufgrund derer der Betroffene mit der Beeinträchtigung seiner Fortbewegungsfreiheit einverstanden ist, kann eine solche (kasuistische) Differenzierung an ihre Grenzen stoßen. Darüber hinaus ist darauf hinzuweisen, dass die Argumentation, bei einer Abwägung zwischen verschiedenen Rechtsgütern könne eine freie Entscheidung nicht mehr gegeben sein, den Annahmen widerspricht, dass eine wirksame Opferzustimmung bei einem Irrtum über einen Begleitumstand sowie bei einer Täuschung über motivationsrelevante Erwartungen, deren Erfüllung außerhalb der Handlungssphäre des Täters liegt, gegeben sein soll. Denn auch in dem Fall, in dem die Ausübung der Fortbewegungsfreiheit an die Zahlung eines bestimmten Geldbetrages geknüpft wird, muss sich das Opfer – wenn auch ohne „Zwickmühle" – zwischen seiner körperlichen Bewegungsfreiheit und seinem Vermögen, das gemehrt werden könnte, entscheiden.[897] Darüber hinaus ist fraglich, ob in Bezug auf das Versprechen des Eintritts eines gewissen Ereignisses, der dem Einfluss des Täters entzogen ist, tatsächlich weiterhin eine autonome Entscheidung beim Opfer angenommen werden kann. In dem angeführten Fall 6,[898] in dem der Täter seiner Ehefrau vorspiegelt, sie würde beim Verlassen der gemeinsamen Wohnung in ihr Heimatland, zugleich Krisengebiet, ausgewiesen, hat sich die Frau ebenso zwischen verschiedenen Rechtsgütern zu entscheiden. Verweilt sie in der Wohnung, verzichtet sie darauf, ihre körperliche Bewegungsfreiheit auszuüben. Geht sie vor die Tür, so wird sie ihrer Vorstellung nach in ihr Heimatland ausgewiesen, in

896 Siehe unter **C.IV.3.a.(3)**.

897 Siehe unter **B.II.1.b.**

898 Siehe unter **B.II.1.b.** sowie **C.IV.3.a.**

dem zumindest Gefahren für ihre Rechtsgüter Leib und Leben bestehen. Sie hat daher durchaus eine Abwägung vorzunehmen, sodass schwerlich von einer freien Entscheidung ihrerseits ausgegangen werden kann. Wird der Fokus aber auf den Aspekt gerichtet, dass eine Vergleichbarkeit mit der Drohung herzustellen ist, so ist zuzugeben, dass eine Drohung auch nur solche Verhaltensweisen erfasst, in denen der Täter zumindest vorgibt, auf den Eintritt eines künftigen Übels Einfluss zu haben.[899] Eine Drohung ist folglich zu verneinen, wenn der Täter dem Opfer den Eintritt eines außerhalb seines Einflussbereichs liegenden Übels ankündigt. Insofern könnte auch dem Inaussichtstellen einer Ausweisung, auf die der Täter erkennbar keinen Einfluss hat, die Relevanz für eine Strafbarkeit versagt werden.

Zum Kriterium des mutmaßlichen Willens nach *Orth* ist zu statuieren, dass hinsichtlich der Frage, wie sich der Betroffene ohne die Beeinflussung durch den Täter, mithin bei Kenntnis des Täterhandelns verhalten hätte, wohl stets davon auszugehen ist, dass ein Einverständnis unwirksam ist: Selbst im Hinblick auf die Fälle der Gegenleistung verzerrt die vom Täter angewandte List die beim Opfer bestehende Entscheidungsgrundlage. Ohne Erhalt des in Aussicht gestellten Vorteils kann gemutmaßt werden, dass ein Verzicht auf die Ausübung der Fortbewegungsfreiheit nicht ausgesprochen worden wäre, sodass die Ansicht *Orths* die gleichen Ergebnisse erzielen wird, die bei der Annahme umfänglicher Unwirksamkeit eines mittels List erschlichenen Einverständnisses gewonnen werden.

Dem Kriterium der Überprüfbarkeit, wie es *Kudlich* vertritt, ist vorzuwerfen, dass die Möglichkeit, die List des Täters zu überprüfen, nicht stets eindeutig gegeben ist, da die Überprüfbarkeit zum Teil von dem konkreten Opfer abhängt. Während es niemandem überprüfbar ist, ob er einen Raum verlassen kann, ohne sodann – wie vom Täter vorgegeben – erschossen zu werden, ist fraglich, ob etwa der Epileptiker überprüfen kann, ob ihn beim Verlassen einer Räumlichkeit tatsächlich ein (wenn auch nur geringer) Stromschlag trifft. Wird die Strafbarkeit des Täters aber derart an die Person des Opfers, mithin daran geknüpft, ob für das jeweilige Opfer eine „psychische Barriere" gegeben ist, so kann gleiches Täterverhalten einer unterschiedlichen Strafe ausgesetzt sein. Der Täter muss insofern sein Opfer kennen, um im Zeitpunkt der „Straftat" einschätzen zu können, ob er sich mit dem entsprechenden Verhalten strafbar macht. Ebenso ist *Bosch* dahingehend zuzustimmen, dass ein Opfer, welches eine Fortbewegung infolge des listigen Täterverhaltens für unmöglich hält, seine Annahme nur in seltenen Fällen tatsächlich verifizieren wird. Hierbei ist insbesondere zu beachten, dass listiges Täterverhalten den Einsatz von Schlauheit und Klugheit erfordert, sodass davon

899 Siehe unter **B.I.2.b.(3)**.

ausgegangen werden kann, dass das Nichtbestehen einer psychischen Barriere trotz Vorspiegelns einer solchen nicht offensichtlich ist. Das Kriterium der Überprüfbarkeit nach *Kudlich* ist zudem in den Gegenleistungsfällen überwiegend nicht anwendbar, da hierbei für eine Leistung des Betroffenen eine Gegenleistung in Aussicht gestellt wird, und der Betroffene zumeist in Vorleistung tritt, um sodann erfahren zu müssen, dass der Täter nicht zur Gegenleistung bereit ist. Eine Überprüfung der List des Täters, ohne die Leistung vorzunehmen, ist daher in diesen Fallkonstellationen nicht möglich. Das Kriterium der Überprüfbarkeit ist somit insgesamt ungeeignet, die Fälle des mittels List erschlichenen Einverständnisses zu behandeln.

In Bezug auf das von *Park/Schwarz* vertretene Kriterium der Freiwilligkeit fällt zunächst auf, dass es ähnlich wie bei *Roxin* überzeugend erscheint, die Wirksamkeit der erschlichenen Opferzustimmung anhand der Freiwilligkeit bestimmen zu wollen. Auch wenn darüber hinaus (wie bei *Kudlich*) das konkrete Opfer in den Fokus der Betrachtung rückt, ist es plausibel, infolge des Erfolgs der Freiheitsberaubung sowie eines Vergleichs mit der Einsperrung danach zu fragen, ob das Opfer mangels Handlungsalternativen in seiner Fortbewegung eingeschränkt ist. Fraglich ist allerdings, ob jegliche Alternative genügt, um das Einverständnis als wirksam behandeln zu können. Dass *Park/Schwarz* diesbezüglich auf die Unzumutbarkeit der Wahrnehmung einer bestehenden Handlungsalternative verweisen, ohne diese näher zu erläutern, spricht insofern zwar dafür, dass es auch zumutbare Alternativen gibt, die der Zustimmung nicht die Wirksamkeit nehmen könnten, hilft letztendlich für die konkrete Behandlung des mittels List erschlichenen Einverständnisses jedoch nicht weiter.

d. Zusammenfassung: Kriterien

Im Hinblick auf das Ziel dieser Arbeit, das Problem des mittels List erschlichenen Einverständnisses einer praktikablen und angemessenen Lösung zugänglich zu machen, sind die Erkenntnisse zusammenzufassen, die sich aus den in Rechtsprechung und Literatur vertretenen Kriterien zur Problembehandlung ergeben.

Der Lehre von *Arzt* wird entnommen, dass das erschlichene Einverständnis des Betroffenen nur wirksam sein kann, wenn dieser erkennt, dass er seine Fortbewegungsfreiheit aufgibt. Das Opfer kann folglich nicht tatbestandsausschließend zustimmen, wenn es überhaupt nicht weiß, dass es in der Möglichkeit eingeschränkt ist, seinen Aufenthaltsort zu verändern.

Einer Anknüpfung an die Rechtsgutsbezogenheit des Irrtums und folglich auch einer Theorie, die das Kriterium der Rechtsgutsbezogenheit ergänzt, wird hingegen nicht gefolgt. Dies begründet sich nicht nur in der Problematik, einen rechtsgutsbezogenen Irrtum stets einwandfrei feststellen zu können. Vielmehr kann der Argumentation, § 239 I StGB schütze „lediglich" die Fortbewegungsfreiheit, zwar grundsätzlich zugestimmt werden. Diesem Umstand ist nach der vorliegenden Ansicht aber nicht zu entnehmen, dass ein Einverständnis in den Fällen der Gegenleistung, in denen die Tauschfreiheit zum Ausdruck kommt, stets wirksam sein muss. Der Annahme, die Tauschfreiheit sei ausschließlich über § 263 I StGB geschützt, wird widersprochen. Zum einen ist fraglich, ob mit der Bestrafung des Betrugs, dessen Schutzgut das Vermögen ist, gleichzeitig festgelegt werden soll, dass jeder Tausch, dessen Tauschgut ein immaterielles – zum Teil höchstpersönliches – Gut ohne Vermögenswert ist, nicht des strafrechtlichen Schutzes bedarf. Insofern wird vorliegend die Auffassung eingenommen, dass zumindest Fälle, in denen das Opfer seine Fortbewegungsfreiheit gegen die höchstpersönlichen Rechtsgüter Leib und Leben „eintauscht", strafrechtlich erfasst werden müssen. Zum anderen ist denjenigen, die in diesem Kontext auf die Drohung verweisen, beizupflichten: Mit der Entscheidung des Bedrohten, ob er der Drohung Folge leisten will, setzt er seine Rechtsgüter in Bezug zueinander und nimmt eine Abwägung vor. Er entscheidet sich im Ergebnis für das seiner Ansicht nach geringere Übel, und findet in dieser von dem Drohenden herbeigeführten Entscheidungssituation vielerorts Schutz im Strafgesetzbuch. Insbesondere schützt auch der Tatbestand der Freiheitsberaubung nach § 239 I Alt. 2 StGB vor einer solchen mittels Drohung – dies unabhängig von der Frage, welchen Grad die Drohung erreichen muss. Der Bedrohte bringt dabei mit seiner Entscheidung, etwa gegen die Fortbewegung, nicht zum Ausdruck, dass er dem Rechtsgut (der Fortbewegungsfreiheit) keinen Wert beimisst; die Einbuße stellt schlichtweg das geringere Übel dar. Gibt sich der Betroffene folglich der Absicht des Täters hin, die Fortbewegungsfreiheit einzuschränken, so muss damit nicht einhergehen, dass der Betroffene nicht in der Möglichkeit, seinen Aufenthaltsort zu verändern, geschützt werden will, sodass ihm auch nicht von vornherein der Schutz über § 239 I Alt. 2 StGB versagt werden sollte. Daher ist in Fällen, in denen das Opfer seine Fortbewegungsfreiheit aufgrund der Motivation aufgibt, für die Rechtsgutspreisgabe eine Gegenleistung zu erhalten, nicht zwangsläufig ein unbeachtlicher Irrtum gegeben. Die Verwirklichung des objektiven Tatbestands durch den Täter kommt weiterhin in Betracht, ohne dass das Opfer mit dem Entzug der körperlichen Bewegungsfreiheit einverstanden sein muss.

Die Parallele der Anwendung von Drohung und des Einsatzes von List muss Beachtung finden. Beiden Tatmitteln ist gemein, dass sie bei dem Opfer keine physische und damit regelmäßig unüberwindbare Barriere zur Fortbewegung schaffen, sondern psychisch wirken. Diese psychische Barriere zwingt den Betroffenen in der Regel in eine Situation, in der sich Rechtsgüter aus verschiedenen Bereichen – im Zusammenhang mit § 239 I StGB ist eines dieser Rechtsgüter die Fortbewegungsfreiheit – gegenüberstehen. Findet der Bedrohte grundsätzlich Schutz, wenn er sich gegen seine körperliche Bewegungsfreiheit entscheidet, sollte dies auch für den mittels List Beeinflussten gelten. *Arzt* statuiert: „Eine durch Drohung erreichte Zustimmung des Rechtsgutsträgers ändert nichts daran, daß dessen wirklicher Wille erkennbar weiter auf Rechtsgutsschutz gerichtet bleibt.“[900] Nichts anderes kommt auch bei demjenigen in Betracht, der sich einem listigen Täterverhalten ausgesetzt sieht, da regelmäßig davon auszugehen ist, dass der Überlistete, würde er die List des Täters durchschauen, anders – entsprechend seinem wirklichen Willen – agieren würde. Es ist daher anzunehmen, dass auch ein durch List herbeigeführter Irrtum des Opfers grundsätzlich der Wirksamkeit einer Zustimmung entgegensteht. Fraglich bleibt aber, ob infolge der Vergleichbarkeit von Drohung und List dennoch solche Fallkonstellationen als strafbare ausscheiden müssen, in denen der Täter das Opfer in eine Abwägungssituation aufgrund eines Übels bringt, auf dessen Eintritt er keinen Einfluss hat, und auch nicht vorgibt, diesen Einfluss zu haben.[901]

Die (ausnahmsweise) Beachtlichkeit des Einverständnisses mit der Freiheitsberaubung trotz listigen Verhaltens des Täters sollte sich in Übereinstimmung mit *Roxin* sowie *Park/Schwarz* stets primär an der Selbstbestimmung des Opfers orientieren. Die Autonomie des Rechtsgutsträgers findet in § 239 I StGB bereits auf Ebene des Tatbestandes Schutz, indem mit dem Rechtsgut der Fortbewegungsfreiheit auch der Wille zur Fortbewegung in Form der Willensentschließung und Willensausübung geschützt ist. Die Beurteilung, ob der Täter den Erfolg der Freiheitsberaubung herbeiführt oder das Opfer mit diesem einverstanden ist, ist folglich davon abhängig zu machen, ob der Betroffene eine autonome Entscheidung trifft bzw. treffen kann. Vor dem Hintergrund der Rechtssicherheit ist dabei ein objektiver Maßstab zu entwickeln.

Hierbei ist gleichzeitig der hohe Strafrahmen des § 239 I StGB zu beachten, der dafür spricht, dass dennoch nicht jeder Fall, in dem der Täter das Opfer mittels List seiner Freiheit zu berauben bezweckt, zu der Verwirklichung des objektiven Tatbestandes führen soll. Vielmehr bedarf es eines die Strafbarkeit des Täters nach § 239 I StGB einschränkenden Korrektivs.

In die Beurteilung, ob das Opfer im Rahmen einer Abwägungssituation, die es von dem Täter präsentiert bekommt, eine autonome Entscheidung treffen kann,

---

900 *Arzt*, 1970, S. 31.

901 Siehe unter **C.IV.4.c.(1)(d)(cc)**.

sollten zudem – in Anlehnung an *Göbel*, *Kühne* und *Kindhäuser* – die Verantwortungsbereiche der Beteiligten miteinbezogen werden: Besitzt das Opfer die Möglichkeit, sich selbstbestimmt für oder gegen seine Fortbewegungsfreiheit zu entscheiden, darf dem Täter die Freiheitsbeeinträchtigung nicht zugerechnet werden; diese betrifft vielmehr die Risikosphäre des Opfers. Umgekehrt ist eine von dem Täter herbeigeführte Entscheidungssituation des Betroffenen, in der diesem keine autonome Entscheidung möglich ist, dem Risikobereich des Täters zuzuordnen. Ob *Göbel* insofern zuzustimmen ist, dass es dabei darauf ankommt, wer die Entscheidungssituation beim Opfer herbeigeführt hat, wird noch zu untersuchen sein.[902]

Die Leistung der folgenden Ausführungen muss somit darin bestehen, klar zu definieren, in welchen Situationen der Betroffene noch autonom über seine Fortbewegungsfreiheit entscheiden kann, sodass gegebenenfalls ein tatbestandsausschließendes Einverständnis in Betracht kommt, das seinem Risikobereich zuzuordnen und damit wirksam ist. In den Fokus der Entwicklung eines Lösungsmodells rückt insofern der Erfolgseintritt, da dieser als Anknüpfungspunkt für die Opferzustimmung ausschlaggebend für die Beurteilung ist, ob es dem Opfer möglich ist, eine selbstbestimmte Entscheidung zu treffen. Es bedarf dabei der Festlegung eines Maßstabes, der insbesondere auch ohne die spätere und dadurch konstruiert wirkende Korrektur mittels des Rechtsmissbrauchsgedankens – wie sie *Kühne* vornimmt – funktioniert.

Hierbei wird sich im Hinblick auf die Einsperrung, die dem Opfer eine physische Barriere bereitet, sowie bezüglich des Erfordernisses eines Freiheitsentzugs als Taterfolg des § 239 I StGB an *Park/Schwarz* orientiert, wenn diese hinsichtlich der Wirksamkeit der Zustimmung darauf abstellen, ob das Opfer eine Handlungsalternative erkennt und diese bewusst nicht wahrnimmt. Allerdings kann nicht stets dann, wenn eine Handlungsalternative besteht, von einer freiwilligen Entscheidung des Opfers ausgegangen werden, die den Erfolgseintritt verhindert. In die Überlegungen muss vielmehr einfließen, dass eine Handlungsalternative nur dann als Alternative gilt, wenn sie überhaupt wahrnehmbar ist. Bietet die Handlungsalternative hingegen keine tatsächliche Wahlmöglichkeit, da sie dem Opfer unzumutbar ist, ist die Entscheidungssituation verengt; von einer autonomen Opferentscheidung ist grundsätzlich nicht auszugehen. Es wird somit wiederum an *Park/Schwarz* angeknüpft und ein Maßstab zur Bestimmung der Unzumutbarkeit der Ortsveränderung entwickelt, an dem sich sodann die Wirksamkeit der Opferzustimmung ausrichtet.

---

902 Siehe unter **C.IV.4.c.(1)(c)**.

4. Lösung

Es muss nunmehr festgelegt werden, wie zu ermitteln ist, ob das Opfer eine autonome Entscheidung hinsichtlich des Erfolgseintritts des Freiheitsentzuges treffen kann. Die Darstellung gliedert sich dabei wie folgt: Zunächst wird das Verhältnis von Tathandlung, Erfolgseintritt und tatbestandsausschließendem Einverständnis thematisiert (**C.IV.4.a.**). Daraufhin werden die Fallkonstellationen behandelt, in denen eine Handlungsalternative für das Opfer überhaupt nicht gegeben zu sein scheint, und folglich eine Veränderung des Aufenthaltsortes scheinbar unmöglich ist (**C.IV.4.b.**). In einem dritten Schritt sind die Konstellationen zu betrachten, in denen dem Opfer grundsätzlich eine Handlungsalternative, ob zumutbar oder unzumutbar, geboten wird (**C.IV.4.c.**). Die gefundenen Ergebnisse werden sodann bezüglich ihrer Bedeutung für die Freiheitsberaubung mittels List dargestellt und zusammengefasst (**C.IV.4.d.**).

a. Das Verhältnis von Tathandlung, Erfolgseintritt und Einverständnis

Um besser nachvollziehen zu können, ob das taugliche Tatopfer dem durch listiges Täterhandeln herbeigeführten Erfolgseintritt wirksam zustimmen kann, erfolgt zunächst eine Auseinandersetzung mit dem Verhältnis von Tathandlung, Erfolgseintritt und Einverständnis im Rahmen des § 239 I Alt. 2 StGB.

In Bezug auf die List wurde insofern bereits festgestellt, dass diese unabhängig von den Fähigkeiten und Kenntnissen des Opfers zu beurteilen und nicht auf eine Opferreaktion in Form der Vorstellungsveränderung angewiesen ist, sich mithin allein in der Sphäre des Täters bewegt.[903] Das Vorliegen der listigen Tathandlung ist daher objektiv anhand der Definition der List zu bestimmen: Zu prüfen ist – nach der Feststellung, dass das Opfer taugliches Tatobjekt ist –, ob das Verhalten des Täters darauf abzielt, unter geflissentlichem und geschicktem Verbergen der wahren Zwecke oder Mittel seine Ziele durchzusetzen. Nicht entscheidend ist, ob das Opfer der List des Täters glaubt, mithin diese ernst nimmt.

Von der Tathandlung der List ist – auch in der Prüfung des objektiven Tatbestands des § 239 I Alt. 2 StGB[904] – der Eintritt des Erfolgs der Freiheitsberaubung zu trennen. Dieser wird charakterisiert als Freiheitsentzug gegen oder ohne den Willen des Opfers. Die Prüfung des Erfolgseintritts kann daher in die Prüfung des Freiheitsentzugs einerseits und in die Prüfung des zustimmenden Willens des Opfers als Einverständnis andererseits unterteilt werden. Letztlich hängen Frei-

903 Siehe unter **B.I.3.b.** und **B.II.2.a.**

904 Siehe unter **C.I.**

heitsentzug und Einverständnis aber dadurch untrennbar miteinander zusammen, dass das Einverständnis des Opfers dem Freiheitsentzug seine verletzende Wirkung nimmt. Der Erfolg des § 239 I Alt. 2 StGB entfällt, wenn der Betroffene dessen Eintritt zustimmt.

Insofern ist innerhalb des Prüfungspunkts des Erfolgseintritts zunächst zu untersuchen, ob dem Opfer die Ausübung seiner Fortbewegungsfreiheit unmöglich oder unzumutbar ist.[905] Für die Unzumutbarkeit fehlt – soweit erkennbar – ein (nicht kasuistischer) Maßstab. Vor dem Hintergrund der Rechtssicherheit wird vorliegend die Unmöglichkeit oder Unzumutbarkeit der Ausübung der körperlichen Bewegungsfreiheit allein anhand objektiver Kriterien festgestellt. Der Untersuchung des Einverständnisses des Opfers wird damit eine objektive Prüfung des Freiheitsentzugs vorangestellt.[906] Auf der zweiten Ebene ist sodann zu berücksichtigen, dass § 239 I Alt. 2 StGB nicht nur den Entzug der körperlichen Bewegungsfreiheit verlangt, vielmehr auch einen fehlenden oder entgegenstehenden Opferwillen fordert.[907] Der Wille des Opfers findet daher seinen Niederschlag innerhalb der Prüfung, ob das Opfer dem Erfolgseintritt in wirksamer Weise zustimmt. Diesbezüglich muss die (subjektive) Perspektive des Opfers in der konkreten Situation eingenommen werden, da das Einverständnis nur im Einzelfall und von dem Opfer selbst erklärt werden kann.

Im Ergebnis kann dem Opfer bei wirksamer tatbestandsausschließender Zustimmung damit zwar durch List die Fortbewegungsfreiheit entzogen werden. Der Freiheitsentzug erfolgt in einem solchen Fall allerdings mit dem Willen des Opfers, sodass der von § 239 I Alt. 2 StGB geforderte Erfolg letztlich nicht gegeben ist. Der objektive Tatbestand der Freiheitsberaubung durch List ist mangels Erfolgseintritts nicht erfüllt.

Soweit insofern angenommen werden könnte, das Opfer übernehme mit der Entscheidung, dem Eintritt des Freiheitsentzugs zuzustimmen, die Tatherrschaft, sodass die Strafbarkeit des Täters bereits mangels beherrschender Stellung des Geschehens ausscheiden könnte, ist dem nicht zu folgen. Tatherrschaft besitzt grundsätzlich, wer das tatbestandsmäßige Geschehen in den Händen hält und so-

905 Siehe unter **C.II.3.**, wobei bei listigem Täterverhalten an die Stelle der tatsächlichen Unmöglichkeit der Fortbewegung die scheinbare Unmöglichkeit tritt, siehe unter **C.IV.4.b.**

906 Auch wenn der Freiheitsberaubungserfolg letztlich nicht mit der Zustimmung des Opfers eintreten kann, da diese den Erfolgseintritt verhindert, wird daher im Folgenden der Übersichtlichkeit halber zwischen der Prüfung des Freiheitsentzugs und der Prüfung des Einverständnisses unterschieden.

907 Siehe unter **C.III.2.b.**

mit als Zentralgestalt des Geschehens auftritt.[908] Es könnte angenommen werden, dass das Opfer mit seiner Entscheidung, mit dem Verweilen in der Räumlichkeit einverstanden zu sein, als Schlüsselfigur das tatbestandsmäßige Geschehen beherrscht, indem es mit seinem Entschluss zum Verweilen dem Erfolgseintritt des § 239 I Alt. 2 StGB entgegensteht.

Zu beachten ist jedoch, dass die Tatherrschaft als sogenannte „Handlungsherrschaft" an die Tathandlung anknüpft[909] und die Tat daher nur beherrscht, wer die Durchführung der Tat eigenhändig vornimmt und damit durch seine Handlung in das Zentrum des Geschehens rückt.[910] Das Opfer kann die List des Täters jedoch nicht beherrschen und auch nicht in anderer Weise beeinflussen, da die List keine Opferreaktion erfordert, somit allein im Herrschaftsbereich des Täters erfolgt: Die Tathandlung der List ist bei einem Täterverhalten, das darauf abzielt, unter geflissentlichem und geschicktem Verbergen der wahren Zwecke oder Mittel seine Ziele durchzusetzen, unabhängig davon gegeben, ob das Opfer die List des Täters durchschaut.[911] Das listige Verhalten ist demnach ausschließlich dem Täter zuzurechnen und nur von diesem steuerbar; der Betroffene kann dieses Täterverhalten nicht verhindern. Allein der Umstand, dass das Opfer den Entschluss fasst, in der Räumlichkeit verweilen zu wollen, führt nicht (rückwirkend) dazu, dass die Tatherrschaft des Täters auf das Opfer übergeht. Der Täter behält vielmehr auch bei dem Entschluss des Opfers zum Verweilen seine beherrschende Stellung im Hinblick auf die von ihm ausgeübte listige Handlung, die Ursache für den Erfolg des Freiheitsentzugs sein kann. Dies gilt umso mehr, als dass die Steuerbarkeit für den Täter nicht vermindert scheint, hat der Vorsatztäter nach seiner ursachensetzenden Handlung häufig doch keinen Einfluss mehr auf das Geschehen.[912]

Mangels einer Möglichkeit des Opfers, die listige Tathandlung zu beherrschen, veranlasst, ermöglicht oder fördert der Täter auch nicht lediglich einen Selbstschädigungsakt des Opfers, da es hierfür eines eigenverantwortlichen Handelns des Selbstschädigers bedürfte.[913] Die Gefahr für die Fortbewegungsfreiheit des Opfers geht jedoch ausschließlich von der Täterhandlung aus. Der Entschluss des

908 *Kühl*, [8]2017, § 20 Rn. 26; *Wessels/Beulke/Satzger*, [47]2017, § 16 Rn. 751; siehe auch bereits unter **B.II.2.b.(1)** im Hinblick auf das einer Drohung des Täters folgende Opfer.

909 Siehe Fn. 476.

910 Siehe Fn. 477.

911 Siehe unter **B.I.3.b.** sowie **B.II.2.a.**

912 *Weber*, in: B/W/M, [11]2003, § 14 Rn. 74.

913 BGHSt 53, 55 (60) v. 20.11.2008.

Opfers, mit dem Entzug der Fortbewegungsfreiheit einverstanden zu sein, tritt insofern als Wirkung auf das Täterhandeln schlichtweg neben die List des Täters. Es stellt sich in diesen Fällen allein die Frage, ob dem täterschaftlich Handelnden die Zustimmung des Opfers zugutekommt.[914] Der Entschluss zum Verweilen erlangt damit als Einverständnis eine eigenständige Bedeutung, das der – neben der Verantwortung des Täters bestehenden – Verantwortung des Opfers Rechnung trägt.[915] Das Einverständnis kann damit der List ihre freiheitsentziehende Wirkung nehmen.

Bringt der Täter folglich das Opfer mittels List in eine Situation der Unmöglichkeit oder Unzumutbarkeit der Fortbewegung, so tritt bei dem Opfer ein Freiheitsentzug infolge einer vom Täter beherrschten Handlung ein. Die Zustimmung des Opfers in den Freiheitsberaubungserfolg nimmt dem Täterhandeln dabei nicht die Tatherrschaft, weil das Opfer das listige Verhalten nicht verhindern oder beeinflussen kann, wird doch zur Bestimmung der Tathandlung ein objektiver Maßstab angelegt. Es kann somit nicht davon ausgegangen werden, dass die Strafbarkeit des Täters bei dem Entschluss des Opfers zum Verweilen bereits mangels Tatherrschaft ausgeschlossen ist. Vielmehr ist – nach der Feststellung, dass ein listiges Täterverhalten sowie der Freiheitsentzug gegeben sind – in einem weiteren Schritt zu untersuchen, ob das Opfer dem Freiheitsentzug in wirksamer Weise zustimmt.

b. Scheinbare Unmöglichkeit

Zum einen kann der Täter nach der vorliegenden Auffassung derart listig handeln, dass eine Handlungsalternative für das Opfer überhaupt nicht gegeben zu sein scheint: Die List des Täters bewirkt, dass das Opfer einen vorhandenen Ausgang nicht erkennt. Diese Fälle werden – entgegen der herrschenden Meinung, die

---

914 Vgl. BGHSt 49, 34 (39 f.) v. 11.12.2003 für den Fall der Einwilligung hinsichtlich der Körperverletzung mit Todesfolge infolge einer Betäubungsmittelverabreichung: „Im Hinblick darauf, daß der Angeklagte das Injizieren des Heroins bei M. eigenhändig vornahm, und insbesondere, weil dieser sich die Spritze nicht selbst setzen konnte, hat das Landgericht rechtsfehlerfrei täterschaftliches Handeln des Angeklagten angenommen. Die Tatsache, daß die Injektion auch vom Willen und der Mitwirkung M.s abhing, ändert hieran nichts."

915 Ähnlich kann wohl auch *Gropp*, [4]2015, § 4 Rn. 104, verstanden werden, wenn er eine Tatherrschaft des Opfers in den „Heroin-Fällen" ablehnt, „wenn das Heroin dem Süchtigen von einem Dritten verabreicht wird, auch wenn der Süchtige die damit verbundenen Gefahren kennt und billigt. In diesem Fällen kommt nur eine Einwilligung in Frage."

eine Einsperrung annimmt[916] – als listige Freiheitsberaubung erfasst. Es handelt sich hierbei nicht um Konstellationen, in denen mittels List gerade das Einverständnis des Opfers erschlichen wird. Vielmehr setzt der Täter die List schlichtweg als Tatmittel ein, um das Opfer an der Ausübung seiner Fortbewegungsfreiheit zu hindern. In dem Bestreben, eine umfassende Bearbeitung der listigen Freiheitsberaubung darzubieten, werden diese Konstellationen in der vorliegenden Arbeit behandelt. Es muss daher bestimmt werden, wie sich der Entzug der Fortbewegungsfreiheit in diesen Fällen gestaltet (**C.IV.4.b.(1)**), um sodann ermitteln zu können, unter welchen Voraussetzungen das Opfer mit dem Erfolgseintritt in tatbestandsausschließender Weise einverstanden sein kann (**C.IV.4.b.(2)**). Es folgt eine Zusammenfassung (**C.IV.4.b.(3)**).

(1) Der Freiheitsentzug im Fall der scheinbaren Unmöglichkeit

Zur Feststellung, wann der Taterfolg des Freiheitsentzuges in den Konstellationen eintritt, in denen dem Opfer scheinbar keine Handlungsalternative verbleibt, wird ein bereits angeführtes Fallbeispiel herangezogen:

Fall 12c (Forts.)[917]

(i) Das Opfer ist taugliches Tatobjekt einer Freiheitsberaubung.

(ii) Der Täter handelt listig.

(iii) Zu prüfen ist, ob in einem solchen Fall der Erfolg des Freiheitsentzuges verwirklicht ist. Im Hinblick auf die Ausführungen betreffend die Charakteristika des Taterfolgs ist problematisch, ob dem Betroffenen die Ausübung seiner Fortbewegungsfreiheit unmöglich oder unzumutbar ist.[918]
Das Opfer kann die Räumlichkeit tatsächlich verlassen, sodass keine Unmöglichkeit gegeben ist. Zudem drohen dem Opfer bei Benutzung des einen Ausgangs keine Gefahren, etwa in Bezug auf Leib und Leben, sodass auch nicht von einer Unzumutbarkeit ausgegangen werden kann.
Die Nichtausübung der Fortbewegungsfreiheit basiert vielmehr allein auf der scheinbaren Unmöglichkeit der Veränderung des Aufenthaltsortes. Der Täter veranlasst, dass sich das Opfer eingesperrt glaubt und sich nicht mit einer Abwägung konfrontiert sieht. Aus der Perspektive des Betroffenen gibt es keine Möglichkeit, die Räumlichkeit zu verlassen. Dieser fühlt sich zwingend seiner Fortbewegungsfreiheit beraubt. Verändert das Opfer seinen Aufenthaltsort infolge einer solchen scheinbaren Unmöglichkeit nicht, so kann in Anlehnung an das Vorliegen einer tatsächlichen Unmöglichkeit, die bei der List als psychisch wirkende Beschränkung nicht gegeben sein kann, von einem Freiheitsentzug durch den Täter nur gespro-

916 Siehe die Nachweise in Fn. 409.

917 Siehe zum Fallbeispiel unter **B.II.1.e.(2)(a)(bb)**.

918 Siehe unter **C.II.3.**

chen werden, wenn ein vorhandener Ausgang von vornherein nicht als Alternative zum Verlassen in Betracht kommt.

Entscheidend ist insofern wiederum, wie eine (erfolgsgeeignete) scheinbare Unmöglichkeit zu bestimmen ist. Hierbei ist eine objektive Bewertung vorzunehmen, da die Kenntnisse des Opfers stets schwer feststellbar sind[919] und ein Abstellen auf die Fähigkeiten und Kenntnisse des Opfers zumindest in Bezug darauf, ob eine Einsperrung bzw. eine List gegeben ist, bereits abgelehnt wurde.[920] Daher ist es naheliegend, auf einen objektiven Dritten abzustellen, mithin die Perspektive eines Jedermann in der konkreten Situation zu untersuchen.[921] Auf die tatsächlichen Kenntnisse des Opfers in der konkreten Situation kommt es somit für den Freiheitsentzug in Form der scheinbaren Unmöglichkeit (zunächst) nicht an.

Die Ergebnisse werden insofern einzelfallabhängig getroffen. Zu berücksichtigen ist dabei jedoch, dass bereits diejenigen Handlungen, die in plumper Weise vorgenommen werden, den Erfolg zumindest nicht mittels List begründen können, da listiges Verhalten einen gewissen Grad an Schlauheit und Klugheit von dem Täter verlangt. Im Zweifel ist daher davon auszugehen, dass die Möglichkeit zum Verlassen der Räumlichkeit nicht erkennbar ist. Die Vornahme sonstiger Handlungen, etwa die Untersuchung von bestehenden Möglichkeiten zum Verlassen der Räumlichkeit, wird von dem Opfer nicht gefordert, da ein solches Verhalten von einer Person, die bereits davon überzeugt ist, eingesperrt zu sein, gerade nicht zu erwarten ist.[922] Verschleiert der Täter den weiteren Ausgang etwa dadurch, dass er diesen umfänglich mit einem Schrank verdeckt, oder verdunkelt er den Raum derart, dass die Raumstruktur tatsächlich nicht mehr erkennbar ist, muss das Opfer folglich nicht versuchen, den Schrank zu verschieben oder sich in der Dunkelheit durch den Raum zu tasten. Objektiv ist zwar ein weiterer Ausgang gegeben, aber für eine Person in der konkreten Situation nicht erkennbar. Es liegt damit ein Freiheitsentzug bei dem Opfer vor.

Der Täter kann somit eine Freiheitsberaubung durch List begehen, indem er weder die Unmöglichkeit noch die Unzumutbarkeit der Ortsveränderung herbeiführt, sondern das Opfer in eine Situation bringt, in der sich ein objektiver

919 Siehe unter **C.IV.3.c.(5)**.

920 Siehe unter **B.II.1.e.(2)(a)(bb)** und unter **B.II.2.a.**

921 Auch wenn auf einen Dritten <u>in der konkreten Situation</u> abgestellt wird, bleibt der Maßstab ein objektiver. Der Zusatz meint lediglich, dass die räumlichen Gegebenheiten zu beachten sind. Überdies muss die listige Freiheitsberaubung etwa eines Kindes bereits wegen der Unterschiede in der körperlichen Konstitution anders beurteilt werden als die listige Freiheitsberaubung eines Erwachsenen. Der objektive Dritte, der an die Stelle des konkret Freiheitsberaubten tritt, ist ein Jedermann, der aber in dem Beispiel etwa nur Kind oder Erwachsener – entsprechend dem Freiheitsberaubten – sein kann.

922 Siehe unter **C.IV.3.c.(5)**.

Dritter eingesperrt fühlt, sogenannte scheinbare Unmöglichkeit. Nachdem festgestellt wird, dass der Betroffene taugliches Tatobjekt des § 239 I StGB ist, muss das Täterverhalten unter den Begriff der List subsumiert werden. Sodann kommt es für die Prüfung im Rahmen des Erfolgseintritts für die Frage, ob dem Opfer die Fortbewegungsfreiheit entzogen wurde, darauf an, ob ein objektiver Dritter in der konkreten Situation das Verlassen der Räumlichkeit für unmöglich halten würde. Welche Kenntnisse das Opfer in der konkreten Situation hat, ist dabei für den Eintritt des Freiheitsentzugs (zunächst) irrelevant.
Vor dem Hintergrund der Beachtung der Risikosphären aller Beteiligten ist allerdings fraglich, ob es zur Feststellung des Freiheitsentzugs auf die Verantwortlichkeit des Täters für alle Umstände, die die scheinbare Unmöglichkeit begründen, ankommen muss. Zu prüfen ist daher, ob es der Herbeiführung der scheinbaren Unmöglichkeit durch den Täter bedarf.

Fall 12b (Forts.)[923]

(i) Das Opfer ist taugliches Tatobjekt einer Freiheitsberaubung.

(ii) Der Täter handelt listig.

(iii) Während objektiv mangels tatsächlicher Unmöglichkeit des Verlassens des Ortes keine Einsperrung vorliegt, und die Fortbewegung dem Betroffenen auch nicht unzumutbar ist, bezweckt der Täter, dass sich das Opfer zumindest eingesperrt glaubt. Fraglich ist, ob Berücksichtigung finden muss, dass der Täter den weiteren Ausgang nicht verschleiert, vielmehr die Unkenntnis des Opfers schlichtweg ausnutzt.
Zu prüfen ist, ob in einem solchen Fall ein Freiheitsentzug verwirklicht ist. Unter Beachtung der soeben erfolgten Ausführungen ist bei objektiver Nichterkennbarkeit des weiteren Ausgangs aus der Sicht eines Dritten einzugestehen, dass gleichermaßen eine scheinbare Unmöglichkeit der Fortbewegung angenommen werden kann. Es sollte insofern keinen Unterschied machen, ob der Täter etwa den Raum bewusst verdunkelt oder aber die Räumlichkeit generell, etwa mangels vorhandener Fenster, durch Dunkelheit gekennzeichnet ist. Letzteres darf dem Täter nicht zugutekommen, wenn für das Opfer die gleichen Bedingungen gegeben sind. Mit Blick auf die Äquivalenztheorie, wonach eine Handlung für den Erfolg ursächlich ist, wenn sie nicht hinweggedacht werden kann, ohne dass der Erfolg in seiner konkreten Gestalt entfiele,[924] ist ferner zu statuieren, dass das Verschließen des einen Ausgangs sowie das Ausnutzen der Unkenntnis des Opfers von dem weiteren Ausgang nicht hinweggedacht werden können, ohne dass die scheinbare Unmöglichkeit der Veränderung des Aufenthaltsortes für den Betroffenen entfiele. Das Opfer würde andernfalls – ohne das Täterverhalten – nicht in der Räumlichkeit verweilen.

923 Siehe zum Fallbeispiel unter **B.II.1.e.(2)(a)(bb)**.

924 Siehe etwa BGHSt 1, 332 (333) v. 28.09.1951; *Eisele*, in: Sch/Schr, [29]2014, Vorb. §§ 13 ff. Rn. 73a; *Wessels/Beulke/Satzger*, [47]2017, § 6 Rn. 218.

> Auf die Verantwortlichkeit für die Umstände, die den Eintritt der scheinbaren Unmöglichkeit begründen, sollte es daher nicht ankommen.

Bisher ist somit festzuhalten, dass Fallkonstellationen vorstellbar sind, in denen der Täter mittels List bei dem Opfer eine Situation bezweckt, in der sich dieses eingesperrt fühlt. Es gibt zwar einen Ausgang, über den der Aufenthaltsort verändert werden könnte. Dieser ist für einen objektiven Dritten allerdings nicht erkennbar. Mangels tatsächlicher Unmöglichkeit des Verlassens der Räumlichkeit ist das Opfer zwar nicht eingesperrt. Es kommt jedoch listiges Täterverhalten in Betracht. Wurde dieses geprüft und liegen die Voraussetzungen vor, muss untersucht werden, ob das Handeln des Täters den Erfolg der Freiheitsberaubung herbeiführt. Ein Freiheitsentzug ist insofern nur dann begründet, wenn eine scheinbare Unmöglichkeit der Ortsveränderung gegeben ist. Dies ist aus der Perspektive eines objektiven Dritten in der konkreten Situation zu bestimmen. Entscheidend ist, ob es objektiv nachvollziehbar an einer Möglichkeit zum Verlassen der Räumlichkeit mangelt. Ob der Täter für diese scheinbare Unmöglichkeit umfänglich verantwortlich ist, ist irrelevant, solange sein Verhalten entsprechend den allgemeinen Kausalitätslehren den Freiheitsentzug herbeiführt.

(2) Das Einverständnis des Opfers im Fall der scheinbaren Unmöglichkeit

Sodann ist fraglich, inwiefern das Opfer in einem Fall der scheinbaren Unmöglichkeit ein wirksames tatbestandsausschließendes Einverständnis abgeben kann. Bezweckt der Täter, dass sich das Opfer eingesperrt glaubt, so erscheint es nur folgerichtig, die Möglichkeit eines tatbestandsausschließenden Einverständnisses in Übereinstimmung mit dem einverständlichen Freiheitsentzug durch Einsperrung zu behandeln, da sich die Situation für das Opfer – ist die Fortbewegung tatsächlich oder nur in objektiv nachvollziehbarer Weise scheinbar unmöglich – als identisch darstellt. Insofern wird hinsichtlich der Erfolgsherbeiführung durch Einsperrung überwiegend angenommen, dass ein Einverständnis des Opfers tatbestandsausschließend wirkt, hierbei ausschließlich der natürliche (zustimmende) Wille entscheidend ist und das Einverständnis infolge seiner reinen Tatsächlichkeit auch dann zur Wirksamkeit gelangt, wenn es durch Täuschung erschlichen wurde.[925] Diese Annahmen werden vorliegend kritiklos übernommen. In Bezug auf die Freiheitsberaubung mittels List bedeutet dies für die Fälle, in denen der Täter bei dem Opfer eine scheinbare Unmöglichkeit der Fortbewegung bezweckt, dass der objektive Tatbestand des § 239 I Alt. 2 StGB entfällt, wenn das Opfer dem Erfolg der Freiheitsberaubung mit seinem natürlichen Willen in wirksamer

---

925 Zu den sonstigen Voraussetzungen siehe unter **C.III.3.**

Weise zustimmt. Zugegebenermaßen wird ein solches Einverständnis praktisch nur sehr selten gegeben sein.

Fall 12d

Der Fall gestaltet sich wie der Fall 12c.[926] Bevor aber der Täter den dem Opfer bekannten Ausgang verschließt, entscheidet sich dieses dazu, in der Räumlichkeit verweilen zu wollen, etwa weil es gerade Ruhe braucht. Zum einen bietet sich die Räumlichkeit hierfür an und zum anderen weiß das Opfer, dass die Räumlichkeit einen Tag später für andere Zwecke von dem Täter genutzt wird, sodass sich das Verweilen „nur" auf einen kurzen Zeitraum erstrecken kann. Von dem weiteren verschleierten Ausgang hat das Opfer keine Kenntnis.

(i) Das Opfer ist taugliches Tatobjekt einer Freiheitsberaubung.

(ii) Der Täter handelt listig.

(iii) Objektiv ist ein weiterer Ausgang zwar gegeben, aber für eine Person in der konkreten Situation nicht erkennbar. Eine Freiheitsentziehung ist aufgrund der scheinbaren Unmöglichkeit begründet. Allerdings könnte dem Erfolgseintritt der Freiheitsberaubung entgegenstehen, dass der Freiheitsentzug nicht gegen oder ohne den Willen des Opfers, vielmehr mit dessen Einverständnis erfolgt ist.
Schafft der Täter eine Situation, in der aus objektiver Perspektive die bestehende Möglichkeit des Verlassens des Aufenthaltsortes nicht erkennbar ist, so bedarf es für ein wirksames Einverständnis des Opfers dessen Einverstandensein. Der Betroffene muss folglich mit seinem natürlichen Willen auf die Möglichkeit seiner Fortbewegung verzichten. Die bloße Akzeptanz des scheinbaren Eingesperrtseins genügt dabei nicht.
Vorliegend entscheidet sich das Opfer vor dem Eintritt des Taterfolgs dazu, seine Fortbewegungsfreiheit aufgeben zu wollen. Hierbei nimmt das Opfer den Freiheitsentzug nicht lediglich hin. Vielmehr möchte es (bewusst) in der Räumlichkeit verweilen, etwa weil es Ruhe braucht. Dass das Opfer keine Kenntnis von dem weiteren Ausgang hat und daher eine Einsperrung annimmt, ist infolge des Abstellens auf den natürlichen Willen, mithin aufgrund der reinen Tatsächlichkeit des Einverständnisses irrelevant. Mangels entgegenstehender Anhaltspunkte ist zudem davon auszugehen, dass das Opfer die Einverständnisfähigkeit besitzt. Darüber hinaus wurde eine ordnungsgemäße Einverständniserklärung in Form einer inneren Zustimmung abgegeben. Ob der Täter von dieser Zustimmung Kenntnis hat, ist für die Wirksamkeit des Einverständnisses nicht von Bedeutung. Das Opfer ist damit in wirksamer Weise mit der Freiheitsberaubung einverstanden. Der objektive Tatbestand des § 239 I Alt. 2 StGB ist mangels Erfolgseintritts nicht erfüllt.

Erkennt das Opfer somit einen vorhandenen Ausgang entsprechend einem objektiven Dritten nicht, kann ein tatbestandsausschließendes Einverständnis des Opfers – wie bei einer Freiheitsberaubung durch Einsperrung – nur dann gegeben

---

926 Siehe zum Fallbeispiel unter **B.II.1.e.(2)(a)(bb)**.

sein, wenn das Opfer den Willen hat, der Einschränkung seiner Fortbewegungsfreiheit durch das Verschließen des erkennbaren Ausgangs zuzustimmen. Das zum Einverständnis fähige Opfer muss zu Beginn des Freiheitsentzugs damit einverstanden sein, dass der Täter den erkennbaren Ausgang unbenutzbar macht, sodass es sich (vermeintlich) nicht mehr fortbewegen kann. Nur dann entfällt der objektive Tatbestand des § 239 I Alt. 2 StGB mangels Erfolgseintritts. Eine Strafbarkeit des Täters kommt bei Unkenntnis von dem Einverständnis des Opfers infolge untauglichen Versuchs in Betracht.
Selbst wenn das Opfer aber in tatsächlicher Weise nicht überlistet wird, sodass es den weiteren Ausgang, mithin das listige Täterverhalten erkennt, ist ein Einverständnis des Opfers (in dem noch selteneren Fall) denkbar, wenn es den Raum bewusst nicht über den vorhandenen Ausgang verlässt und damit (konkludent) auf die Ausübung seiner Fortbewegungsfreiheit verzichtet.

Fall 12e

Der Fall gestaltet sich grundsätzlich ebenso wie der Fall 12c.[927] Das Opfer hat allerdings Kenntnis von dem weiteren verschleierten Ausgang. Bevor der Täter den sichtbaren Ausgang verschließt, entscheidet sich das Opfer – trotz der Kenntnis, dass es die Räumlichkeit über den verschleierten Ausgang verlassen könnte – dazu, in der Räumlichkeit verweilen zu wollen.

(i) Das Opfer ist taugliches Tatobjekt einer Freiheitsberaubung.

(ii) Der Täter handelt listig.

(iii) Objektiv ist ein weiterer Ausgang zwar gegeben, aber für eine Person in der konkreten Situation nicht erkennbar. Die scheinbare Unmöglichkeit begründet – unabhängig von den konkreten Kenntnissen des Opfers, da sie objektiv bestimmt wird – den Freiheitsentzug des Opfers.
Dem Erfolgseintritt der Freiheitsberaubung steht allerdings ein wirksames Einverständnis des Opfers entgegen, weil sich dieses dazu entschieden hat, seine Fortbewegungsfreiheit aufgeben zu wollen. Hierbei nimmt das Opfer den Freiheitsentzug nicht lediglich hin. Vielmehr möchte es (bewusst) in der Räumlichkeit verweilen. Dies bringt das Opfer auch konkludent dadurch zum Ausdruck, dass es trotz der Kenntnis von dem bestehenden Ausgang in der Räumlichkeit verbleibt. Das Opfer besitzt dabei die Einverständnisfähigkeit. Darüber hinaus wurde eine ordnungsgemäße Einverständniserklärung in Form einer inneren Zustimmung abgegeben, die auch konkludent durch das Verweilen in der Räumlichkeit zum Ausdruck kommt. Ob der Täter von dieser Zustimmung Kenntnis hat, ist für die Wirksamkeit des Einverständnisses nicht von Bedeutung. Das Opfer ist damit in wirksamer Weise mit der Freiheitsberaubung einverstanden. Der objektive Tatbestand des § 239 I Alt. 2 StGB ist mangels Erfolgseintritts nicht erfüllt.

927 Siehe zum Fallbeispiel unter **B.II.1.e.(2)(a)(bb)**.

Dass das Einverständnis nicht durch (scheinbaren) Zwang bewirkt, sondern durch Täuschung erschlichen wird, ist in den Konstellationen, in denen dem Opfer keine Handlungsalternative verbleibt, nicht vorstellbar. Der Prämisse, dass die Wirksamkeit des Einverständnisses von einer Täuschung unberührt ist, kommt daher keine Bedeutung zu. Der Täter führt insofern die Freiheitsberaubung, nicht aber das Einverständnis mittels List herbei. Sobald dem Opfer als „Erfolg" seines Einverständnisses jedoch etwas in Aussicht gestellt wird – sei es die Nichtausweisung, der Erhalt seines Vermögens oder die Zahlung eines gewissen Geldbetrages –, muss das Opfer eine Abwägung vornehmen und erkennt eine Handlungsalternative. Solche Fallkonstellationen werden sogleich behandelt.

(3) Zusammenfassung: Die scheinbare Unmöglichkeit

Insgesamt ist damit zu statuieren, dass der Freiheitsentzug in Fällen, in denen ein Ausgang für das Opfer objektiv nachvollziehbar nicht erkennbar ist, aufgrund scheinbarer Unmöglichkeit eintritt. Ob ein wirksames, dem Erfolgseintritt entgegenstehendes Einverständnis gegeben ist, beurteilt sich entsprechend einer Freiheitsberaubung durch Einsperrung anhand des natürlichen Willens des Betroffenen. Die bloße Hinnahme des Zustands, sich (scheinbar) nicht fortbewegen zu können, genügt dafür nicht. Der zu einem Einverständnis fähige Betroffene muss vielmehr zu Beginn des vermeintlichen Einsperrens durch den Täter mit dem Entzug seiner körperlichen Bewegungsfreiheit einverstanden sein und diese Zustimmung auch noch oder trotz des Täterverhaltens aufrechterhalten. Dass das Opfer die List des Täters erkennt, ist insofern nicht erforderlich. Zwar gilt eine solche Beurteilung der Wirksamkeit des Einverständnisses nach dem natürlichen Willen selbst dann, wenn das Einverständnis durch den Täter erschlichen wurde. Eine solche Fallkonstellation, ohne dass dem Opfer eine Handlungsalternative eröffnet wird, ist jedoch nicht vorstellbar.

c. Unzumutbarkeit

Darüber hinaus sind Fallkonstellationen vorstellbar, in denen dem Opfer neben der Ausübung seiner Fortbewegungsfreiheit eine Handlungsalternative geboten wird. Es handelt sich hierbei um Konstellationen, in denen mittels List – durch das Aufzeigen einer (vermeintlichen) Handlungsalternative – das Einverständnis des Opfers erschlichen wird. Fraglich ist, wie hierbei zu bestimmen ist, ob dem Opfer die Fortbewegungsfreiheit entzogen wurde (**C.IV.4.c.(1)**) und ob es diesem Entzug in wirksamer Weise tatbestandsausschließend zugestimmt hat (**C.IV.4.c.(2)**). Es folgt eine Zusammenfassung (**C.IV.4.c.(3)**).

(1) Der Freiheitsentzug im Fall der Unzumutbarkeit

Als Anknüpfungspunkt wird in Konstellationen, in denen dem Opfer neben der Ausübung seiner Fortbewegungsfreiheit eine Handlungsalternative verbleibt, in Anlehnung an *Park/Schwarz* die Unzumutbarkeit der Fortbewegung festgelegt: Ist die Ausübung der Fortbewegungsfreiheit dem Betroffenen unzumutbar, so kommt diese als Handlungsalternative nicht in Betracht, sodass sich das Opfer in der Regel gegen seine von § 239 I StGB geschützte Freiheit entscheidet. Der Erfolg des Freiheitsentzugs tritt in diesem Fall ein.

Es bedarf daher der Klärung, wann die Unzumutbarkeit der Fortbewegung gegeben ist. Bei der Darstellung der Charakteristika des Taterfolgs wurde insofern bereits festgestellt, dass die bloße Erschwerung der Fortbewegung nicht den Erfolgseintritt des Freiheitsentzugs herbeiführen kann. Die Erschwerung der Fortbewegung begründet damit eine dem Opfer zumutbare Einschränkung seiner Fortbewegungsfreiheit. Eine solche ist für den Eintritt des Taterfolgs des § 239 I StGB nicht ausreichend.

Hingegen besteht in Bezug auf die Unzumutbarkeit der Fortbewegung, soweit ersichtlich, Einigkeit darüber, dass diese dann gegeben ist, wenn dem Opfer nur die Wahl bleibt, das Hindernis unter Inkaufnahme einer Gefahr für Leib und Leben zu überwinden. Dies ist mangels einer tatsächlichen Verhaltensalternative und mit Verweis auf § 35 I 1 StGB nachvollziehbar und somit zu übernehmen. Es kann daher statuiert werden, dass dem Betroffenen eine Abwägung zwischen der Fortbewegungsfreiheit einerseits und Leib und Leben andererseits stets unzumutbar ist.[928]

Fall 6 (Forts.)[929]

(i) Die Ehefrau ist taugliches Tatobjekt einer Freiheitsberaubung.

(ii) Der Ehemann handelt listig.

(iii) Fraglich ist, ob ein Freiheitsentzug bei der Ehefrau eingetreten ist. Die Ehefrau, der vorgespiegelt wird, sie werde beim alleinigen Verlassen der Wohnung in ihr Heimatland, zugleich Krisengebiet, ausgewiesen, muss sich (scheinbar) zwischen der Fortbewegungsfreiheit und ihren Rechtsgütern Leib und Leben, die bei Ausweisung bedroht sind, entscheiden. Diese Entscheidung ist ihr unzumutbar. Damit tritt der Erfolg des Freiheitsentzugs ein.

Für die überwiegende Meinung, die die Drohung mit einem empfindlichen Übel aus dem Kreis möglicher Tathandlungen der Freiheitsberaubung herausnimmt, muss hingegen die Hinnahme eines angekündigten Übels außerhalb einer Gefahr

928 Siehe aber zum Schweregrad allein der Leibesgefahr unter **C.IV.4.c.(1)(d)**.

929 Siehe zum Fallbeispiel unter **B.II.1.b.**

für Leib und Leben stets einen zumutbaren Ausweg für den Betroffenen darstellen. Dass eine solche Einschränkung zumindest nicht auf die List übertragbar ist, wurde bereits festgestellt.[930] Es wird folglich zu diesem Zeitpunkt nur – in umgekehrter Weise – übernommen, dass eine Drohung mit einer gegenwärtigen Gefahr für Leib und Leben ebenso wie eine List, mit der der Täter dem Opfer die Möglichkeit der Ausübung seiner Fortbewegungsfreiheit nur unter einer Gefahr für Leib und Leben vorspiegelt, den Erfolg einer Freiheitsberaubung begründen kann.

Darüber hinaus fehlt der Bestimmung der Unzumutbarkeit ein allgemeiner, nicht kasuistischer[931] Maßstab.

(a) Der Begriff der Unzumutbarkeit im allgemeinen Sprachgebrauch

Zu überlegen ist, ob eine Abgrenzung von Zumutbarem und Unzumutbarem anhand des Begriffsverständnisses im allgemeinen Sprachgebrauch vorgenommen werden kann.[932] Im *Duden* finden sich für den Begriff des Zumutbaren die Synonyme „erträglich, möglich, normal",[933] für den Begriff des Unzumutbaren die Synonyme „unhaltbar, unleidlich, unmutig, untragbar".[934] Eine unzumutbare Entscheidung des Betroffenen hinsichtlich seiner Fortbewegung könnte daher stets dann angenommen werden, wenn der Ausübung der Fortbewegungsfreiheit eine Handlungsalternative entgegensteht, die den Grad des Erträglichen, Möglichen und Normalen überschreitet, insofern für ihn unhaltbar ist. Allein der Rückgriff auf den allgemeinen Sprachgebrauch führt folglich dazu, dass der unbestimmte Rechtsbegriff der Unzumutbarkeit wiederum durch unbestimmte Begriffe ersetzt werden würde. Dies ist nicht zielführend und dient somit keiner praktikablen Abgrenzung dahingehend, bis zu welcher Grenze dem Opfer die Entscheidung für die Fortbewegung zumutbar ist. Es muss vielmehr eigenständig ein Maßstab zur Abgrenzung von zumutbarer und unzumutbarer Fortbewegung entwickelt werden.

(b) Das Kriterium der Rechtsgüterabwägung

Bei der Betrachtung der bestehenden Kasuistik fällt auf, dass die Fälle, in denen eine Erfolgstauglichkeit, mithin eine Unzumutbarkeit der Ausübung der Fort-

---

930 Siehe unter **B.II.2.b.**

931 Zur Kasuistik siehe etwa *Lenz*, in: D/D/K/R, [4]201, § 239 Rn. 7; *Küper/Zopfs*, [9]2015, Rn. 233; *Eser/Eisele*, in: Sch/Schr, [29]2014, § 239 Rn. 6a.

932 Siehe zu einer umfassenden semantischen Analyse sowie zum Begriff der Unzumutbarkeit im Strafrecht generell *Momsen*, 2006, Kap. 1, insb. § 2.

933 https://www.duden.de/rechtschreibung/zumutbar, abgerufen am 05.01.2018.

934 https://www.duden.de/rechtschreibung/unzumutbar, abgerufen am 05.01.2018.

bewegungsfreiheit angenommen wird, dadurch gekennzeichnet sind, dass das Opfer eine Rechtsgüterabwägung vornehmen muss, deren eines Rechtsgut die körperliche Bewegungsfreiheit ist: Derjenige, der sich etwa in einem fahrenden, aber unverschlossenen Kraftfahrzeug befindet, muss sich zwischen seiner Fortbewegungsfreiheit und der körperlichen Unversehrtheit entscheiden. Gleiches gilt für denjenigen, dem bei einer möglichen Flucht über einen Kellerschacht Schläge in Aussicht gestellt werden. Auch derjenige, dem bei Teilnahme an einem Experiment, die das Verweilen an einem bestimmten Aufenthaltsort umfasst, ein Entgelt versprochen wird, muss zwischen seiner Fortbewegungsfreiheit und seinem Vermögenszuwachs abwägen. Das Opfer befindet sich damit in einer Entscheidungssituation zwischen der Fortbewegungsfreiheit einerseits und einem seiner Rechtsgüter andererseits. Betroffen ist primär die Frage nach dem „Ob" der Ausübung der Fortbewegung: Das Opfer muss sich entscheiden, ob es seine Fortbewegungsfreiheit zugunsten eines anderen Rechtsgutes für eine bestimmte Zeit aufgeben will oder nicht, da das Vorwärtskommen nur zulasten eines anderen Rechtsgutes möglich ist. Das vom Täter eingesetzte Unrecht, das in diese Entscheidungssituation mündet, sollte strafrechtlich gewürdigt werden.

Zwar ist einzugestehen, dass auch in dem Fall der bloßen Erschwerung der Fortbewegung eine Abwägung durch das Opfer vorzunehmen ist. Allerdings besteht eine solche in der Konstellation, in der die Räumlichkeit etwa über ein leicht durchsteigbares Fenster verlassen werden kann oder dem Opfer das Fahrzeug weggenommen wird, hierbei jedoch ein alternatives Fortbewegungsmittel existiert, nicht zwischen der Fortbewegungsfreiheit einerseits und einem sonstigen Rechtsgut andererseits.[935] Der Ausübung der Fortbewegung stehen insofern nur Beschwerlichkeit, Ungewöhnlichkeit und Unschicklichkeit entgegen. Die Entscheidung des Opfers betrifft primär das „Wie" der Ausübung der Fortbewegungsfreiheit: Dem Betroffenen ist eine bestimmte Art der Fortbewegung genommen, sodass er sich entscheiden muss, inwiefern es ihm darauf ankommt, von seiner Fortbewegungsfreiheit auf diesem bestimmten Weg Gebrauch zu machen. Tangiert ist damit nicht die von § 239 I StGB geschützte Fortbewegungsfreiheit, sondern die allgemeine Handlungsfreiheit. Das Vorwärtskommen ist durch die Verschließung einer Fortbewegungsmöglichkeit erschwert, es bleibt aber weiterhin ohne Einbuße nach § 239 I StGB möglich. Allein die Beeinträchtigung der

---

935 Der Begriff des Rechtsguts ist grundsätzlich umstritten, siehe etwa *Roxin*, AT I, [4]2006, § 2 Rn. 2 ff. Als Rechtsgut im Sinne dieser Arbeit gilt insofern jedes Lebensgut des Einzelnen, auf dessen unerlaubte Verletzung die staatlichen Organe mit Rechtsfolgen zu reagieren angewiesen sind, vgl. *Schmidhäuser*, AT, [2]1975, 2/30.

allgemeinen Handlungsfreiheit muss im Rahmen des § 239 I Alt. 2 StGB keine Berücksichtigung finden.

Festzuhalten ist folglich, dass innerhalb der Abgrenzung von zumutbarer und unzumutbarer Fortbewegung Beachtung finden muss, ob das Opfer eine Rechtsgüterabwägung, deren eines Rechtsgut die körperliche Bewegungsfreiheit ist, vornehmen muss. Ist eine solche Abwägung durch den Betroffenen nicht vorzunehmen, ist er „lediglich" einer zumutbaren Entscheidung (hinsichtlich der allgemeinen Handlungsfreiheit) ausgesetzt. Der Erfolg einer Freiheitsberaubung tritt nicht ein, sodass eine Strafbarkeit im objektiven Tatbestand ausscheidet. Sieht sich das Opfer hingegen mit einer Rechtsgüterabwägung konfrontiert, die zulasten der Fortbewegungsfreiheit ausgehen kann, kann eine unzumutbare Ausübung der Fortbewegungsfreiheit grundsätzlich gegeben sein.

Bewegt sich die Abwägung zwischen der Fortbewegungsfreiheit einerseits und Leib und Leben andererseits, ist dabei stets von einer Unzumutbarkeit auszugehen.[936] Fraglich bleibt jedoch weiterhin, wie sich Zumutbarkeit und Unzumutbarkeit in Bezug auf eine Abwägung zwischen der körperlichen Bewegungsfreiheit einerseits und sonstigen Rechtsgütern andererseits bestimmen lassen.

(c) Das Kriterium der Verantwortlichkeit

Insbesondere vor dem Hintergrund der Beachtung der Risikosphären aller Beteiligten stellt sich die Frage, ob es – in Anlehnung an *Göbel*[937] – auf die Verantwortlichkeit des Täters für die Entscheidungsnot des Opfers in Form der Rechtsgüterabwägung ankommen muss.

Führt der Täter bei dem Opfer eine Entscheidungssituation zwischen der Fortbewegungsfreiheit einerseits und einem sonstigen Rechtsgut andererseits herbei, die ohne die Tätereinwirkung zumindest derart nicht gegeben wäre, so ist der Täter für die Entscheidungsnot bei dem Betroffenen verantwortlich. Hieran kann bei der strafrechtlichen Würdigung angeknüpft werden, sodass nach bisherigem Stand immer dann, wenn der Täter das Opfer <u>durch seine Handlung</u> in eine Entscheidungsnot hinsichtlich seiner Rechtsgüter bringt, die zulasten der Fortbewegungsfreiheit ausgehen kann, eine dem Opfer unzumutbare Ausübung der Fortbewegung gegeben ist.

Zu betrachten ist jedoch auch die Situation, in der sich das Opfer bereits in der Entscheidungssituation befindet und der Täter diese Lage „lediglich" ausnutzt.

---

936 Siehe aber zum Schweregrad allein der Leibesgefahr unter **C.IV.4.c.(1)(d)**.

937 Siehe unter **C.IV.3.a.(1)(d)**.

Fall 15
Das Opfer befindet sich in einer Räumlichkeit, bezüglich deren einzigen Ausgangs das Opfer von der Möglichkeit ausgeht, dass dieser derart manipuliert sei, dass ihm bei Benutzung der Türklinke Stromschläge zugeführt werden. Es ist sich dessen jedoch nicht sicher. Der Täter weiß hingegen, dass der Ausgang ohne Mühen, insbesondere ohne das Erleiden von Stromschlägen, benutzbar ist. Das Opfer befindet sich somit bereits in einer (vermeintlichen) Entscheidungsnot, die nicht von dem Täter herbeigeführt wurde.

Fall 15a
Der Täter bestätigt das Opfer durch List in der Annahme, dass die Möglichkeit der Manipulation der Türklinke bestehe, ohne dabei letzte Zweifel des Opfers zu beseitigen oder dessen unzutreffendem Vorstellungsbild weitere unrichtige Einzelheiten hinzuzufügen.

(i) Das Opfer ist taugliches Tatobjekt einer Freiheitsberaubung.
(ii) Der Täter handelt listig.
(iii) Fraglich ist, ob das Opfer seiner Fortbewegungsfreiheit beraubt ist. Diesbezüglich ist festzuhalten, dass nach einhelliger Auffassung eine Freiheitsberaubung auch dann gegeben sein kann, wenn das Opfer in einem bereits beschränkten Bewegungsraum weiter eingeschränkt wird.[938] Es hindert daher nicht, dass sich das Opfer bereits vor dem Kontakt mit dem Täter in der Räumlichkeit befindet.
Zuzugeben ist aber ebenso, dass in dem vorliegenden Fall eine weitere räumliche Einschränkung der Fortbewegungsfreiheit durch den Täter nicht erfolgt, da dieser schlichtweg die bereits bestehende Unkenntnis des Opfers von der mühelosen Fortbewegung ausnutzt und es in dieser Unkenntnis bestätigt.
Darüber hinaus ist festzustellen, dass es bereits nach der Äquivalenztheorie an der Kausalität fehlt.[939] Die bloße Bestätigung des Opfers in seiner Unkenntnis von der Benutzbarkeit des Ausgangs kann hinweggedacht werden; das Opfer würde weiterhin unter denselben Voraussetzungen in der Räumlichkeit verweilen. Das Täterverhalten führt insofern keinen qualitativ anderen Erfolg herbei. Es bedarf daher keines Rückgriffes auf die Verantwortlichkeit des Täters. Die bloße Bestätigung des Irrtums ist somit nicht kausal für den Freiheitsentzug in seiner konkreten Gestalt. Der Täter hat den objektiven Tatbestand des § 239 I Alt. 2 StGB folglich nicht erfüllt.

Fall 15b
In diesem Fall bestärkt der Täter das Opfer durch List in dessen Annahme. Dies geschieht etwa dadurch, dass der Täter behauptet, gesehen zu haben, wie bereits andere Menschen aufgrund der manipulierten Tür Stromschläge erlitten hätten. Er kann aber beispielsweise auch gegenüber dem Opfer bekunden, dass die Tür insgesamt für fünf Stunden manipuliert sei.

---

938 Siehe etwa *Hilgendorf*, in: A/W/H/H, ³2015, § 9 Rn. 18; *Schluckebier*, in: LK StGB, Bd. 7/2, ¹²2015, § 239 Rn. 12; *Maurach/Schroeder/Maiwald*, BT/1, ¹⁰2009, § 14 Rn. 4; *Wieck-Noodt*, in: MüKo StGB, Bd. 4, ³2017, § 239 Rn. 25.

939 So auch *Hohmann/Sander*, BT I, ³2011, § 11 Rn. 50.

(i) Das Opfer ist taugliches Tatobjekt einer Freiheitsberaubung.

(ii) Der Täter handelt listig.

(iii) Im Rahmen der Prüfung des Erfolgseintritts ist zunächst festzuhalten, dass das Opfer eine Rechtsgüterabwägung vornehmen muss, die zulasten der Fortbewegungsfreiheit ausgehen kann. Der Täter ist in dem Fall der Irrtums-verstärkung allerdings nicht für diese Entscheidungssituation verantwortlich. Fraglich ist, ob dennoch die Erfolgsherbeiführung eines Freiheitsentzugs durch den Täter vorliegen kann, mithin, ob das Erfordernis einer Rechtsgüterabwägung bei dem Opfer mit der Verantwortlichkeit des Täters für die Entscheidungssituation verknüpft ist.

Zu beachten ist, dass die Beseitigung letzter Zweifel bzw. das Hinzufügen von Unrichtigkeiten zur Vorstellung des Opfers dieses zumindest in zeitlicher Hinsicht an der Ausübung seiner Fortbewegungsfreiheit hindern kann. Der Täter ändert die Entscheidungssituation des Betroffenen: Verweilt das Opfer (weiterhin) an seinem Aufenthaltsort, weil seine Zweifel an der Möglichkeit der Fortbewegung durch den Täter wesentlich verstärkt oder sogar zur Gewissheit über die Unzumutbarkeit des Verlassens verdichtet wurden, so ist die Nichtausübung der körperlichen Bewegungsfreiheit – auch bei fehlender Herbeiführung der Entscheidungsnot – ab dem Zeitpunkt des Einwirkens durch den Täter zumindest auch auf diesen zurückzuführen. Diese Verantwortlichkeit für das weitere Verweilen des Betroffenen sollte strafrechtlich Berücksichtigung finden, sodass es nicht auf die (ursprünglich nicht bestehende) Verantwortlichkeit des Täters für die Herbeiführung der Entscheidungsnot des Opfers ankommen sollte.

Es muss vielmehr, insbesondere in Anlehnung an die Äquivalenztheorie, geprüft werden, ob das Opfer durch eine Handlung des Täters (= kausal) in der Ausübung seiner Fortbewegungsfreiheit zusätzlich beschränkt werden kann. Daher ist auf dritter Ebene im objektiven Tatbestand zu prüfen, ob das Täterverhalten einen qualitativ anderen Erfolg herbeiführt, indem es die Entscheidungssituation des Opfers verändert, mithin den bereits eingetretenen Freiheitsentzug konkretisiert. Eine Konkretisierung kann dabei in der Veränderung der Räumlichkeit – etwa durch Eingrenzung – bestehen, aber auch mittels Einwirkung auf die Gewissheit des Opfers im Hinblick auf den Erfolgseintritt geschehen. Letzteres ist etwa dann der Fall, wenn die Vorstellung des Opfers beeinträchtigt wird, indem der Täter einen Zeitraum des Verweilens bestimmt oder diesen ausdehnt. Zum anderen kann der Täter die (gegebenenfalls noch offene) Vorstellung des Opfers von der Möglichkeit der Fortbewegung maßgeblich beeinflussen, sodass sich etwa eine mögliche Beschränkung in eine tatsächlich bestehende wandelt. Erneut ist insofern darauf hinzuweisen, dass vor dem Hintergrund der Rechtssicherheit die Herbeiführung eines konkretisierten Erfolgs allein anhand eines objektiven Maßstabs zu beurteilen ist.

Auch wenn das Opfer vor dem Kontakt mit dem Täter bereits in der Räumlichkeit verweilte, ist damit vorliegend zu berücksichtigen, dass das Täterhandeln die Fehlvorstellung des Betroffenen – etwa infolge seiner Aussage, er habe bereits andere Menschen einen Stromschlag erleiden sehen, bzw. mit dem Hinzufügen der Unrichtigkeit, die Manipulation der Türklinke dauere über einen Zeitraum von fünf Stunden an, – verstärken kann und folglich einen qualitativ anderen Erfolg herbeiführt, indem der bisherige Freiheitsentzug konkretisiert wird. Dies ist innerhalb der Prüfung, ob der Erfolg des Freiheitsentzuges kausal eingetreten ist, zu beachten. Es ergibt sich somit Folgendes: Da die Behauptungen des Täters das Opfer zumindest in zeitlicher Hinsicht an der Ausübung seiner Fortbewegungsfreiheit hindern können, hat der Täter in diesen Fällen den Erfolg des Freiheitsentzugs herbeigeführt, ohne für die ursprüngliche Entscheidungsnot des Opfers verantwortlich zu sein.

Insgesamt gilt damit bisher, dass die Aufgabe der Fortbewegungsfreiheit dem Opfer immer dann nicht zumutbar ist, wenn das Opfer mit der Situation konfrontiert wird, eine Rechtsgüterabwägung, die zulasten der Fortbewegungsfreiheit ausgehen kann, vornehmen zu müssen. Dabei ist nicht erforderlich, dass der Täter die Entscheidungssituation herbeiführt. Vielmehr ist auch von Bedeutung, inwiefern die Entscheidungssituation von ihm in räumlicher und/oder in zeitlicher Hinsicht konkretisiert wird, um eine Kausalität seiner Handlung für den konkreten Erfolg des Freiheitsentzugs feststellen zu können. Nutzt der Täter hingegen allein die missliche Lage des Opfers aus, ohne die Entscheidungsnot des Opfers zu beeinträchtigen, mithin ohne eine Handlung vorzunehmen, die den Erfolg qualitativ verändert, ist diese mangels Kausalität nicht dem Risikobereich des Täters zuzuordnen. Eine Strafbarkeit entfällt.

(d) Das Kriterium der strafbewehrten Handlung

Der Bestimmung der Unzumutbarkeit allein anhand einer kausal auf den Täter zurückzuführenden Entscheidungssituation zwischen der Fortbewegungsfreiheit und einem anderen Rechtsgut bei dem Opfer kann vorgeworfen werden, den Taterfolg der Freiheitsberaubung zu sehr auszudehnen und gleichzeitig dem Begriff der Unzumutbarkeit nicht gerecht zu werden. Zu beachten ist hierbei einerseits der für ein Vergehen vergleichsweise hohe Strafrahmen mit einer Freiheitsstrafe von bis zu fünf Jahren;[940] dies spricht für eine tendenziell restriktive Auslegung. Andererseits ist auf den Erfolg des Freiheitsentzugs zu verweisen, sodass nicht jegliches Verhalten, durch das das Opfer mit einer Rechtsgüterabwägung konfrontiert wird, die zulasten der Fortbewegungsfreiheit ausgehen kann, als den Erfolg herbeizuführen geeignet angesehen werden sollte.

Als Einschränkung kommt in den Fallkonstellationen, in denen dem Opfer bei Ausübung der Fortbewegungsfreiheit eine mit einem Übel verbundene Handlungsalternative vorgespiegelt wird, eine Abgrenzung nach dem Kriterium der strafbewehrten Handlung in Betracht. Hiermit kann die Entscheidung, die dem

940 Siehe unter **B.II.1.d.(1)**.

Opfer auferlegt wird, gewichtet werden, um wiederum die Unzumutbarkeit der Entscheidung – in Abgrenzung zu einer zumutbaren Entscheidung – feststellen zu können. Zu prüfen ist, ob die Verwirklichung des vom Täter in Aussicht gestellten Übels den Grad einer (noch zu konkretisierenden) strafbewehrten Handlung erreicht. Kündigt der Täter ein Übel an, so ist dem Opfer die Beschränkung der Fortbewegungsfreiheit folglich immer dann nicht zumutbar, wenn die angekündigte Zufügung des Übels in einer bestimmten strafbaren Handlung besteht.

Zu beachten ist, dass die folgenden Ausführungen gleichermaßen gelten, wenn lediglich der Leib, nicht aber das Leben des Opfers (scheinbar) gefährdet ist. Eine Gefahr für den Leib besteht, wenn als Schaden der Eintritt einer nicht ganz unerheblichen Körperverletzung droht.[941] So wird auch in Bezug auf die Regelung des § 35 I 1 StGB infolge der Gleichstellung des Leibes mit dem Leben gefordert, dass es sich bei der Gefahr für den Leib nicht um völlig unerhebliche Beeinträchtigungen handeln darf.[942] Es sollte damit nicht etwa nur das Inaussichtstellen einer Hautrötung oder eines Kratzers genügen, um eine unzumutbare Entscheidung für die Fortbewegungsfreiheit zu begründen. Damit die der Freiheitsberaubung in der Abwägung gegenüberstehende (vermeintliche) Gefahr für den Leib gewichtet werden kann, ist insofern ebenfalls auf die Einschränkung über das Kriterium der strafbewehrten Handlung zurückzugreifen.[943] Damit begründet nicht jegliches Verhalten, durch das das Opfer zwischen der Fortbewegungsfreiheit einerseits und dem Leib andererseits abwägen muss, den Erfolg des Freiheitsentzugs. Das Erfordernis des Erfolgs eines Freiheitsentzugs sowie die Erwägung einer restriktiven Auslegung rechtfertigen es vielmehr, bei einer Leibesgefahr, ohne dass mit dieser eine Lebensgefahr einhergeht, gleichermaßen eine Gewichtung der (vermeintlichen) Gefährdung anhand des Kriteriums der strafbewehrten Handlung vorzunehmen.

Das Abstellen auf das Kriterium der strafbewehrten Handlung kann zum einen damit begründet werden, dass sich das Opfer in diesen Fällen tatsächlich in einer „Zwickmühle“ zwischen gleichermaßen vom Strafgesetzbuch geschützten Rechts-

941 *Kindhäuser*, in: K/N/P, [5]2017, § 249 Rn. 6; *Sander*, in: MüKo StGB, Bd. 4, [3]2017, § 249 Rn. 21.

942 **H.M.**, siehe etwa *Kühl*, in: L/K, [28]2014, § 35 Rn. 3; *Perron*, in: Sch/Schr, [29]2014, § 35 Rn. 6/7.

943 Zugegebenermaßen können nach der Definition der Leibesgefahr nur unerhebliche Körperverletzungen eine solche nicht begründen, sodass damit bereits einfachste Körperverletzungen nicht in die Entscheidung einfließen. Die Anknüpfung an das Merkmal der strafbewehrten Handlung bietet jedoch einen objektiven Maßstab zur Gewichtung der Erheblichkeit. Dieser ist daher anzuwenden.

gütern befindet, sodass von einer nicht autonomen, unzumutbaren Entscheidung, mithin von einem Entzug der Fortbewegungsfreiheit ausgegangen werden kann. Außerdem bietet das Kriterium der strafbewehrten Handlung einen objektiven Maßstab zur Behandlung der Fälle einer listigen Freiheitsberaubung.

Im Rahmen der Prüfung der (hypothetischen) Strafbarkeit des Täters bei Verwirklichung des angekündigten Übels genügt dabei die Untersuchung, ob der Täter den objektiven Tatbestand einer Straftat verwirklichen würde. Es ist keine umfassende Inzidentprüfung der Strafbarkeit erforderlich. Das Abstellen auf den objektiven Tatbestand ist insofern zur Gewichtung der Schwere der Entscheidung des Betroffenen ausreichend. Hiermit können objektiv nachvollziehbare und somit der Rechtssicherheit dienende Ergebnisse erzielt werden.

(aa) Die Konkretisierung der strafbewehrten Handlung

Um dem Ziel einer restriktiven Auslegung bzw. der Nichtüberdehnung der Strafbarkeit tatsächlich gerecht zu werden, genügt nicht jedes hypothetisch strafbare Handeln. Vielmehr muss dieses Handeln von einer gewissen Schwere und dazu geeignet sein, das Opfer an der Nichtausübung seiner Fortbewegungsfreiheit aufgrund der Unzumutbarkeit zu hindern. Das Kriterium der strafbewehrten Handlung muss daher konkretisiert werden.

Dem Opfer wird eine unzumutbare Alternative aufgezeigt, wenn sich die hypothetische Straftat zum einen nicht nur gegen die Allgemeinheit richtet. Das Opfer muss vielmehr individuell betroffen sein, da lediglich in diesem Fall sichergestellt ist, dass das Interesse und die freie Entfaltung des Einzelnen tangiert sind, sich dieser mithin in einer „Zwickmühle“ befindet. Eine solche individuelle Betroffenheit ist zunächst gegeben, wenn das Opfer in einem seiner Individualrechtsgüter – zum Beispiel der Ehre, dem Eigentum oder dem Vermögen – (scheinbar) gefährdet ist. Darüber hinaus kann der Täter aber auch die Verwirklichung eines allgemeingefährlichen Delikts ankündigen, die zugleich eine unmittelbare Gefährdung der Rechtsgüter des Opfers bedeutet, sodass dieses ebenfalls individuell betroffen ist. Es genügt insofern beispielsweise nicht, wenn dem Betroffenen bei Ausübung seiner Fortbewegungsfreiheit die Beeinträchtigung der natürlichen Lebensgrundlage des Menschen im Sinne der §§ 324 ff. StGB, die als strafrechtlich geschütztes Allgemeininteresse einzuordnen ist,[944] in Aussicht gestellt wird. Etwas anderes gilt jedoch etwa in dem Fall, in dem der Täter Veränderungen der Luft im Sinne des § 325 I 1 StGB derart zu verursachen androht, dass die Luftverunreinigung einen Korrosionsschaden an dem Wohnhaus des Opfers herbei-

944 *Frister*, [7]2015, Kap. 3 Rn. 20.

führen würde. In diesem Fall ist das Opfer nicht nur als Teil der Allgemeinheit, vielmehr dessen Eigentum unmittelbar gefährdet, sodass auch eine individuelle Betroffenheit vorliegt, die dem Opfer eine Entscheidung zugunsten oder zulasten der körperlichen Bewegungsfreiheit unzumutbar machen kann.

Für eine Einschränkung bietet sich andererseits eine Orientierung am Strafrahmen der hypothetisch verwirklichten Tat an, da dieser eine gesetzliche Wertung hinsichtlich des abstrakten Schwere- und Unrechtsgehaltes der einzelnen Tatbestände liefert.[945] Die Höhe des vom Gesetzgeber gewählten Strafrahmens bringt zum Ausdruck, ob ein Delikt abstrakt eine leichte oder eine schwere Straftat begründet.[946] Vor diesem Hintergrund ist von einer Unzumutbarkeit, mithin von einem Freiheitsentzug auszugehen, wenn der Ausübung der Fortbewegungsfreiheit (vermeintlich) die Realisierung eines hinreichend schweren Delikts gegenübersteht.

Damit ist zu bestimmen, ab wann ein Straftatbestand als „hinreichend schwer" in diesem Sinne eingestuft werden kann. Da der Tatbestand des § 239 I StGB selbst keine Mindestfreiheitsstrafe von einem Jahr vorsieht, sollte es auch für die Entscheidung des Opfers zwischen der Fortbewegungsfreiheit und einem Rechtsgut, das (vermeintlich) infolge einer strafbewehrten Handlung bedroht ist, keines hypothetischen Verbrechens bedürfen; auch ein Vergehen kann genügen.

Zur Konkretisierung der strafbewehrten Handlung wird vielmehr an die vorgesehene Höchststrafe in Form der Freiheitsstrafe angeknüpft. Um die Objektivität des Kriteriums der strafbewehrten Handlung zu wahren, ist dabei nicht die im konkreten Fall verhängte Strafhöhe und -art maßgebend. Es geht allein um den in dem Tatbestand vorgesehenen abstrakten Strafrahmen ohne Rücksicht auf Schärfungen oder Milderungen, die für besonders schwere oder minder schwere Fälle vorgesehen sind.

Die Frage, ob Qualifikationsverwirklichungen, die zu einem erhöhten Höchststrafmaß führen, im Rahmen der Entscheidung, ob dem Opfer eine unzumutbare Handlungsalternative geboten wird, Berücksichtigung finden müssen, kann dabei nicht einheitlich beantwortet werden, da nicht jede tatbestandliche Abwandlung den Druck auf das Opfer erhöht und damit die Unzumutbarkeit beeinflusst. Wenn § 244 I Nr. 1, Nr. 2 StGB etwa mit dem Beisichführen einer Waffe, eines gefährlichen Werkzeugs oder sonst eines Werkzeuges oder Mittels zur Wider-

945 *Schott*, 2004, S. 31; ähnlich auch *Stree/Kinzig*, in: Sch/Schr, ^{29}2014, Vorb. §§ 38 ff. Rn. 40: „Der Strafrahmen vermittelt einen verbindlichen Eindruck des Unwertgehalts".

946 BGHSt 27, 2 (3) v. 13.09.1976; *Frister*, ^{7}2015, Kap. 6 Rn. 16; *Kindhäuser*, NK StGB, ^{7}2017, § 46 Rn. 8; *Eschelbach*, in: S/S/W, ^{3}2016, § 46 Rn. 65.

standsüberwindung Diebstahlsbegehungen erfasst, mit denen eine erhöhte Gefährdung des Opfers einhergeht,[947] so erscheint es nachvollziehbar, das Strafmaß des Qualifikationstatbestandes für die Beurteilung der Unzumutbarkeit zugrunde zu legen. Die (scheinbare) Gefährdung des Betroffenen ist erhöht, sodass auch die Entscheidungssituation eine andere ist. Ist jedoch die Strafbarkeit der Verletzung der Vertraulichkeit des Wortes in § 201 III StGB gegenüber der Strafbarkeit gemäß § 201 I, II StGB lediglich deswegen erhöht, weil die Tat von einem Amtsträger oder von einem für den öffentlichen Dienst besonders Verpflichteten begangen wird, so verändert sich dadurch die Entscheidungssituation des Betroffenen nicht. Vielmehr knüpft die Strafbarkeit der Qualifikation des § 201 III StGB an die erhöhte Verwerflichkeit der Begehung durch eine Person im Sinne des § 11 I Nr. 2, Nr. 4 StGB an, die allerdings für die Entscheidung des Opfers und insbesondere die Beurteilung der Drucksituation, der der Betroffene ausgesetzt ist, keinen Einfluss hat.[948] Entsprechend verhält es sich, wenn der Täter die Tat gewerbsmäßig begeht. Der Grund für den erhöhten Strafrahmen des § 260 I Nr. 1 StGB gegenüber dem des § 259 I StGB besteht darin, dass der gewerbsmäßige Hehler infolge seiner Bereitschaft, regelmäßig Deliktsgut abzunehmen, im Gegensatz zu dem Gelegenheitshehler einen andauernden Anreiz für die Begehung von Diebstahlstaten bietet.[949] Auch insofern wird die Entscheidungssituation des Opfers nicht in dem Sinne beeinträchtigt, dass sich der Druck, der das Opfer an der Ausübung seiner Fortbewegungsfreiheit hindert, erhöht. Ebenso beruht die qualifizierte Bestrafung der Bandenhehlerei in § 260 I Nr. 2 StGB auf der Überlegung, dass infolge der organisatorischen Verbundenheit ein größeres Risiko für die Begehung weiterer Rechtsgutsverletzungen besteht; die organisierte Kriminalität soll zurückgedrängt werden.[950] Eine erhöhte Gefährlichkeit ergibt sich für

---

947 *Schmitz*, in: MüKo StGB, Bd. 4, ^{3}2017, § 244 Rn. 3.

948 Im Einzelnen ist das Rechtsgut der Amtsdelikte umstritten. So wird als dieses etwa die Ordnungsgemäßheit der Amtsführung, die Funktionsfähigkeit staatlicher Verwaltung oder das Vertrauen der Allgemeinheit in die Reinheit der Amtsführung angesehen, siehe *Heinrich*, 2000, S. 209 ff., insb. S. 234 ff. Einer Entscheidung bedarf es vorliegend allerdings nicht. Insofern ist nur maßgeblich, dass die Qualifizierung der Amtsdelikte nicht in einer erhöhten Drucksituation für das Opfer – etwa infolge einer erhöhten Gefährdung – begründet liegt, sondern allein auf der besonderen Eigenschaft des Täters als Amtsträger oder als für den öffentlichen Dienst besonders Verpflichteter beruht.

949 *Ruhmannseder*, in: BeckOK StGB, Std.: 01.11.2017, § 260 Rn. 1; *Altenhain*, in: K/N/P, ^{5}2017, § 260 Rn. 1; *Dietmeier*, in: M/R, 2013, § 260 Rn. 1; *Maier*, in: MüKo StGB, Bd. 4, ^{3}2017, § 260 Rn. 2.

950 *Altenhain*, in: K/N/P, ^{5}2017, § 260 Rn. 1; *Dietmeier*, in: M/R, 2013, § 260 Rn. 1.

das Opfer hingegen nicht, sodass die Beurteilung der Unzumutbarkeit anhand des Strafmaßes des § 259 I StGB erfolgt.

Insgesamt ergibt sich somit, dass für die Frage, ob bei der Anwendung des Kriteriums der strafbewehrten Handlung im Sinne der Anknüpfung an das Höchststrafmaß auf den Grund- oder den Qualifikationstatbestand abgestellt werden muss, die Schutzrichtung des Qualifikationstatbestandes maßgeblich ist. Erhöht sich durch die qualifizierende Begehung der Entscheidungsdruck, der auf dem Opfer lastet, indem dieses sich einer erhöhten Gefährlichkeit ausgesetzt sieht, so ist das qualifizierte Höchststrafmaß entscheidend. Beruht die Qualifikation hingegen auf Umständen, mit denen keine erhöhte Gefährdung des Betroffenen einhergeht – etwa weil der Täter ein besonderes persönliches Merkmal aufweist oder fortlaufend bzw. organisiert tätig wird –, so dient als Basis der Beurteilung das Höchststrafmaß des Grundtatbestands.[951]

Bezüglich des Höchststrafmaßes lässt sich dem Gesetz folgende Kategorisierung entnehmen: Es gibt Delikte mit einem Strafrahmen bis zu sechs Monaten sowie bis zu einem, zwei, drei, fünf, zehn und 15 Jahren Freiheitsstrafe.[952] Dass alle Handlungen, die zu einer Höchststrafe führen können, die den Strafrahmen der Freiheitsberaubung übersteigt, infolge der Schwere eine für den Betroffenen unzumutbare Entscheidung begründen, ist nachvollziehbar, sodass in jedem Fall strafbewehrte Handlungen erfasst sind, die ein Höchstmaß von mehr als fünf Jahren Freiheitsstrafe vorsehen. Es bietet sich allerdings an, auch solche strafbewehrten Handlungen zu berücksichtigen, die einen Höchststrafrahmen von genau fünf Jahren Freiheitsstrafe ausweisen, da der Gesetzgeber abstrakt dem Rechtsgut der Fortbewegungsfreiheit den gleichen Schutz zukommen lässt wie dem vermeintlich gefährdeten Rechtsgut. Sodann kann von einer „Zwickmühle" des Opfers und folglich von einer unzumutbaren Entscheidung ausgegangen werden.

---

951 Die Frage, ob an den Grund- oder an den Qualifikationstatbestand angeknüpft wird, ist allerdings in der Regel nicht relevant. Sowohl der Diebstahl nach § 242 I StGB als auch die Hehlerei nach § 259 I StGB weisen etwa bereits einen Höchststrafrahmen von fünf Jahren – siehe hierzu **sogleich im Text** – aus, sodass die für die Unzumutbarkeit erforderliche Schwere erreicht ist, ohne dass es auf die Qualifikation ankommt. In Ausnahmefällen – wie etwa dem des § 201 StGB – führt jedoch die Qualifikation zur Überschreitung der Schwelle der Unzumutbarkeit, sodass geprüft werden muss, inwiefern die Qualifikation einen erhöhten Entscheidungsdruck bei dem Opfer herbeiführt.

952 Zu einer Systematisierung nach dem Höchststrafmaß siehe *Montenbruck*, 1983, S. 48 ff.

Es kann somit festgehalten werden, dass das Opfer einer unzumutbaren Entscheidung ausgesetzt ist, wenn der Täter ihm als Handlungsalternative ein Übel in Aussicht stellt, dessen Verwirklichung objektiv eine – gegebenenfalls qualifizierte – Straftat begründen würde, von der das Opfer individuell betroffen und die mit einem Höchststrafmaß von mindestens fünf Jahren ausgewiesen ist.

(bb) Die Verletzungshandlung seitens des Opfers

Zu berücksichtigen ist aber, dass listiges Verhalten Konstellationen erfasst, in denen das der Fortbewegungsfreiheit gegenüberstehende Rechtsgut bei der Entscheidung für die körperliche Bewegungsfreiheit nicht durch den Täter verletzt werden würde.

Teilweise sind Fallkonstellationen vorstellbar, in denen die Verletzungshandlung durch das Opfer selbst vorgenommen werden würde. So müsste etwa derjenige, der einen Raum nur über eine Tür verlassen kann, von deren Klinke bei Benutzung vermeintlich Stromschläge abgegeben werden, den Türgriff selbst bedienen. In solchen Fällen könnte es dem Kriterium der strafbewehrten Handlung an einer Anknüpfungshandlung des Täters fehlen.

Mit Rückgriff auf die Grundsätze der mittelbaren Täterschaft nach § 25 I Alt. 2 StGB kann aber auch in diesen Fallkonstellationen geprüft werden, ob sich das Opfer einer es individuell betreffenden strafbewehrten Handlung mit einem Höchststrafmaß von mindestens fünf Jahren gegenübersieht: Es muss beachtet werden, dass die für das Opfer bestehende Entscheidungssituation zwischen zwei Rechtsgütern auf den Handelnden zurückzuführen ist. Der Handelnde könnte dabei im Rahmen der (hypothetischen) Realisierung der Handlungsalternative, mithin bei Wahrnehmung der körperlichen Bewegungsfreiheit auf das Opfer einen das Geschehen derart beherrschenden Druck ausüben, dass er (hypothetisch) als mittelbarer Täter anzusehen ist.

Hierzu gilt nach dem von *Roxin* entwickelten Verantwortungsprinzip, dass der vom Hintermann ausgeübte Druck dann herrschaftsbegründend ist, sobald er den Voraussetzungen des § 35 I StGB entspricht.[953] Eine Tatbegehung in mittelbarer Täterschaft wäre folglich anzunehmen, wenn der Vordermann einem die Schwelle des § 35 I StGB erreichenden Druck ausgesetzt ist.[954] Da in den behandelten Fallkonstellationen stets die Ausübung der Fortbewegungsfreiheit gefährdet ist und § 35 I StGB eben diese Freiheit – neben Leib und Leben – schützt, könnte insofern an eine (mittelbare) Handlung des Täters angeknüpft werden. Diese müsste den

953 *Roxin*, AT II, 2003, § 25 Rn. 48.

954 Siehe etwa *Kühl*, [8]2017, § 20 Rn. 64; *Rengier*, AT, [9]2017, § 43 Rn. 45.

Grad eines unter Strafe gestellten, bereits konkretisierten Verhaltens erreichen, um tauglich zu sein, das Opfer in eine unzumutbare Entscheidungssituation zu bringen. Wird jedoch herrschend auf die Voraussetzungen der Einwilligung zurückgegriffen,[955] so ist im Rahmen der mittelbaren Täterschaft danach zu fragen, ob eine Selbstschädigung im Sinne eines „Akt[s] wirklicher Selbstbestimmung" gegeben ist,[956] um eine Beherrschung des Opfers durch den Täter abzulehnen. Eine Beherrschung ist allerdings in den vorliegend zu untersuchenden Konstellationen gerade anzunehmen, da die Entscheidung gegen die Ausübung der Fortbewegungsfreiheit zugleich eine Entscheidung für den Schutz des anderen Rechtsgutes darstellt, dieses gerade – wie hypothetisch geprüft wird – nicht geschädigt werden soll. Eine selbstbestimmte Entscheidung kann daher nicht angenommen werden. Folglich ist auch dann, wenn der überwiegenden Ansicht zur Bestimmung einer mittelbaren Täterschaft bei beherrschendem Druck gefolgt wird, eine Anknüpfungshandlung des Täters gegeben.

Fall 8 (Forts.)[957]

(i) Der Nacktbadende ist taugliches Tatobjekt einer Freiheitsberaubung.

(ii) Der Täter handelt listig.

(iii) Fraglich ist, ob der Erfolg des Freiheitsentzuges eingetreten ist. Hierzu ist zunächst festzustellen, dass dem Nacktbadenden im Hinblick auf die Einschränkung seiner Fortbewegungsfreiheit eine Handlungsalternative in Form des unbekleideten Verlassens seines Aufenthaltsortes geboten wird. Der Betroffene muss sich folglich zwischen zwei Rechtsgütern – der Fortbewegungsfreiheit und seiner Ehre – entscheiden. Zu untersuchen ist, ob dem Nacktbadenden diese Entscheidung unzumutbar ist.

Unter Verwendung des Kriteriums der strafbewehrten Handlung muss geprüft werden, ob die Realisierung der Handlungsalternative den objektiven Tatbestand einer Straftat begründen würde, durch die das Opfer individuell betroffen ist und die ein Höchststrafmaß von mindestens fünf Jahren ausweist.

In Betracht kommt eine Ehrverletzung im Sinne der §§ 185 ff. StGB. Innerhalb dieser Prüfung ist problematisch, dass die (hypothetische) Verwirklichung der Handlungsalternative, folglich die unbekleidete Veränderung des Aufenthaltsortes, nicht durch den Täter, sondern vielmehr durch das Opfer selbst geschehen würde.

---

955 Siehe Fn. 480.

956 *Krey/Esser*, [6]2016, § 11 Rn. 364. Zu beachten ist im Rahmen der Prüfung der mittelbaren Täterschaft, dass die Bestimmung der Unzumutbarkeit objektiv erfolgt, siehe bereits unter **C.IV.4.a.**, sodass es allein auf die (hypothetische) Realisierung des Übels ankommt, innerhalb dieser Prüfung aber noch nicht berücksichtigt wird, welche Entscheidung das konkrete Opfer tatsächlich trifft.

957 Siehe zum Fallbeispiel unter **B.II.1.b.**

Fraglich ist, ob dennoch – mit Rückgriff auf die Grundsätze der mittelbaren Täterschaft nach § 25 I Alt. 2 StGB – eine Anknüpfungshandlung des Täters gegeben ist. Hierzu ist festzuhalten, dass der Entscheidungsdruck, der auf dem Opfer lastet, die von § 35 I StGB gesetzte Grenze überschreitet und die Nichtausübung der Fortbewegungsfreiheit zugleich eine Entscheidung für den Ehrschutz begründet, sodass hinsichtlich des hypothetisch zu prüfenden unbekleideten Verlassens des Aufenthaltsortes ein selbstbestimmter Akt des Betroffenen abzulehnen ist. Der Täter nimmt damit eine beherrschende Stellung ein. Für die Anwendung des Kriteriums der strafbewehrten Handlung in mittelbarer Täterschaft kann folglich an eine (hypothetische) Handlung des Täters angeknüpft werden. Das listige Entwenden der Kleidung ist insofern grundsätzlich erfolgstauglich im Sinne von § 239 I Alt. 2 StGB.[958]

Mangels einer Tatsachenbehauptung oder -verbreitung kommt als zu prüfendes Delikt allerdings „lediglich" § 185 StGB in Betracht. Insofern ist zwar eine das Individualrechtsgut der Ehre schützende Tat gegeben, sodass die individuelle Betroffenheit vorliegt. Zu beachten ist jedoch, dass der Grundtatbestand der Beleidigung „nur" ein Höchststrafmaß von einem Jahr ausweist. Die Entscheidung, die dem Opfer durch den Täter geboten wird, ist somit nicht unzumutbar. Der Erfolg des Freiheitsentzugs in Form einer unzumutbaren Entscheidungssituation für das Opfer tritt daher nicht ein.[959]

---

958 Einer solch ausführlichen Prüfung bedarf es in der Regel nicht, da bei der objektiv zu prüfenden Entscheidung gegen die Fortbewegungsfreiheit stets beide Ansichten zur Annahme einer beherrschenden Stellung des Täters führen werden.

959 Überlegt werden kann zusätzlich, ob in dem Fall, in dem das Opferverhalten dem Täter zuzurechnen ist und das Opferverhalten selbst wiederum den Tatbestand einer Straftat verwirklicht (z. B. §§ 183, 183a StGB), auch diese Strafdrohung einzubeziehen ist (, die in dem vorliegenden Fall allerdings ebenfalls unterhalb der Fünfjahresgrenze liegen würde). Insofern ist zuzugeben, dass der auf das Opfer ausgeübte Entscheidungsdruck noch verstärkt wird, wenn es sowohl selbst einen Angriff auf seine Rechtsgüter zu befürchten als auch selbst eine strafbare Handlung vorzunehmen hat. Es bedarf aber stets der Prüfung, ob die Vornahme der strafbaren Handlung noch in den Verantwortungsbereich des Täters fällt. Der Nacktbadende etwa müsste für eine Strafbarkeit nach § 183 StGB eine exhibitionistische Handlung vornehmen, d. h. sich durch das Vorzeigen seines entblößten Gliedes oder durch die Beobachtung der Reaktionen eines anderen sexuell erregen, seine sexuelle Erregung steigern oder sich befriedigen, vgl. *Hörnle*, in: MüKo StGB, Bd. 3, ^{3}2017, § 183 Rn. 6. Ist dies der Fall, kann wohl kaum noch von einer Verantwortung des Täters für diese Straftat ausgegangen werden, sodass auch eine Zurechnung im Sinne einer Hinzurechnung des Strafrahmens ausscheiden müsste. Wenn allerdings allein die Vornahme der vom Täter hervorgerufenen Handlung eine Straftatbegehung durch das Opfer begründet, ohne, dass es noch der Verwirklichung weiterer Unrechtsmerkmale durch das Opfer bedarf, ist eine Zurechnung möglich.

Zusammenfassend ist festzuhalten, dass das Kriterium der strafbewehrten Handlung auch anwendbar ist, wenn die Verletzungshandlung durch das Opfer selbst erfolgen würde. Es gelten die zu § 25 I Alt. 2 StGB aufgestellten Grundsätze.

(cc) Die Verletzungshandlung seitens eines Dritten

Zu betrachten sind darüber hinaus Fallkonstellationen, in denen das von dem Täter in Aussicht gestellte Übel nicht seinem Einflussbereich, sondern dem eines Dritten unterliegt, ohne dass der Täter auf den Willen dieses Dritten entscheidenden Einfluss zu haben vorgibt. Dies könnte, in Übereinstimmung mit der Behandlung einer Drohung, nicht geeignet sein, den Erfolg einer Freiheitsberaubung in Form einer unzumutbaren Fortbewegung herbeizuführen.

Für einen Gleichlauf in der Behandlung von List und Drohung besteht allerdings kein Bedürfnis: Während bei der Drohung die Möglichkeit des Täters, auf das Übel Einfluss zu haben, bereits in der Definition inbegriffen und damit für das Tatmittel zwingend erforderlich ist, bedarf es eines solchen Erfordernisses nach der Definition der List nicht. Es ist nicht ersichtlich, warum sodann das Erfordernis von der Ebene des Tatmittels auf die Ebene des Taterfolgs verlagert werden sollte. Von einer Freiheitsberaubung durch den Täter kann daher auch dann ausgegangen werden, wenn dem Opfer eine Rechtsgutsverletzung in Aussicht gestellt wird, auf die der Täter offensichtlich keinen Einfluss hat. Eine solche Freiheitsberaubung ist nur keine mittels Drohung.

Da nicht nachvollziehbar ist, inwiefern es für die Bestimmung einer freiwilligen oder unzumutbaren Entscheidung einen Unterschied machen soll, ob das Opfer ein Übel durch den Täter oder durch einen dem Einflussbereich des Täters entzogenen Dritten befürchten muss, ist in solchen Fallkonstellationen die Anwendung des Kriteriums der strafbewehrten Handlung möglich: Erreicht die dem Betroffenen vorgespiegelte Tat des Dritten objektiv den Grad einer das Opfer individuell betreffenden, mit einem Höchststrafmaß von mindestens fünf Jahren unter Strafe gestellten Tat, so ist dem Betroffenen die Ausübung seiner Fortbewegungsfreiheit unzumutbar.

Fall 7 (Forts.)[960]

(i) Der Betroffene ist taugliches Tatobjekt einer Freiheitsberaubung.

(ii) Der Täter handelt listig.

(iii) Fraglich ist, ob der Erfolg des Freiheitsentzugs eingetreten ist. Wird dem wohlhabenden Konkurrenten – um ihn für einige Zeit „außer Gefecht“ zu setzen – vorgespiegelt, ihm lauere eine Bande auf, die darauf warte, dass er seine Wohnung

960 Siehe zum Fallbeispiel unter **B.II.1.b.**

verlässt, um diese sodann plündern zu können, so muss sich dieser (scheinbar) zwischen seiner Fortbewegungsfreiheit einerseits und seinem Vermögen andererseits entscheiden. Den Betroffenen erwartet (vermeintlich) im Fall der Veränderung seines Aufenthaltsortes ein Diebstahl gemäß § 242 StGB in qualifizierter Form nach § 244 I Nr. 2 und/oder Nr. 3 StGB. Diese hypothetische Handlung des Dritten dient dem Schutz eines Individualrechtsguts, dem Vermögen, sodass die individuelle Betroffenheit vorliegt, und ist im Strafgesetzbuch mit einem Höchststrafmaß von zehn Jahren Freiheitsstrafe ausgewiesen. Es ist dem Betroffenen folglich unzumutbar, eine Entscheidung zu treffen. Der Erfolg des Freiheitsentzugs tritt ein.

Die Fälle, in denen der Täter dem Opfer mittels List bei Ausübung seiner Fortbewegungsfreiheit den Eintritt eines Übels durch einen Dritten in Aussicht stellt, können folglich gleichermaßen nach dem Kriterium der strafbewehrten Handlung behandelt werden.

(dd) Die Verletzungshandlung gegen einen Dritten

Es fragt sich zudem, ob eine Freiheitsentziehung auch dann anhand des Kriteriums der strafbewehrten Handlung eine Unzumutbarkeit begründen kann, wenn sich die hypothetisch zu prüfende Handlung nicht gegen das Opfer selbst, sondern gegen einen Dritten wendet.

Fall 6a

Im Grundsatz gestaltet sich der Fall wie der Fall 6.[961] In dieser Konstellation spiegelt der Ehemann seiner Ehefrau jedoch nicht wahrheitswidrig vor, dass ihr beim alleinigen Verlassen der Wohnung die Ausweisung droht. Vielmehr gibt er an, dass die Kinder der Ehefrau sodann – infolge der Annahme, die Ehefrau würde sich nicht hinreichend um diese sorgen – in ihr Heimatland, zugleich Krisengebiet, ausgewiesen werden würden, wo sich etwa die dort lebenden Großeltern um die Kinder kümmern können. Die Ehefrau glaubt ihrem Ehemann. Sie verbleibt daher mit ihren Kindern in der unverschlossenen Wohnung.

(i) Die Ehefrau ist taugliches Tatobjekt einer Freiheitsberaubung.

(ii) Der Ehemann handelt listig.

(iii) Fraglich ist, ob der Erfolg des Freiheitsentzugs eingetreten ist. Hierzu bedarf es einer unzumutbaren Ausübung der Fortbewegungsfreiheit für die Ehefrau.
Eine Gefahr für die Rechtsgüter Leib und Leben der Ehefrau selbst besteht bei Betätigung ihrer körperlichen Bewegungsfreiheit nicht. Fraglich ist aber, ob die für die Kinder der Ehefrau (vermeintlich) bestehende Gefahr für deren Rechtsgüter Leib und Leben, die bei Ausweisung besteht, eine Unzumutbarkeit bei der Ehefrau selbst begründet.
Zur Beantwortung dieser Frage kann zum einen ein Vergleich zur Drohung angestrengt werden, bezüglich derer anerkannt ist, dass sich das in Aussicht gestellte

961 Siehe zum Fallbeispiel unter **B.II.1.b.**

Übel auch gegen dritte Personen richten, dem Opfer aber zugleich ein Übel widerfahren kann,[962] sodass auch ein Freiheitsentzug mittels Drohung möglich erscheint, wenn im Falle der Realisierung der Drohung die Rechtsgüter eines Dritten betroffen sind. Folglich sollte grundsätzlich auch ein Freiheitsentzug mittels List in Betracht kommen, wenn das Opfer seine Fortbewegungsfreiheit aufgibt, um (vermeintlich) die Rechtsgüter eines Dritten zu schützen.

Zum anderen ist erneut die Norm des § 35 I 1 StGB heranzuziehen, die insofern zum Ausdruck bringt, dass eine Gefahr zumindest für einen Angehörigen oder eine dem Opfer sonst nahestehende Person einen vergleichbaren Druck bei dem Opfer erzeugt.[963] Eine „Zwickmühle" ist damit für das Opfer auch dann gegeben, wenn mit der Aufgabe der Fortbewegungsfreiheit (vermeintlich) der Schutz der Rechtsgüter eines Angehörigen oder einer dem Opfer sonst nahestehenden Person einhergeht. Die Aufgabe der körperlichen Bewegungsfreiheit als insofern nachvollziehbare Entscheidung darf für den Betroffenen nicht sinnlos werden. Unzumutbarkeit der Entscheidung für die Fortbewegungsfreiheit ist folglich auch immer dann gegeben, wenn mit dieser Entscheidung der Schutz von Leib und Leben eines Angehörigen oder einer dem Opfer sonst nahestehenden Person einhergeht. Besteht die (vermeintliche) Gefahr für ein Rechtsgut dieser Personengruppe unterhalb des Lebens, ist zur Gewichtung das Kriterium der strafbewehrten Handlung anzuwenden.

Die Ehefrau muss sich im Hinblick auf die Vorspiegelung, beim alleinigen Verlassen der Wohnung würden ihre Kinder in ihr Heimatland, zugleich Krisengebiet, ausgewiesen werden, (scheinbar) zwischen ihrer Fortbewegungsfreiheit und den Rechtsgütern Leib und Leben ihrer Kinder, die Angehörige im Sinne des § 11 I Nr. 1 lit. a StGB sind, entscheiden. Diese Entscheidung ist ihr unzumutbar. Somit tritt der Erfolg des Freiheitsentzugs ein.

Unzumutbarkeit kann daher auch dann gegeben sein, wenn sich die hypothetisch zu prüfende Handlung bei der Entscheidung für die Fortbewegungsfreiheit nicht gegen das Opfer selbst, sondern gegen einen Angehörigen oder eine dem Opfer sonst nahestehende Person wendet. Das Opfer ist hierbei dem gleichen Druck ausgesetzt wie bei einer Entscheidung in Bezug auf eigene Rechtsgüter, vgl. § 35 I 1 StGB. Ist das Leben einer in § 35 I 1 StGB aufgeführten Person gefährdet, tritt dabei stets Unzumutbarkeit ein. Andere (vermeintliche) Rechtsgütergefährdungen sind anhand des Kriteriums der strafbewehrten Handlung zu gewichten.

Offen ist somit allerdings noch, ob dem Opfer auch dann eine unzumutbare Entscheidung eröffnet werden kann, wenn die in die Abwägung gegen die Fort-

962 **H.M.**, siehe etwa BGHSt 16, 316 (318) v. 21.11.1961; *Valerius*, in: BeckOK StGB, Std.: 01.11.2017, § 240 Rn. 40; *Toepel*, in: K/N/P, [5]2017, § 240 Rn. 110 f.; *Heger*, in: L/K, [28]2014, § 240 Rn. 15; *Sinn*, in: MüKo StGB, Bd. 4, [3]2017, § 240 Rn. 84; *Eser/Eisele*, in: Sch/Schr, [29]2014, § 240 Rn. 11.

963 Siehe *Küper/Zopfs*, [9]2015, Rn. 166 (Fn. 19) in Bezug auf die Drohung.

bewegungsfreiheit einfließende Rechtsgütergefährdung für einen beliebigen Dritten außerhalb des Näheverhältnisses des § 35 I 1 StGB besteht. Fraglich ist insofern, ob die (vermeintliche) Rechtsgutsgefährdung eines Dritten bei dem Opfer selbst eine unzumutbare Entscheidung für dessen Fortbewegungsfreiheit hervorrufen kann.

Wird erneut das Meinungsbild zur Drohung herangezogen, die gleichermaßen den Erfolg des Freiheitsentzugs begründen kann, so ist bei einer Drohung mit einem Übel gegen einen beliebigen Dritten umstritten, ob jede Übelszuführung genügt oder diese eine bestimmte Schwelle überschreiten muss.[964] Vor dem Hintergrund, dass der Freiheitsentzug mittels List jedoch nicht nur verlangt, dass dem Opfer bei Ausübung seiner Fortbewegungsfreiheit irgendein Übel widerfährt, sich die Entscheidung für die körperliche Bewegungsfreiheit und damit gegen den Übeleintritt vielmehr als dem Opfer unzumutbar darstellen muss, und das Erfordernis eines Freiheitsentzugs in Form der Unzumutbarkeit der Unmöglichkeit der Fortbewegung im Falle des Einsperrens gleichsteht, wird insofern angenommen, dass eine (scheinbare) Rechtsgütergefährdung für einen beliebigen Dritten grundsätzlich nicht genügt, um eine unzumutbare Entscheidung bei dem Opfer hervorzurufen; der von § 239 I Alt. 2 StGB verlangte Erfolg der Freiheitsberaubung in Form einer unzumutbaren Entscheidung setzt einer (hypothetischen) Verletzungshandlung gegen einen beliebigen Dritten somit Grenzen.

Zugegebenermaßen kann ein in der Intensität vergleichbarer Druck bei dem Opfer in Form einer unzumutbaren Entscheidung aber zumindest auch dann begründet werden, wenn die Gefahr (vermeintlich) für die höchstpersönlichen Rechtsgüter Leib und Leben des Dritten besteht.[965] In einer solchen Situation erscheint die von dem Täter herbeigeführte Entscheidungssituation geeignet, das Opfer im Sinne des Täterverlangens zwingend dazu zu motivieren,[966] sich gegen seine Fortbewegungsfreiheit zu entscheiden. Für eine solche Ansicht kann wiederum die Norm des § 35 I 1 StGB herangezogen werden, die einen vergleichbaren Entscheidungsdruck von Gefahren für die Fortbewegungsfreiheit mit Gefahren für Leib und Leben erkennen lässt. Die von dem Täter in Aussicht gestellte Verletzung der Rechtsgüter für einen beliebigen Dritten erweckt damit nur in Fällen, in denen die Rechtsgüter Leib und Leben des Dritten betroffen sind, einen unzumutbaren Entscheidungsdruck bei dem Opfer. Ist allein der Leib des Dritten (vermeintlich) betroffen, ist dabei wiederum auf das Kriterium der

964 Siehe zum Meinungsstand *Küper/Zopfs*, 9 2015, Rn. 166, 176 m.w.N.

965 Siehe *Küper/Zopfs*, 9 2015, Rn. 176, in Bezug auf die Drohung.

966 Siehe BGH, Urteil v. 08.01.1987 – 1 StR 683/86, NStZ 1987, 222, 223 m.w.N., in Bezug auf die Drohung im Rahmen einer räuberischen Erpressung.

strafbewehrten Handlung zurückzugreifen. Einzugestehen ist allerdings, dass Fälle, in denen der Täter dem Opfer listig eine fehlende Möglichkeit der Ausübung der Fortbewegungsfreiheit in Form der Unzumutbarkeit vorspiegelt, weil die Wahrnehmung der körperlichen Bewegungsfreiheit (scheinbar) in die Verletzung der Rechtsgüter einer dritten Person mündet, insbesondere in Abgrenzung zum Freiheitsentzug mittels Drohung mehr theoretischer Natur, da nur selten vorstellbar sind.[967]

Zusammenfassend kann eine unzumutbare Entscheidung anhand des Kriteriums der strafbewehrten Handlung auch dann festgestellt werden, wenn sich die im Falle einer Entscheidung für die Fortbewegungsfreiheit realisierende Rechtsgutsgefährdung nicht gegen das Opfer selbst, sondern gegen einen Angehörigen, gegen eine sonst ihm nahestehende Person oder auch gegen einen beliebigen Dritten wendet. Um von einem Freiheitsentzug im Sinne der Unzumutbarkeit der Entscheidung für das Opfer ausgehen zu können, gilt dies im Hinblick auf eine Rechtsgutsgefährdung für einen Dritten aber nur dann, wenn die Rechtsgüter Leib und Leben betroffen sind.

(e) Die Gegenleistungsfälle

Letztlich müssen die Gegenleistungsfälle betrachtet werden. Gleichermaßen wie in den bisher untersuchten Fallkonstellationen treten hierbei verschiedene Rechtsgüter, von denen eines die Fortbewegungsfreiheit ist, in Beziehung zueinander. Im Unterschied zu den vorher genannten Fällen wird dem Betroffenen jedoch kein Übel in Aussicht gestellt, sondern vielmehr eine Gegenleistung versprochen. Als Übel könnte insofern nur die (spätere) Nichtgewährung der Gegenleistung gelten, die allerdings nicht in die (frühere) Entscheidung des Opfers einfließen und damit bei der Bestimmung der Unzumutbarkeit der Entscheidung keine Berücksichtigung finden kann.

Zu beachten ist, dass sich das Opfer bei der Entscheidung zwischen der Fortbewegungsfreiheit und der Mehrung seiner Rechtsgüter infolge einer Gegenleistung grundsätzlich nicht in einer „Zwickmühle" befindet. Auch wenn der Betroffene in den Gegenleistungsfällen seine Dispositionsfreiheit ausübt, muss untersucht werden, ob er mit dem Treffen einer Entscheidung gegen die Fortbewegungsfreiheit dieser Freiheit beraubt ist. Das Strafrecht schützt insofern grundsätzlich den Bestand aller Rechtsgüter, nicht aber nur potentiell dem Inhaber zukommende Güter, mithin die Vermehrung. Es besteht daher im Grundsatz nicht das gleiche

967 Zu einem möglichen Fallbeispiel siehe Fall 14 unter **C.IV.3.a.(3)** sowie **C.IV.4.c.(1) (e)**.

Schutzbedürfnis wie in den bisher diskutierten Fallkonstellationen, sodass eine Freiheitsberaubung grundsätzlich abzulehnen ist.

Fall 9 (Forts.)[968]

(i) Der Betroffene ist taugliches Tatobjekt einer Freiheitsberaubung.

(ii) Der Täter handelt listig.

(iii) Fraglich ist, ob der Betroffene seiner körperlichen Bewegungsfreiheit beraubt ist. Derjenige, der sich für ein Experiment – wahrheitswidrig gegen Entgelt – in einen unverschlossenen Raum begibt, sieht sich mit der Entscheidung konfrontiert, seine Fortbewegungsfreiheit mit der potentiellen Mehrung seines Vermögens abzuwägen. Entscheidet er sich gegen die Vermehrung, so erfährt er keine Einbuße seiner Rechtsgüter, sodass letztlich nicht von einer „Zwickmühle" ausgegangen werden kann, auch wenn dies aus grammatikalischer Sicht noch möglich war.[969] Es droht ihm insofern kein Übel. Vielmehr stellt sich erst im Nachhinein heraus, dass dem Opfer ein Übel widerfährt, indem die versprochene Gegenleistung nicht gewährt wird. Die Entscheidungssituation ist allerdings in dem Moment der Entscheidung, auf den es für die Feststellung der Unzumutbarkeit ankommt, derart offen, als dass der Ausgang der Entscheidung nicht bereits von Beginn an – infolge Unmöglichkeit oder Unzumutbarkeit – feststeht. Es kann daher aufgrund der Zumutbarkeit der Entscheidung nicht von dem Eintritt eines Freiheitsentzugs ausgegangen werden.

Fall 13 (Forts.)[970]

(i) A ist taugliches Tatobjekt einer Freiheitsberaubung.

(ii) B handelt listig.

(iii) Fraglich ist, ob A seiner Fortbewegungsfreiheit beraubt ist. Erklärt sich A bereit, (vermeintlich) für eine Gegenleistung in Höhe von 500 € eine Freiheitsstrafe anstelle des B abzusitzen, muss er zwischen der Ausübung seiner körperlichen Bewegungsfreiheit und der Mehrung seines Vermögens abwägen. Diese Entscheidung ist ihm weder unmöglich noch unzumutbar. Der Erfolg des Freiheitsentzuges tritt nicht ein.

Eine Ausnahme[971] in Bezug auf das Schutzbedürfnis des Opfers kommt jedoch in Betracht, wenn der Tausch der Fortbewegungsfreiheit nicht nur mit einer Verbes-

968 Siehe zum Fallbeispiel unter **B.II.1.b.**

969 Siehe unter **B.II.1.b.**

970 Siehe zum Fallbeispiel unter **C.IV.3.a.(1)(a)**.

971 Da für die Bestimmung der Unzumutbarkeit in den Gegenleistungsfällen auch die Abwendung einer Rechtsgutsgefährdung maßgeblich ist, müssen diese Fälle nicht als Ausnahme von dem Grundsatz, dass dem Opfer eine Handlungsalternative als Übelzufügung in Aussicht gestellt wird, angesehen werden. Sie werden vorliegend jedoch als eine solche behandelt, da die Gegenleistungsfälle primär mit der Mehrung des Rechtsgutsbestandes einhergehen und in der Lit. häufig als eigene Fallgruppe diskutiert werden.

serung, sondern auch mit einer Gefahrenbeseitigung in Bezug auf die Rechtsgüter des Opfers verbunden ist. Aus dieser Gefahrenbeseitigung ergibt sich die Nachvollziehbarkeit der Entscheidung gegen die Fortbewegungsfreiheit und für die angestrebte Verbesserung. Die Entscheidung ist dabei erneut stets unzumutbar, wenn mit ihr die (vermeintliche) Beseitigung einer Gefahr für die Rechtsgüter Leib und Leben einhergeht.

Fall 13a

A erklärt sich bereit, eine Freiheitsstrafe anstelle des B abzusitzen unter der Voraussetzung, dass dieser ihm seine – für A lebensnotwendige und in Betracht kommende – Niere spendet. B hat A über seine Bereitschaft und Fähigkeit zur Lebendspende getäuscht; er will und kann tatsächlich nicht spenden.

(i) A ist taugliches Tatobjekt einer Freiheitsberaubung.

(ii) B handelt listig.

(iii) Fraglich ist, ob A seiner Fortbewegungsfreiheit beraubt ist. Dies ist der Fall, wenn A einer unzumutbaren Entscheidung ausgesetzt ist.
Erklärt sich A bereit, (vermeintlich) für eine Gegenleistung in Form einer für ihn lebensnotwendigen Spenderniere eine Freiheitsstrafe anstelle des B abzusitzen, so musste er zuvor zwischen der Ausübung seiner körperlichen Bewegungsfreiheit und der Mehrung seiner Rechtsgüter Leib und Leben abwägen.
Einerseits könnte angenommen werden, dass dem Entschluss des A, ob er auf seine Fortbewegungsfreiheit verzichtet, in dem Moment der Entscheidung mangels drohender Rechtsgutseinbuße kein Übel entgegensteht, sodass ihm die Entscheidung zumutbar sein könnte. Zu beachten ist aber auch, dass die Mehrung der Rechtsgüter Leib und Leben zugleich mit einer Gefahrenbeseitigung verbunden ist, da die Spenderniere für A lebensnotwendig ist. Die Entscheidung zulasten der körperlichen Bewegungsfreiheit erscheint damit insbesondere mit Blick auf § 35 I 1 StGB und der in dieser Norm zum Ausdruck kommenden Wertigkeit der Rechtsgüter Leib und Leben nachvollziehbar. A befand sich in einer Entscheidungsnot, die er nicht nur zur Verbesserung, sondern auch zum Schutz seiner Rechtsgüter Leib und Leben auflöste. Der Erfolg des Freiheitsentzugs tritt daher in Form einer unzumutbaren Entscheidung ein, auch wenn die Entscheidung selbst nicht unmittelbar mit einer Übelzuführung verbunden ist.

Ist die Entscheidung des Opfers mit der (vermeintlichen) Beseitigung einer Gefahr für ein anderes Rechtsgut als das Leben verbunden, ist diese wiederum an dem bereits aufgestellten Kriterium der strafbewehrten Handlung zu messen.

Fall 14 (Forts.)[972]

(i) Der Betroffene ist taugliches Tatobjekt einer Freiheitsberaubung.

(ii) Der Arzt handelt listig.

---

972 Siehe zum Fallbeispiel unter **C.IV.3.a.(3)**.

(iii) Fraglich ist, ob dem Betroffenen die Fortbewegungsfreiheit entzogen wurde. Begibt sich der Betroffene in Quarantäne, weil ihm vorgespiegelt wird, er leide an einer ansteckenden Krankheit, so könnte die Aufgabe der Fortbewegungsfreiheit nicht mit einer Übelzufügung verbunden sein; das Begeben in Quarantäne dient der Verbesserung der Gesundheit des Opfers.

Zu berücksichtigen ist aber auch, dass die Entscheidung zulasten der Fortbewegungsfreiheit gleichzeitig die Beseitigung von Gefahren gegebenenfalls für das Leben, zumindest aber für den Leib von Dritten bedeutet. Das Opfer sieht sich folglich nicht nur mit einer Entscheidung zwischen der körperlichen Bewegungsfreiheit einerseits und der eigenen Gesundheit andererseits, sondern auch mit einer solchen zwischen der Fortbewegungsfreiheit und der (vermeintlichen) Beseitigung von Gefahren für Rechtsgüter von Dritten konfrontiert. An diese Entscheidung kann für die Feststellung der Unzumutbarkeit angeknüpft werden.

Dass insofern bei Realisierung der Handlungsalternative nicht das Opfer selbst (vermeintlich) gefährdet wäre, sich die angestrebte Gefahrenbeseitigung vielmehr auf Dritte bezieht, ergibt dabei in der Beurteilung der Unzumutbarkeit der Entscheidung keine Änderung, wenn es sich bei den zu schützenden Dritten um Angehörige oder sonst dem Opfer nahestehende Personen, aber auch um beliebige Dritte handelt und diese in den so wichtigen Rechtsgütern Leib und Leben betroffen sind, vgl. § 35 I 1 StGB. Eine solche Entscheidung kann gleichermaßen eine Unzumutbarkeit für das Opfer begründen.[973]

Bei einer Gefahrenbeseitigung in Bezug auf das Rechtsgut Leben ist dabei stets eine unzumutbare Entscheidung anzunehmen. Wenn von der ansteckenden Krankheit keine Lebensgefahr ausgeht und auch nicht abstrakt ausgehen kann, ist unter Verwendung des Kriteriums der strafbewehrten Handlung festzustellen, ob die Realisierung der Handlungsalternative den objektiven Tatbestand einer Straftat erfüllen würde, die eine individuelle Betroffenheit begründet und ein Höchststrafmaß von mindestens fünf Jahren ausweist.

Besteht allein eine Leibes-, nicht aber eine Lebensgefahr, so kommt als strafbewehrte Handlung eine gefährliche Körperverletzung im Sinne der §§ 223 I, 224 I Nr. 1 StGB in Betracht. Die (hypothetische) Verwirklichung der Handlungsalternative, folglich die Nichtbegebung in Quarantäne, würde dabei nicht durch den Täter, sondern vielmehr durch das Opfer selbst geschehen. Mit Rückgriff auf die Grundsätze der mittelbaren Täterschaft nach § 25 I Alt. 2 StGB ist aber dennoch eine Anknüpfungshandlung des Täters gegeben, da der Entscheidungsdruck, der auf dem Opfer lastet, die von § 35 I StGB gesetzte Grenze überschreitet und die Nichtausübung der Fortbewegungsfreiheit zugleich eine Entscheidung für den Schutz des Leibes von dritten Personen bedeutet, sodass hinsichtlich des hypothetisch zu prüfenden Fortbewegens des ansteckenden Opfers ein selbstbestimmter Akt abzulehnen ist. Der Täter nimmt eine beherrschende Stellung ein. Das listige Vorspiegeln, das Opfer

973 Siehe unter **C.IV.4.c.(1)(d)(dd)**.

müsse sich infolge einer ansteckenden Krankheit in Quarantäne begeben, ist damit grundsätzlich erfolgstauglich im Sinne von § 239 I Alt. 2 StGB.
Bei einer Ansteckung durch Bakterien oder Viren könnte in Form des Beibringens eines gesundheitsschädlichen Stoffes eine gefährliche Körperverletzung verwirklicht sein. Zwar geht mit der Qualifikation des § 224 I Nr. 2 StGB eine erhöhte Gefährdung des Opfers einher,[974] sodass der Strafrahmen des qualifizierten Delikts als Grundlage für die Bewertung der Zumutbarkeit dienen kann. Ob in der Ansteckung mit Viren oder Bakterien – die gegebenenfalls nur äußerliche Wirkungen bei dem Gegenüber herbeiführen – tatsächlich eine Beibringung eines gesundheitsschädlichen Stoffes gesehen werden kann,[975] kann aber letztlich dahinstehen, weil bereits das Delikt der einfachen Körperverletzung einen Höchststrafrahmen von fünf Jahren ausweist. Dieses schützt Individualrechtsgüter, insbesondere den Leib, sodass auch eine individuelle Betroffenheit angenommen werden kann. Wenn die Ansteckung durch die Krankheit daher mit körperlichen Beeinträchtigungen verbunden ist, durch die Schädigungen im Sinne des § 223 I StGB bei dritten Personen eintreten, ist die Entscheidung, die dem Opfer durch den Täter geboten wird, unzumutbar. Der Erfolg des Freiheitsentzugs tritt dann ein.

Die Behandlung der Frage, ob dem Opfer in den Gegenleistungsfällen strafrechtlicher Schutz durch § 239 I Alt. 2 StGB zukommt, erfolgt damit nicht einheitlich. Zu statuieren ist, dass eine Entscheidungssituation, die die Aufgabe der Fortbewegungsfreiheit von der Mehrung des Rechtsgutsbestandes abhängig macht, grundsätzlich keine Unzumutbarkeit begründet. Die Dispositionsfreiheit des Betroffenen wird insofern durch das Erfordernis des Eintritts einer Freiheitsberaubung als Taterfolg des § 239 I Alt. 2 StGB beschränkt. Eine Ausnahme ist jedoch dann anzunehmen, wenn das Opfer das Rechtsgut der körperlichen Bewegungsfreiheit „eintauscht" und dieser Tausch nicht nur mit einer Verbesserung, sondern auch mit einer Gefahrenbeseitigung verbunden ist. Die Gefahr für das Opfer muss dabei entweder im Hinblick auf das Rechtsgut Leben gegeben sein oder die Schwelle einer strafbewehrten Handlung mit einem Höchststrafrahmen von mindestens fünf Jahren überschreiten, wobei das Opfer auch individuell betroffen sein muss. Bei Unzumutbarkeit der Entscheidung für die Fortbewegungsfreiheit ergibt sich die Nachvollziehbarkeit der Entscheidungsfindung des Opfers; der Erfolg des Freiheitsentzugs tritt ein. Eine schlichtweg angestrebte Verbesserung

974 Siehe etwa BGHSt 19, 352 (353) v. 23.06.1964; *Paeffgen/Böse*, in: K/N/P, [5]2017, § 224 Rn. 2; *Kühl*, in: L/K, [28]2014, § 224 Rn. 1; *Stree/Sternberg-Lieben*, in: Sch/Schr, [29]2014, § 224 Rn. 1.

975 Ob es einer inneren Wirkung bedarf, ist umstritten; dies ablehnend etwa *Hardtung*, in: MüKo StGB, Bd. 4, [3]2017, § 224 Rn. 10 m.w.N.; dies annehmend etwa *Paeffgen/Böse*, in: K/N/P, [5]2017, § 224 Rn. 10.

der Rechtsgüter, ohne dass es eines Schutzes bedarf bzw. mit dieser Verbesserung eine Gefahrenbeseitigung einhergeht, begründet hingegen lediglich eine dem Opfer zumutbare Entscheidung, sodass in diesem Fall der Erfolg des § 239 I 1 Alt. 2 StGB nicht eintritt.

(2) Das Einverständnis des Opfers im Fall der Unzumutbarkeit

Liegt damit ein Maßstab für die Bestimmung der Unzumutbarkeit der Entscheidung für die Fortbewegung vor, ist nunmehr zu untersuchen, ob der Eintritt des Taterfolgs infolge eines wirksamen Einverständnisses entfallen kann.

(a) Das Einverständnis des Opfers bei einer zumutbaren Entscheidung

Zur Klarstellung wird zunächst die Behandlung des Einverständnisses im Falle einer zumutbaren Entscheidung dargestellt. Ist die Entscheidung zwischen zwei Rechtsgütern, wovon eines die Fortbewegungsfreiheit ist, dem Opfer zumutbar, tritt der Erfolg des § 239 I Alt. 2 StGB in Form eines Freiheitsentzugs nicht ein, sodass es mangels Verwirklichung des objektiven Tatbestands auf eine möglicherweise gegebene tatbestandsausschließende Zustimmung des Opfers nicht (mehr) ankommt.

Fall 13b

Im Grundsatz gestaltet sich dieser Fall wie der Fall 13.[976] Allerdings weiß A um die fehlende Zahlungsbereitschaft des B. Er glaubt jedoch, dass B infolge des Gefängnisaufenthalts schwere psychische Erkrankungen erleiden würde und möchte daher für diesen die Freiheitsstrafe absitzen. A gibt dem B gegenüber seine Kenntnis nicht preis.

(i) A ist taugliches Tatobjekt einer Freiheitsberaubung.

(ii) B handelt listig.

(iii) Fraglich ist, ob A seiner Fortbewegungsfreiheit beraubt ist. Dies ist der Fall, wenn A einer unzumutbaren Entscheidung ausgesetzt ist und die Freiheitsberaubung gegen oder zumindest ohne seinen Willen erfolgt.
Erklärt sich A bereit, (vermeintlich) für eine Gegenleistung in Höhe von 500 € eine Freiheitsstrafe anstelle des B abzusitzen, muss er zwischen der Ausübung seiner körperlichen Bewegungsfreiheit und der Mehrung seines Vermögens abwägen. Da dem Entschluss, ob A auf seine Fortbewegungsfreiheit verzichtet, in dem Moment der Entscheidung kein Übel entgegensteht, ist ihm die Entscheidung zumutbar. Der Erfolg des Freiheitsentzuges tritt nicht ein.
Dem objektiven Tatbestand des § 239 I Alt. 2 StGB fehlt es somit bereits am Erfolgseintritt. Es kann darüber hinaus zwar festgehalten werden, dass A dem Versprechen des B, ihm aufgrund des Absitzens der Strafe einen Geldbetrag in Höhe von 500 € zahlen zu können und zu wollen, keinen Glauben schenkt und sich vielmehr

---

976 Siehe zum Fallbeispiel unter **C.IV.3.a.(1)(a)**.

bewusst seiner Fortbewegungsfreiheit begibt, sodass das (zumutbare) Absitzen der Strafe für B mit dem Willen des A erfolgt. Dies hat jedoch keinen Einfluss (mehr) auf die Strafbarkeit des B wegen Freiheitsberaubung. Eine solche scheidet bereits mangels Erfolgseintritts aus.

Ein gegebenenfalls bestehendes tatbestandsausschließendes Einverständnis ist in den Fällen, in denen das Opfer mit einer zumutbaren Entscheidung konfrontiert ist, folglich nicht von Relevanz, da der objektive Tatbestand bereits mangels Eintritts des Taterfolgs des Freiheitsentzugs nicht verwirklicht wird. Das Kriterium der (Un-)Zumutbarkeit bringt insofern die Bewertung mit sich, dass listiges Täterhandeln, das nur zu einer dem Opfer zumutbaren Entscheidung im Hinblick auf die Ausübung seiner körperlichen Bewegungsfreiheit führt, diesem stets eine autonome Entscheidungsmöglichkeit belässt, da es bereits an einer Verletzung des Rechtsgutes fehlt. Wie das Opfer tatsächlich auf das Täterverhalten reagiert, ist mangels Erfolgseintritts irrelevant.

(b) Das Einverständnis des Opfers bei einer unzumutbaren Entscheidung

Vor dem Hintergrund, dass sich die Beurteilung an der Selbstbestimmung des Opfers orientiert, ist die Möglichkeit eines wirksamen Einverständnisses bei einer unzumutbaren Fortbewegungsalternative hingegen grundsätzlich abzulehnen, lässt eine unzumutbare Entscheidung doch gerade keine autonome Willensbildung zu. Entscheidet sich das Opfer gegen seine Fortbewegungsfreiheit, da ihm die Realisierung der (vermeintlichen) Alternative unzumutbar ist, kann nicht davon ausgegangen werden, dass das Opfer mit der Einschränkung seiner körperlichen Bewegungsfreiheit einverstanden ist. Eine Wahlmöglichkeit besteht infolge der Unzumutbarkeit der Entscheidung nicht. Der objektive Tatbestand der Freiheitsberaubung ist folglich erfüllt, sodass der Täter nach § 239 I StGB objektiv tatbestandsmäßig gehandelt hat.
Eine Ausnahme kann jedoch dann anzunehmen sein, wenn das Opfer den Schein der Alternativlosigkeit erkennt und dennoch freiwillig an seinem Aufenthaltsort verweilt. Dies ist wiederum der Fall, wenn dem Opfer bewusst ist, dass es in tatsächlicher Hinsicht die Möglichkeit zur Fortbewegung hat, ohne einen Nachteil zu erleiden, und dennoch infolge einer autonomen Entscheidung keinen Gebrauch von seiner Fortbewegungsfreiheit macht. Wenn das Opfer also die Umstände erkennt, die die (scheinbare) Unzumutbarkeit begründen, nimmt es mit seiner Entscheidung, dennoch in der Räumlichkeit zu verweilen, (konkludent) eine Zustimmung zu dem Eintritt des Freiheitsentzugs vor, die der Verwirklichung des objektiven Tatbestands des § 239 I StGB entgegensteht. In diesen Fallkonstellationen handelt der Täter zwar listig und führt (objektiv) mit der Schaffung

einer unzumutbaren Entscheidungssituation eine Freiheitsentziehung herbei. Verweilt das Opfer aber dennoch in der Räumlichkeit, obwohl es erkannt hat, dass die unzumutbare Entscheidung nur vorgespiegelt wurde, entfällt der Erfolg aufgrund eines wirksamen Einverständnisses des Opfers.

Fall 6b

Im Grundsatz gestaltet sich der Fall wie der Fall 6.[977] Nur diesmal ist die Ehefrau im Hinblick auf die deutsche Rechtslage nicht ahnungslos. Vielmehr weiß sie, dass ihr beim Verlassen der Räumlichkeit keine Ausweisung droht. Da sie jedoch ihren Ehemann liebt, ihn nicht verärgern will und sie sowieso nicht weiß, was sie ohne ihn unternehmen soll, verbleibt sie während seiner Abwesenheit in der Wohnung.

(i) Die Ehefrau ist taugliches Tatobjekt einer Freiheitsberaubung.

(ii) Der Ehemann handelt listig.

(iii) Fraglich ist, ob der Erfolg der Freiheitsberaubung eingetreten ist. Hierzu bedarf es einer unzumutbaren Ausübung der Fortbewegungsfreiheit gegen oder zumindest ohne den Willen des Opfers.

Der Ehemann spiegelt seiner Ehefrau beim Verlassen der gemeinsamen Wohnung eine für ihre Rechtsgüter Leib und Leben bestehende Gefahr vor, sodass ihr eine Entscheidungsnotwendigkeit zwischen der Fortbewegungsfreiheit und den Rechtsgütern Leib und Leben suggeriert wird. Eine solche Entscheidung ist aus der Sicht eines objektiven Dritten in der Position des Opfers aufgrund der Wertigkeit der der Fortbewegungsfreiheit entgegenstehenden Rechtsgüter unzumutbar. Damit tritt der Erfolg der Freiheitsberaubung ein.

Zu beachten ist jedoch, dass die Ehefrau der Vorspiegelung ihres Ehemannes nicht glaubt. Sie verweilt nicht aus Angst vor einer Ausweisung, sondern vielmehr aufgrund einer autonomen Entscheidung in der Wohnung. In diesem Verweilen kommt zum Ausdruck, dass die Ehefrau mit der Aufgabe ihrer Fortbewegungsfreiheit einverstanden ist, sodass sie eine innere Zustimmung abgegeben hat, die auch konkludent durch das Verweilen in der Räumlichkeit zum Ausdruck kommt. Sie besitzt darüber hinaus die Einverständnisfähigkeit. Da der Ehefrau die Umstände des Verweilens insofern bekannt sind, kann von einer selbstbestimmten Entscheidung ausgegangen werden, sodass das Einverständnis wirksam ist. Mit dem Verweilen in der gemeinsamen Wohnung wird damit deutlich, dass der Freiheitsentzug der Ehefrau nicht gegen oder ohne ihren Willen geschieht. Der objektive Tatbestand der Freiheitsberaubung ist folglich aufgrund des wirksamen Einverständnisses in den Freiheitsberaubungserfolg nicht erfüllt.

Die bloße Hinnahme der Nichtausübung der Bewegungsfreiheit kann hingegen nicht für ein wirksames Einverständnis genügen. Jegliche Willensmängel lassen die Wirksamkeit des Einverständnisses scheitern.

---

977 Siehe zum Fallbeispiel unter **B.II.1.b.**

Fall 6c

Grundsätzlich ist auch dieser Fall wie der Fall 6.[978] Gleichermaßen glaubt die Ehefrau ihrem Ehemann und verlässt infolge der Angst, ausgewiesen zu werden, nicht die gemeinsame Wohnung. Sie gestaltet sich die Zeit, in der ihr Ehemann nicht zu Hause ist, nach ihrem Belieben, legt sich neue Hobbys zu und genießt ihre freie Tagesplanung. Sie findet die deutsche Gesetzeslage, die ihr vermeintlich das alleinige Verlassen der ehelichen Wohnung verbietet, „nicht schlimm".

(i) Die Ehefrau ist taugliches Tatobjekt einer Freiheitsberaubung.

(ii) Der Ehemann handelt listig.

(iii) Fraglich ist, ob der Erfolg der Freiheitsberaubung eingetreten ist. Die Ehefrau, der vorgespiegelt wird, sie werde beim Verlassen der Wohnung in ihr Heimatland, zugleich Krisengebiet, ausgewiesen, muss sich (scheinbar) zwischen der Fortbewegungsfreiheit und ihren Rechtsgütern Leib und Leben, die bei Ausweisung bedroht sind, entscheiden. Diese Entscheidung ist ihr unzumutbar. Damit tritt der Erfolg des Freiheitsentzugs ein.
Ein Einverständnis in den Erfolgseintritt kann nicht allein darin gesehen werden, dass die Ehefrau mit der vermeintlich gegebenen Situation bestmöglich umgeht und sich ihre Freizeit in der unverschlossenen Wohnung nach eigenem Belieben gestaltet. Bedeutend ist, dass sie die Wohnung nicht verlässt, da sie der Fehlvorstellung unterliegt, bei Ausübung ihrer Fortbewegungsfreiheit ausgewiesen zu werden, und somit – trotz des guten Umgangs mit der Situation – eine unzumutbare Entscheidung für eine Ortsveränderung gegeben ist. Eine autonome Entscheidung kann nicht angenommen werden. Der objektive Tatbestand des § 239 I Alt. 2 StGB ist erfüllt.

Ein Einverständnis kann folglich in den Fällen, in denen dem Opfer eine Handlungsalternative geboten wird, nur dann zur Wirksamkeit gelangen, wenn der Betroffene die Vermeintlichkeit der Entscheidungssituation erkennt und sich daher nicht infolge der Unzumutbarkeit, sondern bewusst und insbesondere von Willensmängeln unbeeinflusst gegen seine Fortbewegungsfreiheit entscheidet. Die bloße Hinnahme der fehlenden Möglichkeit zur Ausübung der Fortbewegungsfreiheit genügt dabei allerdings nicht für ein wirksames Einverständnis.

(3) Zusammenfassung: Die Unzumutbarkeit

Zusammenfassend ist festzuhalten, dass sich die Frage, ob der Täter den Erfolg des Freiheitsentzugs bewirkt und damit einhergehend die Frage, ob das Opfer diesem Erfolg in tatbestandsausschließender Weise zustimmt, in Fällen, in denen dem Opfer eine Handlungsalternative eröffnet wird, von der Unzumutbarkeit der Entscheidung abhängt. Die Qualifikation der durch listiges Täterverhalten her-

978 Siehe zum Fallbeispiel unter **B.II.1.b.**

beigeführten Entscheidung als unzumutbar mit der Folge, dass ein Freiheitsentzug gegeben ist, bestimmt damit wesentlich die Möglichkeit der Opferzustimmung im Rahmen des § 239 I Alt. 2 StGB.

Aus dem im allgemeinen Sprachgebrauch bestehenden Begriffsverständnis von der Zumutbarkeit bzw. Unzumutbarkeit ist keine Erkenntnis zu gewinnen. Vielmehr muss zunächst geprüft werden, ob das Opfer mit einer Rechtsgüterabwägung, deren eines Rechtsgut die Fortbewegungsfreiheit ist, konfrontiert wird. Das Opfer muss primär in seiner Entscheidung, ob es von seiner Fortbewegungsfreiheit Gebrauch macht, betroffen sein. Die Fälle, in denen es vorrangig lediglich um das „Wie" des Veränderns des Aufenthaltsortes geht, begründen hingegen nicht den Erfolg einer Freiheitsberaubung, da das Opfer insofern „nur" über seine allgemeine Handlungsfreiheit, nicht jedoch über seine körperliche Bewegungsfreiheit entscheidet. Die bloße Erschwerung des Gebrauchs der körperlichen Bewegungsfreiheit ist daher nicht erfolgstauglich im Sinne des § 239 I StGB.

Stehen der Ausübung der Fortbewegungsfreiheit im Rahmen der Entscheidungssituation die Rechtsgüter Leib und Leben gegenüber, so ist stets von einer unzumutbaren Entscheidung auszugehen. Anzumerken ist insofern, dass es hierbei nicht darauf ankommt, dass der Handelnde die Entscheidungssituation herbeiführt, mithin für diese verantwortlich ist. Vielmehr genügt es auch, wenn der Handelnde die Entscheidungssituation derart mittels Konkretisierung verändert, dass sein Einwirken als kausal für den qualitativ anderen Erfolgseintritt angesehen werden kann.

Hat das Opfer ein anderes Rechtsgut gegen die Fortbewegungsfreiheit abzuwägen, ist zu prüfen, ob sich das durch den Täter in Aussicht gestellte Übel derart gestaltet, dass bei Realisierung ein unter Strafe gestelltes Verhalten gegeben wäre. Die Straftat muss hierbei ein Individualrechtsgut schützen oder, wenn es sich um ein allgemeingefährliches Delikt handelt, bereits zu einer unmittelbaren Gefährdung eigener Rechtsgüter des Opfers führen, sowie ein Höchststrafmaß von mindestens fünf Jahren ausweisen. Es wird folglich der hypothetische Fall der Entscheidung für die Fortbewegungsfreiheit, mithin des Übeleintritts anhand des Kriteriums der strafbewehrten Handlung geprüft. Hierbei genügt es, wenn die Verwirklichung des objektiven Tatbestands einer Norm untersucht wird, wobei Qualifikationstatbestände bei der Prüfung dann zu berücksichtigen sind, wenn diese für das Opfer eine erhöhte Gefahr bedeuten, mithin die qualifizierte Begehung gerade einen erhöhten Druck auf den Betroffenen ausübt.

Müsste das Opfer das in Aussicht gestellte Übel selbst vornehmen, sind die Grund-sätze zur mittelbaren Täterschaft nach § 25 I Alt. 2 StGB heranzuziehen. Da die List ihrer Definition nach nicht fordert, dass der Täter auf das (vorgespiegelte) Übel Einfluss haben oder zu haben vorgeben muss, schadet es auch nicht, wenn als hypothetische Verletzungshandlung die Handlung eines Dritten zu prüfen ist. Ebenso kann eine unzumutbare Entscheidung für das Opfer aufgrund der gesetzlichen Wertung des § 35 I 1 StGB auch dann gegeben sein, wenn die Entscheidung für die Fortbewegungsfreiheit zugleich eine (vermeintliche) Gefährdung der Rechtsgüter eines Angehörigen oder einer sonst dem Opfer nahestehenden Person bedeutet. Besteht die Gefährdung für einen beliebigen Dritten, genügt hingegen nur eine solche für die Rechtsgüter Leib und Leben. Unterhalb der Schwelle einer Lebensgefahr findet gleichermaßen das Kriterium der strafbewehrten Handlung Anwendung.

In den Gegenleistungsfällen kann hingegen nicht von dem Eintritt eines Übels gesprochen werden. Das Opfer muss grundsätzlich nicht hinsichtlich der Einbuße eines seiner Rechtsgüter abwägen. Vielmehr steht der Ausübung der Fortbewegungsfreiheit der Erhalt einer Gegenleistung, mithin eine Vermehrung bzw. Verbesserung seines Rechtsgutsbestandes gegenüber. Das Schutzbedürfnis, das in den meisten Fällen infolge der für das Opfer bestehenden „Zwickmühle“ angenommen wird, entfällt daher grundsätzlich, sodass nicht von einer unzumutbaren Entscheidung, folglich auch nicht von dem Erfolgseintritt des Freiheitsentzugs auszugehen ist.

Eine Ausnahme kann sich jedoch in solchen Gegenleistungsfällen ergeben, in denen auf die Veränderung des Aufenthaltsortes verzichtet wird, um nicht nur eine Vermehrung des Rechtsgutsbestandes herbeizuführen, die Entscheidung vielmehr auch durch die Beseitigung einer Rechtsgutsgefahr motiviert ist. Eine solche Entscheidung ist dem Opfer immer dann unzumutbar, wenn die (vermeintliche) Gefahr bei ihrer Realisierung den Grad einer strafbewehrten Handlung erreicht, wobei die strafbewehrte Handlung – wie soeben dargestellt – zu konkretisieren ist. Die Entscheidungssituation für das Opfer ist bei einer Gefahrenbeseitigung gleichermaßen verengt und begründet damit erneut eine „Zwickmühle“. Insofern wird angenommen, dass die Tauschfreiheit zumindest teilweise über § 239 I StGB geschützt wird.

Ist die von dem Opfer zu treffende Entscheidung zumutbar, fehlt es dem objektiven Tatbestand des § 239 I Alt. 2 StGB am Eintritt des Taterfolgs des Freiheitsentzugs. Wenn das Opfer trotz der Zumutbarkeit an seinem Aufenthaltsort verweilt, kann darüber hinaus zwar ein tatbestandsausschließendes Einverständnis gegeben sein. Ein solches ist aber infolge des bereits fehlenden Erfolgseintritts für die Beurteilung der Strafbarkeit irrelevant, verbleibt dem Opfer doch bereits infolge der Zumutbarkeit die Möglichkeit einer autonomen Entscheidung.

Eine wirksame Zustimmung kann hingegen in den Fällen, in denen dem Opfer eine unzumutbare Handlungsalternative geboten wird mit der Folge, dass der Erfolg des Freiheitentzugs eintritt, vor dem Hintergrund, dass der Fokus auf den autonomen Willen des Opfers gerichtet ist, nur angenommen werden, wenn das Opfer die Scheinbarkeit der Alternativlosigkeit erkennt. Das Opfer muss folglich wissen, dass ihm bei Ausübung der körperlichen Bewegungsfreiheit kein Nachteil droht, und dennoch freiwillig an seinem Aufenthaltsort verweilen. Der Freiheitsberaubungserfolg des § 239 I Alt. 2 StGB entfällt sodann mit dem Einverständnis des Opfers.

Eine solche Lösung führt nicht zu einer Inkonsequenz gegenüber der Behandlung einer Freiheitsberaubung mittels Drohung. Wird dem Opfer gedroht, so erfordert dies gleichermaßen wie bei einem listigen, dem Opfer eine Handlungsalternative bietenden Täterverhalten, dass das Opfer seine Rechtsgüter in Relation zueinander setzt, sie gegeneinander abwägt. Dass das durch eine Drohung in Aussicht gestellte Übel im Einflussbereich des Täters liegen muss, ist dabei der drohenden Tathandlung geschuldet und folglich nicht auf die List zu übertragen, der ein solches definitorisches Verständnis nicht eigen ist. Das Kriterium der strafbewehrten Handlung bietet sodann einen Maßstab, um zu bestimmen, ob das der Ausübung der Fortbewegungsfreiheit gegenüberstehende Übel für die Herbeiführung des Erfolgs des Freiheitsentzugs genügt. Dieser Maßstab kann auf die Drohung, die gleichermaßen zum Erfolgseintritt führen muss wie listiges Handeln, übertragen werden. Hinzuweisen ist insofern darauf, dass die Drohung dabei umfassend, mithin nicht begrenzt auf eine solche mittels einer gegenwärtigen Gefahr für Leib oder Leben, als Tathandlung angesehen wird. Gilt das unter dem Zwang einer Drohung abgegebene Einverständnis als unwirksam, so kann nach der vorliegenden Lösung auch ein infolge einer durch List herbeigeführten unzumutbaren Entscheidung abgegebenes Einverständnis grundsätzlich keine Wirksamkeit erlangen. Etwas anderes gilt nur dann, wenn das Opfer den Schein der Alternativlosigkeit erkennt und freiwillig, mithin unbeeinflusst von dem Täterverhalten verweilt.

Wird dem Kriterium der strafbewehrten Handlung entgegnet, es fasse den (objektiven) Strafbarkeitsrahmen des § 239 I Alt. 2 StGB zu weit, so ist auf die Bedeutsamkeit des Rechtsguts der Fortbewegungsfreiheit hinzuweisen. Die strafrechtliche hohe Wertigkeit dieses Rechtsgutes bringt die Norm des § 35 I 1 StGB zum Ausdruck. Wenn eine Abwägung zulasten von Leib und Leben für den Betroffenen unzumutbar ist, so muss infolge des vergleichbaren Schweregrads mit der Fortbewegungsfreiheit nach § 35 I 1 StGB eine Rechtsgüterabwägung, die potentiell zulasten dieser Freiheit ausfallen kann, ebenso dem Grundsatz nach unzumutbar sein. Es muss damit stets in den Fokus gerückt werden, dass einem angekündigten Übel die Aufgabe des so wesentlichen Rechtsguts der Fortbewegungsfreiheit gegenübersteht. Eine Eingrenzung erfolgt sodann anhand der Konkretisierung, dass es sich bei der hypothetischen Realisierung des Übels um eine das Opfer oder einen Dritten individuell betreffende Straftat mit einem Höchststrafrahmen von mindestens fünf Jahren Freiheitsstrafe handeln muss, wobei hinsichtlich des Dritten nur eine Straftat gegen die Rechtsgüter Leib und Leben genügt.

d. Bedeutung für die Freiheitsberaubung mittels List

Das entwickelte Modell ist letztlich hinsichtlich seiner Bedeutung für eine mittels List begangene Freiheitsberaubung zusammenzufassen.

Im Überblick ergibt sich, dass der Erfolg des § 239 I Alt. 2 StGB bewirkt wird, wenn der Täter mittels List (objektiv) eine scheinbare Unmöglichkeit der Fortbewegung oder eine unzumutbare Entscheidungssituation schafft, wobei das Opfer mit diesem Erfolgseintritt wiederum tatbestandsausschließend einverstanden sein kann.

(1) Bedeutung bei scheinbarer Unmöglichkeit

Zunächst sind die Fälle scheinbarer Unmöglichkeit zu fokussieren. Der Taterfolg des § 239 I Alt. 2 StGB tritt in diesen Fallkonstellationen infolge einer List des Täters ein, wenn dem Betroffenen zwar tatsächlich eine Veränderung des Aufenthaltsortes möglich ist, aus der Perspektive eines objektiven Dritten jedoch keine Handlungsalternative besteht. In dieser Situation bestimmt sich die Wirksamkeit des Einverständnisses anhand des natürlichen Willens des Opfers. Das Opfer muss der Nichtausübung seiner Fortbewegungsfreiheit zustimmen, um mit dem Erfolg der Freiheitsberaubung wirksam einverstanden zu sein. Die bloße Hinnahme der nicht bestehenden Möglichkeit zur Veränderung des Aufenthaltsortes genügt dabei nicht.

Durchschaut der Betroffene das Handeln des Täters und wird damit nicht von diesem überlistet, kann er dennoch den Willen fassen, verweilen zu wollen, und insofern dem Erfolgseintritt des § 239 I Alt. 2 StGB wirksam tatbestandsausschließend zustimmen.

Bei scheinbarer Unmöglichkeit ist es für ein wirksames Einverständnis allerdings nicht erforderlich, dass das Opfer erkennt, dass es in tatsächlicher Hinsicht, mithin aufgrund eines bestehenden Ausgangs gar nicht in seiner Fortbewegungsmöglichkeit eingeschränkt ist. Betrachtet sich das Opfer als eingesperrt, erkennt also einen vorhandenen Ausgang nicht, und fasst es dennoch den Entschluss, verweilen zu wollen, kann es mit dem Erfolgseintritt der Freiheitsberaubung wirksam einverstanden sein. Es ist folglich möglich, dass der Täter listig den Erfolg des Freiheitsentzugs herbeiführt und das überlistete Opfer dem Erfolgseintritt zustimmt, sodass der objektive Tatbestand nicht verwirklicht ist.

(2) Bedeutung bei Unzumutbarkeit

Setzt der Täter die List hingegen derart ein, dass dem Opfer eine Handlungsalternative geboten wird, bestimmt sich der Erfolgseintritt des § 239 I Alt. 2 StGB nach der Unzumutbarkeit der Entscheidung für die Fortbewegung.

Stellt sich die bestehende Alternative derart dar, dass mit ihrer Wahrnehmung (vermeintlich) eine Gefahr für die Rechtsgüter Leib und Leben einhergeht, ist eine unzumutbare Entscheidung begründet. Der Erfolg der Freiheitsberaubung tritt ein.

Diesem kann das Opfer aufgrund der Orientierung am Kriterium der Autonomie nur wirksam zustimmen, wenn es die Situation, mithin den Schein der Alternativlosigkeit erkennt und dennoch der Einschränkung seiner Möglichkeit der Ausübung der Fortbewegungsfreiheit zustimmt. Um ein wirksames Einverständnis abgeben zu können, darf das Opfer daher nicht überlistet werden. Erkennt der Betroffene, dass ihm in tatsächlicher Hinsicht keine Gefahren drohen, entfällt mit dem Verweilen als (konkludente) Zustimmung der Erfolgseintritt des § 239 I Alt. 2 StGB.

Glaubt das Opfer folglich an die Realisierung der vorgespiegelten Gefahr für die Rechtsgüter Leib und Leben bei Ausübung seiner Fortbewegungsfreiheit und verändert es deshalb seinen Aufenthaltsort nicht, ist eine wirksame Opferzustimmung ausgeschlossen. Der Überlistete kann demnach aufgrund der Unzumutbarkeit der Entscheidungssituation kein wirksames Einverständnis abgeben. Derjenige, der von dem Täter nicht überlistet wird, stimmt mit seinem Verweilen hingegen dem Erfolgseintritt zu. Unsicherheiten bei dem Opfer im Hinblick auf die von dem Täter vorgespiegelten Tatsachen – mithin Bedenken des Opfers, ob eine Möglichkeit der Fortbewegung besteht – sollten dabei zulasten des Täters gehen, sodass im Zweifel von einer Überlistung des Opfers auszugehen ist. Eine Überlistung ist nur dann auszuschließen, wenn sich das Opfer (positiv) bewusst ist, dass tatsächlich, mithin unzweifelhaft eine Fortbewegungsmöglichkeit ohne drohende Rechtsgutseinbuße gegeben ist.

Da die Überlistung als Folge eines listigen Täterverhaltens üblich ist, kann festgehalten werden, dass der Erfolg des § 239 I Alt. 2 StGB grundsätzlich mittels List bewirkt wird, wenn der Ausübung der Fortbewegungsfreiheit die Rechtsgüter

Leib und Leben gegenüberstehen; ein Tatbestandsausschluss durch ein Einverstandensein mit der Fortbewegungsbeschränkung scheidet im Grundsatz aus. Zu beachten ist jedoch auch, dass die List eine Überlistung nicht zwingend voraussetzt.[979] Es ist daher vorstellbar, dass der Betroffene erkennt, dass ihm tatsächlich keine Gefahr für Leib und Leben droht, er dennoch bewusst in der Räumlichkeit verweilt. Ein wirksames Einverständnis ist gegeben, das der Verwirklichung des objektiven Tatbestands des § 239 I Alt. 2 StGB entgegensteht. Bei Unkenntnis des Täters von der fehlenden Überlistung des Opfers kommt eine Strafbarkeit wegen untauglichen Versuchs in Betracht.[980]

Verzichtet das Opfer infolge des listigen Täterverhaltens (vermeintlich) zugunsten eines anderen Rechtsgutes im Rang unter Leib und Leben auf seine Fortbewegungsfreiheit, ist eine Freiheitsberaubung als Taterfolg des § 239 I Alt. 2 StGB gleichermaßen nicht ausgeschlossen. Vielmehr ist – auch in Fällen, in denen (vermeintlich) allein der Leib betroffen ist – zu prüfen, inwiefern die Entscheidungssituation kausal auf den Täter zurückzuführen ist und sich bei der Entscheidung für die Fortbewegungsfreiheit der Betroffene oder ein Dritter einer strafbewehrten, ihn individuell betreffenden Handlung mit einem Höchststrafmaß von mindestens fünf Jahren – sei es in mittelbarer Täterschaft, sei es durch die Handlung eines Dritten – ausgesetzt sieht, wobei sich diese in dem Fall, in dem zu dem Dritten kein Näheverhältnis im Sinne des § 35 I 1 StGB besteht, gegen Leib und Leben richten muss. Es gilt ebenso, dass ein Einverständnis infolge der bestehenden Unzumutbarkeit der Entscheidung nur dann als wirksam angesehen werden kann, wenn das Opfer die Situation erkennt und dennoch, unbeeinflusst von Willensmängeln, der Einschränkung seiner Fortbewegungsmöglichkeiten zustimmt.

Es ist daher erneut auf die Überlistung des Opfers abzustellen: Wurde das Opfer überlistet, so ist es in unzumutbarer Weise mit einer Entscheidung konfrontiert. Der Erfolg tritt ein, ohne dass ein Tatbestandsausschluss durch eine Opferzustimmung möglich ist. Liegt hingegen keine Überlistung vor und verändert das Opfer seinen Aufenthaltsort dennoch nicht, ist der objektive Tatbestand des § 239 I Alt. 2 StGB infolge wirksamen Einverständnisses ausgeschlossen.

Wird dem Opfer bei Verzicht auf die Ausübung seiner Fortbewegungsfreiheit letztlich kein Übel in Aussicht gestellt, sondern eine Wertevermehrung versprochen, so ist die sich für den Betroffenen darstellende Entscheidung für diesen im Grundsatz zumutbar. Eine Ausnahme ist nur dann gegeben, wenn die

979 Siehe unter **B.I.2.a.**

980 Siehe unter **C.III.3.b.**

Vermehrung im Sinne einer Verbesserung oder Aufrechterhaltung der eigenen Rechtsgüter auch mit der Beseitigung einer Gefahr verbunden ist. Es kann sodann – nach dem oben aufgezeigten Maßstab der strafbewehrten Handlung – Unzumutbarkeit gegeben sein mit der Folge, dass der Tatbestandsausschluss aufgrund eines wirksamen Einverständnisses (erneut) von der Überlistung des Opfers abhängt.

Hinsichtlich der Fälle, in denen dem Betroffenen eine Handlungsalternative geboten wird, gilt damit der Grundsatz, dass ein tatbestandsausschließendes Einverständnis regelmäßig infolge der Unzumutbarkeit der Entscheidung nicht in Betracht kommt, welcher durch die Ausnahme der fehlenden Überlistung überlagert wird. Die Möglichkeit eines wirksamen Einverständnisses in eine listige Freiheitsberaubung knüpft damit maßgeblich an den Erfolg des Freiheitsentzugs an, der mithilfe des Kriteriums der Unzumutbarkeit die Beurteilung zulässt, ob dem Opfer überhaupt eine autonome Entscheidung möglich ist.

D. Fazit

Die Erkenntnisse der vorliegenden Arbeit sind nunmehr in einem Fazit festzuhalten.

Zur Erreichung des Ziels dieser Arbeit, das mittels List erschlichene Einverständnis im Rahmen des § 239 I Alt. 2 StGB einer praktikablen und haltbaren Lösung zugänglich zu machen, rückte innerhalb der Untersuchung der im objektiven Tatbestand der Freiheitsberaubung verlangte Erfolg des Entzugs der körperlichen Bewegungsfreiheit in den Vordergrund. An diesen anzuknüpfen, lohnte zur Ergebnisfindung.

Das Arbeitsergebnis wird anhand des in der Einleitung aufgezeigten Falles dargestellt, wobei die abstrakten Erkenntnisse in die konkrete Falllösung integriert werden:

> Der Ehemann A, der seiner aus Somalia stammenden Ehefrau B vorspiegelt, dass sie bei dem alleinigen Verlassen der gemeinsamen Wohnung in den ersten drei Ehemonaten aus Deutschland ausgewiesen werden würde, kann sich wegen qualifizierter Freiheitsberaubung nach § 239 I, III Nr. 1 StGB zum Nachteil der B strafbar gemacht haben.
> Zu prüfen ist zunächst, ob A objektiv tatbestandsmäßig im Sinne des Grunddelikts gehandelt hat. Diese Prüfung erfolgt dreigliedrig.

Der Charakter der Freiheitsberaubung nicht nur als Dauer-, sondern auch als Erfolgsdelikt begründet die Ansicht, dass neben den von der herrschenden Meinung zu prüfenden Punkten der Tauglichkeit des Tatobjekts sowie der Tathandlung in einem dritten Prüfungspunkt im objektiven Tatbestand zu untersuchen ist, ob das Opfer seiner Freiheit beraubt ist, mithin, ob der von § 239 I StGB geforderte Erfolg eingetreten ist.[981]

> Zunächst ist festzustellen, dass B als natürliche Person, die bei der Vorspiegelung durch ihren Ehemann vollen Bewusstseins ist, taugliches Tatobjekt einer Freiheitsberaubung ist. B erkennt die (vermeintlich) eingeschränkte Möglichkeit, ihren Aufenthaltsort zu verändern, sodass nicht entscheidend ist, ob § 239 I StGB nur die aktuelle oder aber bereits die potentielle Fortbewegungsfreiheit schützt.

Als Schutzgut der Freiheitsberaubung gilt insbesondere zur Vermeidung von zufälligen Ergebnissen nach vorliegender Ansicht die potentielle Fortbewegungsfreiheit. Es genügt daher bereits die Beeinträchtigung der Möglichkeit, von der körperlichen Bewegungsfreiheit durch eine Ortsveränderung Gebrauch zu

981 Siehe hierzu unter **C.I.**

machen. Irrelevant ist, ob das Opfer die Freiheitsberaubung bemerkt oder sich tatsächlich fortbewegen will.[982]

> Darüber hinaus ist die Tathandlung zu bestimmen. In Betracht kommt hierbei eine Freiheitsberaubung auf sonstige Weise durch A in Form von listigem Handeln. List ist ein Verhalten, das darauf abzielt, unter geflissentlichem und geschicktem Verbergen der wahren Zwecke oder Mittel die Ziele des Täters durchzusetzen. Die Vorspiegelung des A, die er gegenüber seiner unwissenden Ehefrau B mit dem Ziel vornimmt, diese bei Verbleib in der gemeinsamen Wohnung unter Kontrolle zu haben, ist als geflissentlich und geschickt, ebenso als final einzustufen. Eine taugliche Tathandlung ist somit gegeben.

Die List findet sich als Tathandlung explizit lediglich im 18. Abschnitt des Strafgesetzbuches, der die persönliche Freiheit als Freiheit der Willensentschließung und -betätigung schützt. Listiges Täterverhalten ist insofern dazu geeignet, das Opfer in seiner Willensentschließung zu berühren. Dies kann nicht nur mittels Täuschung, sondern auch durch das Ausnutzen eines bereits bestehenden Irrtums oder der Unkenntnis des wahren Sachverhalts erfolgen. Die List wird dabei auch im Rahmen anderer Delikte – sowohl innerhalb als auch außerhalb des 18. Abschnitts des Strafgesetzbuches – als taugliches Tatmittel diskutiert und teilweise anerkannt.[983]

Gleichermaßen wie im allgemeinen Sprachgebrauch[984] ist strafrechtliches listiges Handeln durch die Finalität und den Einsatz von Schlauheit und Klugheit gekennzeichnet. Ein Unterschied zwischen strafrechtlichem und allgemeinsprachlichem Ansatz besteht allerdings in dem Verständnis von der Beziehung der List zu dem Begriff der Täuschung. Während im allgemeinen Sprachgebrauch die Täuschung teilweise als Synonym zur List, zumindest aber als eines ihrer Elemente gilt, werden die Begriffe strafrechtlich bereits mit ihrer Verwendung im Strafgesetzbuch voneinander differenziert. Die strafrechtliche List ist dabei weiter gefasst als die strafrechtliche Täuschung. Im Grundsatz begründet jede Täuschung auch eine List, nicht aber jede List gleichzeitig eine Täuschung. Eine Ausnahme ist nur dann anzunehmen, wenn sich der Täter gegenüber einem leichtgläubigen, gar naiven Opfer verhält: Während dieses herrschend auch gegenüber Täuschungen Schutz erfährt, bedarf es für eine List eines objektiv schlauen und klugen Verhaltens. Kann ein solches nicht festgestellt werden, so fehlt es der strafrechtlichen Anknüpfung an einem erfolgreichen listigen Täterverhalten.[985]

982 Siehe hierzu unter **B.II.1.d.(2)**.

983 Siehe hierzu unter **B.I.2.**

984 Siehe hierzu unter **B.I.1.**

985 Siehe hierzu unter **B.I.3.**

Die List kann nach grammatikalischer, historischer, teleologischer sowie systematischer Auslegung und im Einklang mit der herrschenden Meinung[986] Tatmittel des § 239 I Alt. 2 StGB sein.

Die Wortlautauslegung basiert dabei auf der Formulierung der „Freiheitsberaubung auf andere Weise". Problematisch erscheint bei dem Versuch, die List grammatikalisch unter diese Formulierung – insbesondere unter den Begriff der Beraubung – zu subsumieren, dass der Reaktion des Opfers auf die erfolgreiche List des Täters ein freiwilliges Element anhaftet. Der Täter ruft bei dem Opfer durch Herbeiführung bzw. Veränderung der Entscheidungssituation regelmäßig einen Willensentschluss hervor, der dieses vermeintlich frei entscheiden lässt. Vor dem Hintergrund des weit gefassten Wortlauts von § 239 I Alt. 2 StGB und infolge der auf den Täter zurückzuführenden Entscheidungssituation, die eine Abwägung zugunsten bzw. zulasten der Fortbewegungsfreiheit erfordert, kann im Rahmen der Wortlautauslegung dennoch eine Beraubung angenommen werden, sodass in grammatikalischer Hinsicht die List als Tatmittel der Freiheitsberaubung (auf andere Weise) anzuerkennen ist.[987]

Die historische Auslegung führt ebenfalls zur Anerkennung einer listigen Freiheitsberaubung. Auch wenn das Allgemeine Preußische Landrecht noch derart eng formuliert war, dass eine Freiheitsberaubung nicht mittels List begangen werden konnte, findet sich in den sodann erlassenen Gesetzen eine weite Formulierung. Diese spricht in Verbindung mit der zu den entsprechenden Regelungen ergangenen überwiegenden Literatur und den Materialien im Rahmen der Strafrechtsreformbewegungen seit der Mitte des 20. Jahrhunderts für die Anerkennung der List als Tatmittel des § 239 I Alt. 2 StGB.[988]

Die teleologische Auslegung bringt hervor, dass infolge der hohen Wertigkeit des Rechtsguts der körperlichen Bewegungsfreiheit, die strafrechtlich in § 35 I 1 StGB zum Ausdruck kommt, sowie des für ein Vergehen vergleichsweise hohen Strafrahmens ein umfassendes Schutzbedürfnis des der Freiheit Beraubten, insbesondere auch vor listigen Einwirkungen, besteht. Auch die Auslegung nach Sinn und Zweck des Tatbestands der Freiheitsberaubung spricht daher für die Tatmitteltauglichkeit der List.

Die Auslegung anhand der Systematik eröffnet einerseits den Blick auf das äußere System. Zwar ist festzustellen, dass die List innerhalb des 18. Abschnitts des Strafgesetzbuches in vielerlei Tatbeständen ausdrücklich als taugliches Tat-

986 Siehe hierzu unter **B.II.1.a.**
987 Siehe hierzu unter **B.II.1.b.**
988 Siehe hierzu unter **B.II.1.c.**

mittel genannt ist. Dies verwehrt es infolge des weit gefassten Wortlauts von § 239 I Alt. 2 StGB und der Nähebeziehung eines listigen Täterverhaltens zu Tatbeständen, die die persönliche Freiheit schützen, aber nicht, die List auch als Tathandlung einer Freiheitsberaubung auf andere Weise – ohne konkrete Nennung – zu erfassen. Die Betrachtung allein der Regelung des § 239 I StGB, mithin des inneren Systems verlangt sodann eine Auseinandersetzung mit dem Begriff der Einsperrung, mittels derer das Opfer explizit nach § 239 I Alt. 1 StGB seiner Freiheit beraubt werden kann. Die Feststellung, dass bei der Einsperrung die Willensbetätigungsfreiheit des Opfers beeinträchtigt ist, während der Betroffene mittels List in seiner Willensentschließungsfreiheit berührt wird, hindert dabei nicht die Annahme, dass die List taugliches Tatmittel einer Freiheitsberaubung sein kann, da eine Begrenzung des Schutzes nur der Willensbetätigungsfreiheit – nach dem weit gefassten Wortlaut sowie der hohen Wertigkeit des Rechtsguts der körperlichen Bewegungsfreiheit – nicht begründbar ist. Die systematische Auslegung kommt folglich ebenfalls zu dem Ergebnis, dass die List als Tatmittel der Freiheitsberaubung anzuerkennen ist. Die Untersuchungen haben zudem gezeigt, dass die Bestimmung, ob das Opfer eingesperrt ist, entgegen der herrschenden Meinung aus einer objektiven Perspektive heraus zu erfolgen hat. Gilt das Einsperren weiterhin als das Verhindern des Verlassens eines umschlossenen Raumes durch äußere Vorrichtungen, so kann zumindest in dem Fall, in dem das Opfer einen vorhandenen Ausgang nicht kennt, keine äußere Vorrichtung im definitorischen Sinne angenommen werden. Eine Freiheitsberaubung nach § 239 I Alt. 1 StGB wird daher vorliegend abgelehnt. Zu prüfen ist sodann, ob eine Tathandlung nach § 239 I Alt. 2 StGB gegeben ist.[989]

Im Rahmen einer solchen Prüfung gilt, dass das Vorliegen eines listigen Täterverhaltens ebenso objektiv, mithin unabhängig von den Fähigkeiten und Kenntnissen des Opfers zu beurteilen ist.[990] Sonstige Einschränkungen – etwa aufgrund des Prinzips der Eigenverantwortlichkeit oder infolge der zu wahrenden Eigenbedeutung der Freiheitsberaubung – sind bei der Prüfung, inwiefern die List taugliche Tathandlung des § 239 I Alt. 2 StGB sein kann, nicht vorzunehmen.[991]

Letztlich müsste der Ehemann A seine Ehefrau B ihrer Freiheit beraubt haben. Es bedarf folglich des Eintritts des von § 239 I Alt. 2 StGB verlangten Erfolges. Der Ort der Freiheitsberaubung ist ein umfassender und vorliegend in Bezug auf die gemeinsame eheliche Wohnung nicht näher zu problematisieren. Bei einem zu prüfenden Freiheitsentzug von drei Monaten – ungeachtet des Problems, ob ein teilweises Verlassen der Wohnung

989 Siehe hierzu unter **B.II.1.e.**

990 Siehe hierzu unter **B.II.2.a.**

991 Siehe hierzu unter **B.II.2.b.**

in Form von gemeinsamen Ausflügen die Schwere der Tat beeinflusst – ist zudem im Hinblick auf die bei § 239 I StGB zu übertretende Bagatellgrenze kein Grund dafür ersichtlich, an dem Eintritt des Erfolgs zu zweifeln. Letztlich könnte problematisch sein, dass es der Ehefrau B mangels Verschlossenheit der Wohnungstür nicht unmöglich ist, die gemeinsame Ehewohnung zu verlassen. B kann vielmehr in tatsächlicher Hinsicht jederzeit von ihrer Fortbewegungsfreiheit Gebrauch machen. Zu beachten ist allerdings, dass sich B infolge der Vorspiegelung durch A, sie würde bei dem Verlassen der Wohnung ausgewiesen, in einer Entscheidungssituation befindet. Verbleibt sie in der Wohnung, so ist ihr Rechtsgut der körperlichen Bewegungsfreiheit beeinträchtigt. Verlässt sie hingegen die Wohnung, droht ihr mit der (vermeintlichen) Ausweisung die Rückkehr in ihr Heimatland Somalia. In diesem als Kriegsgebiet ausgewiesenen Land erwarten sie Gefahren für ihren Leib und für ihr Leben. Die Ehefrau B hat somit zwischen ihrer Fortbewegungsfreiheit einerseits und ihren Rechtsgütern Leib und Leben andererseits abzuwägen. Dabei ist für den Erfolgseintritt irrelevant, dass der Ehemann auf die Ausweisung selbst keinen Einfluss hat und diesen Einfluss zu haben auch nicht vorgibt. Vielmehr ist entscheidend, dass das Treffen einer Entscheidung zwischen der Fortbewegungsfreiheit einerseits und Leib und Leben andererseits der Ehefrau unzumutbar ist. Damit kann – zwar nicht aufgrund von Unmöglichkeit, aber infolge Unzumutbarkeit – der Eintritt des Erfolgs des Freiheitsentzugs angenommen werden. Der Ehemann A hat der Ehefrau B die Fortbewegungsfreiheit entzogen.

Der von § 239 I StGB verlangte Erfolg kann derart charakterisiert werden, dass der Ort der Freiheitsberaubung umfassend verstanden wird, dies auch ein beweglicher sein kann.[992] Hinsichtlich Dauer und Intensität der Freiheitsberaubung ist eine (flexibel gehandhabte) Bagatellgrenze zu überschreiten.[993] Ferner tritt der Erfolg der Freiheitsberaubung nicht nur dann ein, wenn es dem Opfer unmöglich ist, seinen Aufenthaltsort zu verlassen. Vielmehr genügt es auch, wenn die Ausübung der Fortbewegungsfreiheit dem Betroffenen unzumutbar ist. Während Unzumutbarkeit in dem Fall, in dem sich das Opfer einer (vermeintlichen) Gefahr für Leib und Leben gegenübersieht, stets gegeben ist, ist eine solche im Falle einer bloßen Erschwerung der Fortbewegungsmöglichkeit abzulehnen; insofern ist „lediglich“ die allgemeine Handlungsfreiheit des Opfers beeinträchtigt.[994]

Bei der Prüfung, ob die Erfüllung des Taterfolgs möglicherweise infolge einer wirksamen Opferzustimmung ausgeschlossen ist, ist zwar festzuhalten, dass die Ehefrau B fähig ist, über ihren Fortbewegungswillen zu verfügen, mithin die Einverständnisfähigkeit besitzt. Ebenso liegt die mit dem Verbleib in der Wohnung konkludent zum Ausdruck gebrachte Erklärung vor, den Aufenthaltsort nicht zu verändern. Zu berücksichtigen ist jedoch, dass der Ehefrau B eine Handlungsalternative geboten wird, die mit

992 Siehe hierzu unter **C.II.1.**

993 Siehe hierzu unter **C.II.2.**

994 Siehe hierzu unter **C.II.3.**

Gefahren für ihren Leib und ihr Leben verbunden ist. B ist folglich mit einer Rechtsgüterabwägung zwischen der Fortbewegungsfreiheit einerseits und Leib und Leben andererseits konfrontiert. Bei einer solch unzumutbaren Entscheidung kann aufgrund der derart verengten Entscheidungssituation, die in eine Alternativlosigkeit mündet, grundsätzlich kein wirksames Einverständnis der B angenommen werden. Eine Ausnahme ist nur dann gegeben, wenn das Opfer nicht überlistet wird, mithin die (vorgespiegelte) Situation erkennt und sich dennoch bewusst für die Beeinträchtigung seines Rechtsgutes entscheidet. In einem solchen Fall entfällt der Freiheitsentzug infolge eines wirksamen Einverständnisses. Insofern ist allerdings festzustellen, dass die Ehefrau B ihrem Ehemann glaubt und nur infolge der List des A in der Wohnung verbleibt. Sie ist überlistet. Der objektive Tatbestand des § 239 I Alt. 2 StGB wird folglich nicht durch eine wirksame Opferzustimmung ausgeschlossen.

Die Opferzustimmung tritt im Strafrecht in Form von Einwilligung und Einverständnis auf. Während das Einverständnis als Tatbestandsausschließungsgrund anerkannt ist, herrscht hinsichtlich der Einordnung der Einwilligung im Deliktsaufbau Streit. Diesbezüglich ist die herrschende Meinung darin zu bestätigen, dass die Einwilligung rechtfertigend wirkt. In der Prüfung folgen beide Institute unterschiedlichen Voraussetzungen. Im Hinblick auf das tatbestandsausschließende Einverständnis gilt dabei, dass dieses zwar grundsätzlich nur einen natürlichen Willen des Zustimmenden erfordert, die Voraussetzungen an ein wirksames Einverständnis aufgrund der Nähebeziehung zum Gesetzeswortlaut jedoch von der konkret zu prüfenden Norm abhängen.[995]

Die anhand der Eigenart von § 239 I Alt. 2 StGB vorgenommene Untersuchung, welcher Form der Opferzustimmung die Freiheitsberaubung zugänglich ist, führt entsprechend der herrschenden Meinung zu dem Ergebnis, dass die Zustimmung des Opfers bereits den objektiven Tatbestand auszuschließen in der Lage ist. Hierbei ist zu berücksichtigen, dass die herrschende Meinung das Einverständnis in eine Freiheitsberaubung nach § 239 I Alt. 2 StGB an die Tathandlung knüpft, vorliegend jedoch eine Verortung der Opferzustimmung im Taterfolg vertreten wird. Das Problem ist – neben dem Umstand, dass die herrschende Meinung nur zwei Ebenen im objektiven Tatbestand der Freiheitsberaubung kennt – darauf zurückzuführen, dass die Beschreibung der von § 239 I StGB erfassten Tatmittel mit dem Oberbegriff der Freiheitsberaubung gleichermaßen den Erfolg des § 239 I StGB, die Freiheitsberaubung in Form des Freiheitsentzugs, umschreibt. Für eine Anknüpfung an den Taterfolg spricht dabei, dass bei der Bestimmung der Opferzustimmung in Form von Einverständnis oder Einwilligung auf die Natur des geschützten Rechtsgutes bzw. das Telos der Norm Bezug genommen wird. Zu-

995 Siehe hierzu unter **C.III.1.**

zugeben ist, dass eine Opferzustimmung nur dann wirksam sein kann, wenn das Opfer dem Erfolg, der Verletzung seines Rechtsgutes, zustimmt.[996]

Darüber hinaus ist festzuhalten, dass im Rahmen des wirksamen Einverständnisses zu einer Freiheitsberaubung auf andere Weise stets zu prüfen ist, ob das Opfer in einverständnisfähiger Weise eine Einverständniserklärung zu Beginn des Freiheitsentzugs abgegeben hat.[997]

Die Feststellungen, dass die List taugliches Tatmittel der Freiheitsberaubung nach § 239 I Alt. 2 StGB sein kann und dieser Tatbestand einem Einverständnis zugänglich ist, ebneten den Weg für die nähere Betrachtung des Problems des mittels List erschlichenen Einverständnisses im Rahmen des § 239 I Alt. 2 StGB. Finden insofern die herrschenden Prämissen Anwendung, dass das Einverständnis rein tatsächlicher Natur und daher von Willensmängeln, insbesondere von Täuschungen, unbeeinflusst ist, würde die List zwar Tatmittel der Freiheitsberaubung sein. Da die List dem Täter aber dazu dient, seine wahre Absicht – die Freiheitsberaubung – zu verbergen, bewirkt sie zumindest nach der herrschenden Meinung, die eine Freiheitsberaubung mittels Einsperrung prüft, wenn das Opfer einen objektiven Ausgang nicht kennt, stets, dass dieses mit der unerkannt gebliebenen „Beeinträchtigung" seiner körperlichen Bewegungsfreiheit einverstanden ist. Der objektive Tatbestand würde folglich immer an einem wirksamen, durch List herbeigeführten Einverständnis scheitern.[998]

Mit der Konstellation, dass der Täter durch listiges Verhalten das Einverständnis des Opfers hervorruft, die List aber gleichzeitig auch taugliche Tathandlung ist, wird sich in Literatur und Rechtsprechung teilweise nur pauschal auseinandergesetzt. Der Auffassung, dass Arglist das Einverständnis nicht erschüttert, fehlt es insofern – unabhängig davon, dass List und Arglist einander nicht entsprechen[999] – an dem konkreten Problembewusstsein. Die zudem vermehrt zu findende Ansicht, dass ein Einverständnis immer dann unwirksam sei, wenn der Tatbestand die List als Tathandlung erfasst, würde bedeuten, dass dem Einverständnis des Opfers in den Fällen einer listigen Freiheitsberaubung nie eine Bedeutung zukommen würde.[1000]

Gleichzeitig wurden vereinzelt Kriterien zur Problemlösung entwickelt, die als irrtumsbezogen, täterbezogen und opferbezogen eingeordnet werden können. Populär ist dabei die Übertragung der Grundsätze von *Arzt*, die einst für die mittels Täuschung erschlichene Einwilligung entwickelt wurden. Hiernach soll das durch

996 Siehe hierzu unter **C.III.2.**
997 Siehe hierzu unter **C.III.3.**
998 Siehe hierzu unter **C.IV.1.**
999 Siehe hierzu unter **B.I.2.c.**
1000 Siehe hierzu unter **C.IV.2.**

List erschlichene Einverständnis immer dann unwirksam sein, wenn das listige Täterverhalten bei dem Betroffenen eine rechtsgutsbezogene Fehlvorstellung hervorgerufen hat. Die Rechtsgutsbezogenheit des Irrtums ist dabei nicht stets eindeutig feststellbar. Auch stößt diese Lehre an ihre Grenzen, wenn dem Opfer eine immaterielle Gegenleistung angeboten wird. Letztlich ist dieser Auffassung hinsichtlich der Behandlung von Täuschung und List gegenüber der Behandlung der Drohung eine Inkonsequenz vorzuwerfen. Den Versuchen, das Kriterium der Rechtsgutsbezogenheit – um die soziale Bedeutung des Geschehens, den fortbewegungsrelevanten Zweck oder die Verhältnismäßigkeit – zu ergänzen, fehlt es vor allem an der Handhabbarkeit. Auch ist festzuhalten, dass die Opferzustimmung, ob wirksam oder unwirksam, nicht dazu führt, dass die Tat durch einen anderen – den Zustimmenden – begangen wird; eine mittelbare Täterschaft gemäß § 25 I Alt. 2 StGB ist mangels Tatherrschaft des Opfers abzulehnen. Den sonstig entwickelten Kriterien fehlt es (noch) an allgemeinen Konturen und Praktikabilität: So bleibt etwa unklar, wann ein Willensmangel wesentlich und infolgedessen das durch List erschlichene Einverständnis unwirksam sein soll. Ebenso kann einer Unterscheidung des Irrtums in gegenwarts- und zukunftsbezogen, entgeltlich und unentgeltlich nicht gefolgt werden, auch wenn der Annahme zuzustimmen ist, dass grundsätzlich die Veranlassung, mithin die Risikosphären von Täter und Opfer Beachtung finden müssen. Gleichermaßen ist nachvollziehbar, die Wirksamkeit des Einverständnisses nur bei einer autonomen Entscheidung des Opfers anzunehmen, auch wenn die Unterteilung der normativen Autonomietheorie zu kasuistisch wirkt und es an einer Definition der Autonomie fehlt. Soll es hingegen auf den mutmaßlichen Willen des Opfers ankommen, so sind keine Fälle vorstellbar, in denen mit Sicherheit angenommen werden kann, dass sich der Betroffene auch ohne die listige Beeinflussung durch den Täter gegen seine Fortbewegungsfreiheit entschieden hätte. Ferner ist von einem Opfer, das der List des Täters glaubt, nicht zu erwarten, dass es die List überprüft, auch wenn ihm eine solche Überprüfung zumutbar wäre. Letztlich fehlt es auch dem Begriff der Freiwilligkeit, die zu einem wirksamen Einverständnis führen soll, an einer klaren Bestimmung.[1001]

Das in der vorliegenden Arbeit entwickelte Lösungsmodell hinsichtlich des mittels List erschlichenen Einverständnisses im Rahmen der Freiheitsberaubung nach § 239 I Alt. 2 StGB orientiert sich an dem Bedürfnis, die Wirksamkeit der Opferzustimmung zu dem Erfolgseintritt von der autonomen Opferentscheidung abhängig zu machen.

1001 Siehe hierzu unter **C.IV.3.**

In einem ersten Schritt ist im Rahmen der Prüfung, ob der Erfolg der Freiheitsberaubung eingetreten ist, zu differenzieren, ob dem Opfer infolge des listigen Täterverhaltens eine Handlungsalternative eröffnet wird. Die Fälle, in denen eine solche Alternative nicht besteht, zeichnen sich dadurch aus, dass der Täter bezweckt, dass das Opfer von der Unmöglichkeit der Ortsveränderung ausgeht. Es kennt einen tatsächlich vorhandenen Ausgang nicht, sodass die Unmöglichkeit der Fortbewegung nur scheinbar gegeben ist. Erfasst werden Konstellationen, die die herrschende Meinung bereits als Einsperrung versteht, es hierfür aber nach vorliegender Ansicht an der Verhinderung des Verlassens einer Räumlichkeit durch eine äußere Vorrichtung fehlt. Kann ein listiges Täterverhalten gegenüber einem tauglichen Tatopfer festgestellt werden, ist im Rahmen des Taterfolgs zu prüfen, ob der tatsächlich vorhandene Ausgang in objektiv nachvollziehbarer Weise nicht erkennbar ist. Ist dem zuzustimmen, wurde dem Opfer die Fortbewegungsfreiheit entzogen. Da nicht vorstellbar ist, dass neben dem listigen Täterverhalten das Einverständnis des Opfers durch List erschlichen wird, ohne dass eine Handlungsalternative besteht, bestimmt sich der Tatbestandsausschluss infolge wirksamen Einverständnisses sodann nach dem natürlichen Willen des Betroffenen. Hierbei ist es möglich, dass auch das überlistete Opfer dem Erfolgseintritt wirksam zustimmt, wenn es von dem vorhandenen Ausgang keine Kenntnis hat, jedoch mit dem Verschließen des erkennbaren Ausgangs einverstanden ist. Dass eine Zustimmung erschlichen wird, ohne dem Opfer eine Handlungsalternative zu bieten, ist nicht vorstellbar.

Wird dem Opfer durch das Täterverhalten hingegen eine Verhaltensalternative eröffnet, ist für den Erfolgseintritt des § 239 I Alt. 2 StGB die Unzumutbarkeit der Fortbewegung maßgeblich. Bei einer zumutbaren Entscheidung ist ein Freiheitsentzug abzulehnen, sodass der objektive Tatbestand mangels Erfolgseintritts nicht erfüllt ist; ein Tatbestandsausschluss durch Opferzustimmung ist irrelevant. Eine Freiheitsberaubung im Sinne eines Freiheitsentzugs kann folglich nur dann angenommen werden, wenn dem Betroffenen die Ausübung seiner körperlichen Bewegungsfreiheit als Handlungsalternative unzumutbar ist. Hieran ist die Möglichkeit eines wirksamen tatbestandsausschließenden Einverständnisses zu knüpfen.

Zu untersuchen ist zunächst, ob das Opfer mit einer Abwägung zwischen der Fortbewegungsfreiheit und einem sonstigen Rechtsgut konfrontiert wird. Es muss primär in der Entscheidung, ob es von seiner Fortbewegungsfreiheit Gebrauch macht, betroffen sein. Die Beeinträchtigung des „Wie" der möglichen Fortbewegung genügt nicht für den Eintritt des Erfolgs, da insofern nur eine Abwägung zugunsten oder zulasten der allgemeinen Handlungsfreiheit vorgenommen wird. Anzumerken ist, dass es generell lediglich darauf ankommt, dass das Einwirken des Täters kausal für den Erfolgseintritt ist. Dies bedeutet, dass er nicht auch die Entscheidungssituation herbeigeführt haben muss; es genügt jegliche Konkretisierung des Freiheitsentzugs durch den Täter.

Stehen der Ausübung der Fortbewegungsfreiheit die Rechtsgüter Leib und Leben von dem Opfer – oder auch von einem Dritten – gegenüber, so ist infolge der hohen Wertigkeit dieser Rechtsgüter stets von einer unzumutbaren Entscheidung auszugehen. Eine wirksame Opferzustimmung scheidet damit grundsätzlich aus. Ausnahmsweise kann das Opfer mit dem Erfolgseintritt wirksam einverstanden sein, wenn es die Situation umfänglich erkennt und dennoch der Einschränkung der möglichen Ortsveränderung zustimmt, ohne dass ihm ein Willensmangel anhaftet, es mithin nicht überlistet wurde. Das Opfer glaubt in diesen Fällen mangels Überlistung nicht an die Realisierung der vorgespiegelten Gefahren, und bringt damit durch sein Verweilen (konkludent) zum Ausdruck, mit dem Entzug der Fortbewegungsfreiheit einverstanden zu sein, sodass es am Erfolgseintritt, dem Freiheitsentzug gegen oder ohne den Willen des Opfers, fehlt.

Hat das Opfer ein anderes Rechtsgut als Leib und Leben gegen die Fortbewegungsfreiheit abzuwägen, ist hinsichtlich des Erfolgseintritts zu prüfen, ob sich das durch den Täter in Aussicht gestellte Übel bei Realisierung als ein Verhalten darstellt, das unter Strafe gestellt ist. Es wird der hypothetische Fall des Übeleintritts anhand des Kriteriums der strafbewehrten Handlung untersucht. Hierbei ist lediglich der objektive Tatbestand der Straftat zu prüfen. Qualifikationstatbestände sind zu berücksichtigen, wenn mit ihrer Begehung eine erhöhte Gefährdung des Opfers einhergeht. Um den Tatbestand des § 239 I StGB dabei nicht zu sehr auszudehnen, muss das zu prüfende Delikt dem Schutz von Individualrechtsgütern dienen oder, wenn es sich um ein allgemeingefährliches Delikt handelt, bereits zu einer unmittelbaren Gefährdung des Betroffenen geführt haben, sowie einen Höchststrafrahmen von mindestens fünf Jahren ausweisen. Müsste das Opfer das in Aussicht gestellte Übel selbst vornehmen, sind zudem die Grundsätze zur mittelbaren Täterschaft nach § 25 I Alt. 2 StGB heranzuziehen. Da die List ihrer Definition nach nicht fordert, dass der Täter auf das (vorgespiegelte) Übel Einfluss haben oder zu haben vorgeben muss, schadet es nicht, wenn als hypothetische Verletzungshandlung die Handlung eines Dritten außerhalb des Einflussbereichs des Täters zu prüfen ist. Zudem kann sich die hypothetische Verletzungshandlung auch gegen einen Dritten richten, wobei sich diese wegen der Wertung des § 35 I 1 StGB bei einem beliebigen Dritten, der nicht Angehöriger oder eine dem Opfer sonst nahestehende Person ist, nur gegen die Rechtsgüter Leib und Leben wenden kann, um eine unzumutbare Entscheidung bei dem Opfer hervorzurufen. Sodann gilt wiederum, dass ein Einverständnis infolge der bestehenden Unzumutbarkeit der Entscheidung nur dann als wirksam angesehen werden kann, wenn das Opfer die Situation erkennt und dennoch, unbeeinflusst von Willensmängeln, der Einschränkung seiner Fortbewegungsmöglichkeiten zustimmt. Es ist folglich erneut auf die Überlistung des Opfers abzustellen: Wurde das Opfer überlistet, so ist es in unzumutbarer Weise mit einer Entscheidung konfrontiert. Der Erfolg des Freiheitsentzugs tritt ein, ohne dass ein Tatbestandsausschluss möglich ist. Liegt hingegen keine Überlistung vor und verändert das Opfer seinen Aufenthaltsort bewusst dennoch nicht, ist der objektive Tatbestand des § 239 I Alt. 2 StGB infolge wirksamen Einverständnisses, das dem Eintritt des Erfolgs der Freiheitsberaubung entgegensteht, nicht erfüllt.

Letztlich sind die Gegenleistungsfälle zu betrachten, in denen bei Realisierung mangels Rechtsgutseinbuße nicht der Eintritt eines Übels angenommen werden kann. Vielmehr steht der Ausübung der Fortbewegungsfreiheit der Erhalt einer Gegenleistung, mithin eine Vermehrung des Rechtsgutsbestandes gegenüber, sodass im Grundsatz nicht von einer Freiheitsberaubung auszugehen ist. Eine Ausnahme ergibt sich jedoch in solchen Gegenleistungsfällen, in denen auf die Veränderung des Aufenthaltsortes verzichtet wird, um nicht nur eine Verbesserung, sondern auch eine Gefahrenbeseitigung anzustreben, wobei die Gefahr erneut am Kriterium der strafbewehrten Handlung zu messen ist. Hinsichtlich der Zustimmung gilt (ebenso), dass diese nur dann tatbestandsausschließend sein kann, wenn das nicht überlistete Opfer der Nichtausübung seiner Fortbewegungsfreiheit auch unabhängig von der Entscheidungssituation und unbeeinflusst von Willensmängeln zustimmt.
Ein wirksames Einverständnis des Opfers, das sich in einer unzumutbaren Entscheidungssituation befindet, kommt daher nur in den (seltenen) Fällen fehlender Überlistung in Betracht. Andernfalls steht die Überlistung der Möglichkeit einer autonomen Aufgabe der Fortbewegungsfreiheit durch das Opfer entgegen.[1002]

Der Ehemann A hat den objektiven Tatbestand des § 239 I StGB erfüllt. Darüber hinaus kann festgestellt werden, dass er auch subjektiv tatbestandsmäßig, mithin vorsätzlich handelte. Rechtswidrigkeit und Schuld liegen gleichermaßen vor. Zur Erfüllung der Qualifikation des § 239 III Nr. 1 StGB ist zu bemerken, dass infolge der einheitlichen Freiheitsberaubung durch den Ehemann A zulasten der B und den im Vergleich zum Verbleib in der Wohnung über einen Zeitraum von drei Monaten relativ kurzen Phasen vorübergehender Freiheit während den Ausflügen, insbesondere am Wochenende, von einer Überschreitung der Siebentagesfrist auszugehen ist.[1003] Im Ergebnis kann statuiert werden, dass A wegen qualifizierter Freiheitsberaubung gemäß § 239 I, III Nr. 1 StGB zulasten der B strafbar ist.

1002 Siehe hierzu unter **C.IV.4.**

1003 Vgl. hierzu ausführlich *Mitsch*, GA 2009, 329, 333.

Sachverzeichnis

SCHRIFTEN ZUM STRAFRECHT UND STRAFPROZESSRECHT

Herausgegeben von Manfred Maiwald und Carsten Momsen

Band 1 Christian-Peter Frees: Die steuerrechtliche Selbstanzeige. Zur kriminalpolitischen Zweckmäßigkeit des § 371 AO. 1991.

Band 2 Norbert Joachim: Der Hörensagenbeweis im Strafverfahren. 1991.

Band 3 Alfred A. Göbel: Die Einwilligung im Strafrecht als Ausprägung des Selbstbestimmungsrechts. 1991.

Band 4 Karl-Heinz Vehling: Die Abgrenzung von Vorbereitung und Versuch. 1991.

Band 5 Heiko Hartmut Lesch: Das Problem der sukzessiven Beihilfe. 1992.

Band 6 Dirk Schwerdtfeger: Besondere persönliche Unrechtsmerkmale. 1992.

Band 7 Stefan Göhring: Polizeiliche Kontrollstellen und Datenverarbeitung. § 163 d StPO und novellierte Polizeigesetze der Länder zwischen Strafverfolgung, Gefahrenabwehr und vorbeugender Straftatenbekämpfung. 1992.

Band 8 Werner Kemper: Horizontale Teilrechtskraft des Schuldspruchs und Bindungswirkung im tatrichterlichen Verfahren nach der Zurückverweisung. §§ 353, 354 Abs. 2 StPO. 1993.

Band 9 Ovvadias Namias: Die Zurechnung von Folgeschäden im Strafrecht. 1993.

Band 10 Jan Zopfs: Unfallflucht bei eindeutiger Haftungslage? Unverzüglichkeitsgebot und Wahlmöglichkeit in § 142 Abs. 2 und 3 StGB. 1993.

Band 11 Stefan Hiebl: Ausgewählte Probleme des Akteneinsichtsrechts nach § 147 StPO. 1994.

Band 12 Ralf Krack: List als Straftatbestandsmerkmal. Zugleich ein Beitrag zu Täuschung und Irrtum beim Betrug. 1994.

Band 13 Henning Radtke: Zur Systematik des Strafklageverbrauchs verfahrenserledigender Entscheidungen im Strafprozeß. 1994.

Band 14 Bernd J. A. Müssig: Schutz abstrakter Rechtsgüter und abstrakter Rechtsgüterschutz. Zu den materiellen Konstitutionskriterien sog. Universalrechtsgüter und deren normentheoretischem Fundament – am Beispiel der Rechtsgutsbestimmung für die §§ 129, 129a und 324 StGB. 1994.

Band 15 Heinz Koriath: Über Beweisverbote im Strafprozeß. 1994.

Band 16 Burkhard Niepoth: Der untaugliche Versuch beim unechten Unterlassungsdelikt. 1994.

Band 17 Karsten Altenhain: Die Strafbarkeit des Teilnehmers beim Exzeß. 1994.

Band 18 Ina Walbaum: Schuldspruch in der Revisionsinstanz nach freisprechendem Urteil des Tatgerichts. 1996.

Band 19 Birgit Dalbkermeyer: Der Schutz des Beschuldigten vor identifizierenden und tendenziösen Pressemitteilungen der Ermittlungsbehörden. 1994.

Band 20 Thomas Hackner: Der befangene Staatsanwalt im deutschen Strafverfahrensrecht. 1995.

Band 21 Hartmut Loritz: Kritische Betrachtungen zum Wert des strafprozessualen Zwischenverfahrens. 1996.

Band 22 Heinz-Hermann Berghof: Therapie und Strafe im Betäubungsmittelrecht. Recht und Wirklichkeit der Behandlung Drogenabhängiger unter besonderer Berücksichtigung der §§ 35 ff BtMG. 1995.

Band 23 Oliver Mertens: Strafprozessuale Grundrechtseingriffe und Bindung an den Wortsinn der ermächtigenden Norm. 1996.

Band 24 Sönke Bahnsen: Das Akteneinsichtsrecht der Verteidigung im Strafverfahren. Dogmatische Grundlagen und Einzelprobleme im Lichte einer rechtsstaatlichen Verfahrensgestaltung. 1996.

Band 25 Dirk Schwieger: Der Vorteilsbegriff in den Bestechungsdelikten des StGB. 1996.

Band 26 Stephanie Meinecke: Die Auswirkungen von Verfahrensfehlern auf die Strafbarkeit nach den Aussagedelikten. 1996.

Band 27 Ute Lambrecht: Strafrecht und Disziplinarrecht. Abhängigkeiten und Überschneidungen. 1997.

Band 28 Carsten Momsen: Verfahrensfehler und Rügeberechtigung im Strafprozeß. Die Strukturen der Revisionsberechtigung unter besonderer Berücksichtigung des Begriffs "Rechtsnormen, die lediglich zugunsten des Angeklagten gegeben sind" in § 339 StPO. 1997.

Band 29 Ursula Epp: Die Abgeordnetenbestechung – § 108 e StGB. 1997.

Band 30 Bernd Scheiff: Wann beginnt der Strafrechtsschutz gegen kriminelle Vereinigungen (§ 129 StGB)? 1997.

Band 31 Ulrike Fontaine: Max Grünhut (1893-1964). Leben und wissenschaftliches Wirken eines deutschen Strafrechtlers jüdischer Herkunft. 1998.

Band 32 Claudia Keiser: Das Kindeswohl im Strafverfahren. Zur Notwendigkeit eines am Kindeswohl orientierten Umgangs mit minderjährigen Opfern und Zeugen, den Möglichkeiten de lege lata und den Erfordernissen de lege ferenda. 1998.

Band 33 Wiebke Schürer-Mohr: Erlaubte Risiken. Grundfragen des "erlaubten Risikos" im Bereich der Fahrlässigkeitsdogmatik. 1998.

Band 34 Stephan Voigtel: Zum Freibeweis bei Entscheidungen der Strafvollstreckungskammer. Eine Untersuchung zu ausgewählten Fragen des Beweisrechts im gerichtlichen Verfahren in Strafvollstreckungs- und Strafvollzugssachen. 1998.

Band 35 Volkmar Wißgott: Das Beweisantragsrecht im Strafverfahren als Kompensation der richterlichen Inquisitionsmaxime. Die Judikatur des Reichsgerichts zum strafprozessualen Beweisrecht. 1998.

Band 36 Susanne Merz: Strafrechtlicher Ehrenschutz und Meinungsfreiheit. 1998.

Band 37 Uwe Schlömer: Der elektronisch überwachte Hausarrest. Eine Untersuchung der ausländischen Erfahrungen und der Anwendbarkeit in der Bundesrepublik Deutschland. 1998.

Band 38 Michael Liedke: Die Vermögensstrafe gemäß § 43a StGB in ihrer kriminalpolitischen Bedeutung. 1999.

Band 39 Danja Domeier: Gesundheitsschutz und Lebensmittelstrafrecht. Zur Konkretisierung der Verkehrspflichten und ihrer Strafbewehrung, insbesondere mit Blick auf §§ 8 ff. LMBG. 1999.

Band 40 Ritva Westendorf: Die Pflicht zur Verhinderung geplanter Straftaten durch Anzeige. Eine kritische Betrachtung der §§ 138, 139 StGB im Kontext der Unterlassungsdelikte. 1999.

Band 41 Hans Theile: Tatkonkretisierung und Gehilfenvorsatz. 1999.

Band 42 Nicole Lange: Vorermittlungen. Die Behandlung des staatsanwaltschaftlichen Vorermittlungsverfahrens unter besonderer Berücksichtigung von Abgeordneten, Politikern und Prominenten. 1999.

Band 43 Tanja Gunder: Der Umgang mit Kindern im Strafverfahren. Eine empirische Untersuchung zur Strafverfolgung bei Sexualdelinquenz. 1999.

Band 44 Sven-Markus Thiel: Die Konkurrenz von Rechtfertigungsgründen. 2000.

Band 45 Jan Schlüter: Die Strafbarkeit von Unternehmen in einer prozessualen Betrachtung nach dem geltenden Strafprozeßrecht. 2000.

Band 46 Detlef Heise: Der Insiderhandel an der Börse und dessen strafrechtliche Bedeutung. Eine Untersuchung des neuen deutschen Insiderrechts speziell unter Bezugnahme auf die strafrechtstheoretischen und strafrechtsdogmatischen Grundlagen. 2000.

Band 47 Hermann Wichmann: Das Berufsgeheimnis als Grenze des Zeugenbeweises. Ein Beitrag zur Lehre von den Beweisverboten. 2000.

Band 48 Rainer T. Cherkeh: Betrug (§ 263 StGB), verübt durch Doping im Sport. 2000.

Band 49 Kristian Hohn: Die Zulässigkeit materieller Beweiserleichterungen im Strafrecht. Eine Untersuchung über Erscheinungsformen und Grenzen der Lösung beweisrechtlicher Probleme im materiellen Strafrecht. 2000.

Band 50 Malte Rabe von Kühlewein: Der Richtervorbehalt im Polizei- und Strafprozeßrecht. 2001.

Band 51 Donata Meinecke: Die Gesetzgebungssystematik der Versuchsstrafbarkeit von Verbrechen und Vergehen im StGB. 2001.

Band 52 Joachim Bock: Begriff, Inhalt und Zulässigkeit der Beweislastumkehr im materiellen Strafrecht. 2001.

Band 53 Gabriele Rose: Grenzen der journalistischen Recherche im Strafrecht und Strafverfahrensrecht. 2001.

Band 54 Wiebke Reitemeier: Täuschungen vor Abschluß von Arbeitsverträgen. Zum Verhältnis zwischen dem Straftatbestand des Betrugs und dem Anfechtungsrecht wegen arglistiger Täuschung (§§ 263 Abs. 1 StGB, 123 Abs. 1 Alt. 1 BGB). 2001.

Band 55 Peter Rackow: Das DNA-Identitätsfeststellungsgesetz und seine Probleme. 2001.

Band 56 Frank Zschieschack: Geiselnahme und erpresserischer Menschenraub (§§ 239a, 239b StGB) im Zwei-Personen-Verhältnis. 2001.

Band 57 Natascha Sëyfi: Das Sicherungsverfahren (§§ 413 - 416 StPO). 2002.

Band 58 Dirk Seiler: Die *Sperrwirkung* im Strafrecht. 2002.

Band 59 Dorothee Sydow: Die actio libera in causa nach dem Rechtsprechungswandel des Bundesgerichtshofs. 2002.

Band 60 Inga Metrikat: Die Unterbringung in einer Entziehungsanstalt nach § 64 StGB – Eine Maßregel im Wandel? Eine vergleichende, empirische Untersuchung zur Entscheidung des Bundesverfassungsgerichts vom 16.03.1994, BVerfGE 91, 1 ff. 2002.

Band 61 Sabine Caroline Bechtoldt: Die Erledigungserklärung im Maßregelvollzug des § 63 StGB. Eine empirische Untersuchung der Erledigungserklärung und zugleich rechtsdogmatische Erörterung ihrer Rechtskraftproblematik. 2002.

Band 62 Sandra Schulte-Nover: Strafrichter in Deutschland und England. Ein systematischer Rechtsvergleich im Hinblick auf die richterlichen Kompetenzen im Strafverfahren. 2003.

Band 63 Tim Schurig: Belehrung und Beratung des Beschuldigten über sein Aussageverhalten. Eine gemeinsame Aufgabe von Gericht und Verteidigung? 2003.

Band 64 Markus Laski: Die strafrechtlichen Bezüge des Bundes-Bodenschutzgesetzes. 2003.

Band 65 Gunnar Lüer: Die Versäumung im Berufungsverfahren. Das strafprozessuale Anwesenheitsprinzip im Spannungsfeld von autonomer Subjektstellung und öffentlichen Interessen am Beispiel des § 329 Abs. 1,2 StPO. 2003.

Band 66 Thomas Grützner: Die Sanktionierung von Submissionsabsprachen. Eine Untersuchung der bestehenden Möglichkeiten einer Bekämpfung von Submissionsabsprachen unter besonderer Berücksichtigung des § 298 StGB. 2003.

Band 67 Bettina Noltenius: Kriterien der Abgrenzung von Anstiftung und mittelbarer Täterschaft. Ein Beitrag auf der Grundlage einer personalen Handlungslehre. 2003.

Band 68 Bettina Kraft: Tendenzen in der Entwicklung des Jugendstrafrechts seit der Jugendgerichtsbewegung. 2004.

Band 69 Jessica Däbritz: Die Bestimmung strafbaren fahrlässigen Verhaltens in der Forschung am Beispiel ärztlicher Humanerprobungen. Ein Beitrag zur methodischen Ermittlung und inhaltlichen Bestimmung von Sorgfaltspflichten in der Humanforschung. 2004.

Band 70 Maike Steenbock: Über die Unfallflucht als Straftat. Eine kritische Untersuchung zum Zusammenhang der Strafbarkeit der Unfallflucht mit den Besonderheiten des Straßenverkehrs. 2004.

Band 71 Holger Mann: Beschleunigungspotential im Jugendstrafverfahren. 2004.

Band 72 Dorothee Krutisch: Strafbarkeit des unberechtigten Zugangs zu Computerdaten und -systemen. 2004.

Band 73 Heinz-Helmut Fuhrmann: Das Begehen der Straftat gem. § 25 Abs. 1 StGB. Unter besonderer Berücksichtigung der sogenannten "eigenhändigen" Delikte. 2004.

Band 74 Gerwin M. Moldenhauer: Eine Verfahrensordnung für Absprachen im Strafverfahren durch den Bundesgerichtshof? 2004.

Band 75 Dirk Busch: Konzernuntreue. Eine Untersuchung spezifischer Untreuestrafbarkeit innerhalb von Konzernverbindungen mit Aktiengesellschaften und Gesellschaften mit beschränkter Haftung. 2004.

Band 76 Mitsuru Iijima: Die Entwicklung des strafrechtlichen Unrechtsbegriffs in Japan. Eine kritische Betrachtung aus strafrechtsdogmatischer und rechtsphilosophischer Perspektive. 2004.

Band 77 Lena Barbara Kötter: Private Elemente in der Strafvollstreckung. Zur Privatisierung von Bewährungshilfe, Gerichtshilfe und gemeinnütziger Arbeit. 2004.

Band 78 Martin Maria Laufen: Der Wucher (§ 291 Abs. 1 Satz 1 StGB). Systematische Einordnung und dogmatische Struktur. 2004.

Band 79 Maike Aselmann: Die Selbstbelastungs- und Verteidigungsfreiheit. Ein Beitrag zu den Garantiewirkungen von Verfahrensrechten im Hinblick auf die Beweiswürdigung, Strafzumessung und Strafbarkeit des Beschuldigten im Strafprozess. 2004.

Band 80 Ingmar Wolf: Graffiti als kriminologisches und strafrechtsdogmatisches Problem. 2004.

Band 81 Misuk Son: Straftatfolgen im deutschen und koreanischen Strafrecht. Ein prinzipieller Vergleich. 2004.

Band 82 Matthias Saal: Die Beteiligung an einer Schlägerei (§ 231 StGB). Ein Plädoyer für die Streichung der schweren Folge. 2004.

Band 83 Michael Stüber: Die Entwicklung des Prinzips der Unmittelbarkeit im deutschen Strafverfahren. 2005.

Band 84 Patrick Gerberding: Das Rechtsmittelsystem im US-amerikanischen Strafverfahren. Eine rechtsvergleichende Betrachtung. 2005.

Band 85 Rouven Seeberg: Aufgedrängte Nothilfe, Notwehr und Notwehrexzess. 2005.

Band 86 Andre Knoerchen: Schadenswiedergutmachung über anwaltliche Schlichtungsstellen. Rechtsökonomische Analyse eines Modellprojekts. 2005.

Band 87 Andreas Quante: Sanktionsmöglichkeiten gegen juristische Personen und Personenvereinigungen. 2005.

Band 88 Gundula Momsen-Pflanz: Die sportethische und strafrechtliche Bedeutung des Dopings. Störung des wirtschaftlichen Wettbewerbs und Vermögensrelevanz. 2005.

Band 89 Klaus Kleinbauer: Rechtsmittelverzicht und Rechtsmittelzurücknahme des Beschuldigten im Strafprozeß. 2006.

Band 90 Manuel Fumagalli: Rechtsprobleme vorgeburtlicher Diagnoseverfahren. Die personenrechtliche Begründung von Pränataldiagnostik und Präimplantationsdiagnostik. 2006.

Band 91 Matthias Dann: Staatliche Tatprovokation im deutschen, englischen und schottischen Recht. Rechtsvergleichende Untersuchung unter besonderer Berücksichtigung europäischer und internationaler Entwicklungslinien. 2006.

Band 92 Shahryar Ebrahim-Nesbat: Die Herausbildung der strafrechtlichen Teilnahmeformen im 19. Jahrhundert. 2006.

Band 93 Christoph Paglotke: Notstand und Notwehr bei Bedrohungen innerhalb von Prozesssituationen. 2006.

Band 94 Sebastian Olk: Die Abgabe von Sacherklärungen des Angeklagten durch den Verteidiger. 2006.

Band 95 Bernadette Pape: Legalverhalten nach Sexualdelinquenz. Eine empirische Analyse der Delinquenzkarrieren nach Sexualstraftaten an Kindern. 2007.

Band 96 Uttam Das: Möglichkeiten der Angleichung materiellen Strafrechts zwischen England und Deutschland im Rahmen des Art. K 31 EUV. 2007.

Band 97 Dennis Miller: Die Beteiligung am Verbrechen nach italienischem Strafrecht. Ein Beitrag zur Geschichte und Gegenwart von Einheits- und Differenzierungsmodellen der strafbaren Beteiligung mehrerer Personen. 2007.

Band 98 Michael Nehring: Kriminelle und terroristische Vereinigungen im Ausland. Auslegung und Analyse des im Zuge der Terrorismusbekämpfung nach dem 11. September 2001 geschaffenen § 129b Strafgesetzbuch. 2007.

Band 99 Bernadette Berger: Das Gesinnungsmoment im Strafrecht. 2008.

Band 100 Peter Rackow: Neutrale Handlungen als Problem des Strafrechts. 2007.

Band 101 Simone Mölders: Bestechung und Bestechlichkeit im internationalen geschäftlichen Verkehr. Zur Anwendbarkeit des § 299 StGB auf Sachverhalte mit Auslandsbezug. 2009.

Band 102 Anke David: Die Entwicklung des Mordtatbestandes im 19. Jahrhundert. 2009.

Band 103 Arne Habenicht: Die Beteiligung an sexuellen Gewalttaten. 2009.

Band 104 Marwan Hamdan: Drittmittelforschung in der Medizin. Eine Gratwanderung zwischen strafbarer Vorteilsannahme und verfassungsgarantierter Forschungsfreiheit. 2009.

Band 105 Carl-Friedrich von Scherenberg: Die sozialethischen Einschränkungen der Notwehr. 2009.

Band 106 Andreas Poppe: Die Akzessorietät der Teilnahme. Eine kritische Analyse der dogmatischen Grundlagen. 2011.

Band 107 Jonathan Burmeister: Die schuldangemessene Bewertung von Ehrenmorden im deutschen Strafrecht. Differenzierte Schuldmerkmale auf Tatbestandsebene bei sonstigen niedrigen Beweggründen. 2011.

Band 108 Philipp Reinhold: Amtsträgerbestechung. Unrechtsgehalt und Grenzen der §§ 331 ff. StGB. 2011.

Band 109 Simone Reiß: Verbotsirrtum und Subventionsbetrug. Unter Berücksichtigung der Besonderheiten bei der betrügerischen Erlangung von EU-Subventionen. 2012.

Band 110 Johannes Altenburg: Die Unlauterkeit in § 299 StGB. Ein Beitrag zur Harmonisierung von Strafrecht und Wettbewerbsrecht. 2012.

Band 111 Christoph Skoupil: Handeltreiben mit Betäubungsmitteln. Strafbarkeitsvorverlagerungen vor und nach der Entscheidung des Großen Senats für Strafsachen vom 26.10.2005. 2012.

Band 112 Frederike Wewerka: Internal Investigations. Private Ermittlungen im Spannungsfeld von strafprozessualen Grundsätzen und Anforderungen eines globalisierten Wirtschaftsstrafverfahrens. Eine Problemanalyse unter besonderer Berücksichtigung des Falles Siemens. 2012.

Band 113 Lena Witzmann: Die gemeinsame Verhandlung. Eine Untersuchung des Öffentlichkeitsgrundsatzes, des Opportunitätsprinzips, des Anwesenheitsrechts und des Fairnessgrundsatzes im verbundenen Verfahren. 2012.

Band 114 Lea Boller: Der unbefugte Gebrauch von Kraftfahrzeugen und Fahrrädern – § 248b StGB. 2013.

Band 115 Nina Wadle: Privatisierung im deutschen Strafvollzug. 2013.

Band 116 Annik Lamshöft: Das Modell des vereinfachten Ablehnungsverfahrens. Ein Gegenentwurf zur strafprozessualen Fristenlösung des Bundesgerichtshofs. 2013.

Band 117 Christine Marie Shavers: Criminal Law Dealing with Hate Crimes. Functional Comparative Law. 2014.

Band 118 Philipp Christoph Kleinherne: Garantenstellung und Notwehrrecht. Zugleich ein Beitrag zum Entstehen und Erlöschen von Garantenstellungen. 2014.

Band 119 Kerstin Petermann: Strafverteidigung in Wirtschaftsstrafverfahren zwischen Rechtsmissbrauch, Konflikt und Konsens. 2015.

Band 120 Michaela Gorius: Die Strafbarkeit des Prinzipals im Lichte des § 299 StGB. Eine Untersuchung de lege lata et ferenda unter besonderer Berücksichtigung des Rechtsguts der Norm und der Strafbarkeit von Organen der Kapital- und Personengesellschaften. 2015.

Band 121 Frédéric Schneider: Die Organ- und Vertreterhaftung im deutschen Strafrecht. Eine Untersuchung zur Konzeption der Rechtsfigur und deren Folgen in der praktischen Rechtsanwendung. 2015.

Band 122 Neele Marleen Schlenker: § 237 StGB – Das Verbot der Zwangsheirat. 2016.

Band 123 Julia Hugendubel: Tätertypologien in der Wirtschaftskriminologie. Instrument sozialer Kontrolle. 2016.

Band 124 Marcelle Janina Gatter: Die Ausgestaltung von Mitarbeiterbefragungen bei unternehmensinternen Ermittlungen und die Selbstbelastungsfreiheit. Eine rechtstheoretische und rechtsdogmatische Untersuchung unter besonderer Berücksichtigung der Belehrungen. 2016.

Band 125 Felix Doege: Die Bedeutung des nemo-tenetur-Grundsatzes in nicht von Strafverfolgungsorganen geführten Befragungen. 2016.

Band 126 Amelie Rösl: Arbeitserpressung. Zum Vermögenswert abgenötigter Leistungen. 2017.

Band 127 Laura Sophia Schumann: Das mittels List erschlichene Einverständnis im Rahmen des § 239 I Alt. 2 StGB. 2018.

www.peterlang.com